Michael Hanisch

WESTERN

Michael Hanisch

WESTERN

Die Entwicklung eines Filmgenres

Henschelverlag

Kunst und Gesellschaft

Berlin 1986

Gewidmet ist das Buch Stefanie und Roman,
die beide in ihrem Leben hoffentlich nie in Situationen kommen werden,
wie sie für den Westerner alltäglich waren,
und die trotzdem diese Art von Filmen schätzen mögen ...
m.h.

ISBN 3-362-00084-3

© Henschelverlag Kunst und Gesellschaft
DDR – Berlin 1984
2. Auflage
Lizenz-Nr. 414.235/100/86
LSV-Nr. 8411
Lektor: Renate Seydel
Schutzumschlag- und Einbandgestaltung: Klaus Rähm
Typographie: Karl-Heinz Lange
Printed in the German Democratic Republic
Gesamtherstellung: INTERDRUCK
Graphischer Großbetrieb Leipzig, Betrieb der
ausgezeichneten Qualitätsarbeit, III/18/97
6255172
03400

Vorwort

Ein Mann, ein Unbekannter, taucht am Horizont mit seinem Pferd auf. Er reitet langsam in das Tal hinab. Mißtrauisch beäugt von den Bewohnern des kleinen Städtchens, macht er sein Pferd vor dem Saloon fest und fragt, ob man für zwei, drei Tage ein Zimmer habe ... In der wilden Gebirgslandschaft ertönt ein Schuß. Ein Mann wälzt sich im Staub. Der andere eilt zu ihm, hilft ihm auf die Beine, hievt ihn auf sein Pferd und reitet in die Stadt ...

Wie oft haben wir schon Filme gesehen, die so oder ähnlich begannen? Wie oft sind uns solche Geschichten schon erzählt worden? Wie oft haben wir Geschichten gelauscht, die wir ohne viel Mühe selbst hätten weiterspinnen können? Wer von uns, die wir ein, zwei Dutzend Western gesehen haben, hält sich nicht für einen Kenner dieser Filme, dem alle Muster dieses Genres vertraut zu sein scheinen?

Mag es für uns auch von großem Reiz sein, diese nur gering abgewandelten Geschichten immer und immer wieder erzählt zu bekommen, so sind gerade die ständig wiederkehrenden Muster etwas, was andere Kinogänger abschreckt. Sie werfen dem Western fehlende Originalität vor: immer wieder dieselben Helden in denselben Situationen. Diese Zeitgenossen werfen dem Western Monotonie und Verlogenheit beim Umgang mit Geschichte vor. Sie entdecken im Western weiter nichts als Brutalität, die Propagierung der Gewalt und eines Männlichkeitsideals, das längst zu einem Anachronismus geworden ist. Für nicht wenige Zeitgenossen ist der Western eine billige Massenunterhaltung für Menschen mit geringen geistigen Interessen. Die Naivität der Geschichten, die Eindimensionalität, die Schwarz-Weiß-Zeichnung der Figuren erscheint ihnen lächerlich und verlogen.

Die Vorwürfe, die gegen den Western als Filmgenre erhoben werden, sind zahlreich. Sie sind so alt wie dieses Genre selbst. Und sie haben eigentlich bis in die Gegenwart hinein nichts an der Popularität dieser Filme ändern können. Sie haben allerdings den kritischen Blick, einen kritischen Blick mit Sympathie auf den Western, geschärft. Sie haben unser Interesse verstärkt, den tatsächlichen Wert der einzelnen Filme zu ermitteln. Diesem nach wie vor großen Interesse möchte dieses Buch entsprechen.

Die Auseinandersetzung mit den Vorwürfen, die man gegen den Western ins Feld führt, kann vielleicht ein wenig unser Verhältnis zum Western erhellen, unsere Haltung zu einem Filmgenre, das sehr fern von uns entstanden ist. Da ist vor allem der Vorwurf der ständig wiederbenutzten Grundmuster, der immer und immer wieder erzählten Geschichten; ein Vorwurf, der ähnlich auch anderen Filmgenres, die in Hollywood gepflegt werden, gemacht worden ist. Ähnlich, wie zum Beispiel dem Filmmusical. Denn genau wie das Filmmusical, so übernahm auch der Western seine Grundmuster von der Literatur.

Die Western-Stories, die im vergangenen Jahrhundert die Vorläufer der heute so populären Filme waren, benutzten gleichfalls einige wenige Grundmuster, die lediglich mehr oder weniger stark variiert wurden. Frank Gruber, ein Szenarist zahlreicher Western, zählte in den fünfziger Jahren einmal diese Grundmuster zusammen, nach denen jahrzehntelang in Hollywood Western »gestrickt« wurden. Er kam auf sieben Modelle:

1. Die Union-Pacific-Story. Hier wird der Bau oder die Errichtung einer Postkutschenlinie, einer Telegrafenverbindung oder einer Eisenbahnlinie geschildert.

2. Die Rancher-Story. Hier geht es um Kämpfe um Weideplätze, um Viehherden und Land. Rancher und Cowboys, Pioniere und Rinderbarone, Viehdiebe und Züchter liefern sich brutale Auseinandersetzungen.

3. Die Empire-Story. Hier werden die »Herren der Prärie« porträtiert, die Viehbarone, die sich ein immenses Imperium aufgebaut haben und es nun unter großen Mühen zusammenzuhalten versuchen. Das Wachsen und Vergehen von Familiendynastien wird breit geschildert.

4. Die Story von Custer's Last Stand (Custers letzter Schlacht). Die Auseinandersetzungen zwischen India-

nern und Weißen, zwischen amerikanischen Ureinwohnern und Kavallerie, werden hier geschildert.

5. Die Revenge-Story (Rache-Geschichte). Einem Mann oder einer Gruppe ist einst Unrecht geschehen. Im Verlauf des Films wird dieses Unrecht aufgeklärt und gerächt.

6. Die Outlaw-Story. Hier wird die Geschichte von gesellschaftlichen Außenseitern geschildert, werden auch die Umstände angesprochen, die die Männer zu Outlaws, zu außerhalb des Gesetzes Stehenden, werden ließen.

7. Die Marshal-Story. Hier wird »die andere Seite«, der Mann des Gesetzes, porträtiert; sein Kampf für Recht und Ordnung wird geschildert.

Frank Gruber, der sein Handwerk noch bei Ernest Haycox, einem der Klassiker der Western-Literatur, gelernt hat, betont, daß er diese sieben Grundmuster bereits Anfang der dreißiger Jahre herausfand. Zwanzig Jahre später wurden sie noch genauso befolgt. Diese Muster genügten talentierten Szenaristen vollkommen, wenn sie neue, originelle Western-Stories erzählen wollten. Längst hatte der Zuschauer diese Grundmuster erkannt und akzeptiert. Der Reiz der Filme lag gerade in dieser Anerkennung der gegebenen Strukturen und in den vielfältigen Variationsmöglichkeiten, die immer noch existierten. Es ist wie mit den Rhythmen populärer Musik, mit den kargen Melodien, die durch ständige Wiederholung zu Schlagern geworden sind. Der Zuschauer begrüßt die alten Muster als etwas Vertrautes, Bekanntes, das unendlich variiert werden kann.

Erst gegen Ende der fünziger Jahre, als auch ein Generationswechsel der Western-Autoren erfolgte, wurde versucht, diese Grundmuster zu verletzen. Die Grenzen der Genres wurden immer mehr erweitert und schließlich aufgelöst. Die folgende Krise des Western – die bis in die Gegenwart andauert – ging einher mit der Auflösung der Filmgenres und der in Jahrzehnten bewährten Grundmuster.

Und diese Entwicklung war gekennzeichnet durch ein stetes Bemühen um mehr Glaubwürdigkeit, mehr historische Wahrheit der erzählten Geschichten. Das Verhältnis zwischen historischer Wahrheit und Legende ist seit der Herausbildung des Genres ein zentraler Punkt, der immer wieder untersucht wird. Die Gegner des Western haben es sich immer leicht gemacht, indem sie diese Filme pauschal als verlogen bezeichneten. Es fiel ihnen nie schwer, anhand von unzähligen Filmen nachzuweisen, wie hier historische Tatsachen ignoriert oder verfälscht wurden, wie aus Verbrechern Helden, aus undurchsichtigen Figuren aufrechte Amerikaner gemacht wurden. Jedoch trotz der Berechtigung dieser Vorwürfe scheinen sie oft von einer falschen Voraussetzung, von einer Verkennung des Charakters dieser Filme auszugehen. Mag der Western von Anfang an selbst zu dieser Verkennung mit beigetragen haben, indem er immer und immer wieder behauptete, nichts als die reine, historische Wahrheit zu vermitteln, so ist es doch offensichtlich, daß Filme dieses Genres zur Geschichte Amerikas dasselbe Verhältnis haben wie die Märchen und Sagen zur Historie des alten Europa. Mögen sich die Western auch mit historischen Vorgängen und Figuren befassen, so sind sie doch nie auch nur in Ansätzen eine Geschichtslektion. Wären sie es jemals gewesen, so hätten sie für uns Zuschauer heute wie für unsere Vorfahren weiter keine Bedeutung als die wichtiger Dokumente. Wer geht schon viele Jahre lang allwöchentlich ins Kino, um belehrt, aufgeklärt zu werden? Die Vermittlung historischer Kenntnisse und Zusammenhänge wird noch immer in der Hauptsache von der Schule betrieben. Vom Kino, vom Western eine Fortsetzung oder Vertiefung dieser Geschichtslektionen zu verlangen würde eine völlige Verkennung der Funktion des Kinos bedeuten.

Doch es bedurfte erst wieder Jahrzehnte Western-Produktion, bis sich auch der Western zur Legende bekannte, bis er es aufgab, zu behaupten, die historische Wahrheit und nichts als die Wahrheit zu verbreiten – wie er es zuvor immer werbewirksam und protzerisch behauptet hatte. Aber auch diesen Zwiespalt übernahm der Film von der Literatur. Im 19. Jahrhundert, als die Dime Novels, die Groschenhefte, den Lesern im fernen Osten von den Abenteuern an der Grenze, im Wilden Westen berichteten, auch da prahlten die Autoren dieser Art von Trivialliteratur mit der angeblichen Authentizität der geschilderten Vorgänge. Ob die vielen tausend Leser, die allwöchentlich die dünnen Heftchen verschlangen, wirklich auch nur einen Augenblick angenommen haben, daß diese spannenden Schilderungen einer fernen, exotischen Welt viel mit der Wahrheit zu tun gehabt haben? Der Phantasie der Autoren war jedenfalls keine Grenze gesetzt. Ein geschäftstüchtiger Autor, wie Ned Buntline, »erfand« seine Figuren ohne Skrupel. Er gab ihnen die Namen von Männern, die wirklich existierten, und diese Männer mit ihrem gar nicht sonderlich aufregenden Leben hatten überhaupt nichts dagegen, daß man ihnen alle möglichen und unmöglichen Abenteuer andichtete.

Gleichzeitig gab es aber auch andere Autoren, die sich zur Fiktion bekannten. So zum Beispiel Bret Harte, der 1869 seine – später auch mehrmals verfilmte – Erzählung »Tennessees Partner« schrieb, eine sehr schöne, aufschlußreiche Geschichte über die Freundschaft unter Goldsuchern in Kalifornien. Harte berichtet seine Geschichte immer mit der Einschränkung: So kann es gewesen sein, ebensogut kann es sich aber auch ganz anders zugetragen haben:

Ich bin mir bewußt, daß man diese Episode noch ausschmücken könnte, aber ich erzähle sie lieber so, wie sie in den Schluchten und den Kneipen von Sandy Bar umlief, dort also, wo jede Sentimentalität durch einen ausgeprägten Sinn für Humor gemildert wurde.

Nur wenige Filme bekannten sich später zu dieser Haltung, zu ihrer Funktion, spannend zu unterhalten und reine Fiktion zu liefern.

Und später, in den fünfziger Jahren, als man nicht mehr bedenkenlos die alten Legenden als reine Wahrheit verkaufen konnte, versuchte ein Western den anderen durch mehr »Realismus« zu übertreffen. Daß auch dies sehr oft nur ein Realismus der Oberfläche war, stellte sich sehr bald heraus. Ist es jedoch so sehr verwunderlich, daß diese Tendenz zu immer mehr Realismus, zur möglichst wahrheitsgetreuen Schilderung historischer Vorgänge mit der Agonie des Genres einherging?

Schon zu Zeiten des Stummfilms verglich man in Europa, verglichen die aufgeschlossenen europäischen Kritiker, die nicht arrogant jeglicher Massenunterhaltung gegenübertraten, den Western mit der europäischen Mythologie, mit der Welt der Märchen. Da ist dieselbe Einfachheit der Geschichten zu finden, dieselbe Eindimensionalität der Figuren, eine ähnliche Naivität der Sicht auf die geschilderten Vorgänge. Die Naivität der Märchen beeindruckt uns genauso wie die Naivität und Geradlinigkeit der Western. Und selbst die Grausamkeit, die Brutalität, die uns in vielen von ihnen so sehr irritiert – finden wir sie nicht auch in vielen alten Märchen?

Man darf also durchaus im amerikanischen Western etwas Ähnliches sehen wie in unseren Märchen und Sagen. Kein Mensch wird heute mehr glauben, daß das, was die Legenden und Mythen, die Märchen und Sagen berichten, die reine Wahrheit ist. Dennoch ist eine Fülle von Wahrheiten auch in der Menge der phantastischen Geschichten enthalten, die uns seit unserer Kindheit begleiten. Es mag leicht erscheinen, dem einen oder anderen, fast jedem von ihnen Unwahrheiten, historische Ungenauigkeiten und Legenden nachzuweisen. Betrachtet man aber die Menge, ihre Gesamtheit, dann bekommt man wenigstens teilweise ein einigermaßen glaubhaftes Bild vom Leben im amerikanischen Westen.

Immer der Tatsache Rechnung tragend, daß Kino kein illustrierter Geschichtsunterricht sein kann und sein will, wird sich unser Buch dennoch immer wieder mit den Widersprüchen zwischen Legende und Wirklichkeit befassen, die den Western bestimmen. Es ist stets reizvoll zu erfahren, was erfindungsreiche und phantasiebegabte Hollywood-Szenaristen mehrerer Generationen aus der Geschichte »herausgeholt« haben, wie sie die historische Wahrheit ihren Interessen untergeordnet haben.

Dabei wird keineswegs die Gefahr übersehen, die sehr viele Western mit ihrer Ideologie der Gewalt, des Rechts der Faust für die Zuschauer bedeuten. Auch diese Filme sind ein Teil der bürgerlichen Kulturindustrie, die ihr Publikum zu manipulieren versucht. Die amerikanischen Western zeigen das Wachsen der Vereinigten Staaten, sie zeigen den expansionistischen Imperialismus der USA der Vergangenheit, als man das Land durch Kriege und Käufe »erweiterte« (Texas, New Mexico, Kalifornien wurden durch Annexion in der Folge von Kriegen zu Teilen der USA; Louisiana, Florida wurden gekauft; Alaska kauften die USA vom russischen Zaren für 7,2 Millionen Dollar), als einen dynamischen Prozeß der Zivilisation. Das Recht ist in diesen Filmen immer auf Seiten der weißen »Zivilisatoren«, die »die Wilden« vertreiben und das Land urbar machen. Die Parallelen zwischen diesen Vorgängen der Vergangenheit und den Ereignissen der Gegenwart, da Amerikaner im Namen der Demokratie oder im Namen der Zivilisation außerhalb Amerikas Kriege führen, sind offenbar.

Das Verhältnis zu den amerikanischen Ureinwohnern, zu den Indianern, ist von Beginn an ein zentrales Thema der Western. Auch hier wurden die Bilder von der Literatur übernommen. Bereits in der Literatur des 19. Jahrhunderts finden sich neben einer Flut rassistischer Bücher, die im Indianer nur den Wilden, den Barbaren sehen (zu der auch Werke keines Geringeren als Mark Twain gehören), einige Werke, die Partei für die Indianer ergreifen, die in ihnen menschliche Wesen sehen, die über eine hohe Kultur verfügen und die die einzigen rechtmäßigen Besitzer weiter Teile des Westens der USA sind. Diese beiden Tendenzen übernahm auch der Western. Von Anfang an stand einer Menge indianerfeindlicher, rassistischer Western eine kleine Zahl von Filmen gegenüber, die die Indianer mit Verständnis und Würde zeigten.

In größerem Maße wurde aber erst seit Anfang der fünfziger Jahre versucht, das Bild vom Indianer wahrheitsgetreu zu zeichnen. Dennoch hat das falsche Bild, das unzählige Filme dieses Genres vom amerikanischen Ureinwohner gezeichnet haben, seine Wirkung gehabt. Hier, in diesem Punkt, wird allein die gefährliche Manipulation besonders deutlich. Ralph E. und Natasha A. Friar, zwei amerikanische Autoren, die sich in ihrem Buch »The Only Good Indian ... The Hollywood Gospel« mit dem Bild des Indianers im amerikanischen Film auseinandersetzten, schilderten diese Manipulationen, wie sie tausende junger Amerikaner allwöchentlich erfahren haben:

Erinnern Sie sich noch? Unsere Mutter packte uns was zu essen ein und schickte uns um 10 Uhr zur Sonnabend-Matinee; ein alltägliches Ritual rollte ab, bestehend aus zwei Spielfilmen, ein oder zwei Teilen einer Serie und einigen Trickfilmen. Um 5 Uhr kamen wir wieder nach Hause: mit trüben Augen, müde, glücklich und heiser, weil wir die Indianer ausgeschrien und unseren Helden applaudiert hatten. Unsere Vorstellungskraft war ausreichend genug, um uns bis zum nächsten Sonnabend ausgelassen als Cowboys oder Indianer zu fühlen. Wir sahen es und glaubten es. Und wir lernten unseren Katechismus gut. Der Indianer war schmutzig, schlecht, böse, gemein, grausam, hilflos, hinterlistig, teuflisch oder ganz einfach nicht nett.

Und diese allwöchentliche »Sonnabend-Schule« blieb nicht ohne Wirkung ... Man fühlte sich stärker, den »Wilden« überlegen, man war Angehöriger einer Herren-Rasse. Der alltägliche Faschismus Amerikas wurde hier geboren und gepflegt ...

Dazu kam noch der Kult der Gewalt, der Glaube, daß man alles mit der Waffe in der Hand, mit der Faust regeln kann, der in vielen Western seinen Ausdruck fand. Hier wurde ein Leitbild vom aufrechten, »männlichen« Amerikaner geprägt, das nicht ohne Folgen blieb.

Als jedoch all die sogenannten amerikanischen Ideale immer fragwürdiger wurden, der amerikanische

Traum wie eine Seifenblase verflogen war, begannen auch Anfang der fünfziger Jahre die Leitbilder zu verblassen, die amerikanische Western jahrzehntelang verbreitet hatten. Immer mehr Filme erschienen, in denen versucht wurde, die Ideale von einst kritisch zu bewerten. Immer häufiger kamen Western in die Kinos, die als kritische Kommentare zur gesellschaftlichen Situation im gegenwärtigen Amerika begriffen werden können.

Dieses Buch will versuchen, diese gar nicht geradlinige, oftmals auch recht unübersichtliche Entwicklung des amerikanischen Western nachzuzeichnen. Die Entwicklung eines Filmgenres wird nachgezeichnet, das in der Vergangenheit fast die Basis einer riesigen nationalen Filmproduktion gewesen war, das aber in der Gegenwart fast nicht mehr existiert. In den fünfziger Jahren konnte der große französische Filmpublizist und Western-Freund André Bazin noch schreiben, daß er die einzige Filmgattung ist, »deren Anfänge annähernd mit denen des Films zusammenfallen und die nach einem halben Jahrhundert ungetrübten Erfolges noch lebendig ist wie eh und je«. Für uns heute ist der Western zum großen Teil Geschichte, stammen diese Filme aus einer Vergangenheit, die wir nur noch in Umrissen kennen.

André Bazin nannte als ein Zeichen für die Vitalität der Filme dieses Genres auch die Tatsache, daß solche Filme, die so sehr an eine Landschaft, an die Landschaft des amerikanischen Westens, gebunden sind, ebenfalls in Europa, in Frankreich, in Italien, Spanien und anderswo, entstehen. Jedoch sind diese »europäischen Western« nichts anderes als der Versuch, am immensen kommerziellen Erfolg ihrer amerikanischen

Vorbilder zu partizipieren. Auch hier gab es Vorläufer in der Literatur. Immerhin schrieb die populärsten deutschen Western-Stories ein Sachse aus Hohenstein-Ernstthal mit Namen Karl May. Doch weder diese kuriosen europäischen Produkte – die zur Zeit der Italo-Western für den Hollywood-Western sogar fast eine tödliche Konkurrenz wurden – noch die aus einer gänzlich anderen gesellschaftlichen Realität kommenden Indianerfilme der DDR sollen Gegenstand dieses Buches sein.

Das Buch will sich auf die Filme beschränken, die aus jener Welt kommen, die sie mehr oder weniger genau beschreiben. Es soll den vielen Freunden des Western, die es auch heute noch gibt, da fast keine neuen mehr entstehen, ein paar Orientierungshilfen beim kritischen Sehen dieser Filme geben. Der Leser soll hier die Möglichkeit erhalten, die einzelnen Filme, die einzelnen Geschichten, die hier erzählt werden, in größere Zusammenhänge einzuordnen. Er soll die ideologischen und historischen Hintergründe der einzelnen Filme deutlicher erkennen können. Daß diese Kenntnisse das Vergnügen, das der Autor mit der Mehrzahl seiner Leser immer wieder beim Betrachten der vielen guten Western teilt, vertiefen und keineswegs mindern, ist zu hoffen und zu wünschen. Dieses Buch kann kein vollständiges Kompendium aller Western sein, der Autor mußte deshalb eine Auswahl treffen und nur Filme, die für die Entwicklung des Genres bestimmend waren, auswählen. Daß bei dieser Auswahl der subjektive Faktor keineswegs verdeckt werden soll, versteht sich bei solch einem Gegenstand, einem Filmgenre, das zeitweise jährlich nahezu hundert Beiträge hervorgebracht hat, von selbst.

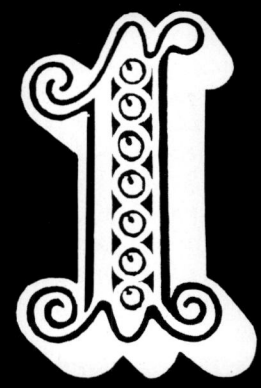

Das Ende einer historischen Epoche
Die Geburt eines Filmgenres

★ Der Westen ist erobert ★ Die Helden des Westens versuchen in die Legende zu entfliehen ★ Die Attraktivität der Filmkamera ★ Der erste Klassiker eines soeben erst entstandenen Filmgenres: »Der große Eisenbahnraub« ★ »Nahrung« für die Nickelodeons ★ G. M. Anderson als Broncho Billy ★

Was bewegte die Amerikaner im letzten Jahrzehnt des vergangenen Jahrhunderts? Was stand in den Zeitungen? Nachdem im Jahre 1890 Idaho und Wyoming in die Union der Vereinigten Staaten von Amerika aufgenommen worden waren, bestanden die USA aus 44 Staaten. 1896 folgte der 45. Staat, das Mormonen-Territorium Utah. 1890 lebten in diesem Staatengebilde nunmehr 62 947 714 Einwohner.[1] Zehn Jahre später waren es bereits 13 Millionen mehr. Vor allem Einwanderer aus Süd- und Osteuropa vergrößerten die Bevölkerung des Landes. Diese Menschen kamen in ein Land, das wie in einem Fieberrausch industrialisiert wurde. Die großen Städte breiteten sich sprunghaft aus. Innerhalb von zwanzig Jahren, von 1880 bis 1900, verdreifachte z. B. Chicago seine Größe. Die Industrialisierung des Landes brachte den Reichen traumhafte Gewinne – 1892 zählte man in den USA 4047 Millionäre. Die den Reichtum erwirtschafteten, die Fabrikarbeiter vor allem, die in elenden, blitzartig aus dem Boden gestampften Mietskasernen hausten, lebten in Armut und unter sozialen Bedingungen, die sich nur gering von den Verhältnissen in ihren Heimatländern unterschieden.

Auf der einen Seite Millionengewinne der Industrie, fieberhafter Ausbau des Eisenbahnnetzes (1890 durchzogen 266 000 Eisenbahnkilometer das Land). Auf der anderen Seite Elend und Ausbeutung. Streiks und Arbeiterunruhen waren an der Tagesordnung. Diese Klassenauseinandersetzungen verliefen oft mit einer heute nur noch schwer vorzustellenden Brutalität. Nicht selten kam es zu bürgerkriegsähnlichen Zuständen. So kostete z. B. 1893 ein Streik der Chicagoer Pullman-Werke, der von den Bundestruppen brutal niedergeschlagen wurde, zwölf Menschen das Leben.

1893, während der zweiten Amtsperiode des 24. Präsidenten der USA, des Demokraten Grover Cleveland, begann erneut eine katastrophale Wirtschaftskrise das Land zu erschüttern. Die letzte Depression hatte bis 1879 gedauert. Die neue hielt bis 1897 an.

Ende des 19. Jahrhunderts hatte das Land seine endgültige Ausweitung erreicht. 1890 war es klargeworden, daß »die Grenze«, jenes immer weiter nach Westen vorgeschobene Gebiet, zur Ruhe gekommen war. Die Vereinigten Staaten reichten jetzt von Küste zu Küste. 1893 erschien ein Aufsatz des Historikers Frederic Jackson Turner, der »die Grenze«, die ununterbrochene Bewegung, Expansion und Eroberung repräsentiert, als die für die Entwicklung des Landes bestimmende Dominante einschätzte. Diese Entwicklung, die die Geschichte der Kolonisation des Westens darstellt, ist 1890 im wesentlichen abgeschlossen. Eine historische Epoche war beendet. Alles das, was die Phantasie abenteuerhungriger Leser von Groschenheften vor allem in den Städten an der Ostküste beschäftigt hatte und was die künftigen Kinogänger in der ganzen Welt bewegen wird, war 1890 zum großen Teil bereits Vergangenheit. Je weiter man sich von dieser Vergangenheit entfernte, um so unschärfer wurden ihre Konturen, um so mehr überwucherten Legenden die gar nicht so spannende, aufregende Realität; wohl auch durch die Helden des Westens, die mitunter noch lebten und die Interesse daran hatten, immer phantastischere Geschichten zu spinnen.

Was war aus diesen Helden Ende des vergangenen Jahrhunderts geworden, was taten sie in jenen Jahren? Zum Beispiel William Frederick Cody (1846–1917), besser bekannt als Buffalo Bill, der einstige Büffeljäger und Scout, der an vielen Kämpfen gegen die Cheyenne- und Sioux-Indianer teilgenommen haben soll. Er, der weit weniger berühmt durch seine wirklichen Taten als vielmehr durch die ihm von dem Groschenheft-Autor Ned Buntline (1823–1886) angedichteten Abenteuer bekannt wurde (Buntline machte Cody 1869 zum Helden einer wöchentlich erscheinenden Western-Serie), war 1883 zum geschäftstüchtigen Zirkusunternehmer geworden. Mit seiner Wild West Show, zu der zeitweise u. a. auch die berühmte Revolverbraut Annie Oakley (1860–1926) und der Sioux-Häuptling Sitting Bull (1834–1890) gehörten, reiste er

Buffalo Bill's Wild West.

durch das ganze Land und 1887 erstmals auch durch Europa. 1889/90 besuchte er erneut Europa und gestierte mit seiner Show u. a. in Prag, Dresden, Leipzig, Magdeburg und Berlin. Oder aber der legendäre Sheriff Wyatt Earp (1848–1929), der Held aus dem wilden Tombstone, Arizona, und des Gefechts am O. K. Corral, lebte völlig zurückgezogen in Kalifornien und wartete auf »seine Zeit«, in der er sein wahrscheinlich gar nicht so sehr aufregendes Leben durch kuriose Zeitungsberichte und veröffentlichte »Erinnerungen« verklären konnte. Auch Frank James (1843–1915), Bruder des gefürchteten Banditen Jesse James (1847 bis 1882), versuchte u. a., in einer Wild West Show zu überleben.

Das Ende der Eroberung des Westens bedeutete auch den Abschluß eines der blutigsten Kapitel der amerikanischen Geschichte, der Indianerkriege gegen die Ureinwohner des Landes. Die Indianer waren dezimiert oder in Ghettos, Reservate genannt, verbannt worden. 1890 stirbt der Sioux-Häuptling Sitting Bull unter den Kugeln von Polizisten. Daraufhin kommt es zu einer Erhebung der Indianer, die am Wounded Knee gestellt und brutal ermordet werden. Von den 120 Männern und 230 Frauen und Kindern überleben 50 Sioux das Gemetzel, das als Schlußakt der Sioux-Kriege gilt. Auch dieses grausame Kapitel schien abgeschlossen zu sein. Eine der wenigen großen Indianer-Persönlichkeiten, die das neue Jahrhundert noch erlebten, war der Chiricahua-Apachen-Häuptling Geronimo (1834–1909), der die Apachen in mehreren Kämpfen gegen die weißen Eroberer geführt hatte. Sein tragisches Schicksal kann als charakteristisch für viele Rothäute in jener Zeit gelten. Seine letzten Lebensjahre spielten sich zwischen Gefängnissen und

13

1

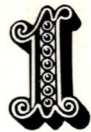

Wild West Shows ab, wo er wie ein seltenes Tier bestaunt wurde …
Doch nicht diese Persönlichkeiten einer bereits vergangenen Epoche beherrschten die Schlagzeilen der Zeitungen. In jenen Jahren der Depression, wo so gut wie alle moralischen Normen in Frage gestellt wurden, bestimmten die Nachfahren von Billy the Kid (1859 bis 1881) und Jesse James die Titelseiten der Blätter. Spektakuläre Eisenbahn- und Banküberfälle waren an der Tagesordnung. Nicht mehr tollkühne Einzelkämpfer bestimmten das Bild, sondern ganze Banden, wie die Gebrüder Dalton, die in den Jahren 1891 und 1892 mehrere Züge und Banken in Texas und Kansas ausraubten. Ober aber auch Butch Cassidy (1866–1909) und Sundance Kid (1866–1909), die mit Pferdediebstahl begannen, später mit ihrer Bande »The Wild Bunch« zu den gefürchtetsten Bank- und Zugräubern der USA wurden … Selbstverständlich beschäftigten sich mit diesen Figuren nicht nur die Polizeiberichte und die Gerichtsreporter. Zunächst waren es die Gro-

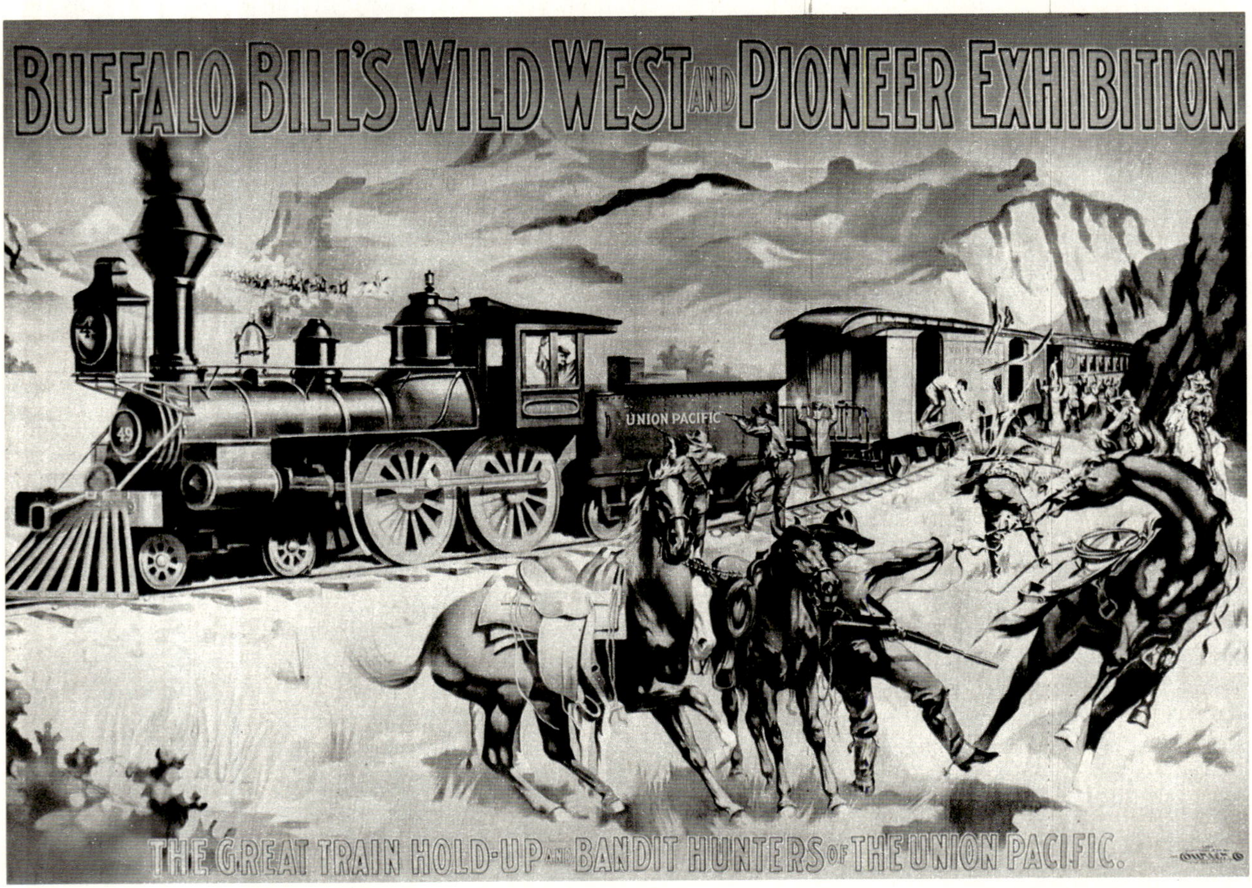
BUFFALO BILL'S WILD WEST AND PIONEER EXHIBITION
UNION PACIFIC
49
THE GREAT TRAIN HOLD-UP AND BANDIT HUNTERS OF THE UNION PACIFIC.

2 Poster zu Buffalo Bill's Wild West Show (1907)
Der große Eisenbahn-Überfall

schenheft-Autoren, doch bald darauf interessierte sich auch ein neues Medium für sie – und sie, zumindest nicht wenige von ihnen, interessierten sich stark für dieses Medium, reklame- und geltungsbedürftig wie sie fast alle waren ...

Und so war es eigentlich nur logisch bei dem Interesse, das die Helden des Westens und die gerade erfundenen »bewegten Bilder« aneinander hatten, daß bereits in der Embryo-Phase des amerikanischen Kinos ein Mann wie Buffalo Bill sich für das noch nicht geborene Kind zu interessieren begann.

Gewiß keine Schlagzeilen in der Presse machte in den neunziger Jahren die neue Erfindung des Thomas Alva Edison, die Kinetograph bzw. Kinetoscope getauft und erstmals 1894 einem staunenden Publikum vorgeführt wurde. Weder die Brüder Auguste und Louis Lumière in Paris noch Max Skladanowsky in Berlin waren bisher mit ihren Apparaten an die Öffentlichkeit getreten, da ließ der geschäftstüchtige amerikanische Erfinder bereits am 14. April 1894 auf dem New-Yorker Broadway Nr. 1155 einen »Kinetoscope Parlor« mit zehn Kinetoscope-Apparaten einrichten. Wie so ein Vorläufer unserer Kinos funktionierte, beschreibt der Filmhistoriker Benjamin B. Hampton:

Nach drei Jahren des Experimentierens entstand 1889 der Edison-»Kinetoscope«, in dem ein 50 Fuß (15 Meter) langer Zelluloid-Filmstreifen über Rollen bewegt wurde. Wenn man eine Münze in den Schlitz einwarf, ging das elektrische Licht an, ein kleiner Motor bewegte die Rollen, und der Beobachter konnte durch ein Guckloch kleine Bilder von sich bewegenden Menschen und Tieren sehen. Obwohl diese ersten Filme weniger als eine Minute lang liefen und sie weiter nichts als solch simple Sachen wie einen niesenden Mann, ein tanzendes Mädchen, ein Boxmatch, ein Heu fressendes Pferd oder ein Baby zeigten, das ein Bad nimmt, waren die Menschen von der Neuheit der sich bewegenden Bilder entzückt.[2]

Eigentlich hatte Edison, als Erfinder der Glühlampe damals bereits ein sehr erfolgreicher Geschäftsmann,

COL.W.F.CODY
(BUFFALO BILL)

ursprünglich nur geringes Interesse an diesem Kinetoscope. Er interessierte sich weitaus mehr für den Phonographen, den Vorläufer der Schallplatte, und überließ die Arbeiten am Kinetoscope einem seiner Assistenten, dem Engländer William Kennedy Laurie Dickson. Dieser arbeitete mehrere Jahre in der Edison-Werkstatt von West Orange, New Jersey, an dieser Erfindung, die 1889 im wesentlichen abgeschlossen und 1894 erstmals öffentlich vorgeführt wurde.

Thomas Alva Edison wurde bald überzeugt, daß auch diese Erfindung auf ein großes Interesse stieß und er damit viel Geld verdienen konnte. Bald entstanden überall solche Kinetoscope-Räume, in denen Menschen für wenig Geld, für eine Münze nur, eine Peep-Show verfolgen konnten. Doch diese Zuschauer sahen nicht nur einen niesenden Mann, ein tanzendes Mädchen oder ein badendes Baby, sie sahen auch eine noch immer populäre Persönlichkeit wie Buffalo Bill, der kniend einen Schuß aus einem Gewehr abfeuerte. Welch eine Sensation im Jahre 1894! Der Held unzähliger Groschenhefte plötzlich – fast wie in natura – in einem sich bewegenden Bild.

Der ruhm- und publicitysüchtige Buffalo Bill kam 1894 in das Edison-Aufnahmestudio nach West Orange, in die »Black Maria«, der man wegen ihres Aussehens den Namen des amerikanischen Polizeiautos (vergleichbar unserer »Grünen Minna«) gegeben hatte. Buffalo Bill kam nicht allein. Mit ihm trat die Kunstschützin Annie Oakley vor den Kinetographen, das Aufnahmegerät. Weiterhin hielten 17 Indianer und

Weiße – ebenfalls Mitglieder von Buffalo Bill's Wild West Show – einen Kriegsrat ab, Sioux-Indianer führten einen Gespenstertanz auf (»voller Action und genauso wie im Leben« – wie der Edison-Katalog anpries) ... Soeben war die Eroberung des Westens zur Geschichte, zur Vergangenheit erklärt worden, da betrat die Legende des Westens das Filmstudio, eigentlich noch vor der Geburt des Films in der Form, wie wir ihn heute kennen ...

Am 23. April 1896 kam es dann in der New-Yorker Koster and Bial's Music Hall zur ersten amerikanischen Filmvorführung in der uns heute vertrauten Form. Das Kind war geboren, und seine Flegeljahre begannen, die sich vorerst auf den Rummelplätzen abspielten. Doch auch in den folgenden neun Jahren zog es Männer wie Buffalo Bill, den rührigen Zirkusunternehmer, vor die Filmkamera. Schließlich stand seine originale Wild West Show oft nicht allzuweit entfernt von den Rummelplätzen, wo die Filme eine herausragende Attraktion waren. Nur wenige der in diesen Jahren gedrehten kurzen Filmchen haben die Zeiten überlebt. Doch die Titel allein geben Aufschluß über das Sujet dieser kleinen Werke. So entstand 1897 die

Edison-Produktion »Buffalo Bill and Escort« (Buffalo Bill und Eskorte)*; ein Jahr später wurde der »Star« erneut von Edison in »Parade of Buffalo Bill's Wild West Show« beschäftigt. 1901 drehte die Konkurrenz, die Biograph-Filmgesellschaft, »Buffalo Bill's Wild West Parade«; 1905/06 entstanden vier von Charles J. Jones unter dem Titel »Buffalo Bill's Fight« (Buffalo Bills Kampf) gedrehte Filme.

Von Anfang an gab es neben den komischen, den melodramatischen Werken auch Filme, die sich mit dem

* Die Filme werden beim erstmaligen Erscheinen im Text mit ihrem Originaltitel genannt. In Klammern folgt der Übersetzungstitel (geradestehende Schrift) oder der deutsche Verleihtitel (kursiv). Im weiteren Text werden dann Übersetzungs- bzw. Verleihtitel verwendet.

Leben im Westen oder den Helden von einst beschäftigten. Zwangsläufig waren es anfangs nur gestellte, bewegliche Momentaufnahmen, die aber dennoch auf die Zuschauer einen tiefen Eindruck machten. Es waren sowohl Dokumentar- also auch Spielfilme – wenn man diese Bezeichnungen für die kurzen Filmchen überhaupt benutzen darf. Aber die Buffalo-Bill-Filme waren zumeist weiter nichts als Dokumente, die den Helden mit seinen Indianern, Cowboys und Planwagen zeigten. Doch es gab bereits damals auch Versuche, längst begrabene Helden auf der Leinwand wieder auferstehen zu lassen. So drehte 1903 die Biograph einen aus elf Einstellungen bestehenden Film über Kit Carson (1809–1868), den legendären Scout und Mountain Man, der bereits zu Lebzeiten durch die Literatur

zum einsamen, aufrechten Helden des Westens aufgebaut worden war. Der Film zeigt Carson, der von den Indianern überfallen und gefangengenommen wird. Nach einer mißglückten Flucht und erneuter Festnahme befreit ihn eine Indianerin.

Ein anderes Mal blieb man näher an der Gegenwart. 1898 drehte W. K. L. Dickson im Auftrag von Edison den komischen Film »Cripple Creek Barroom« (Cripple Creek-Bar). 1891 hatte man in Cripple Creek, Colorado, Gold entdeckt – was natürlich sofort erneut einen Goldrausch auslöste. Der Film, von dem nur ein Foto erhalten ist, zeigt das Innere eines Saloons mit einer Indianerin hinter dem Tresen und fünf finster dreinschauenden Goldgräbern, die alle offenbar dem Alkohol reichlich zusprechen …

1903 – noch immer hatte der Film nicht seine Wanderexistenz aufgegeben, gab es noch keine stationären Kinos – entstand dann jener Film, der eigentlich den Anfang des amerikanischen Western darstellt, der alles andere, Vorausgegangene nur als wenig bedeutsame, embryonale Experimente einschätzen ließ. »The Great Train Robbery« (Der große Eisenbahnraub) gilt für viele Filmhistoriker als der erste ernstzunehmende amerikanische Film, als der erste Western der Filmgeschichte. Zumindest ist es der erste amerikanische Film, der mit den Mitteln des Kinos geschickt eine Story erzählt. George N. Fenin und William K. Everson, die sich in mehreren Publikationen mit dem Western befaßt haben, nennen das Werk *den ersten kreativ dramatischen amerikanischen Film[3]*. Obwohl nach einem Theaterstück von A. H. Woods gedreht und aus nur 14 Szenen, die gleichzeitig 14 Einstellungen entsprechen, bestehend, hatte sich dieser Film wesentlich von den Einflüssen des Theaters gelöst, benutzte er geschickt die Möglichkeiten, die ihm das neue Medium bot. Film als die Kunst der bewegten Bilder, Kino als Spannung, als dramatisch verdichtete Erzählung, wo man mit allen möglichen filmischen Mitteln die Emotionen des Publikums wachrufen und auch wachhalten kann – das zeigte erstmals dieser Film, der zweifels-

ohne den Western als Genre im amerikanischen Kino etablierte.

Edwin S. Porter (1870–1941), Regisseur und Kameramann dieses Films, arbeitete seit 1896 für Th. A. Edison. Er galt lange Zeit als geschickter Mechaniker; er war das, was in jener Frühzeit des Kinos für das soeben geborene Kind das Wichtigste war.

Doch unter dem Einfluß der phantastischen Filme des Franzosen Georges Méliès, die bereits damals in Amerika gezeigt worden waren, und nach dem Vorbild britischer Filme entwickelte er sich zu einem geschickten Regisseur. Gleichzeitig entwickelte er damit die Grundformen einer Filmsprache, auf denen ein Mann wie David Wark Griffith kurz danach aufbauen konnte. In seinen beiden berühmtesten Filmen, »The

Life of an American Fireman« (Das Leben eines amerikanischen Feuerwehrmanns) aus dem Jahre 1903 und eben im »Großen Eisenbahnraub«, erzählte er längere, kleine Geschichten, die an verschiedenen Schauplätzen spielten. Er wechselte von Innen- zu Außenaufnahmen, von der Totalen zur Großaufnahme. Die Szenen sind kurz, das Publikum wird ständig in steigender Spannung gehalten. Die Geschichte wird primär durch spezifisch filmische Ausdrucksmittel erzählt – nicht z. B. mit Hilfe von medienfremden, erklärenden Zwischentiteln.

Der 250 Meter lange Film kann als die geschickte Verarbeitung aktuellen Geschehens, des »dokumentaren Materials«, angesehen werden. In jenen Jahren waren nicht mehr Postkutschenüberfälle an der Tagesord- 19

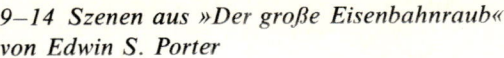

9–14 Szenen aus »Der große Eisenbahnraub«
von Edwin S. Porter

nung – wie einst im Westen der Pionierzeit. Neben der Bank galt die Eisenbahn, mit der nicht selten sehr viel Geld transportiert wurde, als beliebtes Ziel für Überfälle. Butch Cassidy und sein Freund Sundance Kid hatten mit ihrer Bande »The Wild Bunch« immer wieder Banken und Züge überfallen. 1903 waren sie noch gefürchtet, hatte sie noch kein Gericht gesehen ... Erst 1909 wurden beide im südamerikanischen Bolivien erschossen. 1901 hatten die gefürchteten Dalton-Brüder bei zwei Zugüberfällen in Texas und Kansas 33 000 Dollar erbeutet ... Es lag noch gar nicht so lange zurück, als Banditen den gesamten Sold der Armee von Texas aus einem Zug geraubt hatten.

Das »Szenarium« des »Großen Eisenbahnraubs« war von Porter zwar nach einem Theaterstück geschrieben worden, doch er hätte es wohl auch nach den aktuellen Polizeiberichten verfassen können. Der Edison-Katalog des Jahres 1904 veröffentlichte sehr detailliert das Szenarium dieses erhalten gebliebenen Films, der aus 14 Szenen besteht:

Szene 1: Das Innere eines Telegraphenbüros der Eisenbahn.
Zwei maskierte Räuber treten ein und zwingen den Telegraphisten, das Signal auf Halt zu stellen und eine falsche Anweisung für den nahenden Zug zu schreiben, auf dieser Station zu halten und Wasser aufzufüllen anstatt in »Red Lodge«, der gewöhnlichen Wasser-Station. Der Zug kommt zum Stehen (durch das Bürofenster gesehen) – der Zugführer erscheint am Fenster, der ängstliche Beamte erteilt ihm die Anweisung, während sich die Banditen außer Sicht befinden. Gleichzeitig bedrohen sie aber den Beamten mit ihren Revolvern. Nachdem sich der Zugführer entfernt hat, fallen sie über den Telegraphisten her, fesseln und knebeln ihn und eilen dem sich in Bewegung setzenden Zug nach.

Szene 2: Eisenbahn-Wasserturm.
Die Banditen verbergen sich hinter dem Tank, während der Zug infolge der falschen Anweisung anhält, um Wasser zu nehmen. Kurz bevor sich der Zug wieder in

Bewegung setzt, springen die Räuber auf die Plattform zwischen dem Expreßwagen und dem Tender.

Szene 3: Das Innere des Expreßwagens.
Der Postschaffner ist emsig bei der Arbeit. Ein ungewöhnliches Geräusch alarmiert ihn. Es geht zur Tür, blickt durch das Schlüsselloch und entdeckt, daß zwei Männer einzubrechen versuchen. Erschreckt taumelt er zurück, faßt sich aber schnell wieder, schließt hastig die große Kiste mit den Wertsachen und wirft den Schlüssel durch die offene Seitentür. Er zieht seinen Revolver und versteckt sich hinter seinem Tisch. In der Zwischenzeit gelang es den beiden Banditen, die Tür aufzubrechen und vorsichtig hereinzukommen. Der Postschaffner eröffnet das Feuer; ein tollkühnes Pistolenduell beginnt, in dessen Verlauf der Postschaffner getötet wird. Einer der beiden Räuber hält Wache, während der andere versucht, die Kiste mit den Wertsachen aufzubrechen. Nachdem er sie verschlossen findet, sucht er den Postschaffner nach dem Schlüssel ab. Schließlich sprengt er die Kiste mit Dynamit auf. Nachdem sie die Wertsachen und die Postsäcke an sich genommen haben, verlassen sie den Wagen.

Szene 4: Diese aufregende Szene zeigt den Tender und das Innere des Führerstandes der Lokomotive, während der Zug mit einer Geschwindigkeit von 40 Meilen in der Stunde fährt.
Während zwei Banditen den Postwagen ausgeraubt haben, klettern zwei andere auf den Tender. Einer von ihnen bedroht den Lokführer, während sich der andere den Heizer vornimmt. Doch der Heizer greift sich eine Kohlenschaufel und klettert auf den Tender, wo sich ein verzweifelter Kampf abspielt. Der Kampf spielt sich auf dem gesamten Tender ab, so daß die beiden Gefahr laufen, über Bord zu fallen. Schließlich stürzen sie hin, obenauf der Räuber. Er greift sich ein Stück Kohle und haut dem Heizer damit so sehr über den Kopf, bis dieser ohnmächtig wird. Dann wirft er den Körper vom dahinrasenden Zug. Danach zwingen die Banditen den Lokführer, den Zug zum Halten zu bringen.[4]

21

Die folgende Szene zeigt den Zug, wie er zum Stehen kommt. In Szene 6 fordern die Banditen die Passagiere auf, den Zug zu verlassen und sich davor aufzustellen. Man nimmt ihnen die Wertsachen ab. Einer der Passagiere wird beim Versuch zu fliehen erschossen. Dann springen die Räuber auf die Lok und zwingen den Lokführer, mit ihnen zusammen loszufahren. Schließlich hält die Lokomotive irgendwo an einem Berg, wo die Banditen entfliehen. Sie finden ihre Pferde und reiten davon. In der Zwischenzeit wird der gefesselte Te-

legraphist von seiner Tochter gefunden und befreit. Er alarmiert Hilfe. In einer »typischen Western Dance Hall« tanzt man Quadrille und amüsiert sich über einen feigen Grünschnabel. Plötzlich taumelt der Telegraphist herein ... Die Männer machen sich auf, die Banditen zu suchen. In den Bergen kommt es zum Showdown, wobei zwei Banditen getötet werden. Doch auch die restlichen drei Räuber werden gestellt und nach einem wilden Gefecht getötet. Die letzte Szene beschreibt der Edison-Katalog:

Ein lebensgroßes Bild (Großaufnahme) von Barnes, dem Anführer der Outlaws, der direkt ins Publikum zielt und dann abdrückt. Die dadurch hervorgerufene Aufregung ist groß. Diese Szene kann zu Beginn oder am Ende des Films stehen.[5]

Und so wurde George Barnes, über den weiter nichts bekannt wurde als seine Rolle in diesem Film, zum ersten Western-Star. Diese Szene prägte sich ein. Dieses Bild fehlt in keiner Geschichte des Western.

»Der große Eisenbahnraub« etablierte den Western als Filmgenre im amerikanischen Kino. Und er löste den ersten Western-Boom in der Filmindustrie der Vereinigten Staaten aus. Unmittelbar nach dem großen Publikumserfolg dieses in der Umgebung von West Orange, New Jersey (wo Edison seine Filme herstellen ließ), in Zusammenarbeit mit der Delaware & Lackawanna Railroad Co. gedrehten Films begannen auch die anderen Filmgesellschaften, thematisch ähnliche Filme herzustellen. Immer wieder wurden jetzt auf der Leinwand Banken und Züge ausgeraubt. Die für das Kino

inszenierten Verbrechen überstiegen in der Zahl wahrscheinlich die tatsächlichen Bank- und Zugüberfälle jener Jahre. Selbst Porter fertigte von seinem eigenen Erfolgsfilm einige Zeit später ein Plagiat an! Auf die Idee, die kurze Zeit darauf die Filmproduzenten beschäftigte, nämlich von Erfolgsfilmen Fortsetzungen zu drehen, kam man damals offenbar noch nicht.

Der große Erfolg von Porters Film beruhte auch auf dem Beginn einer neuen Etappe in der Entwicklung des amerikanischen Kinos. 1905 gab der Film in Amerika sein Rummelplatzdasein auf. Die Filme wurden länger, und man suchte einen entsprechenderen Rahmen für die Vorführungen. Im November 1905 wurde in Pittsburgh, Pennsylvania, einem Zentrum, in dem sich zu jener Zeit Tausende europäische Immigraten niederließen, von den beiden Unternehmern Harry Davis und John Harris das erste amerikanische Kino, ein sogenanntes »Nickelodeon«, eingerichtet. Der Name Nickelodeon stand für das Eintrittsgeld, denn eine Nickelmünze gleich fünf Cent war das Entree. Odeon klang exotisch-verführerisch, bot also schon im Namen das, was das Publikum im Innern zu sehen erwartete. Dieses Kino entsprach den späteren europäischen »Flohkinos«. Auf 96 Plätzen konnten die Zuschauer

von 8 Uhr morgens bis Mitternacht ein Programm sehen, das nicht viel länger als 20 Minuten dauerte. Stand »Der große Eisenbahnraub« auf dem Programm, dann war der Erfolg so gut wie sicher. Dieser Film galt als »Zugpferd« für andere, weniger wirksame Filme.

Über den Erfolg dieser kleinen Kinos geben einige Zahlen Aufschluß:

Das erste »Nickelodeon« wurde im November 1905 in Pittsburgh eröffnet. Ende 1906 gab es bereits 100 solcher Einrichtungen in der Stadt. 1905 gab es in Chicago nur ein oder zwei Säle. Im Februar 1907 waren es 116. Anfang 1906 gab es in New York zehn Kinos. Nach den Statistiken gab es 1908 mehr als 500 davon, sowohl in der Stadt als auch in der Umgebung. Man schätzt, daß Ende 1908 in den Vereinigten Staaten 10 000 Kinos in Betrieb waren.[6]

Ein wahrer Nickelrausch hatte den Goldrausch von einst abgelöst. Viele der großen Hollywood-Produzenten der späteren Jahre, wie Carl Laemmle, Begründer der Universal, William Fox, Begründer der Fox-Film, Adolph Zukor, Begründer der Paramount, und andere, hatten damals ihre ersten Kontakte mit dem Kino, indem sie ein kleines Lichtspieltheater eröffneten, das so erfolgreich war, daß sie mit dem Gewinn weitere einrichten konnten ...

Die Kinobesitzer waren in der Mehrzahl Immigranten. Die Gebrüder Warner kamen aus Polen, Adolph Zukor und William Fox aus Ungarn, Carl Laemmle war deutscher Abstammung. Einwanderer waren auch sehr viele Besucher der Nickelodeons. Auch zu Beginn des neuen Jahrhunderts hielt der Einwandererstrom in die USA an. So kamen z. B. im Jahre 1907 1 285 000 Immigranten nach Amerika. Ein Drittel der Bevölkerung von New York und von Boston waren Einwanderer. Fast die Hälfte der Arbeiterschaft in den Industriezentren bestand aus Ausländern. Die neueingerichteten Kinos boten für wenig Geld genau die Art von Zerstreuung, die die oftmals unter dem Existenzminimum lebenden Proletarier suchten. Die Filmindustrie hatte

sich somit als ein zukunfts- und profitträchtiger Industriezweig erwiesen. Die Karrieren vieler, die im ersten Jahrzehnt mit der Einrichtung eines Nickelodeons begannen, waren deutliche Beweise.

Mit der immer weiter vorangetriebenen Industrialisierung des Landes vergrößerten sich auch die sozialen Gegensätze. 1910 besaßen 1 % der amerikanischen Bevölkerung 47 % des gesamten Besitzes des Landes und verbrauchten 15 % des Nationaleinkommens. Obwohl gerade keine Depression das Land bewegte, lebten damals 10 Millionen Amerikaner, also fast jeder achte Einwohner des Landes, mittellos im Elend.[7]

Die Nickelodeons brauchten Filme, neue Filme. Irgendwann will auch einmal der, der sich immer und immer wieder den »Großen Eisenbahnraub« und all seine Nachahmungen angesehen hat, etwas Neues geboten bekommen. Und so entstanden in den Jahren zwischen 1905 und 1910 zahlreiche Filme aller möglichen Genres, Lustspiele, Melodramen, Literaturadaptionen (u. a. Shakespeare-Verfilmungen mit 10 Minuten Laufzeit!) und natürlich auch Western. Sogar außerhalb Amerikas versuchte man, am großen Erfolg dieses so sehr an die Geschichte des amerikanischen Kontinents gebundenen Filmgenres teilzuhaben. So entstanden bereits in jener Frühzeit des Kinos in Frankreich »Western« von Joe Hammans. Seit 1908 drehte der Franzose im Süden seines Landes eine ganze Serie von Filmen um den Western-Helden Arizona Bill, die sogar in den USA Erfolg gehabt haben sollen. Auch in Dänemark versuchte man sich im ersten Jahrzehnt des neuen Jahrhunderts am Western. Die Popularität dieses Genres innerhalb und außerhalb Amerikas war zu groß, als daß Europas Filmproduzenten, die damals international vor Amerikas Filmindustrie dominierten, darauf hätten verzichten können.

Die Qualität der amerikanischen Western jener frühen Jahre einzuschätzen fällt dem Historiker außerordentlich schwer. Zu wenige dieser zahlreichen Filme haben die Zeit überlebt. Nur ein geringer Bruchteil der Filmproduktion jener Jahre ist heute noch in den Filmarchiven aufbewahrt. Western waren genau wie die Slapstick-Filme für den Tag gemacht; nur wenige der damals tätigen Filmleute konnten es sich vorstellen, daß die Produkte ihrer Arbeit später einmal einen wichtigen kultur- und filmhistorischen Wert haben würden. Dennoch, trotz der wenigen erhalten gebliebenen Western aus dieser Zeit sind sich die Filmhistoriker einig, daß die durchschnittliche Qualität der Western-Produktion nach Porters »Großem Eisenbahnraub« nicht sehr hoch war. Porter hat den Weg gewiesen, hatte Möglichkeiten gezeigt, aber er fand keine Kollegen, die auf dem vorgezeigten Weg weiterzugehen versuchten. Auch er selbst erschöpfte sich in Wiederholungen und Stillstand. Das Kino schien auf eine Persönlichkeit wie David Wark Griffith zu warten, der kurze Zeit darauf die wesentlichen Entwicklungsschritte des Kinos forcieren sollte.

In den Jahren 1907 und 1908 entstanden zahlreiche Filmgesellschaften, die in der Mehrzahl vom Western-Genre lebten. Mit einem Minimum an Ideen und finanziellen Mitteln konnten hier sehr schnell recht beachtliche Gewinne erzielt werden. Die Risiken dieser Produktionen waren äußerst gering. Firmen wie die in Chicago beheimatete Filmfabrik von Colonel William Selig hatten sich sogar auf den Western spezialisiert. Sie versuchten ihn auch »authentischer« zu machen, indem sie echte Indianer und echte Cowboys als Statisten beschäftigten. Da fast die gesamte amerikanische Filmproduktion jener Zeit an der Ostküste beheimatet war, wo man wegen fehlender Lokalitäten, vor allem Landschaften, und schlechten Wetters große Schwierigkeiten bei den Außenaufnahmen für Western-Filme hatte, schickte man Aufnahmestäbe zunächst nach Florida, später dann jedoch dahin, wo einst »der Ort des Geschehens« gewesen war: in den Westen, nach Kalifornien.

Thematisch hatten diese Filme offenbar schon das gesamte Terrain des Genres erobert, das bis heute den Western bestimmt. Man befaßte sich mit den verschiedenen Aspekten des Cowboy-Lebens, schilderte das

Schicksal der Pioniere, die dem Ruf »Nach Westen!« gefolgt waren, inszenierte Postkutschenüberfälle, erzählte von den Auseinandersetzungen zwischen Indianern und Weißen, wobei man sich schon damals besonders gern mit Menschen befaßte, die sowohl von der indianischen Kultur als auch von der weißen Zivilisation geprägt worden waren. Aber natürlich befaßte man sich auch mit den authentischen Persönlichkeiten und historischen Ereignissen des Westens. So entstand z. B. 1909 der erste Film über die legendäre Schlacht zwischen General Custer mit seiner 7. Kavallerie-Division und den Sioux- und Cheyenne-Indianern am Little Big Horn vom 25. Juni 1876: »On the Little Big Horn or Custer's Last Stand« (Am Little Big Horn oder Custers letzte Schlacht) von Frank Boggs. In dieser Einakter-Produktion der Selig-Filmgesellschaft spielte auch ein Mann, der damals noch völlig unbekannt war: Tom Mix.

Einer der Statisten des »Großen Eisenbahnraubs« war ein gewisser Gilbert M. Anderson (1883–1971), der eigentlich für eine der Hauptrollen des Films vorgesehen war. Als sich aber herausstellte, daß es bei ihm mit dem Reiten nicht allzuweit her war, erhielt er von Regisseur Porter nur eine kleine Rolle. Auch in späteren Filmen der Edison-Produktion wurde Anderson als Schauspieler beschäftigt; so z. B. 1904 im ersten Film über einen Postkutschenüberfall »The Western Stage Coach Hold-Up« (Der Western-Postkutschenüberfall) von Edwin S. Porter und in »The Life of an American Cowboy« (Das Leben eines amerikanischen Cowboys). Doch Anderson fühlte sich nicht sonderlich wohl als Schauspieler in der zweiten Reihe; er interessierte sich mehr für all das, was hinter der Kamera vorging. Er wollte selbst Filme drehen. So wechselte er von New Jersey nach New York, von der Edison zur Vitagraph Company. Doch dort drehte man nicht die Art Filme, die Anderson selbst inszenieren wollte: Die Vitagraph stellte keine Western her. So ging er nach Chicago zur Selig-Filmproduktion. Dort konnte er auch erstmals einen Western in der Gegend drehen, wo er zu spielen

vorgibt, also »on location«. Mit einem kleinen Stab ging Anderson nach Colorado, wo er einige Einakter drehte. Doch Colonel William Selig hatte andere Ambitionen als in Colorado gedrehte Einakter-Western, so daß sich Anderson auch von dieser Firma bald wieder trennte. Ab 1908 widmete er sich ausschließlich der Filmgesellschaft, die er im Februar 1907 zusammen mit seinem Freund George K. Spoor in Chicago gegründet hatte: der Essanay Company. Das Firmenzeichen dieser Filmgesellschaft drückte bereits ihr Programm aus: Es zeigte den geschmückten Kopf eines Indianers. Der Name der Essanay ist heute vor allem noch durch Charles Chaplin bekannt, der 1915 und 1916 für diese Company 14 seiner schönsten Kurzfilme gedreht hat. Obwohl später auch der berühmte

18 *G. M. Anderson alias Broncho Billy*
Links unten das Firmensignet der Essanay

20 *G. M. Anderson in*
»Broncho Bill's Cowardly Brother«

19 *Broncho Billy in einem unbekannten Western*
von 1912

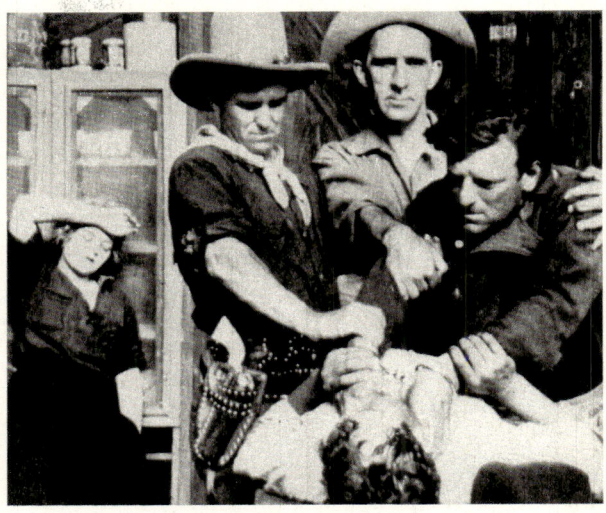

französische Komiker Max Linder kurz für die Essanay gearbeitet hat und noch zahlreiche andere Stars hier tätig waren, waren die Western, die von G. M. Anderson gedreht wurden, die Basis dieser Filmproduktion.

Anfangs arbeitete Anderson dort, wo auch der Hauptsitz der Firma war, in Chicago (wo anfangs auch Chaplin arbeiten mußte). Bald merkte aber Anderson, daß die Produktionsbedingungen im Westen für die Art Filme, die er drehte, weitaus besser waren. Nach dem großen Erfolg der ersten Western konnte er sich einen Spezialzug leisten und so die Filme dort produzieren, wo er es für günstig hielt:

Andersons Western-Filmstab konnte mit einem Spezialzug reisen, der mit einem Laboratorium ausgerüstet war, so daß das Filmmaterial so schnell wie möglich nach der Aufnahme entwickelt werden konnte. Der Stab fuhr von Chicago nach Denver City, dann nach Colorado, New Mexico und Wyoming. Er hielt überall dort, wo er günstige Motive fand. Die Begründung für diese Sorgfalt im Detail erklärte die Essanay später: »Wir glauben nicht, daß es möglich ist, Western – oder, wenn Sie wollen, Cowboy-Filme – sorgfältig genau herzustellen, ohne in die Gegend zu reisen, die der Film beschreiben will. Besonders das Volk der Vereinigten Staaten

besteht darauf, daß Western auch wirklich Western sind. Und die Essanay Company ist bei ihren Bemühungen so erfolgreich gewesen, daß ihre Western selbst bei einem Publikum aus dem Westen bestehen können und dort geschätzt werden. Zuallerletzt würde dieses Publikum künstlich im Osten hergestellte Ersatz-Western akzeptieren.«[8]

Später dann ließ sich Anderson mit seinem Stab endgültig im Westen nieder. Im nördlichen Kalifornien, im Niles Canyon bei Oakland, etablierte sich die Western-Produktion der Essanay.

Zu Beginn seiner Arbeit suchte Anderson nach einem neuen Konzept, das die Mißerfolge der Vergangenheit ausschloß. Der frischgebackene Produzent war auf die Idee gekommen, daß die mechanische Nachahmung des »Großen Eisenbahnraubs« mit einem Gruppenhelden keinen Erfolg mehr brachte. Das Publikum wünschte einen vertrauten Einzelhelden, mit dem es mitleiden und mitfühlen konnte. Er suchte sich für seinen ersten bedeutenden Film als literarische Vorlage die Erzählung von Peter B. Kyne »The Three Godfathers« (Die drei Paten). Diese in den USA außeror-

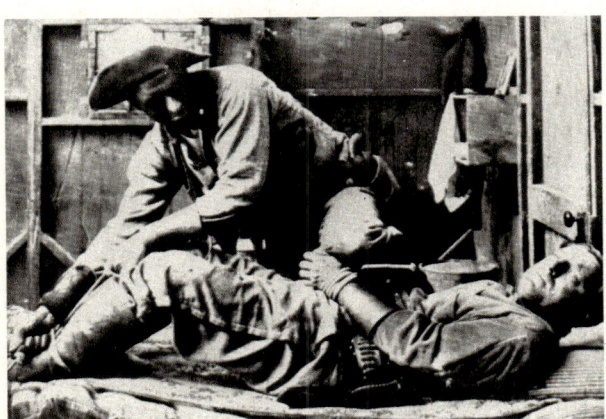

27

dentlich populäre Erzählung, die bisher sechsmal verfilmt worden ist – davon zweimal durch John Ford –,
ist die reichlich sentimentale Geschichte von drei gefürchteten Outlaws, die in der Wüste von Arizona ein
soeben geborenes Baby aufnehmen und es unter großen Schwierigkeiten beschützen und in Sicherheit bringen. Anderson verfilmte die Geschichte 1908 in Gol-
den, Colorado, unter dem Titel »Broncho Billy and the
Baby« (Broncho Billy und das Baby). Hier hatte er
einen Helden, der zum Western-Genre so sehr gehört
wie der Colt oder das Pferd: the Good Bad Man, den

Banditen mit dem guten Herzen, der sich plötzlich
wandelt und durch eine humanistische Tat über sich
selbst hinauswächst ... An seinem Schicksal hatte das
Publikum Interesse, mit ihm konnte es mitfühlen. Darüber hinaus enthielt diese Geschichte eine Moral, die
zu fast allen Anderson-Western der Zukunft wie auch
generell zur Mehrzahl aller Western gehörte. An diesen
Filmen konnte das puritanische Amerika, dem die Nik-
kelodeons mit ihrem Riesenerfolg genauso wie die
Dance Halls oder die Saloons von jeher ein Dorn im
Auge gewesen waren, nichts aussetzen.

Da der Film einen großen Erfolg hatte, drehte Anderson in der Art gleich noch mehrere ähnliche. Und er behielt die Figur des Broncho Billy bei. Die erste Western-Serie, der erste Serien-Western-Held war geboren: Broncho Billy, ein Cowboy, ein Outlaw, ein Sheriff, der am Ende immer das Gute, das moralisch Einwandfreie siegen läßt. Zeitweise entstand jede Woche ein neuer Broncho-Billy-Film. Die Figur war dem Publikum vertraut; man kam ins Kino, um neue Abenteuer mit diesem Helden zu erleben. In den Jahren 1908 bis 1915 sollen 376 Filme dieser Art entstanden sein. Dabei machte sich Anderson wenig Gedanken um die Zusammenhänge zwischen den einzelnen Filmen. Nicht selten starb der Held in dem einen Film, um im nächsten neuen Abenteuern entgegenreiten zu können. In dem einen Film war Broncho Billy ein gesuchter Outlaw, im folgenden wieder ein Sheriff ...

Anderson war Produzent, Regisseur, Autor und Hauptdarsteller aller dieser Filme. Schauspieler war er anfangs gegen seinen Willen. Er wollte seine Tätigkeit auf die Bereiche hinter der Kamera konzentrieren. Doch da im noch weitgehend unzivilisierten Kalifornien kein Schauspieler zu finden war, der Broncho Billy hätte glaubwürdig verkörpern können, mußte Anderson, der vor Jahren auch einmal im Western-Kostüm als Fotomodell posiert hatte, wider Willen in den Sattel steigen ... Auch von den Broncho-Billy-Western hat nur ein kleiner Bruchteil der beachtlichen Produktion die Zeiten überstanden, so daß man sich von diesen Filmen nur durch Inhaltsbeschreibungen und Fotos ein einigermaßen gültiges Bild machen kann. Der amerikanische Filmhistoriker William K. Everson beschreibt die Gestalt des Gilbert M. Anderson als Broncho Billy:

Er war ein schlechter Reiter, aber er lernte schnell; und selbst ein oder zwei Stunts führte er aus, wenn es nötig war. Er war groß und stämmig, konnte in den Kampfszenen gut hinter sich schauen. Schnell begriff er mit dem Lasso umzugehen. Seine füllige Figur, seine Prankenhände und sein durchfurchtes Gesicht kamen ihm

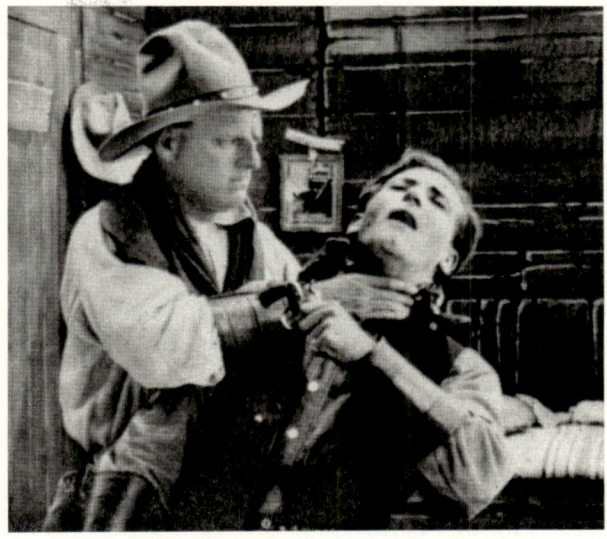

bei der Charakterisierung seiner Figur entgegen. Das versetzte ihn in die Lage, das Lachen und die Sympathie des Publikums durch seine Unbeholfenheit und seinen Mangel an Selbstvertrauen beim Umgang mit den Damen zu erringen. Das verlegene Grinsen und die linkische Unbeholfenheit mit seinem Hut, wenn er der Heldin gegenübersteht – eine Standardgeste für jeden Cowboy von Ken Maynard bis John Wayne –, entstanden erstmals in den Broncho-Billy-Western.[9]

Doch im Gegensatz zu der großsprecherischen Werbung der Essanay, die behauptete, ihre Western seien mehr oder weniger authentische Stories aus dem Westen, scheinen diese Filme recht wenig von der wirklichen Geschichte und den tatsächlichen Entwicklungen zu reflektieren. Obwohl Anderson bei der Auswahl des äußeren Rahmens, der Landschaften, große Sorgfalt zeigte, handelte er hier oft Vorgänge ab, die überall spielen könnten. Viele der Broncho-Billy-Western waren in das Western-Milieu verpflanzte Melodramen. Der Held im Gewissenskampf zwischen Gut und Böse, die Verwirrungen des Gefühls eines rauhen Mannes,

29

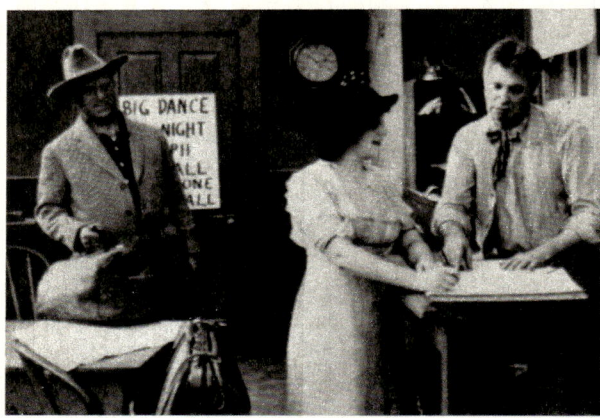

die Entscheidung zwischen dem verführerischen Saloon-Girl und dem braven Mädchen im Hintergrund – das waren für Broncho Billy wichtigere Entscheidungen als der Kampf mit Indianern um Weideland, als die Auseinandersetzungen um den Bau der Eisenbahn …

Typisch für diese Filmserie kann wohl der Film »A Mexican's Gratitude« (Eines Mexikaners Dankbarkeit) aus dem Jahre 1909 gelten. In der Beschreibung durch eine zeitgenössische Filmzeitung wird dieser Zwiespalt – Melodramatik im Western-Milieu – recht gut deutlich:

Ein Essanay-Film mit einigen packenden Szenen, der gewiß dem Durchschnittspublikum gefallen dürfte, wo auch immer er gezeigt wird. Da gibt es Leben und Handlung ohne Blutvergießen; die melodramatischen Geschichten sind ohnehin attraktiver als die abschreckenden. Die Geschichte handelt von einem Mexikaner, der durch einen Sheriff davor bewahrt wird, als Pferdedieb gehängt zu werden. Er schreibt das Wort »Gratitude« (Dankbarkeit) auf eine Spielkarte, zerreißt diese in zwei Teile und gibt die eine Hälfte dem Sheriff, die andere Hälfte behält er selbst.

Jahre später verliebt sich der Sheriff in ein Western-Girl. Dieses wird aber auch von einem Cowboy begehrt.

Um die angebliche Treulosigkeit des Sheriffs zu demonstrieren, bringt der Cowboy den Sheriff mit einem anderen Mädchen zusammen, das ihn in dem Moment umarmt, da es das Western-Girl sieht. Erklärungen sind nicht möglich – und so muß der Sheriff mit ansehen, wie das geliebte Mädchen mit dem betrügerischen Cowboy davonzieht. Der Sheriff hat dann mit dem Cowboy eine Auseinandersetzung. Er zwingt ihn, seinen Verrat einzugestehen. Danach geht der Cowboy zur Hütte eines Mexikaners, wo er sich der Dienste von zwei Viehzüchtern versichert. Die drei lauern dem Sheriff und seiner Geliebten auf, überwältigen und fesseln sie und bringen sie in die Hütte des Mexikaners, wo der Cowboy den Sheriff foltert und in einem anderen Raum dem Mädchen Gewalt antut. Der Mexikaner sucht dann Tabak und findet in der Tasche des Sheriffs einen Tabaksbeutel. Er holt ihn sich, und dabei fällt die eine Kartenhälfte mit dem Wort »Gratitude« heraus. Als der Cowboy in den Raum zurückkehrt, vergleicht er die Kartenhälften miteinander. Er fragt den Sheriff, ob er diese Karte von einem Mann bekommen hat, den er vor einigen Jahren vor dem Lynchen gerettet hat. Der Sheriff bestätigt das. Daraufhin befreit der Mexikaner unverzüglich den Sheriff. Ein Kampf zwischen Sheriff und Cowboy bricht aus. Der Sheriff richtet ihn auf dem Tisch derart zu, daß er bewußtlos wird! Erst als das Mädchen erscheint und ihn bittet aufzuhören, können die beiden zusammen von dannen ziehen.[10]

Mögen auch Pferdediebe und Mexikaner, Sheriffs und Cowboys die Figuren seiner Filme sein, Lynchjustiz und Verfolgungsjagden hier eine Rolle spielen, letzten Endes dominieren Begriffe wie Treue, Rechtschaffenheit und Gerechtigkeit in den Broncho-Billy-Filmen.

Daß Broncho Billy in dem einen Film ein erfahrener Westerner, ein Sheriff, in dem anderen, nachfolgenden ein Greenhorn sein konnte, daß also innerhalb der Serie auf Kontinuität kein allzu großer Wert gelegt wurde, zeigt auch die kurze Inhaltsbeschreibung des Films »The Making of Broncho Billy« (Das Werden von Broncho Billy) aus dem Jahre 1913:

Um auf die Beleidigungen reagieren zu können, lernt Broncho Billy, ein Neuling im Westen, mit der Pistole umzugehen. Jetzt Experte auf diesem Gebiet geworden, verwundet er den Provokateur. Daraufhin muß ihn der Sheriff vor der Lynchjustiz beschützen. Das Gefängnis wird umzingelt und besetzt. Als sich die Ereignisse zu überstürzen scheinen, gibt der Provokateur seine Tat zu, und die Gemüter beruhigen sich wieder.[11]

Wollte man von den frühen, kurzen Western, die zuerst nur 10, später 20 Minuten Spieldauer hatten, eine wahrheitsgetreue Widerspiegelung des Lebens im Westen erwarten, dann würde man diese kleinen Filme gewiß überfordern. Weder als realistische Widerspiegelung von Realität noch als künstlerischer Ausdruck einer herausragenden schöpferischen Persönlichkeit machten diese Filme damals oder auch heute, retrospektiv betrachtet, von sich reden. Doch innerhalb der frühen amerikanischen Filmproduktion stellen diese zumeist sehr dynamischen kleinen Filme neben den

Lustspielen den fruchtbarsten Bereich dar. In ihrer Simplizität, ihren ständig wiederkehrenden Figurenkonstellationen und ihren vertrauten Charakteren vergleicht der polnische Filmhistoriker Jerzy Toeplitz die Cowboy-Filme mit dem europäischen Volksstück, mit der Commedia dell'arte:

Der frühe Cowboy-Film war keine Schule des Raubs und des Verbrechens, Schlägereien und Schießereien waren nicht sein Wesensmerkmal. Natürlich barg er abenteuerliche Elemente in sich; er war eine Aufforderung zum Abenteuer, ein weit geöffnetes Fenster für nicht bevölkerte Räume, aber auf humane und edle Weise. Er trug wirklich demokratische Züge, etwa im Vergleich zu den mannigfachen pseudo-demokratischen Filmchen, die die Freiheit des Business und seiner Repräsentanten priesen. Im Gegensatz zu den späteren Filmen, in denen Indianer auftraten, wies der Cowboy-Film noch keine Merkmale imperialistischer Propaganda auf, er rechtfertigte weder die Eroberung noch

31

die Ausrottung schwächerer Gegner. Der Cowboy rüstete nicht zum Krieg. Die Sphäre seiner Pionierarbeit war der Kampf mit den Elementen der Natur, die sich oft als bedrohlicher erwiesen als irgendwelche Menschen. Die einfache, leicht verständliche und die Gefühle des Zuschauers ansprechende Thematik der Cowboy-Filme brachte ihnen große Popularität ein.[12] Toeplitz bezieht sich in seinen Betrachtungen auf die frühen Western von G. M. Anderson, W. S. Hart, Tom Mix und all die anderen Cowboys der Leinwand, die in der Stummfilmzeit das Bild bestimmten. Mag es zwischen ihnen auch wesentliche Unterschiede sowohl in der künstlerischen Formung ihrer Filme als auch im Realismus ihrer Erzählungen geben — schließlich entwickelte sich das Medium Kino in jenen ersten beiden Jahrzehnten unseres Jahrhunderts außerordentlich schnell. — Am Anfang jener Entwicklung standen die einfachen, kleinen Filme um Broncho Billy, einen Mann, der mal Sheriff, mal Cowboy, mal Outlaw, mal ehrbarer Bürger war ...

Die Sprache des Films und der Western

★ Die Western des David Wark Griffith ★ Die Rothaut betritt die Leinwand ★ Der Western als »Sprachschule« des Kinos ★ Die Rettung in der letzten Minute ★ Thomas Harper Ince, der erfinderische Unternehmer und Regisseur ★ Western und Zirkus ★ Inceville bei Los Angeles ★ Filmarbeit wie Kuchenbacken ★ Realismus und frühe Western-Produktion ★

Der Name des Regisseurs David Wark Griffith (1875–1948) steht am Beginn des künstlerischen amerikanischen Spielfilms. Sein Anteil bei der Ausarbeitung einer spezifischen Filmsprache kann nicht hoch genug bewertet werden. Sein Werk, das er zusammen mit einer ganzen Gruppe hochtalentierter und einfallsreicher Filmpioniere geschaffen hat, bildet eine Basis, auf der das amerikanische und später auch das europäische Kino aufbauen konnte. Der Einfluß der Filme von Griffith auf die nachfolgenden Hollywood-Filme, auf spätere Generationen von Regisseuren und auch auf den jungen Sowjetfilm ist immens und unübersehbar.

Die hohe Wertschätzung, die Griffith zu Recht bei den Filmhistorikern genießt, basiert vor allem auf den langen Spielfilmen, die der Regisseur seit 1915 drehte, auf dem ideologisch anfechtbaren Film »The Birth of a Nation« (Die Geburt einer Nation) und dem ebenfalls sehr aufwendigen Werk »Intolerance« (Intoleranz) sowie auf einigen hervorragenden Melodramen, wie »Broken Blossoms« (Eine Blüte gebrochen) und »Way Down East« (Mädchenlos). Dabei gehören diese Filme eigentlich zu Griffiths Spätwerk, waren sie nur Erweiterungen und Ausarbeitungen von Filmentwürfen, die Griffith bereits kurz zuvor angefertigt hatte.

Griffith, der Sohn eines Südstaaten-Obersts, kam 1907 zum Film. Der Wanderschauspieler und Gelegenheitsarbeiter wurde von der Edison Company als Schauspieler verpflichtet. Edwin S. Porter, durch seinen »Großen Eisenbahnraub« einer der prominentesten Regisseure dieses Studios, gab Griffith eine Rolle in seinem Film »Rescued from an Eagle's Nest« (Gerettet aus einem Adlerhorst). Hier ging es um das von einem Adler geraubte Baby, dessen Vater (Griffith, der sich hier Lawrence Griffith nannte) sein Kind aus einem über dem Abhang hängenden Adlerhorst retten muß. Trotz der technischen Mängel und Unzulänglichkeiten (man arbeitete z. B. mit einem ausgestopften Adler) fesselte dieser Film aus dem Jahre 1907 viele Zuschauer in den zahlreichen Nickelodeons.

Doch kurz darauf, noch im gleichen Jahr, wechselte Griffith, der wenig Interesse hatte, als Schauspieler zu arbeiten, zur American Mutoscope and Biograph Company (AB), wo er als Szenarist und Schauspieler für eine Tagesgage von 5 Dollar beschäftigt wurde. Pro Szenarium erhielt der frischgebackene Filmautor, den fehlende Arbeit und finanzielle Not, nicht aber irgendein höheres Sendungsbewußtsein zu dem noch alles andere als seriösen Kino gebracht hatte, 15 Dollar. Der Weg zur Regie war damals außerordentlich kurz. So wurde bereits am 14. Juli 1908 der erste von Griffith selbst inszenierte Film »The Adventures of Dolly« (Dollys Abenteuer) in New York uraufgeführt. Es war die Geschichte eines von den Zigeunern geraubten kleinen Mädchens ... Bereits hier hatte der Neuling Griffith eines der wichtigsten Elemente der Filmsprache eingeführt: die Rückblendentechnik.

»Dollys Abenteuer« war der erste kurze Film, den Griffith für die Biograph drehte. Es folgten in den nächsten fünf Jahren bis 1913 – als er die Biograph verließ – 469 weitere Filme, in der Mehrzahl Einakter. Nur ein Bruchteil dieses immensen Werkes hat die Zeiten überlebt, aber fast alle die Filme, die von den Filmarchiven aufbewahrt oder gefunden wurden, enthalten für die Filmhistoriker aufregende Entdeckungen. Sie alle beweisen, daß in diesen 469 kurzen Biograph-Filmen die Grundlagen einer Sprache des Films gelegt worden waren, daß hier ein unendlich erfindungsreicher Künstler zusammen mit seinen Schauspielern, dem Kameramann G. W. »Billy« Bitzer (1874–1944), seinen Schnittmeistern und Szenaristen die Möglichkeiten des neuen künstlerischen Mediums in extrem kurzer Zeit bei einer Arbeit ergründet und fixiert hatte, die wir heute wegen ihrer starken Quantität wohl Fließbandproduktion nennen würden! Immerhin hat Griffith z. B. im Jahre 1909 nicht weniger als 146 Filme gedreht, darunter einige, die man heute als Meisterwerke einschätzt!

Wovon erzählten diese vielen kurzen Filme, zu welchen Filmgenres gehörten sie? Eigentlich zu allen.

der der Indianer hin und her pendeln, griff der Regisseur 1909 wieder auf: In »Comata, the Sioux« (Comata, die Sioux) erzählte Griffith von einem Cowboy, der eine Indianer-Prinzessin geheiratet hat, sich später aber wieder einer Weißen zuwendet, die ihn wegen seiner Beziehungen zu einer Indianerin jedoch ablehnt. Im gleichen Jahre schilderte er in »The Mended Lute« (Die trügerische Laute) eine Liebesgeschichte unter Sioux-Indianern. In »A Mohawk's Way« (Der Weg eines Mohawks) erzählt Griffith von den Mohawk-Indianern. 1910 brachte Griffith auch zum ersten Mal die Gestalt der legendären Indianerin Ramona auf die Leinwand. Mary Pickford (1893–1979), auch eine Griffith-Entdeckung, spielt diese Frau in dem Film »Ramona«, der durch die erstmalige Einführung der weiten Totale und des Wechsels der Kamerastandpunkte innerhalb der Szene einen Meilenstein in der Entwicklung der Filmsprache darstellt. In »Crossing the American Prairies in the Early Fifties« (Durch die amerikanischen Prärien in den frühen fünfziger Jahren) beschreibt Griffith den Zug der Siedler nach Westen. Im gleichen Jahre – 1911 – schilderte er in »In the Days of '49« (In den Tagen von 1849) den Goldrausch, der durch den Goldfund des Schweizer Immigranten Johannes A. Sutter im Januar 1848 auf seiner kalifornischen Ranch bei Sacramento ausgelöst wurde. 1913 kam der Biograph-Film »The Sheriff's Baby« (Das Sheriff-Baby) heraus, in dem Lionel Barrymore einen um sein Kind kämpfenden Vater spielt ...

Man könnte die Reihe der Griffith-Western noch lange fortsetzen. Geschichte und Gegenwart des Westens, die legendären und völlig unbekannten Figuren des Westens, die Probleme zwischen den Rassen und zwischen den verschiedenen sozialen Gruppen – all das reflektierte Griffith in seinen frühen Filmen, die er im New-Yorker Studio der Biograph, in der 14. Straße-Ost Nr. 11, in der Landschaft von New Jersey und von 1910 ab während der kalten New-Yorker Wintermonate auch in der Natur des sonnigen Kalifornien drehte.

Griffith benutzte so gut wie alle damals im amerikanischen Kino bekannten Genres. Er drehte Melodramen, Literaturadaptionen (vor allem von Werken der viktorianischen englischen Literatur, wie die Bücher von Charles Dickens, Robert Browning und Alfred Tennyson), Liebesromanzen, soziale Dramen, Komödien – und natürlich auch Western.

So kam 1908 der Western »The Redman and the Child« (Der rote Mann und das Kind) heraus, der von einem Halbblut erzählte. Im gleichen Jahr entstand der Film »The Stage Rustler« (Der Landpostkutscher), der von Postkutschenüberfällen und Verfolgungsjagden handelt. 1909 entstand bereits eine 304 Meter lange erste Adaption von James Fenimore Coopers Roman »Leather Stoeking« (Lederstrumpf) mit James Kirkwood in der Rolle der Wildtöters Natty. Das oftmals tragische Schicksal von Menschen, die zwischen zwei Kulturen, zwischen der Kultur der Weißen und

Der Western bot für Griffith das ideale »Material« bei seinen vielfältigen Versuchen mit der Syntax des Films. Wie kann man beim Zuschauer Emotionen hervorrufen, wie kann man ihn »fesseln«, sein Interesse in eine ganz bestimmte Richtung lenken? Wie kann man ein Gefühl der Angst, der Bedrohung beim Publikum erreichen, wie kann man es steigern, lange aufrechterhalten? Ganz zwangsläufig fand Griffith zu den Gesetzen der Filmmontage, die vor allem als Parallelmontage, als Gegenüberstellung von zwei gleichzeitig stattfindenden Handlungen, im Western hervorragende Wirkungen erreichen konnte. Fenin/Everson beschreiben eine solche durch die Montage zu außerordentlicher Wirkung kommende typische Western-Szene, eine Szene, wie wir sie noch heute immer wieder im Western finden, die aber damals zunächst neu und in ihrer Wirkung außerordentlich stark war:

Siedler, die sich mit Indianern im Kampf befinden, sind in einer Hütte eingeschlossen. In einer langen Einstellung sehen wir die Indianer des Haus umkreisen. Eine nähere Einstellung zeigt die Siedler, die zurückschießen. Eine extreme Großaufnahme vielleicht auf ein ängstlich kauerndes Kind. Dann Schnitt auf einen Kavallerie-Trupp, der sich vielleicht 20 Meilen entfernt befindet. Sie haben von der Situation erfahren und bereiten sich darauf vor, die bedrohten Siedler zu befreien. Zurück zu dem Kampf. Die Munition nimmt ab. Die Siedler können nicht länger aushalten. Schnitt auf die Indianer, die sich auf den letzten Angriff vorbereiten. Schnitt auf die Kavallerie, die durch die Prärie reitet ...[13]

Die Parallelmontage und die berühmte »Rettung in der letzten Minute« – Griffith war ein Meister auf diesem Gebiet. Und in keinem anderen Genre konnte Griffith diese Elemente der Filmsprache in spannenden Geschichten verwenden wie im Western. Immer wieder waren hier Kinder bedroht, wurden Kinder entführt – um in einer sehr langen, gedehnten letzten Minute gerettet zu werden. Dennoch, trotz der hohen Zahl der in wenigen Jahren gedrehten Griffith-Western, trotz der häufig wiederkehrenden Formelemente, unterschieden sich jedoch alle Western recht erheblich voneinander. Kein Western von David Wark Griffith glich einem anderen. Trotz der hohen Produktionszahlen (zeitweise mußte der Regisseur monatlich acht Filme fertigstellen) waren Originalität und Abwechslung gefragt. Die Besucher der Nickelodeons wollten immer wieder etwas Neues sehen.

Griffith war äußerst einfallsreich, wenn es galt, die Emotionen der Zuschauer anzuregen, Spannung zu erzeugen. Nicht selten wurde dazu eine ganze Menschenrasse, die Ureinwohner Amerikas, benutzt. Sehr oft wurden die Indianer in den Griffith-Western als »Spannungselemente« betrachtet, als Inkarnation von Gefahr und Bedrohung gezeigt. Immer wieder erzählte der Regisseur von Siedlern, Pionieren, von Frauen und vor allem von Kindern, die von Indianern bedroht werden, die sich vor einem Überfall fürchten oder einen solchen erleben mußten. Bei diesen Auseinandersetzungen scheint Griffith immer eindeutig auf seiten der weißen Siedler zu stehen. Fast nie versucht er, die Beweggründe der Indianer für ihr Handeln zu zeigen oder gar zu erklären. Die Indianer sind oft nicht mehr als ein anonymer Massenfeind ohne Individualität und besondere Konturen. Ihre einzige Existenzberechtigung in diesen Filmen liegt in ihrer Möglichkeit, Spannung zu erzeugen ...

Auch in dieser Beziehung – der Darstellung der Indianer im amerikanischen Western – schuf Griffith Grundlagen, auf denen das amerikanische Kino späterer Jahrzehnte aufbauen konnte. Die objektiv falsche, zumeist lächerliche Darstellung des Indianers im Film nahm bei Griffith ihren Ausgangspunkt. Dieser wiederum bezog sich – wie sehr oft bei seiner Arbeit – auf die Literatur, in der selbst die prominentesten Vertreter – wie z. B. Mark Twain – die Indianer als Massenfeind beschrieben ...

Allerdings gibt es auch seit Griffith immer wieder Filme, die im Gegensatz dazu ein eher naiv-romantisches Bild der Indianer zeigen, in denen diese Urein-

THE SQUAW'S LOVE

Goldgräber und einer Indianerin. Der Weiße hatte das Leben der Indianerin gerettet, dafür schützt sie die Braut des Goldgräbers und deren Vater und kommt selbst dabei um … In »Der Weg eines Mohawks« aus dem Jahre 1910 wird gezeigt, wie ein weißer Arzt einem kranken Indianerkind die Hilfe verweigert. Daraufhin sinnt der Indianerstamm auf Rache und entführt die Frau des Arztes, die mit ihrer Güte und ihrer Kunst der Vermittlung die brutalen Auseinandersetzungen friedlich beilegen kann.

In diesen Filmen wird den Indianern das Recht auf ähnliche Charakterzeichnung wie den Weißen zugestanden. Hier werden die Indianer nicht mehr als anonyme Masse, sondern als Menschen mit Gefühlen und Wünschen gezeigt, als Menschen, die eine Würde zu verteidigen haben.

Auch in seinem großangelegten historischen Film »The Massacre« (Das Massaker) von 1912 läßt Griffith Verständnis für die Seite der Indianer erkennen. Hier geht es sehr frei um die als Massaker in die amerikanische Geschichtsschreibung eingegangene entscheidende Schlacht zwischen der 7. Kavallerie-Division unter General George Armstrong Custer und den Sioux-Indianern am Little Big Horn im Jahre 1876, eine Schlacht, die für Custer zur letzten Schlacht seines Lebens wurde. Dieser Film, in dessen Zentrum ein weißes Mädchen steht, das zusammen mit ihrem kleinen Baby als einzige die furchtbare Schlacht überlebt, ist durchaus als Parabel über die Sinnlosigkeit kriegerischer Auseinandersetzungen zu sehen. Dennoch zeigt Griffith aber auch, daß die in Dutzenden Filmen so stereotyp gezeigten Indianer-Überfälle in diesem Falle hier durch die Weißen provoziert wurden. Für 1912 gewiß eine ungewöhnliche, äußerst seltene Interpretation von Custers letzter Schlacht! Der Schlacht am Little Big Horn ist hier der Überraschungsangriff einer Kavallerie-Division auf ein Indianer-Dorf vorausgegangen, in dem fast alle Indianer getötet werden Daraufhin schwört der Häuptling dem weißen Mann und seiner Sippe ewige Rache. Das folgende Gemetzel am

wohner des Landes als sehr edle, friedvolle Menschen gezeigt werden. Auch diese Darstellung hat ihren Ursprung in der Literatur, vor allem in den Werken des James Fenimore Cooper. Auch Griffith drehte einige dieser Filme, die ein vollkommen anderes Bild des Indianers entwarfen. So zeigte er in »The Broken Doll« (Die zerbrochene Puppe) aus dem Jahre 1910 ein Indianer-Mädchen, das von einem weißen Kind eine Puppe bekam. Es warnt die weißen Siedler vor einem bevorstehenden Indianer-Angriff. Während dieses Angriffs stirbt das Indianer-Kind – in der Hand die zerbrochene Puppe, das zerstörte Symbol für ein friedliches Zusammenleben zwischen Indianern und Weißen. Ein ähnlich naives Plädoyer für Verständnis zwischen den Rassen stellt der Film »Iola's Promise« (Iolas Versprechen) aus dem Jahre 1912 dar. Hier geht es um die Liebesbeziehungen zwischen einem weißen

Little Big Horn, bei dem ein Siedler nach dem anderen fällt, erscheint so in einem ganz anderen Licht.

Unter den Griffith-Western, die uns heute noch erhalten sind, gibt es durchaus einige Meisterwerke, die zum Bedeutsamsten gehören, was uns aus jenen Jahren überliefert ist; so z. B. der Film »The Last Drop of Water« (Der letzte Tropfen Wasser) von 1911. Über die Produktion dieses Western im San Fernando Valley bei Los Angeles, wo Griffith die meisten seiner Western drehte, gibt die Schaupielerin Linda Arvidson, damals Griffiths Lebensgefährtin, in ihrem Buch »When the Movies Were Young« (Als die Filme noch jung waren) Auskunft:

Durch seine Erfolge beflügelt, hörte Mr. Griffith den Ruf der Wüste. Mit 2000 Fuß (ca. 610 Meter) Filmmaterial ausgerüstet, meinte er, etwas mit Planwagen, Pionieren und Rothäuten anstellen zu können. Und so antwortete er auf den Ruf der Wüste mit einem großen Epos, mit der Pionier-Romanze »Der letzte Tropfen Wasser«.

Wir ließen uns in der San-Fernando-Wüste nieder – zwei riesige Zelte, eins als Kantine mit Koch und seinen Assistenten, die den Cowboys und den Statisten das Essen bereiteten. Zwei Tischreihen – montiert auf hölzernen Podesten – zogen sich durch das gesamte Zelt – schließlich mußte es dreimal täglich 50 Cowboys und Reitern kräftige Mahlzeiten bieten. Das andere Zelt beherbergte Koffer und Garderobenkörbe. Hier schliefen und schminkten sich auch die Burschen.

Das Hotel im Dorf von San Fernando, ungefähr 3 Meilen (ca. 5 km) vom Camp entfernt, beherbergte die anderen Mitglieder des Stabes sowie alle weiblichen Komparsen – denen der Regisseur am Morgen, als er zum Camp eilte, den Rat gab: »Mädchen, bleibt zusammen, wenn ihr nicht beschäftigt seid. Wenn ihr irgendwelchen Lärm hört, stopft euch nach Möglichkeit die Ohren zu!«

Acht Prärieschoner waren unsere Wüstenkarawane, für unsere Planwagen gab es Pferde, wir hatten Soldaten der Vereinigten Staaten, Indianer, Hunde, Hühner und eine Kuh.[14]

Dieser gleichzeitig aktionsreiche und auch poetische Film, den man als einen Vorläufer der großen Western-Epen aus den zwanziger Jahren ansehen kann, spielt unter Pionieren. Ein Dreieckskonflikt zwischen einer Frau und ihren beiden Verehrern bahnt sich an und kommt voll zum Ausbruch, als die drei sich einem Siedler-Treck in Richtung Westen angeschlossen haben. Das Eheleben der Frau gestaltet sich schwierig durch den Alkoholismus ihres Mannes. In der Wüste werden die Pioniere von Indianern angegriffen. Das Wasser ist knapp. Da die Gefahr elenden Verdurstens droht, zieht der Verehrer der Frau aus, um Wasser zu suchen. Doch als er nicht zurückkehrt, macht sich der Ehemann auf, um den Rivalen zu suchen. Er schleicht sich durch die Linien der Indianer und findet in der Wüste den fast sterbenden Verehrer seiner Frau. Noch einmal flammt zwischen den beiden alten Rivalen Feindschaft auf, doch dann gibt der Ehemann dem Nebenbuhler den letzten Schluck aus der Feldflasche zu trinken. Dadurch kommt er wieder zu Kräften, während der Ehemann vor Erschöpfung stirbt. Der Verehrer findet schließlich doch noch Wasser und kehrt damit zum Treck zurück. Die kriegerischen Indianer werden am Ende von einer Division Kavallerie-Soldaten im harten Kampf besiegt. Die Siedler können nach Kalifornien weiterziehen – hinter sich lassen sie das Grab eines mutigen Pioniers. Die letzte, sehr beeindruckende Einstellung zeigt im Vordergrund das Grab, im Hintergrund zieht der Treck langsam am Horizont vorbei …

Der polnische Fimhistoriker Jerzy Toeplitz nennt Griffith einen Moralisten und Prediger. Tatsächlich scheinen viele seiner Filme neben ihrer oft vorzüglichen Action eine Predigt zu enthalten, ein Plädoyer für die christlichen Tugenden der Nächstenliebe, Treue, Selbstaufopferung und Selbstüberwindung. Die Filme des David Wark Griffith waren geprägt durch die puritanische Moral jener Siedler, die im 19. Jahrhundert im Westen der Vereinigten Staaten das gelobte Land suchten. Die Welt des D. W. Griffith war bestimmt von

den Normen einer viktorianischen Moralauffassung. Oft findet man in seinen Filmen Großes neben Lächerlichem, Sentimentalitäten neben echter, ergreifender Poesie, Turbulenz und Action neben moralisierenden Predigten.

Einer der herausragenden Griffith-Western war auch »Fighting Blood« (Kämpferisches Blut) aus dem Jahre 1911. Der 322 Meter lange Film beginnt mit der liebevollen Beschreibung des Siedlerlebens an der Grenze der Dakotas, als die Dakotas noch keine Staaten der USA, sondern nur ein sogenanntes Territorium waren. Ein Generationskonflikt zwischen dem Vater, einem bärbeißigen Veteranen des Bürgerkriegs, und dem Sohn eskaliert so sehr, bis der Sohn des Haus verläßt. Im Gebirge wird er daraufhin Zeuge eines Angriffs der Sioux-Indianer. Er warnt seine Braut und kehrt mit ihr zusammen in die Hütte seines Vaters zurück. Während sich die Pioniere zusammenschließen und auf den bevorstehenden Kampf vorbereiten, reitet der Sohn zu den Kavallerie-Truppen, die helfen sollen. Zwei Drittel dieses 10 Minuten langen Films zeigen dann die Anstrengungen der Siedler, ihre Ängste vor der drohenden Gefahr, sich ängstlich duckende und sich versteckende Kinder und gleichzeitig den atemlosen Ritt des Sohnes um Hilfe, der dazu noch von drei Indianern verfolgt wird. Die Emotionen der Zuschauer werden immer stärker wachgerufen, die Spannung steigert sich kontinuierlich bei dieser Rettung in der letzten Minute. Die Schlußszene zeigt in einer gewaltigen, von einem Berg aus herab ins Tal fotografierten Totale den entscheidenden Kampf.

Die Tendenz in der Produktion der Biograph-Filmgesellschaft, für die Griffith bis 1913 arbeitete, ging hin zu einer Verlängerung, Erweiterung der Filme. Man versuchte immer mehr, Geschichten zu erzählen, die in einem Zehn-Minuten-Film nicht mehr zu schildern waren. Das Ende der Nickelodeons kündigte sich an. Seit 1912 drehte auch Griffith in der Hauptsache längere Filme; Zwei-, Drei- und Vierakter. Im Sommer 1913 entstand in Kalifornien der Zweiakter »The

Battle of Elderbush Gulch« (Die Schlacht von Elderbush Gulch), einer der letzten Western von Griffith und gleichzeitig auch einer seiner besten, gewissermaßen die Quintessenz aus fünf Jahren Western-Produktion, denn hier tauchten noch einmal alle erzählerischen und formalen Elemente, die die Griffith-Western auszeichneten, gebündelt auf.

Auch dieser Film spielt unter Pionieren im Westen, irgendwann im vergangenen Jahrhundert. Zwei Mädchen kommen mit der Postkutsche in diese wilde Gegend, um ihren Onkel zu besuchen. Während der Fahrt schließen sie Bekanntschaft mit einem jungen Paar, das ebenfalls nach Elderbush Gulch reist. Nach der Begrüßung durch den Onkel läßt dieser die beiden Hunde, die die Mädchen mitgebracht haben, vor die Tür. Die Tiere laufen davon, geradewegs in die Arme von Indianern. Nach einiger Suche findet eines der beiden Mädchen, Sally (Mae Marsh), ihre Hunde bei den Indianern. Ihre Bitte, ihr die Hunde zurückzugeben, lehnen die Indianer ab – sie feiern »das Fest des Hundes« und wollen die Tiere opfern. Der schließlich herbeigerufene Onkel erschießt kurzerhand den Häuptlingssohn. Dies provoziert natürlich den Haß der Indianer, die ohnehin Elderbush Gulch belagern. Bei den folgenden Kampfhandlungen wird das junge Ehepaar aus der Postkutsche voneinander getrennt. Der Mann, der sein Kind noch einem Nachbarn übergeben konnte, wird schwer verwundet. Die Frau (Lillian Gish) hat sich in die Hütte des Onkels geflüchtet. Der Nachbar, der das Kind an sich genommen hat, wird beim Versuch, mit dem Kind die Hütte zu erreichen, getötet. Das Kind bleibt neben der Leiche des Mannes liegen. Unter Einsatz ihres Lebens rettet Sally das Baby und bringt es in Sicherheit. Am Ende besiegen die von einem Mexikaner herbeigerufenen Truppen die Indianer und befreien Elderbush Gulch. Auch der »Anlaß« der Auseinandersetzungen, die zwei kleinen Hunde, erleben unverletzt die Befreiung.

Durch die formale Meisterschaft, mit der Griffith hier diese Geschichte erzählt, gilt »Die Schlacht von Elder-

bush Gulch« als der wichtigste Western dieses großen Regisseurs. Jay Leyda, der amerikanischen Filmhistoriker, analysierte diesen Film und hob dabei seine vielfältigen formalen Qualitäten hervor:

Der Film beginnt langsam, und er steigert behutsam sein Tempo, je mehr Leute und je mehr Gewalt auftreten. Seine aufregendsten visuellen Höhepunkte bilden die Details, die Griffith großen, einfachen Bewegungen gegenüberstellt, die, meist von oben gesehen, durch weite Landschaften hindurchgehen. Zwischen diesen beiden zufriedenstellenden Extremen stehen einige Masseninszenierungen, die nicht sorgfältig ausgearbeitet worden sind. Obwohl wir das Muster für den Höhepunkt dieses Films in Hunderten späteren Variationen immer wieder gesehen haben (und noch sehen), macht dieses frühe Zeugnis des bekannten Motivs noch immer einen frischen und originellen Eindruck. Die Montagestruktur des dramatischen Höhepunkts ist ein erster Entwurf der hämmernden Rhetorik jener Sequenz aus »Die Geburt einer Nation«, wo Lillian Gish durch den Klan befreit wird. Eine Einstellung erzählt eine lange Geschichte: Der Mann, der das zuerst verlorengegangene Baby zu retten versucht, wird getötet, und Mae Marsh bemerkt das schreiende Baby bei seinem Leichnam. Mir ist für diese Einstellung kein Vorläufer bekannt, aber sie hat eine Menge Abkömmlinge.[15]

David Wark Griffith, für den die Produktion von Western immer nur ein Teil seines immensen Werkes gewesen war, hatte dem Genre außerordentlich viele neue Impulse gegeben. Griffith war es, der auf den Versuchen von Porter aufgebaut und sie kontinuierlich weiterentwickelt hatte. Der Western als Filmgenre war noch nicht einmal zehn Jahre alt, da schien sich bereits damals nach einer relativ kurzen Hoch-Zeit eine Krise anzukündigen. Das Auf und Ab eines Filmgenres ist so alt wie die Filmgenres selbst. Mitunter sind es nicht einmal sieben fette Jahre, die den folgenden sieben mageren Jahren vorausgegangen sind … Als Griffith zu arbeiten anfing, stand häufig in den wenigen, kurzen Western-Rezensionen, daß das Werk ja nicht schlecht

sei, aber auch nur in bereits ausgetretenen Pfaden wandle. Wie schnell wird im Kino das Sensationelle, Originelle von heute das Langweilige, Fade von morgen! Und Griffith erkannte das; er entwickelte mit einer Geschwindigkeit und einer Zielstrebigkeit den Western weiter, die ihresgleichen in der Geschichte des Kinos suchten. »Die Schlacht von Elderbush Gulch« war fast schon so etwas wie der Schwanengesang des Griffith-Western. Als sich der Regisseur von der Biograph-Filmgesellschaft trennte und in eigener Produktion zu arbeiten begann, drehte er keine Western mehr. Lediglich 1915 überwachte er die Produktion eines großen historischen Western-Epos von Christy Cabannes »The Martyrs of the Alamo« (Die Märtyrer von Alamo), das vom mexikanisch-texanischen Krieg 1836 erzählte und durch einige beeindruckende Schlachtenbilder der Kämpfe um Fort Alamo und San Jacinto in die Filmgeschichte eingegangen ist. Griffith selbst drehte seinen letzten Film 1931 in Hollywood, bevor er 1948 dort, fast vollkommen vergessen und verarmt, starb. Den Pionieren wand Hollywood keine Kränze … In diesem Fall hatten und haben die Filmhistoriker ein weit besseres Gedächtnis …

Neben Griffith war es vor allem der Produzent und

Regisseur Thomas Harper Ince (1882–1924), der wesentliche Beiträge zum Western-Genre leistete. In die Filmgeschichte ist er vor allem als der talentierte Organisator eingegangen, als ein Mann, der weit mehr für die Entwicklung der Filmindustrie geleistet hat als für den Film als Kunstwerk. Erst allmählich setzt sich die Erkenntnis durch, daß er neben seinem organisatorischen Talent – durch das er so etwas wie ein positives Vorbild für die Filmproduktion späterer Jahre wurde – auch durchaus künstlerische Fähigkeiten hatte, die sich in vielen Filmen zeigten, die er selbst oder unter seiner Anleitung arbeitende Regisseure drehten.

Sein Weg zu jenem Studio, in dem er sich voll entwickeln konnte, war zwar zeitmäßig kurz, aber dennoch sehr etappenreich. Wie G. M. Anderson und viele andere wechselte er in relativ kurzer Zeit immer wieder die Studios, bis er im Sommer 1911 zur New-Yorker Motion Picture Company kam und von Kessel und Bauman als Regisseur verpflichtet wurde. Dieses Studio befand sich bereits an der Westküste, in der Nähe von Los Angeles. So war es eigentlich klar, daß auch Ince dort in der Hauptsache Western würde drehen müssen. Das war damals kein verlockendes Angebot für einen jungen Regisseur. Schon 1911 standen diese Filme im Ruf der Belanglosigkeit und Unseriosität – allein das Interesse eines Massenpublikums rechtfertigte ihre weitere Produktion. Ince soll seine Skepsis gegenüber der Western-Produktion durch den Satz »Donnerstags reiten sie den Berg hinauf, dienstags wieder runter« ausgedrückt haben.

Doch bald entwickelte auch er Ambitionen und versuchte, bei der Western-Produktion etwas Originelles zu leisten. Er hatte eine ungewöhnliche Idee: die Vereinigung von Zirkus und Kino, von zwei Bereichen, die damals gar nicht so weit voneinander entfernt waren. Oft standen Zirkus und Kino, ein Zelt und ein Nickelodeon, dicht nebeneinander. Und so überzeugte Ince die Produzenten Kessel und Bauman, die bekannte Western-Show Miller Bros. 101 Ranch Circus für ein wöchentliches Honorar von 2000 Dollar zu engagie-

ren. Dadurch bekam Ince das ganze lebende und tote »Inventar« seiner Western-Filme: 300 Pferde, Büffel, Planwagen, Indianerzelte, Cowboys und 50 echte Indianer. Damit konnte er in der kalifornischen Landschaft »echte« Western drehen. Es gibt Fotos, auf denen Ince als einziger Weißer inmitten prächtig geschmückter Sioux-Indianer posiert ...

Gedreht hat Ince seine Filme in der Gegend des Santa Ynes Canyon bei Los Angeles. Hier erkaufte er sich ein über 800 Hektar großes Gelände und ließ innerhalb kurzer Zeit eine ganze Filmstadt errichten, die schnell als Inceville bekannt wurde. 1913 besuchte ein Reporter diese riesige, aus dem Boden gestampfte kalifornische Filmstadt und berichtete in seiner Zeitung:

Ince begann mit einem kleinen Gerüst. In der Folgezeit dehnte er das Gelände aus, errichtete rund um die Berge Bauten; jeder Abschnitt wurde mit den entsprechenden Gebäuden ausgestattet. Mit mehr als 700 Mann und Gebäude-Investitionen im Werte von 35 000 Dollar ist Ince heute der stolze Manager einer Organisation, die so vollständig wie eine ganze Stadtverwaltung ist. Seine Werkstätten fertigen von Uniformen bis hin zu Wohnmöbeln alles an. Seine bestellten Felder ernähren die Menschen dort. Seine errichteten Dekorationen erlauben, von den Seeschlachten im Pacific zum Wilden Westen überzugehen, von Irland zum Orient; eigentlich können hier Szenen aus jedem Land der Erde gedreht werden.[16]

Inces erster Western hieß »War on the Plains« (Krieg in der Prärie) und kam im Februar 1912 in die Kinos. Der gesamte Miller Bros. 101 Ranch Circus spielte in diesem, einen Konflikt zwischen Indianern und Weißen schildernden Film mit. »Krieg in der Prärie« war der erste Zweiakter-Film, den dieses Studio drehte. Von Anfang an hatte Ince die Absicht, eine Geschichte zu erzählen, Charaktere zu schildern. Griffith genügten für seine Experimente oftmals nur Situationen, durch die er die Emotionen wachrufen konnte. Ince dagegen entwickelte runde, kleine Geschichten. Sein Verdienst war es, dem detaillierten, exakt ausgearbeite-

ten Szenarium im amerikanischen Kino erstmals die besondere Aufmerksamkeit zugewandt zu haben. Für Ince gab es bei der Filmproduktion zwei wesentliche Etappen: die Ausarbeitung der Geschichte, das Schreiben des Szenariums also, und die Montage des gedrehten Materials. Was dazwischen lag, die eigentlichen Dreharbeiten, hatte für Ince nur sekundäre Bedeutung. Diese Arbeit überließ er immer mehr den ihm unterstellten Regisseuren. Diese hatten »weiter nichts« zu tun, als das, was im Szenarium stand, exakt in Szene zu setzen und aufzunehmen …

Danach sah sich Ince das Material an und schnitt in der Küche (!) seines Bungalows zusammen mit seiner Frau die Szenen. Ein Fleischklopfer hielt die Filmrolle auf dem Küchentisch fest, ein Wäschekorb nahm den fertigen Film auf! Wie Lewis Jacobs berichtet, soll Thomas Harper Ince die Filmproduktion mit dem Bakken eines Kuchens verglichen haben:

Einen Film drehen ist sowas Ähnliches wie einen Kuchen backen … Man braucht gewisse Zutaten und muß wissen, wie sie gemischt werden.[17]

Doch bei aller heute rührend und komisch anmutenden Beschreibung dieser Art von Filmproduktion und bei aller Imposanz, mit der Ince durch seine Filmstadt Eindruck zu machen versuchte, sind einige der Ince-Western heute durchaus noch beeindruckende, originelle Beiträge des Genres.

Auch die Western von Thomas Harper Ince beschäftigten sich vor allem mit den Konflikten zwischen den Indianern und den weißen Siedlern. Allerdings versuchte Ince in mehreren seiner Filme, Verständnis für das Handeln der amerikanischen Ureinwohner aufzubringen. Hier waren die Indianer oft glaubwürdige menschliche Charaktere, hier waren sie häufig ähnlich sympathisch dargestellt wie in den Büchern von Cooper. Als charakteristisch für diese Filme kann »The Heart of an Indian« (Das Herz eines Indianers) aus dem Jahre 1913 gelten:

Der Film beginnt mit Szenen vom Alltag in einem Indianer-Dorf, dem der Häuptling J. Barney Sherry mit seinem Stellvertreter, gespielt von dem Indianer-Schauspieler William Eagleshirt, vorstehen. Die Tochter des Häuptlings betrauert den Tod ihres Kindes. Dann zeigt der Film das Leben der Pioniere, die das Feld bestellen und Büffel jagen. Beide Rassen werden als gleichberechtigt im Ringen um ihr Auskommen gezeigt. Beide haben dieselbe Existenzberechtigung, dieselben Rechte.

Dann wird ein Indianer-Überfall durch das Erlegen eines »Indianer«-Büffels durch einen Weißen provoziert. Aus einer brennenden Hütte rettet der Indianer-Häuptling ein kleines Mädchen und gibt es seiner Tochter zur Adoption. Die wirkliche Mutter taumelt ängstlich in das Indianer-Camp und versucht, ihr Baby zurückzuerhalten. Das Indianer-Mädchen verspottet sie; aber dann, als sie Mutter und Kind eine kurze Umarmung erlaubt, gibt sie nach. In einer bewegenden kurzen Szene begreift sie die Allgemeingültigkeit der Mutterschaft und – indirekt – aller Menschen. Sie gibt das Kind seiner wirklichen Mutter zurück, bringt beide in Sicherheit. Aber der weiße Mann aus der Siedlung sinnt auf Rache und hat die Verfolgung aufgenommen. Auch nicht, als er Mutter und Kind – beide vollkommen unverletzt – vorfindet, kann sein Haß gezügelt werden. Die Weißen schleichen sich in das Indianer-Camp und massakrieren kaltblütig seine Bewohner. Die Schlußszene des Films zeigt eine eindrucksvolle Silhouette: In der Dämmerung sehen wir auf der Spitze eines Hügels das jetzt doppelt beraubte Indianer-Mädchen, das sich »in Übereinstimmung mit dem Geist ihres toten Kindes« befindet. Sie betet für den kleinen Körper, der in Decken gehüllt auf einem kleinen Gerüst liegt.[18]

Für Ince waren die Indianer keine »Elemente«, um Spannung zu erzeugen, um Emotionen zu bewegen. Er nahm sie als menschliche Wesen ernst, versuchte, ihr Handeln zu erklären.

Auch Ince drehte »seinen« Film über die berühmte Schlacht am Little Big Horn. Im Oktober 1912 kam »Custer's Last Fight« (Custers letzter Kampf) in die Kinos – im selben Jahre wie die Version dieses histori-

schen Ereignisses von D. W. Griffith »Das Massaker«. Den General George Armstrong Custer spielte bei Ince übrigens einer der bekanntesten Western-Darsteller jener frühen Jahre, Francis Ford, dessen Bruder John in Zukunft dem Genre zahlreiche wichtige Beiträge geben sollte. Francis Ford kümmerte sich später, als Ince fast ausschließlich als Produzent arbeitete, als Regisseur um die unter dem Namen Ince erscheinenden Western.

Auch beim Betrachten der Ince-Western ist man heute über die recht glaubwürdige Zeichnung des Lebens im Westen, bei der Entwicklung der Charaktere erstaunt. Häufig stößt man bei der Beschäftigung mit diesen Filmen auf das Wort Realismus. Ince und auch Griffith müßten sich, in ihren Western dieses Leben realistisch wiederzugeben. Zu einer Zeit, da sich Hollywood erst zu entwickeln begann, da das amerikanische Kino noch nicht die dominierende Stellung auf dem Weltmarkt hatte, die es nach dem ersten Weltkrieg einnehmen sollte, da technische Mängel und eine noch unter-

32 Ince (vorn links sitzend) und seine Inceville Sioux

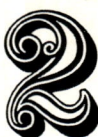

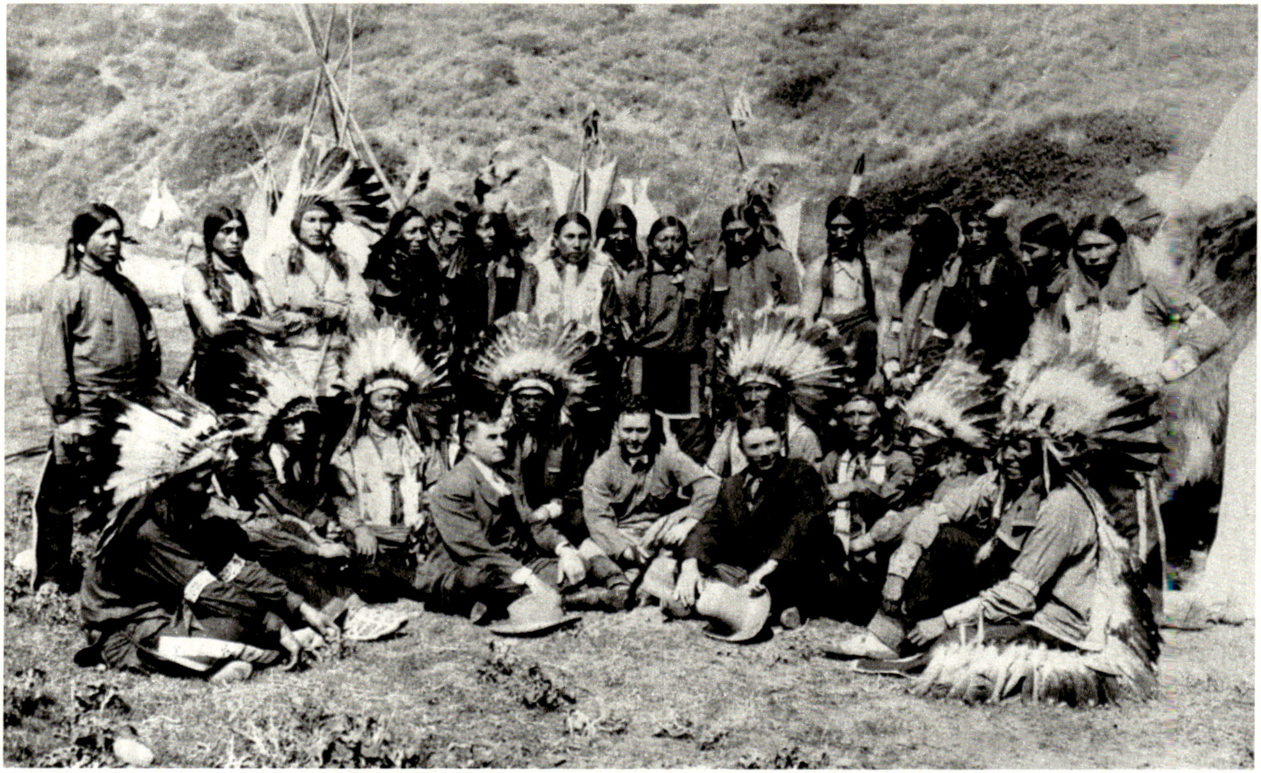

entwickelte Filmsprache viele Probleme aufwarfen, zu dieser Zeit bemühte man sich nicht ohne Erfolg um realistische Western-Filme. Lag es daran, daß die Zeit, in der diese Filme spielten, noch nicht allzu ferne Geschichte war? Lag es daran, daß man im Westen, wo diese Filme gedreht wurden, auf Schritt und Tritt auf Menschen stieß, die selbst jene Vorgänge direkt noch miterlebt haben, die mit der Eroberung des Westens zusammenhängen? Nicht nur die Indianer, die für Ince arbeiteten, konnten den Wahrheitsgehalt der einzelnen Szenen, in denen sie selbst spielten, sehr genau beurteilen. All das zusammengenommen verhinderte allzu phantastische, wirklichskeitsferne Erzählungen, wie sie für den Western in den folgenden Jahrzehnten charakteristisch werden sollten.

Fenin/Everson führen für den Wahrheitsgehalt der Ince- und Griffith-Western u. a. auch ein verhältnismäßig kleines, aber dennoch relevantes, aufschlußreiches Detail an: den Staub. Die Welt des Westens war eine Welt des Staubs; der Staub war der nahezu unbesiegbare Feind des Menschen, fast ein Symbol für die Unbezähmbarkeit einer noch fast vollkommen wilden Natur. Diesen Staub, den man überall im Westen fand, vor dem sich niemand auf Dauer vollkommen schützen konnte, fand man auch in den frühen Western von Ince und Griffith. Vielleicht war es nur eine

technische Unzulänglichkeit, daß man sich auch bei Dreharbeiten nicht dieses Feindes entledigen konnte. Später dann schaffte man es; die Bilder waren klarer, schöner und ... weniger wahrheitsgetreu. Ähnlich wie mit diesem äußerlichen Detail verhielt es sich gewiß mit anderen, wesentlicheren Elementen.

Von der Qualität einzelner Szenen aus Ince-Western, die zusammen mit Cowboys und Indianern, den Pferden und Büffeln, den Planwagen und Zelten des »Miller Bros. 101 Ranch Circus« von Ince und seinen Regisseuren für die »Bison 101-Filmgesellschaft« gedreht wurden, konnten sich auch später unbewußt Kinogänger überzeugen, die Western sahen, in die Szenen eingefügt wurden, die viele, viele Jahre zuvor in Inceville gedreht worden waren. Oftmals waren diese vor dem ersten Weltkrieg gedrehten Szenen dermaßen perfekt und wirkungsvoll inszeniert, spannend montiert, daß man sie ohne Schwierigkeiten in Western aus den zwanziger, dreißiger oder vierziger Jahren eingliedern konnte.

Die Autorenschaft der meisten Ince-Filme ist nur sehr schwer zu klären. Ince war gewiß der Initiator der Filme, er überwachte die Produktion, wirkte prägend auf die Regisseure, die die Filme eigentlich drehten. Er bildete eine ganze Generation von Western-Regisseuren aus, die das Bild dieses Filmgenres in der folgenden Jahrzehnten bestimmen sollten: Von Jack Conway über Henry King bis hin zu William A. Seiter reicht die Reihe der Regisseure, die von Thomas Harper Ince geprägt, in seiner großen Werkstatt ausgebildet worden waren.

Als in den Jahren 1912 und 1913 das Interesse des Publikums an Western immer mehr zu schwinden schien und auch Griffith durch seinen Weggang von der Biograph-Filmgesellschaft dem Genre keine wesentlichen Beiträge mehr lieferte, interessierte sich Ince immer mehr für aufwendige historische Bürgerkriegs-Filme – ohne allerdings seine Western-Produktion vollkommen aufzugeben. (Immerhin brachte Ince 1914 den Schauspieler William S. Hart zum Kino und leistete dadurch vielleicht seinen wesentlichsten Beitrag für die Weiterentwicklung des Genres.) Bereits im Juni 1913 kam die Ince-Produktion »The Battle of Gettysburg« *(Die Schlacht bei Gettysburg)* in die Kinos. Dieser fünf Akte lange Film über die blutigste, entscheidende Schlacht des amerikanischen Bürgerkriegs vom Juli 1863 war ein Auftakt für eine lange Reihe von Bürgerkriegs-Filmen, die Ince herstellte. Der teilweise mit acht Kame-

ras gedrehte, sehr aufwendige Film beeindruckte durch die Schlachtszenen, die für die damalige Zeit ungewöhnlich perfekt gestaltet worden waren.

Der Weg des Western ist ein ununterbrochenes Auf und Ab; eine Krise löst die andere Hoch-Zeit ab. Das war bereits damals genauso wie in den folgenden Jahrzehnten. Um 1915 war das Genre bereits wieder in der Krise – dennoch arbeiteten die meisten Studios weiterhin ununterbrochen. Persönlichkeiten wie Tom Mix, William S. Hart und anfangs auch Douglas Fairbanks lebten fast ausschließlich von diesen Filmen. Auch viele Neulinge, die ihre ersten Schritte in der gerade sich formierenden Filmindustrie des Landes unternahmen, verdienten sich ihre ersten Sporen durch Western; z. B. der Regisseur und Produzent Cecil B. DeMille (1881–1959), der in die Filmgeschichte nicht durch Western, auch nicht durch seine Salondramen eingegangen ist, sondern durch recht bombastische Historienfilme. Doch auch dieser DeMille begann als Regisseur von Western. Gewiß hatte auch er anfangs ganz andere Ambitionen, als solche Filme zu drehen; ebenso der Produzent Jesse Lasky, mit dem DeMille zusammenarbeitete. Sie fanden es lohnender, ein bekanntes Theaterstück zu verfilmen als irgendeine

kleine »Pferdeoper«. Nur stieß man bei der Stoffsuche auf eines der erfolgreichsten amerikanischen Theaterstücke, mit dem schon viele Tourneetheater durch das Land gereist waren. Und dieses Erfolgsdrama von Edwin Milton Royle »The Squaw Man« (Der Squaw-Mann) war eigentlich so etwas Ähnliches wie eine »Pferdeoper«. Ursprünglich sollte dieses Western-Drama, das zwischen Weißen und Indianern spielte, in Flagstaff, Arizona, verfilmt werden. Doch als man dort nicht die gewünschten Motive für Außenaufnahmen fand, fuhr man mit dem Zug kurzerhand weiter nach Westen. Der Zug endete in Los Angeles, Kalifornien. Und so drehte man dort in der weiten Umgebung der Stadt diesen Film mit Dustin Farnum. Er zählt im Vergleich mit den Western von Griffith und Ince gewiß nicht zu den Sternstunden des Genres. Doch das Publikum schätzte diese Verfilmung eines populären Theaterstückes. Für den Regisseur war es ein erfolgreicher Start. Und er schätzte dieses Stück so sehr, daß er

38 Dustin Farnum (links) in
»Der Squaw-Mann« (1913) von Cecil B. DeMille

39 Cecil B. DeMille (rechts)
bei Arbeiten an dem Tonfilm »Der Squaw-Mann«
(1931)

51

fünf Jahre später, 1918, bereits ein Remake drehte. Die dritte Version von Royles Stück drehte DeMille zu Beginn der Tonfilmzeit im Jahre 1931. Nach dem Erfolg seines ersten »Squaw-Mann« blieb DeMille bei diesem Milieu und dieser Thematik. Auch sein zweiter Film war ein Western, auch er die Verfilmung eines äußerst populären literarischen Werkes: des Romans »The Virginian« (Der Mann aus Virginia) von Owen Wister. Dustin Farnum spielte hier einen Cowboy aus Virginia, der in einer Rinderstadt in Konflikt zwischen Gesetz und Ordnung gerät. Auch dieses literarische Werk erlebte noch mehrere Verfilmungen. Nach DeMilles Film aus dem Jahre 1914 kam 1929 ein Film von Victor Fleming in die Kinos. Die Titelrolle verkörperte hier übrigens ein Schauspieler, der damals noch ganz am Anfang seiner Karriere stand und der in der Folgezeit einer der populärsten Western-Darsteller werden sollte: Gary Cooper.

Western-Helden in Serie

★ Der Weg und die Filme des Tom Mix ★ Die Fließband-Western des William Fox ★ Die Moral eines Film-Cowboys ★ Die Kleidung eines Glamour-Cowboys ★ Der Antipode: William Surrey Hart ★ Hart, der Prediger ★ Buck Jones, der Musterknabe ★ Hoot Gibson oder der Humor im Western ★ Ken Maynard, der Akrobat und Rodeo-Reiter ★

Kennen Sie eigentlich noch Tom Mix? Wenn sich vielleicht auch nur noch ganz wenige Leser an einen Film erinnern können, in dem sie Tom Mix gesehen haben, so ist zumindest der Name dieses Schauspielers für einige noch ein ganz vager Begriff. Jedenfalls weiß man, daß dieser Mann in den Westen der Vereinigten Staaten gehört, daß er in jener Gegend zu Hause war, die man bei uns, viel weniger in Amerika selbst, den »Wilden Westen« nennt. Für so manche, die sich nur sehr oberflächlich in der Geschichte und Legende des Westens auskennen, ist dieser Tom Mix fast so etwas wie eine historische Persönlichkeit – vergleichbar dem berühmten Buffalo Bill. Doch mag auch bei Buffalo Bill die durch Groschenhefte eifrig entwickelte und gepflegte Legende weitaus bewegter sein als die Wirklichkeit der Biographie dieses Mannes, so kann man Buffalo Bill durchaus als eine Gestalt aus der Geschichte des Westens ansehen.

Tom Mix (1880–1940) dagegen war »nur« ein Schauspieler, ein Filmstar, der – angeregt durch die Werbemanager der Filmstudios – sein Leben, bevor er die Filmstudios betrat, in den schillerndsten Farben schilderte. Natürlich griffen die Werbestrategen und auch er selbst später jeden Moment seiner Biographie dankbar auf, in dem sie ihn als einen Helden des Westens herausstellen konnten. Man versuchte die Zuschauer glauben zu machen, daß die Gestalt, die Mix auf der Leinwand darstellte, und die Persönlichkeit des Schauspielers weitgehend identisch seien. Das war nicht ohne Erfolg.

Als Tom Mix den Höhepunkt seiner Popularität in den USA und auch außerhalb des Landes erreicht hatte, Mitte der zwanziger Jahre, zu einer Zeit, da jährlich ca. fünf bis acht Filme mit Tom Mix das Fox-Studio verließen, veröffentlichten die Filmzeitschriften eine Autobiographie des Schauspielers, in der dieser sein Leben als eine ununterbrochene Folge turbulenter Abenteuer schilderte. Für die wahren Autoren dieser Biographie – vermutlich das Pressebüro der Fox-Filmgesellschaft – war der Effekt der Geschichte wichtiger als ihr historischer Wahrheitsgehalt. Obwohl der Wahrheitsgehalt dieser Autobiographie mehr als umstritten ist, dient diese Veröffentlichung bis heute noch vielen, die sich mit dem Leben des Tom Mix beschäftigen, als Grundlage.

Die Unklarheiten beginnen schon bei den Angaben über die Geburt des zukünftigen Filmstars. Er schreibt, daß seine *Wiege 1879 in einer Blockhütte nördlich vom heutigen El Paso gestanden hat.*[19] Doch Nachforschungen ergaben, daß Tom Mix 1880 in Clearfield County, Pennsylvania, zur Welt gekommen ist. Das texanische El Paso mag für einen Western-Star als Geburtsort weitaus zünftiger erscheinen als jene Gegend im Osten der USA, und so gaben Mix und seine Publicity-Manager der Legende den Vorzug, die noch sehr lange weiterverbreitet wurde. Natürlich gab der Schauspieler auch seiner Verwandtschaft ein sehr farbenprächtiges Gepräge. Seine Mutter soll halb Schottin, halb Indianerin gewesen sein. Ihr Vater – Tom Mix' Großvater also – war ein bekannter Cherokee-Indianer aus dem White-Eagle-Reservat. Durch diese enge Bindung an die Kultur der Indianer will Tom Mix auch bereits als Kind das Osage, einen Indianer-Dialekt, gesprochen haben. Später lernte er noch vier weitere Indianer-Dialekte.

Bedarf es noch einer Frage, daß der kleine Tom eher auf dem Rücken der Pferde reiten konnte als auf seinen eigenen Beinen laufen? Seine Kindheit schilderte er rückblickend als einen sehr harmonischen Abschnitt des Lebens, wo er in enger Verbindung mit der Natur aufwuchs. Bereits als Kind machte Buffalo Bill's Wild West Show auf den kleinen Tom Mix einen gewaltigen Eindruck. Der romantische, nostalgische Blick auf jene Zeit, die als Epoche der Pioniere und Siedler in die amerikanische Geschichte eingegangen ist, ein Blick, den wir auch bei vielen unserer Zeitgenossen finden, ihn gab es schon damals, im Jahre 1925. Damals schwärmte Tom Mix:

Glückliche Zeiten, wo es wirklich noch Cowboys gab, wie sie heute nur noch der Film und die Bücher schildern! Wo man mit Flinte und Lasso durch die großen Prärien sauste, Pferde und Büffel fing und zähmte. Wo die Flinte genauso wichtig war wie die hohen Reiterschuhe und wo man mehr Wert auf einen Lasso legte als heute etwa auf eine Zahnbürste.[20]

Er war 29 Jahre alt, als er erstmals Kontakt mit dem Kino hatte. Davor lagen sehr abwechslungsreiche, bewegte Jahre, in denen Tom Mix nicht nur einmal sehr weit weg von jener Gegend fortzog, die sein späteres Leben bestimmte. Er selbst zählte die vielen unterschiedlichen Tätigkeiten, die er in fast nur zehn Jahren hintereinander ausübte, in seiner Autobiographie auf:

Cowboy, Soldat, Pfadfinder, Sheriff, U. S. Marshal in einem Indianer-Distrikt, Texas-Jäger, Gerichtsbeamter und schließlich Filmschauspieler.[21]

Als Soldat nahm Mix am spanisch-amerikanischen Krieg von 1898 teil, kämpfte mit um Kuba, war auf den Philippinen stationiert, später beteiligte er sich zusammen mit dem amerikanischen Expeditionskorps am Boxeraufstand in China, und schließlich focht er in Südafrika für die Engländer im Kampf gegen die Buren ...

Doch weitaus fruchtbarer für seinen späteren Lebensweg waren die Jahre, als er in Arizona, Texas, Kansas und Oklahoma als Sheriff und Texas-Ranger tätig war. Seine Spezialität war zu jener Zeit kurz nach der Jahrhundertwende das Stellen von Viehdieben. Breit beschreibt Mix in seiner Autobiographie spektakuläre Fälle, bei denen er berühmte Verbrecher, Viehdiebe und Eisenbahnräuber jagte und hinter Gitter brachte. Ein Beispiel ist der Fall der gefürchteten Shont-Brüder, die Tom Mix dingfest machte; bezeichnend dafür, in welches Licht sich Mix selbst gern stellte, und bezeichnend auch für das Bild, das man in Amerika damals von bekannten Verbrechern entwarf. Auf die Köpfe der Viehdiebe Shont waren 750 Dollar ausgesetzt. Doch niemandem gelang es, diese Verbrecher zu stellen, nur Tom Mix, der beide lebendig hinter Gitter brachte. Doch bald darauf wurde bekannt, daß die Shonts immer ihre mittellose Mutter unterstützt hatten. Jetzt, da sie im Gefängnis saßen, verarmte die alte Frau vollkommen. Daraufhin brachte ihr Tom Mix die 750 Dollar, die er für seine Tat bekommen hatte! Tom Mix, der edle, tollkühne und geschickte Sheriff aus Texas! Und auf der anderen Seite legendäre Verbrecher, die aber allesamt mit der Gloriole von amerikanischen Robin Hoods versehen wurden. Sie rauben u. a. auch deshalb, um ihre arme Mutter zu unterstützen! Wer denkt dabei nicht sofort an die Gebrüder James, die doch auch nur dadurch zu Verbrechern geworden sein sollen, nachdem die Agenten der Eisenbahn ihre Mutter umgebracht hatten ...

Später dann kaufte sich Mix im Cherokee-Territorium

von Oklahoma eine Farm, beteiligte sich an Rodeos und Schießwettbewerben und wurde dadurch bekannt. Als er im Jahre 1909 in Cheyenne in einem Rodeo-Wettbewerb einen Pokal gewann, wurde ihm mitgeteilt, daß die Selig-Filmgesellschaft aus Chicago ein Terrain für die Außenaufnahmen ihrer Western und einen Mann sucht, der »richtige Cowboy-Kniffe« in den Filmen vorführen kann … Und so kam Tom Mix zum Film. Der erste Film, den die Selig auf der Ranch von Mix drehte, war der Semi-Dokumentarfilm »Ranch Life in the Great South West« (Ranch-Leben im Großen Süd-Westen). Der Regisseur dieses Films, Francis Boggs, fand Gefallen an diesem talentierten Cowboy, den man als Mädchen für alles einsetzen konnte. Tom Mix war so etwas wie ein »Berater in Cowboy-Angelegenheiten« für die Selig-Filmgesellschaft.

Nach einem kurzen Intermezzo, das Mix auf der Seite von Madero in die mexikanische Revolution führte, fand der unternehmungslustige Cowboy zum Kino, zu Colonel William Seligs Filmgesellschaft zurück. Unter wesentlich besseren Vertragsbedingungen arbeitete er

jetzt als Stuntman, als Sensationsdarsteller, der in gefährlichen Szenen die weit weniger geschickten Schauspieler ersetzte. Seine Spezialität waren Szenen mit wilden Tieren. Voller Stolz beschreibt Mix seine Kämpfe mit Löwen, Wölfen und Alligatoren. Ein Höhepunkt war seine Auseinandersetzung mit zwei wilden Wölfen, die Mix ohne Tricks vor der Kamera bestehen mußte.

Der Weg vom Stuntman zum richtigen Schauspieler ist in jener Art von Filmen, für die allein Tom Mix in Frage kam, nicht allzuweit. So drehte er in den Jahren 1911 bis 1917 zwischen 70 und 100 Ein- und Zweiakter für die Selig-Filmgesellschaft. Es waren nicht nur Western, jedoch die Landschaften von Kalifornien, Colorado und Arizona bildeten den Hintergrund für fast alle Filme dieser Zeit, seien es nun Komödien, Melodramen oder Abenteuerfilme. Wie fast alle Akteure jener Zeit, so wollte sich auch Tom Mix nicht mit der Tätigkeit vor der Kamera zufrieden geben. Einige Filme schrieb er selbst, andere inszenierte er. Doch die wenigen Filme von damals, die mehr oder weniger vollständig bis heute überlebt haben, verraten kaum Originalität. Im Vergleich zu den Filmen von Griffith und Ince, vor allem aber zu den Western, in denen William S. Hart, Tom Mix' großer Antipode, spielte, waren die kurzen Filme, die Tom Mix für die Selig drehte, unbeholfene, durchschnittliche kleine Filme, die nicht viel mehr als den Reiz sehr alter Dokumente aus der Frühzeit des Western-Films deutlich werden lassen. Hätte Mix nur in diesen Filmen gespielt, wäre sein Name gewiß nie in den Geschichten des Western erschienen. Andererseits schätzte das Publikum aber auch diese wenig originellen Ein- und Zweiakter. Denn nicht ohne Grund brachte William Selig später, als Tom Mix nicht mehr für ihn arbeitete, mehrere dieser Filme neu montiert und unter einem anderen Titel wieder in die Kinos.

Die wirkliche Laufbahn als Western-Star begann im Jahre 1917, als Mix für William Fox zu arbeiten begann. William Fox (1879–1952), ursprünglich Unter-

nehmer in der Konfektionsindustrie, begann als Film-verleiher und ordnete 1913 seinem Verleih auch eine Produktionsgesellschaft zu. Im Jahre 1917 verlegte er seine Produktion von New York in das kalifornische Hollywood. Es war das Jahr, in dem er auch Tom Mix unter Vertrag nahm. Es ist so keineswegs übertrieben, wenn man von den Mix-Western feststellt, daß sie we-sentlich mit zum Aufstieg dieser großen Filmgesell-schaft beigetragen haben. Die Western mit Tom Mix waren die finanzielle Basis der Fox Film Corporation, auf der weitaus kostspieligere, weitaus weniger publi-kumswirksame Experimente, wie z. B. die Filme, die der große deutsche Regisseur Friedrich Wilhelm Mur-nau für Fox drehte, unternommen werden konnten.

Tom Mix war zu einer Zeit zu William Fox gekommen, als William S. Hart mit seinen Filmen die interessante-sten Beiträge dem Genre beisteuerte. Mix und Fox er-kannten von Anfang an, daß eine Kopie dieser populä-ren Filmgestalt vermutlich nur kurze Zeit Erfolg haben würde. Tom Mix sollte etwas Eigenständiges, Originel-les bieten. Obwohl die folgenden Filme keine Serie im eigentlichen Sinn des Wortes darstellen, Mix also ver-schiedene Figuren spielte, tragen die Fox-Filme des Schauspielers durch die ähnlichen Helden, die immer wieder in ähnlichen Situationen bestehen müssen, den-noch deutlich die Zeichen einer Serie. Die Zuschauer wußten, was sie von Tom Mix zu erwarten hatten, wel-che Art Abenteuer es hier zu sehen gab – und sie schätzten diese Art Unterhaltung, wollten diese sich ähnelnden Geschichten immer wieder sehen.

Bald hatte man für diese Filme ein ganzes Team von Spezialisten bereit, die wesentlich zur Qualität beitru-gen. Mix selbst hatte seine Ambitionen, selbst Regie zu führen, bald aufgegeben. Nur einen einzigen Film in-szenierte er für Fox. So konnte er sich ganz auf seine Aufgaben vor der Kamera konzentrieren. Regisseure wie Jack Conway, George Marshall und auch John Ford arbeiteten mit Mix; vor allem aber Lynn Rey-nolds und John Blystone inszenierten in den Jahren von 1918 bis 1926 die Mehrzahl der Filme. Aber weit

wichtiger als die Regisseure, auch wichtiger als die Szenaristen, die sich die Geschichten für die Filme ausdachten, war offenbar der Kameramann. Die Re-gisseure wurden mitunter gewechselt, nie aber wech-selte Tom Mix seinen Kameramann Daniel B. Clark, der seit 1919 für Mix arbeitete und auch noch später, als der Star für andere Gesellschaften arbeitete, seine Filme fotografierte. Betrachtet man die wenigen Filme von Tom Mix, die heute noch in den Filmarchiven lie-gen, und liest man die Filmkritiken von damals, dann wird es einem schnell klar, daß Mix sehr wohl wußte, was er an diesem Kameramann hatte. Nicht aus Eitel-keit hielt er diesem Mitarbeiter die Treue, sondern we-gen der Qualität seiner Arbeit. Die Rezensionen der Filme waren fast alle nach einem bestimmten Schema geschrieben: Nachdem man sich über die Banalität und den Schematismus der Geschichten mokiert und festgestellt hatte, daß solche Filme eigentlich nur von einem jugendlichen Publikum zu ertragen seien, lobte man immer wieder die Qualität der Aufnahmen, die geschickte Einbeziehung der imposanten Landschaften in die Geschichte und die vollkommenen technischen Tricks.

Der einzige Fox-Film, den Mix auch selbst inszenierte, trägt den programmatischen Titel »The Daredevil« (Der Draufgänger). Einen Draufgänger, einen jener tollkühnen Burschen mit dem Herzen auf dem rechten Fleck, den man einen Tausendsassa nennt, verkörperte Tom Mix in allen seinen Filmen. Diese Helden des Tom Mix könnten Brüder der Helden eines Douglas Fairbanks sein. Es ist nicht so sehr wichtig, in welcher Zeit die Geschichten spielen, welche Requisiten hier benötigt werden. Der Hintergrund, die Landschaft ist aber in den meisten Fällen der Westen der USA. Manchmal dachten sich seine Szenaristen Originalsto-ries aus, manchmal benutzten sie bekannte literarische Vorlagen – wie z. B. die des wohl produktivsten und bekanntesten Western-Schriftstellers aller Zeiten Zane Grey. Doch auch für Zane Grey spielte der Effekt einer Geschichte eine weitaus größere Rolle als die hi-

Kinematograph

SCHERLVERLAG ★ BERLIN, SW. 68 ★ 19. JAHRGA NUMMER: 949

Tom Mix
der berühmte
Cowboy = Darsteller
erzählt in dieser Nummer
seine Lebensgeschichte

★

PREIS: 50 PFENNIG
BERLIN, 26. APRIL 1925

KLIEM

45 *Tom Mix im Jahre 1925 zu Besuch
in Berlin*

storische Glaubwürdigkeit. Tom Mix spielte auch so gut wie nie historische Persönlichkeiten, nie war er Wyatt Earp, General Custer oder Buffalo Bill. Dagegen verkörperte er immer wieder einen namenlosen Farmer, Siedler, Texas-Ranger oder Sheriff, der sein ganzes Geschick aufbieten muß, um der Gerechtigkeit zum Siege zu verhelfen. Immer wieder setzte er sich für andere ein, schützte er wehrlose Farmer, tat er für die anderen das, was er »tun mußte«. Oft geriet er fälschlicherweise in Verdacht, ein Verbrechen begangen zu haben. So wurde in »Teeth« *(Toms Tiger)* von John Blystone aus dem Jahre 1924 ein alter Postmeister ermordet. Tom Mix wird verdächtigt und ins Gefängnis gesteckt. Daraus befreit ihn sein »Tiger«, ein Hund. Ein rasender Expreßzug, ein Waldbrand und eine Menge Alkohol (den natürlich nur die wirklichen Schufte trinken) werden aufgeboten, damit Mix seinem staunenden Publikum den wirklichen Mörder präsentieren kann.

Expreßzug, Flugzeug, Automobil – immer wieder integriert Tom Mix diese Symbole der neuen Zeit in seine Geschichten. In und an ihnen kann er vorzüglich herumturnen. Die Geschwindigkeit war ein wesentliches Element aller seiner Filme – völlig unabhängig davon, ob diese Art von Geschwindigkeit in der Pionierzeit, da man noch einer Pferdestärke vertraute, überhaupt einen Platz hatte. Auch Mix hatte seine Lektionen von Griffith gelernt und wußte, wie publikumswirksam eine Rettung in der letzten Minute war. Dennoch behauptete natürlich auch Tom Mix wie alle anderen, die jemals Geschichten über den Westen erzählt haben, daß er sich um die Wirklichkeit des Westens bemühte:

Es lag mir daran, saubere Bilder zu machen und den Westen so zu zeigen, wie er wirklich ist und wie ich ihn liebe.[22]

Es sollte noch mehrere Jahrzehnte dauern, bis man sich auch bei der Western-Produktion zu der Legenden bekannte und zugab, daß die Legenden oft wirkungsvoller sind als die nüchternen, farblosen Tatsachen der Wirklichkeit.

Tom Mix ist der Besitzer mehrerer Farmen. Als er erfährt, daß sein Verwalter schlecht arbeitet und allerlei dunkle Geschäfte macht, verkleidet er sich als fahrender Musikant, besucht heimlich seine eigene Farm und entlarvt den betrügerischen Verwalter: »The Best Bad Man« *(Der König der Gaukler)* von John Blystone (1925). Der Farmer Tom Foster (Tom Mix) ist in der Liebe allzu schüchtern. Erst als Eleanor, das geliebte Mädchen, deren Farm er in Ordnung hält, aus Europa einen Verehrer mitbringt, wird er aktiv und erobert das Herz des Mädchens: »The Lucky Horseshoe« *(Der schüchterne Bräutigam)* von Blystone (1925). Zwei typische Geschichten für Tom-Mix-Filme. Die Geschichten seiner Filme waren meist äußerst dürftig. Wichtiger waren oft einige einzelne Szenenkomplexe, waren Situationen, Spannungselemente. Häufig wurden Naturkatastrophen, Waldbrände, reißende Wasserfälle, Unwetter in die Handlung integriert – eine schwache Reflexion des Kampfes mit den Naturgewalten, der das Leben der Siedler von einst bestimmte. So war z. B. in Lewis Seilers Film »No Man's Gold« *(Das Testament des Goldsuchers)* von 1926 ein gewaltiger Wirbelsturm die Attraktion.

Doch Tom Mix suchte sich auch Geschichten, die ebenso in jeder anderen Gegend der Welt spielen konnten, wo es ganz allgemein um den Kampf zwischen Gut und Böse ging. Selbstverständlich entsprach auch die hierin zum Ausdruck kommende Moral exakt der puritanischen Spießermoral der mächtigen Frauenvereine. Schließlich waren Tom-Mix-Western Familienfilme, bestand ihr Publikum zum großen Teil aus Kindern. Nie hatte die Zensur Probleme mit diesen Filmen. Doch wie lächerlich antiquiert ihre Moral schon damals wirkte, merkt man, wenn man zeitgenössische Kritiken zu diesen Filmen liest. So mokierte sich damals z. B. eine deutsche Zeitung darüber, daß das Finale eines Tom-Mix-Films dadurch aufgehalten wird, daß es für Tom und das Mädchen, mit dem er soeben Abenteuer auf Leben und Tod gemeinsam bestanden hat, in einem kleinen Hotel keine zwei Einzelzimmer gibt! Tom Mix, der ritterliche Beschützer einsamer Mädchen, behütet manchmal sogar ein ganzes Damenpensionat. In »Ladies to Board« *(Tom Mix im Damenstift)* von J. Blystone (1925) bewacht er eine solche Einrichtung.

Die Partnerinnen des Westerners wechselten häufig. Frauen spielten nur eine sekundäre, untergeordnete Rolle an der Seite des Helden. Nicht so aber sein Pferd. Tony, das berühmte Pferd des Tom Mix, stand nicht nur auf dem Vorspann der meisten seiner Filme

Massenpublikum durch möglichst effektvolle, manchmal auch glanzvolle abenteuerliche Kinogeschichten zu unterhalten. Durch Tom Mix wurde der Western mit der Welt des Show Business verbunden. Nicht umsonst nannte man ihn später den Glamour-Cowboy. Nichts scheinen größere Gegensätze zu sein als das harte, elende Leben der Cowboys, der Kuh-Jungen aus dem vergangenen Jahrhundert, und der Glamour, der Glanz und der Flitter aus der Welt des Zirkus, das Varietés und der Music Halls. Nicht ohne Grund fühlte sich Mix von dieser Welt des Zirkus, der artistischen Kunststückchen zeit seines Lebens immer wieder angezogen. Seine Filme waren immer dann am besten, wenn sie möglichst viele, möglichst attraktive, ungewöhnliche und noch nie gesehene Kunststückchen enthielten. Oft hatten sie mit dem Westen so viel zu tun wie die Rodeo-Wettbewerbe aus dem modernen Amerika mit dem Westen des 19. Jahrhunderts.

Bezeichnend für diesen Gegensatz ist auch die Vorliebe des Schauspielers Tom Mix und seiner Filmfiguren für attraktive, extravagante Kleidung. Wenn man ihn sah, mußte man zumeist an aufwendige Faschingskostüme oder an die Uniform von Glamour-Cowboys aus Las Vegas denken und nicht an die echten

(manchmal sogar noch vor dem Star, vor Mix), es war oft auch der Titelheld: so 1922 in »Just Tony« *(Der Herr der Steppe)* von Lynn Reynolds und 1924 in Blystones »Oh You Tony« *(Tom Mix, der Damenfreund).* Auch als der Star gestorben war, brachte die Fox in ihrem Studio eine Gedenktafel an, auf der »Tom Mix und Tony« geehrt wurden!

Bei allen Reizen, die die wenigen erhalten gebliebenen Fox-Filme von Tom Mix für uns heute bereithalten, läßt es sich nicht übersehen, daß es hier nicht um glaubwürdige Erzählungen über den Westen und seine Vergangenheit ging, daß hier keine wirklichen Helden dieser Gegend porträtiert werden sollten, sondern daß hier systematisch und mit Erfolg versucht wurde, ein

Cowboys aus dem amerikanischen Westen. Die hätten weder das Geld noch die Zeit dafür gehabt, sich dermaßen extravagant und luxuriös anzuziehen. Die Kleidung des normalen Cowboys war eine Arbeitskleidung. Wie aber hätte ein Cowboy im Staub des Westens mit seinen Herden arbeiten sollen, wenn er folgendermaßen herausgeputzt gewesen wäre: Seidenhemd, weißbestickte Lackstiefel mit abgehackten Spitzen, ein durch eine Diamantenschnalle festgehaltener Gürtel, der Colt mit echten Steinen besetzt. Als Tom Mix im April 1925 Europa und auch Berlin besuchte, präsentierte er sich im Kreise von Ballettgirls gern in einem weiß-gelben Cowboy-Anzug mit Lederbesatz! Der Glamour-Cowboy par excellence! 1929 spielte Mix in Eugene Fordes »The Big Diamond Robbery« *(Vogelfrei)*, seinem letzten Stummfilm. Zuvor hatte er sich von der Fox getrennt und für die FBO-Filmgesellschaft zu arbeiten begonnen. Doch es ging ihm wie so vielen damals in Hollywood: Sein Schicksal schien mit dem Ende des Stummfilms besiegelt. 1932 kehrte er in die Filmstudios zurück. Aber die Zeiten hatten sich geändert. Bitter beklagte er sich über die neuen Fabrikationsformen in Hollywood. In einem Artikel mit der bezeichnenden Überschrift »Was ist faul beim Film?« kommentierte er in der Zeitung »Variety« diese Veränderungen:

Vor drei Jahren habe ich meinen letzten Stummfilm beendet, und die Ära des Tonfilms brach an. Für mein 63

Pferd und mich schien er das Ende unserer Filmtätigkeit zu bedeuten. Für wilde Mustangs, für tolle Jagden, Postkutschenräubereien und Mädchenbefreiungen schien im Tonfilm kein Platz zu sein. Ich entschloß mich, mein Heim in Beverly Hills zu schließen, und kehrte zu meiner alten Liebe, zu dem Ausgangspunkt meiner Laufbahn, zum Zirkus, zurück. Drei Jahre lebte ich beim Zirkus, dann kam eine Aufforderung aus Hollywood, im Tonfilm zu arbeiten. Was fand ich vor? Während früher die Filmmagnaten aus ehemaligen Schneidern, Hosenbüglern und Knopfhändlern bestan-

den, waren es jetzt Makler, Bankiers und Kaugummikönige. Die Industrie hatte sich entwickelt ...
Aber was ich nicht wiederfand, das war die Freude und die Begeisterung, die früher zur Zeit des Stummfilms jeder einzelne an seiner Arbeit hatte. Ich fand eine große Maschinerie, die nach kalten und ausgeklügelten Methoden arbeitete, ich fand einen riesigen Apparat an hohen Funktionären, von denen mindestens ein Drittel leicht zu entbehren wäre. Ich fand unzufriedene Schauspieler.
Früher waren alle, die an dem Film beteiligt waren, wie

eine große Familie. Es waren dieselben Leute, mit denen man immer zusammenarbeitete, man war aufeinander eingestellt, man unterstützte sich gegenseitig, man verstand sich, und jeder gab sein Bestes her. Heute wechseln ständig die Gesichter, es darf kein überflüssiges Wort gesprochen werden, damit die Arbeit möglichst rasch abgewickelt wird und keine Überstunden entstehen. Aber die Arbeit ist dadurch nicht besser, die Theater sind nicht voller geworden. Es gibt heute kein wirkliches Leben mehr im Film. Von der ersten Vorbereitung bis zur letzten Aufnahme ist alles ein maschinenfertiges Katalog-Produkt. Alles ist mechanisiert wie in der Autoindustrie.[23]

Tom Mix mußte Erfahrungen machen wie viele andere Stars des Stummfilms, z. B. der Slapstick-Komiker Buster Keaton. Dennoch verpflichtete ihn 1932 die Universal für weitere Western. In fünf Spielfilmen und einer Western-Serie, in Eduard Laemmles »Texas Bad Man« *(Tom Mix räumt auf)*, spielte er in diesem Jahre. Zumindest die ersten beiden Filme waren nicht ohne Qualitäten. In Ben W. Stoloffs »Destry Rides Again« *(Tom rechnet ab!)* spielte er den Sheriff Tom Destry, 65

54, 55 *Szenen aus* »*Tom Mix räumt auf*«
von Eduard Laemmle

der sieben Jahre später in George Marshalls Komödie »Destry Rides Again« (Der große Bluff) durch James Stewart zu einer der populärsten Western-Figuren jener Jahre gemacht wurde. Recht eindrucksvoll war auch Al Rogells Film »Riders of Death Valley« (Goldfieber) aus demselben Jahre, in dem Tom Mix einen von drei Goldsuchern spielte, unter denen es im berühmten Death Valley, dem Tal des Todes, zu einem erbitterten Kampf um eine Mine kommt. »Goldfieber« war noch einmal ein Mix-Film, der durch die großartige Fotografie von Dan Clark Eindruck machte.

68 Dennoch erschienen die wenigen Tonfilme des Tom Mix aus der ersten Hälfte der dreißiger Jahre als irgendwie antiquiert. Seine Zeit schien wirklich vorbei zu sein. 1935 drehte er seinen letzten Film: »The Miracle Rider« (Der Wunderreiter), eine Filmserie von Armand Schaefer, in der Mix wieder einmal einen Texas-Ranger verkörperte, der den Indianern beisteht. Und wieder zog sich der Star danach in die Welt zurück, in der er sich so sehr wohl fühlte: in die Glitzerwelt des Show Business, des amerikanischen Zirkus. Für 10 000 Dollar wöchentlich stellte er sich dem Sells Floto Circus zur Verfügung. Mit einem kostbaren Rolls Royce fuhr er durchs Land, sorgfältig und luxu-

57 Tom Mix und Tony 1938 in London

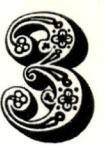

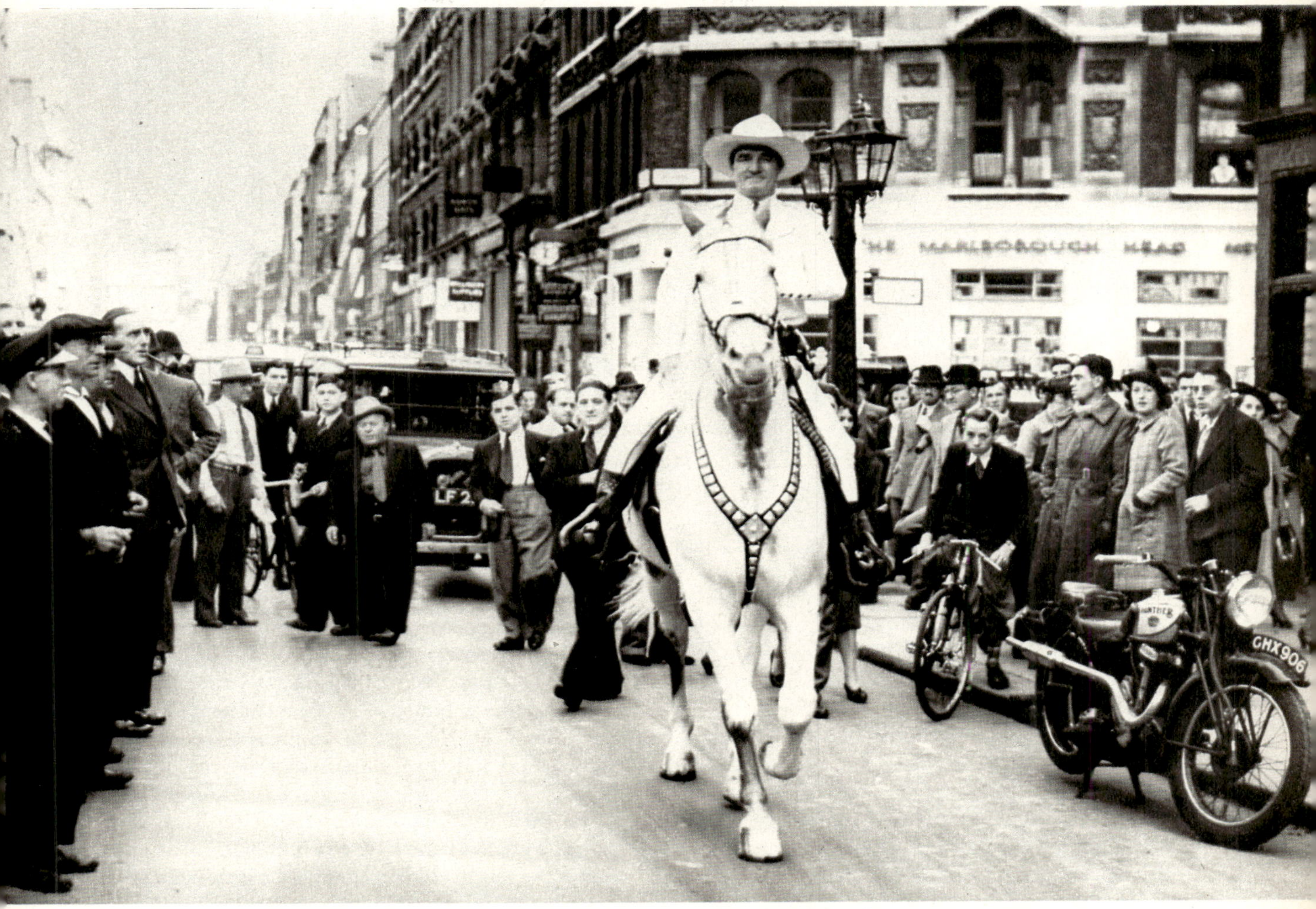

riös gekleidet wie immer. Mit ihm zusammen war natürlich Tony, sein berühmtes Pferd. 1935 reiste er mit dem Tom Mix Wild Animal Circus durch Amerika und besuchte auch erneut Europa. Im Zirkus führte er einem staunenden Publikum immer wieder seine Kunststückchen vor, die er vor vielen Jahren in den Filmstudios gelernt hatte, artistische Tricks und Tierdressuren. Tom Mix starb am 12. Oktober 1940 in Florence, Arizona, an den Folgen eines Autounfalls; der Tod eines Glamour-Cowboys, des wohl populärsten Film-Cowboys, den die Leinwand je gesehen hat.

Damals, im Jahre 1940, war Mix' großer Antipode aus der Stummfilmzeit, William Surrey Hart (1870–1946), längst vergessen. Seinen letzten Film hatte er im Jahre 1925 gedreht. Fast niemand konnte sich Ende der dreißiger Jahre an diesen Western-Darsteller mehr erinnern, einen der zahlreichen Film-Cowboys aus der Stummfilmzeit. Daß Hart alle anderen seiner Kollegen – einschließlich Tom Mix – durch die Qualität seiner Filme weit überragte, wurde erst viel später erkannt, als man sich in den Filmarchiven die wenigen erhalten gebliebenen Filme mit diesem Darsteller ansah …

Auch Hart wurde bereits in seiner Jugend durch den Westen geprägt. In seiner Autobiographie »My Life East and West« hat er ausführlich und schillernd seine Jugend in Dakota und Kansas beschrieben. Er zog als Cowboy mit den Viehherden durch Kansas, er erlebte die Auseinandersetzungen zwischen Weißen und Indianern in Sioux City. Doch Hart fühlte sich bald zum Schauspieler berufen. Mehrere Jahre zog er mit Tour-

nee-Ensembles durch das Land und spielte in New York und London. Obwohl er eine Vorliebe für die klassischen Stücke des William Shakespeare hatte (zeitweise nannte er sich William Shakespeare Hart), war doch die Hauptrolle in Owen Wisters Stück »The Virginian« (Der Mann aus Virginia) seine erfolgreichste Leistung auf der Bühne. Hier wie auch in anderen Western-Theaterstücken – so z. B. in Eugene Walters »The Trail of the Lonesome Pine« (Der Trail der einsamen Pinie) – wurde Hart beschäftigt.

So war es nur noch ein kleiner Schritt zu jener Art von Filmen, die in der Zukunft sein Betätigungsfeld werden sollten. Als er erfuhr, daß der Freund aus der New-Yorker Zeit, Thomas Harper Ince, für die New York Motion Picture Company arbeitete, wandte er sich an diesen.

Ich war Schauspieler, und ich kannte den Westen. Es war die günstige Gelegenheit, auf die ich Jahre gewartet hatte, damit sie an meine Tür klopfen würde. Sieg oder

Niederlage, Auf- oder Niedergang, ich wollte jedenfalls um jeden Preis die Chance nutzen, Western-Filme zu drehen.[24]

Doch Ince war gar nicht so sehr erfreut über das Angebot seines Freundes. 1914 lag der Western gerade wieder einmal in der Krise. Griffith drehte keine solchen Filme mehr, dafür kurbelten alle anderen Studios ununterbrochen immer wieder dieselben Stories. Hollywood war jetzt längst das Zentrum der amerikanischen Filmindustrie, die in den Jahren des ersten Weltkriegs eine Vormachtstellung auf dem Weltmarkt erringen sollte. In den Jahren 1912 bis 1914 waren die Nickelodeons in normale Filmtheater umgewandelt worden. Das brachte auch eine Ausweitung der Filme mit sich. Entstanden zuvor in der Hauptsache Zweiakter, so mußten jetzt Fünfakter gedreht werden.

Hart fand im Sommer 1914 in Inces Studio einen Szenaristen – C. Gardner Sullivan – und einen Regisseur – Reginald Barker –, die mit ihm zusammen zwei Western drehten, die sehr schnell die Skepsis von Ince über die Wirksamkeit eines neuen Western-Helden überwanden. Sehr bald gab man danach Hart einen Vertrag als Regisseur und Schauspieler für 125 Dollar die Woche, als man erkannte, daß man hier einen publikumswirksamen, talentierten Star der Zukunft vor sich hatte.

Auch Hart drehte seine Filme in einer Art kleinem Handwerksbetrieb mit ständig denselben Mitarbeitern wie fast alle Großen des Stummfilms. Obwohl Ince, der Produzent, von der Werbung als der Schöpfer der Filme herausgestellt wurde, war es in Hollywood kein Geheimnis, daß Hart nicht nur der Star vor der Kamera war, sondern auch der verantwortliche Mann für Fragen der Regie und der Entwicklung der Story. Die Filme mit William S. Hart waren genauso Hart-Filme wie die Filme mit Buster Keaton Filme von Buster Keaton waren. Ince ließ Hart sehr schnell freie Hand, als er erkannte, was für ein Talent sich da zu entwickeln begann.

Hart war auch sehr geschickt bei der Entwicklung seiner Produktion. Nicht um jeden Preis wurden seine Geschichten zu Fünfaktern ausgewalzt. Wenn eine Story nur für einen Kurzfilm ausreichte, drehte er eben nach einem Fünfakter auch wieder ein oder zwei Zweiakter. Es ist für uns heute eigentlich unbegreiflich, wie schnell ein Mann wie Hart alles das, was mit der Produktion eines Films zusammenhängt, lernte. 1914 betrat er zum ersten Mal ein Filmatelier, und zwei Jahre später hatte er bereits einen Film gedreht, der heute als eines der frühen Meisterwerke des Western-Genres gilt.

»Hells Hinges« (Des Teufels Hauptquartier) ist auf der einen Seite ein recht charakteristischer Western mit all den Figuren und Figurenkonstellationen, die für die Mehrzahl dieser Filme typisch sind, und gleichzeitig enthält er eine stark religiöse, moralisierende Tendenz, die nur in jener Frühzeit des Western derartig offen und dick aufgetragen möglich war. Hart schien – genau wie der große Griffith – nicht nur ein Mann zu sein, der alles das, was zu den Erfordernissen des Mediums gehörte, spielend erlernte, Hart war auch ein Prediger, ein Missionar, der in seinen Geschichten die Bekehrung von mehr oder weniger großen Sündern schildert. In Harts Western geht es sehr oft um den Kampf zwischen Gut und Böse, zwischen Himmel und Hölle.

Hells Hinges, das ist eine kleine Stadt irgendwo im Westen, die eigentlich Placer Center heißt, die aber wegen der dort herrschenden Moral als ein Hauptquartier des Teufels bezeichnet wird. Hells Hinges ist die echte Rinderstadt, die über Nacht aus dem Boden gestampft wurde, wo der Colt regiert, wo Cowboys nach Wochen harter Arbeit in einer Nacht schnelle und billige Vergnügungen suchten und fanden. Placer Center ist eine der ersten Wide Open Towns des Kinos, die von einer Bande von Verbrechern regiert wird. In der Realität des Westens hießen die Städte Dodge City, Abilene oder Wichita …

In diese dem Verbrechen »weite, offene Stadt« des Westens kommt ein junger Priester aus dem Osten zusam-

men mit seiner Schwester Faith. Ein schmächtiges Jüngelchen, das eigentlich in den Westen strafversetzt worden ist. Denn die Gefahren der Großstadt machten dem jungen Gottesmann arg zu schaffen. Nicht ohne Ironie schildert Hart die Vorstellungen der Easterner, der Leute aus dem Osten, von einem »friedvollen Leben in Gott Vertrauen« im Westen. Die Besucher der Kirche, in der der Priester seine Predigt hält, werden gezeigt wie die leicht einfältigen Besucher einer Sonntagsschule von einst …

Welch ein Kontrast zwischen den Vorstellungen vom Westen und der Realität! Ein Zwischentitel informiert uns, wer der Herr von Placer Center ist: »Silk Miller — eine Mischung zwischen der schmierigen Gerissenheit eines Mexikaners und der tödlichen Falschheit eines Schwätzers, niemandes offener Feind und niemandes Freund«. Silk Miller regiert die Stadt, er kontrolliert den Saloon, er ist Sheriff und Bürgermeister in einem. Er steht dem Racket vor, einer Bande von harten Burschen, die dafür sorgen, daß in der Stadt »alles in Ord-

nung« geht, in der von Silk Miller bestimmten Ordnung. Einer seiner wichtigsten Hilfskräfte ist Blaze Tracey (William S. Hart), der uns durch einen weiteren Zwischentitel vorgestellt wird: »Blaze Tracey, die Inkarnation des Besten und Schlimmsten im frühen Westen. Ein Killer, dessen Lebensphilosophie in dem Satz zusammengefaßt ist: Schieß zuerst, später kannst Du diskutieren.«

Silk Miller und seinem Racket stehen die ehrbaren Damen des Ortes gegenüber, ein echter Frauenverein, der von den anderen Bürgern der Stadt als Petticoat-Brigade diffamiert wird. Die Damen sehen in der Ankündigung eines Priesters aus dem Osten einen unmittelbar bevorstehenden Sieg im Kampf gegen die Sünde.

Doch sofort, als die Postkutsche zusammen mit dem Priester und seiner Schwester in Placer Center ankommt, beginnt die Bekehrung von Blaze Tracey. Die-

ser schießwütige Cowboy, der im Film als eine Figur eingeführt wird, die unter dem Jubel seiner Kumpane vom Pferd aus Blechbüchsen in die Luft wirft, auf die er schießt, wird plötzlich durch einen Blick von Faith, des Priesters Schwester, getroffen: »Ein eigenartiges Lächeln, süß, ehrlich und Vertrauen einflößend, das zu sagen schien: Wie geht es Dir, Freund?« Blaze kann seinen Auftrag, den Priester schnell aus dem Weg zu räumen, nicht ausführen …

Der Film zeigt dann, wie aus dem Bad Man Blaze Tracey ein Good Bad Man wird, wie ihn ein einfaches Mädchen eigentlich nur durch ihr Verhalten und ihre Erscheinung bekehrt, wie ihm schnell bewußt wird, »auf dem falschen Weg geritten zu sein«. Auf der anderen Seite erliegt der junge Priester den Versuchungen im Hauptquartier des Teufels. Der Vamp des Saloons verführt ihn …

Der Film vermittelt den Kampf zwischen Gut und Böse in einer Parallelhandlung. Während der Priester den Verführungskünsten des Vamps erliegt, liest Tracey zur gleichen Zeit zum ersten Mal in seinem Leben in der Bibel; neben sich auf dem Tisch der Colt und die Whiskyflasche. Und während er liest, wird der Griff zum Glas immer seltener …

Am Ende zieht der Mob des Ortes, das Racket, unter Millers Leitung zur in einer Scheune untergebrachten Kirche und zündet sie an. Der Kampf zwischen Gut und Böse weitet sich fast zu einem tumultartigen Bürgerkrieg aus, in dem der Ort nahezu vollkommen zerstört wird. Danach zieht Tracey zusammen mit Faith von dannen. Er hat nicht – wie so viele Sheriffs und Good Bad Men späterer Jahre – das Böse besiegt, die Stadt befriedet und Law and Order wieder etabliert. Er hat sich selbst besiegt, ist jetzt ein friedlicher, sein Mädchen liebender Bürger geworden. Seine Selbstbesinnung gipfelt in dem Satz: »Ich glaube nicht, daß Gott auf mich großen Wert legt, Ma'am, aber wenn ich Sie ansehe, fürchte ich, daß ich bisher auf dem falschen Weg geritten bin.«

Man kann sich heute über den naiven Film, über seine

moralinsaure Botschaft amüsieren. Doch ungeachtet dessen, ungeachtet auch der hier zum Ausdruck kommenden Sentimentalitäten, zählt dieser Film zu den ersten Meisterwerken des Western. Wenn man sich mit Hart und seinen Filmen beschäftigt, stößt man immer wieder auf Sätze wie »Sie geben realistische Beschreibungen des Westens und seiner Menschen«. Hier treten keine tollkühnen, schön herausgeputzten Glamour-Cowboys vor die Kamera, die dem staunenden Publikum ihre Kunststückchen vorführen. Für Hart war der Westen mit seinen Auseinandersetzungen und seinen Figuren noch zu nahe, als daß er durch die Legenden und durch Glamour verdeckt werden konnte.

In Harts Filmen kam zum ersten Mal zum Ausdruck, daß der Westen nicht nur das Land der Abenteuer, sondern auch der Ort einer neuen nationalen Identität war. Staubbedeckt, melancholisch, mit der Erfahrung vieler Jahre im »Niemandsland« beladen, erschien Hart und schuf Ordnung, indem er sich zuallererst selbst »besiegte«. Seine Vergangenheit, seine Wildheit, seine Freiheit, Ernst, Trauer, aber auch eine gewisse Größe kennzeichnen seine Haltung. Er ist kein strahlender Held, drückt eher etwas von den Widersprüchen aus, die den Westen ausmachen, und er ist ein Held, nicht aus natürlicher Bestimmung wie vor ihm Broncho Billy und nach ihm Tom Mix, sondern ein Held aus inneren und äußeren Zwängen, zu denen auch ein unklares Verhältnis zu Frauen gehört.[25]

»Des Teufels Hauptquartier« ist einer der wenigen Western von Hart und einer der wenigen Western aus der Frühzeit des Genres, die heute noch erhalten sind, so daß man seine Qualitäten beurteilen kann. An diesem Film beeindruckt vieles. Man glaubt den Schauspielern hier ihre Figuren. Die Authentizität des Dekors ist genauso erstaunlich wie die Massenregie. Diese in den Studios von Inceville nachgestaltete Western-Stadt ist ebenso glaubwürdig wie die Masse der Bewohner, die in zwei gegensätzliche Lager gespalten ist. Außerordentlich eindrucksvoll sind auch die Land-

schaftsaufnahmen, die Totalen, in denen der Mensch – zumeist als ein dahineilender Reiter – als ein Teil dieser Landschaft verstanden wird. Diese Landschaft hat die Menschen geprägt; genauso wie die Menschen im Kampf die Landschaft verändert haben ...

Weitgehende Authentizität erreichen auch die sehr zahlreichen Zwischentitel des Films, in denen der Autor C. Gardner Sullivan versucht, die recht charakteristische Mischung aus Sentimentalität und Lakonie,

aus Understatement und Slang der Cowboy-Sprache wiederzugeben.

Als Anfang der vierziger Jahre eine wichtige neue Etappe in der Entwicklung des Westens begann, sprach man davon, daß der Western jetzt »erwachsen« geworden sei, daß er jetzt auch für erwachsene Kinogänger interessant geworden wäre. Doch Historiker, die die Entwicklung des Genres von seinen Anfängen bis in die Gegenwart hin verfolgt haben, stellten fest, daß der Western bereits mit den Filmen von William S. Hart »erwachsen« geworden ist, daß er lediglich später wieder in Infantilität zurückfiel. Die Figur, die Hart verkörperte, hatte Größe, sie war ein glaubhafter Charakter, der von keinem Serien-Cowboy verkörpert werden konnte. Hart war das genaue Gegenteil von Tom Mix. Er war durchaus nicht der tollkühne Tausendsassa, der am Ende alle Probleme gelöst hat, der für alles sein Keep smiling bereit hatte. Im Gegenteil, in mehreren seiner Filme kehrt das Motiv des Verzichts wieder. Nicht ohne Berechtigung sprach man später davon, daß mit Hart der Western begann, auch ein für Tragik empfängliches Genre zu sein.

Die Bedeutung von Harts Filmen kann man nur äußerst unvollkommen erkennen, wenn man nur ihre Story erzählt. Wie so oft bei Filmen dieses populären Genres ist das Wie weitaus interessanter, weitaus wirkungsvoller als das Was. Der Realismus wird hier in der Beschreibung des Milieus, in der Stimmung, in Zwischentönen deutlich, nicht in der Fabel oder der Geschichte. Der französische Filmhistoriker Georges Sadoul nennt das Ince-Studio, in dem Hart seine Filme drehte, *einen wundervollen Kristallisationspunkt des Western. Das Studio war ein Element der amerikanischen Volkskultur. Und es verlieh ihr einen perfekten filmischen Ausdruck.*[26]

Fast zur gleichen Zeit wie »Des Teufels Hauptquartier« entstand ein weiteres Hart-Meisterwerk: »The Arayan« *(Die Sklavin des Banditen).* Hart spielt hier den Goldsucher Steve Denton, der nach einem beachtlichen Fund nach Yellow Bridge zurückkommt und

dort von einem Girl aus dem Saloon um sein ganzes Vermögen gebracht wird. Zwei Jahre später ist Steve der Anführer einer Räuberbande, die in der Prärie ihre Überfälle organisiert. Trixie, das Mädchen aus dem Saloon, ist von Steve zu seiner Geliebten gemacht worden. Die Bande trifft schließlich auf einen Pionier-Zug. Die Pioniere sind völlig erschöpft, fast ohne Nahrung und ohne Wasser. Sie wagen es nicht, Steve um Hilfe zu bitten. Lediglich ein junges Mädchen, Mary Jane, appelliert an den Banditen, spricht seine Menschlichkeit und sein Verantwortungsbewußtsein für die Frauen und Kinder an. Daraufhin gibt Steve den Siedlern zu essen und führt sie aus der Prärie. Am Ende reitet er allein in die Prärie zurück …

Auch hier wieder die Bekehrung eines Banditen, eines Bad Man, durch ein junges Mädchen. Hinzu kommt ein Motiv, das den Helden erst zum Verbrecher werden ließ: die Amoralität der anderen, des Mädchens aus dem Saloon, das den Goldsucher um seinen Fund bringt und das dieser daraufhin zu seiner Geliebten, zu seiner »Sklavin« macht. Auch Sadoul konstatiert erstaunt, daß die Zuschauer dieser Zeit damals nicht durch das Moralisieren in Harts Filmen gestört wurden, daß sie vielmehr beeindruckt waren, wie souverän Szenarist und Regisseur mit den exotischen Elementen des Westens umzugehen verstanden.

Harts Filme waren populär beim breiten Publikum, sie waren gleichzeitig aber auch künstlerische Entdeckungen für die Kritiker. Besonders in Frankreich fand Hart in den Jahren nach dem ersten Weltkrieg eine Gemeinde außerordentlich begeisterter Anhänger: die Regisseure und Kritiker der Avantgarde sowie die Dichter des Surrealismus. Vor allem der Kritiker und Regisseur Louis Delluc feierte in nahezu hymnischen

Artikeln die Western des William S. Hart, nicht weniger der Schriftsteller Louis Aragon. Bei dieser Haltung spielt gewiß die Faszination des Exotischen, Fremdländischen eine nicht zu unterschätzende Rolle. Die französischen Intellektuellen verglichen diese Geschichten aus dem amerikanischen Westen als gültigen Ausdruck der amerikanischen populären Kultur mit den europäischen Volksliedern oder den klassischen Werken eines Homer und Sophokles. Delluc, der die Bildersprache der Hart-Western mit der Kunst eines Goya verglich, dem kein Vergleich zu hoch war für diese Filme, schrieb 1919 über Hart, den man in Frankreich Rio Jim nannte:

Man nannte ihn einst den »Mann von nirgendwoher«. Was für ein schöner Name! Nie kann man sagen, woher Rio Jim kommt. Er reitet, er durchquert den Westen, und der Westen ist groß … Er kommt zu Pferde, er springt auf die Erde, wo die anderen Menschen leben. Im allgemeinen ist die Zeit, die er bleibt, die Zeit der Leiden, das heißt der Liebe. Wenn sein Gesicht genügend zermartert ist, seine Fäuste genug zerschunden und alle seine Zigaretten zerrieben sind, weigert er sich, noch weiter auf der Erde zu leiden … Er schwingt sich auf sein Pferd und reitet von dannen …[27]

Für Louis Delluc war die Figur des Rio Jim die Summe aller großen Volkshelden der Literatur, der Poeme, Sagen und Epen, ein Symbol einer großen Kunst, die bald die ganze Welt erobern sollte. Es war die Zeit, da Chaplin die Welt begeisterte. Dieselben Kritiker, die Chaplin leidenschaftlich verehrten, waren auch von W. S. Hart und seinen Filmen fasziniert. Das war vor allem in Frankreich so, aber auch in Deutschland, wo einige wenige Kritiker, die sich nicht von den zumeist sehr dummen Titeln, die Harts Western in den deutschen Kinos erhielten, abschrecken ließen, von der Poesie dieser Filme begeistert waren.

Die so fruchtbare Zusammenarbeit zwischen Hart und Ince in jenem »wunderbaren Kristallisationspunkt des Western« währte nicht lange. Bereits 1917, drei Jahre nach seinem Debüt, verließ Hart die Triangle und begann für Artcraft von Adolph Zukor zu arbeiten. Hart nahm seine wichtigsten Mitarbeiter, vor allem seinen Kameramann Joe August mit, so daß auch weiterhin eine Garantie für die Produktion außergewöhnlicher Western gegeben war.

Die für Zukor gedrehten Filme enthielten all das, was

3

68 Eva Novak, Fritz und W. S. Hart in »Sand« (1919)

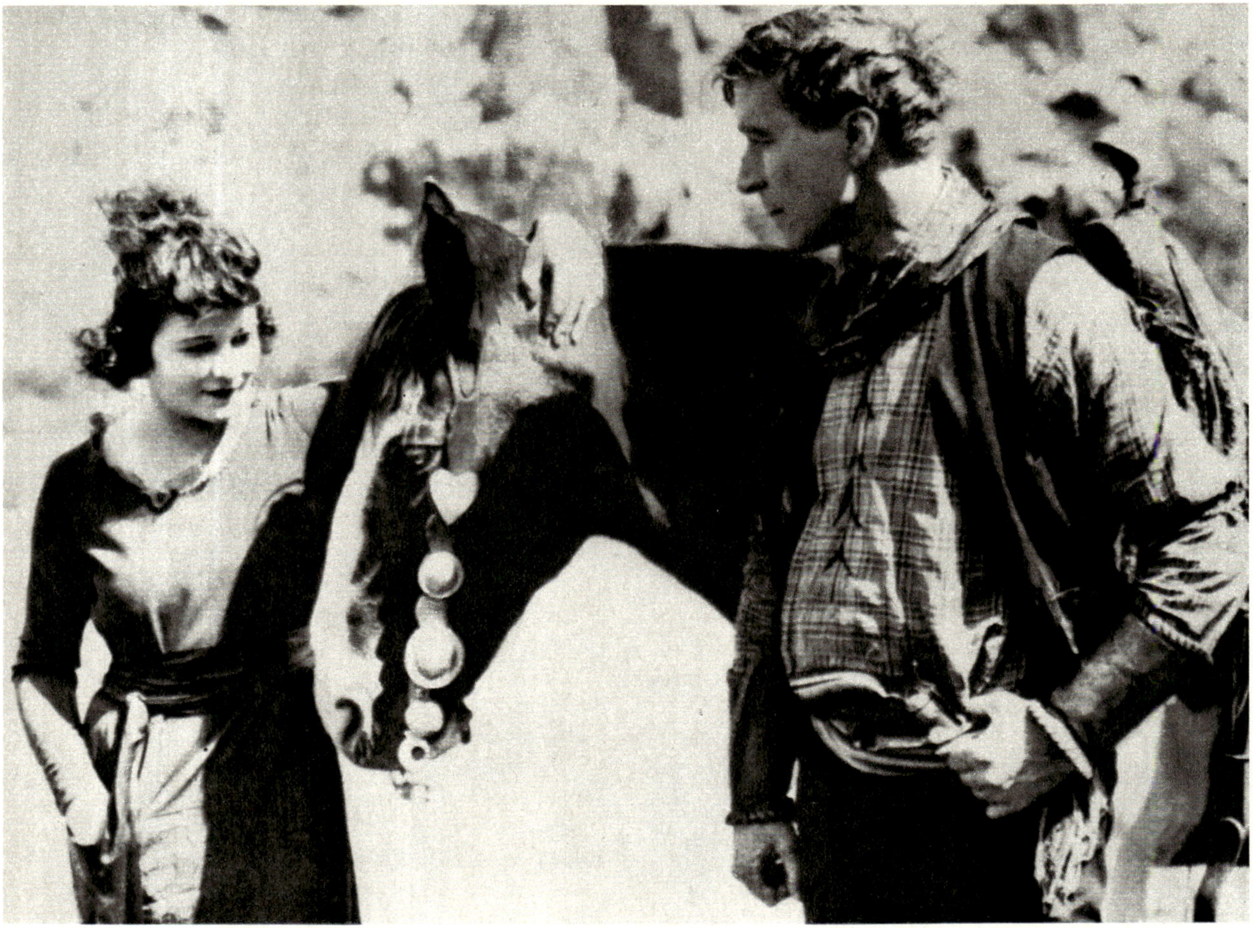

Hart so populär gemacht hatte: eine Menge Gefühl, eine gute Moral, Action und nicht zuletzt die Liebe zu den Pferden. Was für Tom Mix sein Tony war, das war für Hart sein Pony Fritz. In zahlreichen Filmen erschien das Tier bereits auf dem Vorspann. Das Schicksal des Pferdes bewegte die Zuschauer nicht weniger als das des eigentlichen Filmhelden. Hart war weiterhin der schweigsame, etwas linkische Bad Man, der geläutert wird. So spielte er 1920 in »The Toll Gate« (Der Schlagbaum) einen Outlaw, der von seinem Freund verraten wurde. Black Deering (Hart) spürt den Verräter auf und steckt dessen Saloon in Brand. Auf der Flucht in der Prärie trifft er eine von ihrem Mann verlassene Frau sowie deren kleinen Sohn. Beim Schluß-Duell zwischen Black Deering und dem Verräter, der identisch mit dem Mann ist, der seine Familie

verlassen hat, tötet Hart den Verräter. Der Sheriff erkennt die Größe und die Motive des Mannes und läßt ihn laufen. Und wieder zieht Hart edel und allein in die Prärie ... Das Motiv des Verzichts kehrt in seinen Filmen immer wieder.

Hart, der mitunter auch »Urlaub vom Western« nahm und sich – mit nur geringem Erfolg – in anderen Genres versuchte, drehte seine letzten Filme Mitte der zwanziger Jahre, zu einer Zeit, da Tom Mix und all die anderen Film-Cowboys auf dem Höhepunkt ihrer Erfolge waren. 1923 kam ein Hart-Western über den berühmten Helden des Westens Wild Bill Hickok (1837–1876) in die Kinos. Natürlich drückt dieser Film »Wild Bill Hickok« die tiefe Sympathie Harts für jenen legendären Helden aus. Obwohl Hart vor dieser Produktion ausführliche Quellenstudien getrieben haben soll, versuchte er nicht, den Schleier der Legende von der Beschreibung des Lebens dieses Frontierman zu ziehen. Der Film konzentriert sich vor allem auf die letzten Lebensjahre des einstigen Pony Express Riders, Scouts, Deputy Marshals und Sheriffs von Abilene, als Hickok fast blind in Deadwood, Dakota, beim Pokerspiel von einem Banditen erschossen wurde. Obwohl der Film bei weitem nicht die erste Filmbiographie von Wild Bill Hickok war und obwohl der Vorliebe Harts für Sentimentalitäten hier ein breiter Raum eingeräumt wurde, war der Film ein außerordentlich großer Erfolg, der erneut bestätigte, daß William S. Hart noch immer in der Lage war, ein großes Publikum zu begeistern.

Harts letzter Film »Tumbleweeds« entstand 1925, ein Western, der deutlich von dem ersten großen Western-Epos jener Jahre, James Cruzes »The Covered Wagon« *(Die Karawane),* beeinflußt war. Hart erzählt hier die Geschichte des in die Historie des Westens als »Oklahoma Land Rush« eingegangenen Ereignisses, als im Jahre 1889 in Nord-Oklahoma von den Indianern besetztes Gebiet vertragswidrig weißen Siedlern zur Bebauung freigegeben wurde. Nahezu 10 000 Siedler machten sich damals in einer Art Wettrennen auf,

3

70, 71 Barbara Bedford und W. S. Hart in »Tumbleweeds« (1925)

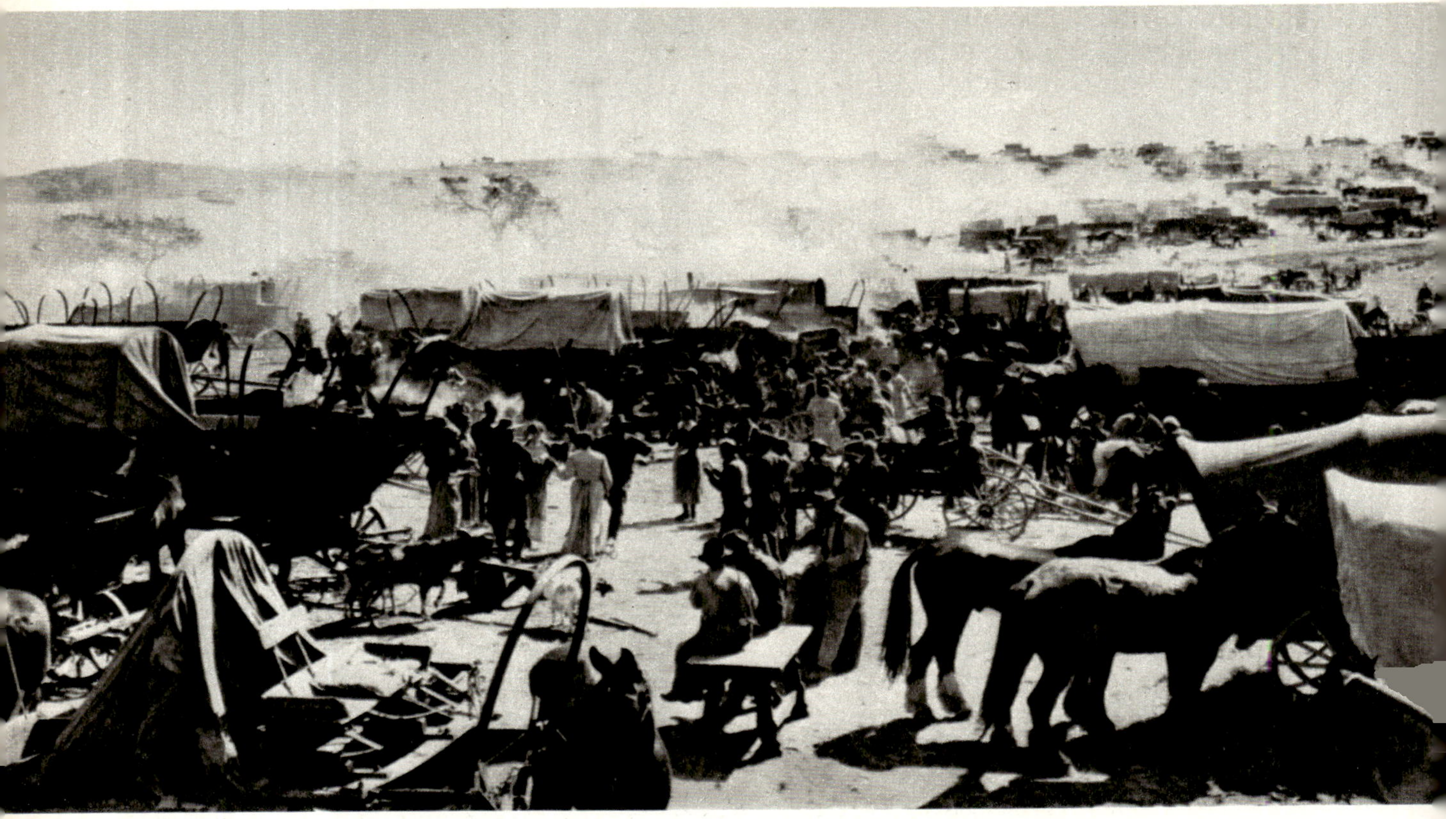

um sich die besten Abschnitte des Landes zu sichern. Dieser spektakuläre Land Rush wird in Harts Film zu einem aufregenden Höhepunkt.

»Tumbleweeds« war Harts Abschied vom Kino. Später erschien er lediglich vereinzelt in kleinen Rollen oder arbeitete als Berater für andere Produktionen. Schließlich hatte er, der noch mit einem Mann wie Wyatt Earp persönlich befreundet gewesen war, die fundiertesten Kenntnisse über den alten Westen. Hart zog sich vom Film zurück, als ihm klargeworden war, daß seine Zeit in Hollywood vorbei war. Die Leinwand bevölkerten Serien-Cowboys, die den Westen als Hintergrund für hahnebüchene Geschichten mißbrauchten. Mit diesen »Stromlinien-Western« wollte Hart nichts zu tun haben. Und so zog er sich auch konsequent auf seine Ranch in Newhall zurück – zusammen mit seinem Pferd Fritz. Er verbrachte seinen Lebensabend nicht in der Glitzerwelt des Zirkus; seine Welt war nicht die des lauten, aufdringlichen Show Business, sondern die Ruhe einer Ranch. Hart starb am 23. Juni 1946 in Los Angeles.

In den zwanziger Jahren, zur Stummfilmzeit, hatte jedes größere Hollywood-Studio seinen Western-Star.

81

Diese Film-Cowboys drehten jährlich ihre fünf bis acht Filme. Sie hatten um sich einen Stab von Spezialisten geschart, die sich mit ihnen zusammen immer wieder neue Geschichten, die fast immer die alten waren, ausdachten und in Szene setzten. Manche Studios beschäftigten sogar zwei oder mehrere solcher Cowboys der Leinwand. Auf der einen Seite belebte die Konkurrenz, der Wettbewerb zwischen den hauseigenen Stars, das Geschäft, auf der anderen Seite war der Bedarf nach solchen Filmen durchaus so groß, daß man ohne Bedenken Dutzende solcher Cowboy-Filme in die Kinos schicken konnte. Diese Serienfilme waren für viele Studios eine solide finanzielle Basis – zumindest damals, als noch keine Wirtschaftskrise, keine »Talkies«

(Tonfilme) und keine allzu hohen Publikumsansprüche die Produktion dieser Pferdeopern vom Fließband erschütterten.

So hatte z. B. William Fox zwei Stars unter Vertrag, die sich selbst ebenso wie ihre Filme gar nicht so sehr unterschieden: Neben Tom Mix war noch Buck Jones (1891–1942) bei Fox beschäftigt. Jones, einst Rodeo-Reiter, Cowboy und Stuntman, kam ein Jahr nach Mix zur Fox. Nach zwei Jahren Arbeit in kleineren Rollen – so spielte er z. B. 1918 in der ersten Verfilmung des Zane-Grey-Buches »Riders of the Purple Sage« (Das Gesetz der Mormonen) von Frank Lloyd – begann 1920 die eigentliche Laufbahn des Serien-Cowboys Buck Jones. Immerhin war einer seiner frühen Filme –

»Just Pals« (Fast Freunde) aus dem Jahre 1920 – von John Ford inszeniert worden.

Doch sowohl die Geschichten, die in Jones' Filmen erzählt wurden, als auch der Held dieser Werke waren den Helden und Filmen von Tom Mix außerordentlich verwandt. Wenn auch Jones nie die Popularität seines Kollegen aus demselben Studio erreichen sollte, so standen seine Produkte in der Qualität den Mix-Filmen oft keineswegs nach. Man sprach später davon, daß Buck Jones und seine Helden zwischen William S. Hart und Tom Mix standen. Auch Jones suchte sich vor allem Situationen, in denen er seine akrobatischen Fähigkeiten beweisen konnte. Die Höhepunkte seiner Filme waren Action-Szenen. Auch er hatte keinerlei Bedenken, den Westen zu verlassen, wenn es galt, die Bewältigung irgendwelcher atemraubender Situationen zu zeigen. Auch er integrierte bedenkenlos die moderne Technik in seine Western, auch ihn zog es immer wieder in den Zirkus, zur Western-Show, auch er war zu Beginn der Filme zumeist schüchtern und bewies erst im weiteren Verlauf seine Fähigkeiten und eroberte durch Taten das Girl seines Herzens. Was ihn jedoch von Mix unterschied, waren sein Humor, der oft einen besonderen Platz in den Jones-Filmen einnahm, und das Bemühen um Realismus, zumindest in den Äußerlichkeiten. Buck Jones war nicht der Glamour-Cowboy wie Tom Mix, seine Kleidung ähnelte mehr der Arbeitskleidung eines wirklichen Cowboys als der Glitzertracht eines Tom Mix.

Aber auch Buck Jones paßt sich natürlich in das Konzept des Stummfilm-Western ein. Auch er mußte so etwas wie ein Ideal-Cowboy sein, ein Musterknabe, Vorbild für die zumeist jugendlichen Zuschauer, sauber und ehrlich, wie die Damen der Frauenvereine gerne ihren Cowboy gesehen haben. Für dieses Konzept eines »sauberen« Western ist ein aufschlußreiches Dokument überliefert. Zu Beginn seiner Tätigkeit als Cowboy-Star erhielt Jones von Winfield Sheehan, dem General-Manager der Fox, einige Hinweise, wie von jetzt an sein äußeres Erscheinungsbild zu sein habe:

1. Ihre Haare müssen im Film immer ordentlich gekämmt erscheinen, es sei denn, Sie spielen eine Kampfszene. Sie müssen es so einrichten, daß Sie sich Ihre Haare einmal die Woche schneiden, waschen und ölen lassen, um ihnen Sauberkeit und Glanz zu geben.

2. Ihre Zähne müssen sorgfältig behandelt werden, ein Zahnarzt soll sie alle zwei Monate reinigen und polieren. Und Sie müssen sie mehrmals täglich pflegen. Achten Sie auch darauf, den Mund, wenn Sie lächeln, etwas weiter zu öffnen, damit man Ihre Zähne mehr sieht.

3. Die Kleidung, die für Sie angefertigt wird, sollten Sie so tragen, daß Sie sich daran gewöhnen und nicht unbehaglich darin vor der Kamera erscheinen.

4. Achten Sie darauf, daß Ihre Fingernägel nicht zu kurz geschnitten und sauber sind.[28]

Dieses angestrebte Erscheinungsbild eines Cowboys aus der Sonntags-Schule hatte zur Realität gewiß soviel Beziehung wie eine Karikatur zu dem Original. Jedoch entgegen ihren Aussagen ging es den Produzenten von Western damals um ganz andere Sachen als um eine möglichst wahrheitsgetreue Darstellung des Lebens im Westen Amerikas.

83

Buck Jones spielte in seinen Filmen fast jede positive Figur, die das Story Departement Hollywoods anzubieten hatte. Er war der Sheriff, der einen Ort befriedet, er war ein Texas-Ranger, der die redlichen Farmer und Siedler beschützt, er war der Freund von unerfahrenen Mädchen aus dem Osten, er stellte sich jeder Form von Lynchjustiz in den Weg.

Wie eifrig sich Jones auch der Themen bediente, die ihm die moderne Zeit und ihre Technik boten, zeigt z. B. der Film »The Eleventh Hour« *(Die Todesfahrt des U 777)* von Bernard J. Durning (1923). Hier geht es um einen neuen Explosionsstoff, hinter dessen Geheimnis eine Gangsterbande zu kommen versucht. Da-

bei wird eine ganze Insel in die Luft gesprengt, zwei Menschen müssen sich aus den Torpedorohren eines U-Bootes herausschießen lassen (!), der kühne Held kämpft mit den Löwen und rettet sein Mädchen, das an einem Flugzeug hängend in der Luft schwebt. Das Finale wird noch hinausgezögert durch die Heldin, die an einem Kran über einem brodelnden Eisenmeer pendelt ... Action, Sensationen in der Gegenwart wie Schilderungen aus einer sogenannten wilden Vergangenheit des Westens. Buck Jones suchte sich in beiden Bereichen seine Themen. Übrigens war er eigentlich der einzige Serien-Cowboy, der seine Produktion fast nahtlos auch in den dreißiger Jahren, in der Tonfilmzeit, fortsetzen konnte. Zu einer Zeit, da Tom Mix längst das Filmatelier mit dem Zirkus vertauscht hatte, drehte Buck Jones weiter seine Filme, billige, turbulente B-Western, Filme, die von Sensationen und Action lebten ...

Auch das von dem Deutsch-Amerikaner Carl Laemmle (1867–1939) gegründete Universal-Studio hatte seinen ständigen Film-Cowboy. Das war Hoot Gibson (1892 bis 1962), ein ehemaliger Rodeo-Reiter; er kam bereits 1917 zur Universal und begann in Zweiaktern zu spielen, die in der Hauptsache ein gewisser Jack Ford inszenierte, der später als John Ford bekannt wurde. Doch nicht Gibson war der Hauptdarsteller, sondern Harry Carey, der durch diese Filme einer der populärsten Cowboys des frühen Stummfilms wurde. Erst ab 1921 vertraute man Hoot Gibson auch Hauptrollen an, interessierte man sich für eine Figur, die er in seinen Western spielen konnte.

Im Vordergrund der Hoot-Gibson-Filme stand vor allem der Humor. Dieser von ihm verkörperte Cowboy war ein liebenswerter, oft etwas einfältiger Bursche, der in Situationen geriet, die er mit Humor und viel Geschick meisterte. Bei diesem pausbäckigen Cowboy saß der Colt nicht so locker wie bei seinen Kollegen; auch »argumentierte« er mit den Fäusten nur dann, wenn es gar nicht mehr anders ging. Dieser »Cowboy von nebenan« setzte weit weniger als Buck Jones oder

Zirkus und der Wild West Show. Immer wieder kehrte er zu dieser Welt zurück und suchte sich Geschichten, die hier spielen. Und natürlich war die Geschwindigkeit ein wesentliches Element aller seiner Filme. Pferderennen, Hunderennen, Reiterspiele waren in seinen Filmen immer wieder zu sehen. Da ist er z. B. in Clifford S. Smiths »The Arizona Sweepstakes« *(In letzter Minute)* aus dem Jahre 1926 ein Cowpuncher aus Arizona, ein »Kuhschieber« von den großen Viehtransporten, der bei einem Besuch in San Franciscos Chinatown eines Mordes verdächtigt wird. Als er schließlich seine Unschuld bewiesen hat, eilt er in allerletzter Minute nach Arizona zurück, um dort ein Pferderennen

Tom Mix die neuen technischen Erfindungen ein, um das Publikum in Atem zu halten. Erst Ende der zwanziger Jahre, als das Publikum die Serien-Western nicht mehr allzusehr schätzte und. sie reichlich antiquiert fand, änderte sich das. Da mußte auch Hoot Gibson als Texas-Ranger mit einem Motorrad umgehen können. In »The Winged Horseman« *(Der fliegende Teufel von Texas)* von Arthur Rosson und Reeves Eason (1929) mußte er sich sogar hinter den Steuerknüppel eines Flugzeugs setzen, als Banditen begannen, eine Ranch zu bombardieren!

86 Natürlich liebte auch der Ex-Rodeo-Star die Welt des

Hoot Gibson kümmerte sich wenig um Fragen der historischen Glaubwürdigkeit seiner Geschichten. Er wollte weiter nichts als sein zumeist jugendliches Publikum gut unterhalten. Jedoch gab es Ausnahmen, in denen er – angeregt durch Filme der Kollegen – versuchte, sich mit historischen Vorgängen des Westens zu befassen. Solch eine Ausnahme war 1926 der Film »The Flaming Frontier« *(Der Todesritt von Little Big Horn)* von Edward Sedgwick. Hier ging es um die be-

zu gewinnen, wovon die Existenz eines armen Farmers abhängt. Ein Jahr zuvor hatte Herbert Blache »The Calgary Stampede« *(Zirkus Wildwest)* gedreht. Hoot Gibson ist hier ein Rodeo-Champion, dessen Spezialität Wagenrennen im römischen Stil sind. Nach allerlei Verwicklungen, die ihn auch zur Northwest Mounted Police, der Bergpolizei, führen, kann er endlich die berühmte kanadische Calgary Stampede gewinnen. Mit dem Gewinn hilft der edle Cowboy einem armen Rancher. In Reeves Easons »The Larait Kid« *(Das Geheimnis der Höllenschlucht)* von 1929 spielt Gibson den Debuty Sheriff Tom Richards, der in der wilden Stadt Hell's Gulch (Höllenschlucht) Ruhe und Ordnung wiederherstellt und den Mord an seinem Vater, einem Ex-Sheriff, aufklärt und rächt.

rühmte Schlacht am Little Big Horn vom 25. Juni
1876, in der die 7. Kavallerie-Division unter General
Custer von den Sioux-Indianern unter Crazy Horse geschlagen wurde. Gibson spielt hier einen jungen Offizier, der an der Schlacht teilnimmt, überlebt und
schließlich einen korrupten Indianer-Agenten als
eigentlichen Verantwortlichen für die Schlacht entlarvt. Custer wurde von Dustin Farnum, dem Star der
frühen Western von Cecil B. DeMille, verkörpert. Der
Film war ungewöhnlich für Hoot Gibson; er war auch
in der Sicht auf die Historie ungewöhnlich. Im allgemeinen interessierten sich die Serien-Western wenig
für die amerikanischen Ureinwohner und für die Mo-

tive ihrer Taten. Hier war es anders. Darüber wunderte
sich schon damals ein Kritiker, als der Film in den
deutschen Kinos zu sehen war:
*Es ist sehr merkwürdig, wie außerordentlich sich die
amerikanische Mentalität seit dem Kriege geändert hat.
Ein Film wie dieser hätte 1913 nie gespielt werden können, denn damals hatten die Amerikaner ihre Vergangenheit noch nicht entdeckt, und sie begeisterten sich
noch nicht für die Indianer, die in jenen Jahren noch als
die Feinde der weißen Bevölkerung galten, während sie
heute die hundertprozentigen, die »real« Amerikaner
sind. Ganz deutlich kommt dies in der Kennzeichnung
der Rothäute zum Vorschein. Waren sie früher allesamt*

81 *Dustin Farnum (links) als General Custer*
und Hoot Gibson in
»Der Todesritt von Little Big Horn«

elende Bestien, so sind sie heute die Betrogenen, die um ihr Land kämpfen. Und die Weißen, sonst die Träger der Zivilisation, erscheinen nun als die Wortbrüchigen und Angreifer. Bereits seit ein paar Jahren greift die sentimentale Schilderung der Indianer um sich. Da diese Filme aber alle sehr gefallen, müssen sie der augenblicklichen amerikanischen Mentalität entsprechen.[29]

Auch Hoot Gibson versuchte, sich mit mehr oder weniger Erfolg in den ersten Jahren des Tonfilms zu behaupten.

Anfang der dreißiger Jahre drehte er einige seiner Western sogar in eigener Produktion. Nahezu für alle Cowboys des amerikanischen Stummfilms war der Ort, wo sie sich – neben der Prärie – am wohlsten zu fühlen schienen, die Manege des Zirkus oder die Arena des Rodeo. Hier glaubten sie ihr Publikum lange in Atem halten zu können, hier konnten sie ihre artistischen Fähigkeiten am besten demonstrieren. Hier waren nicht schauspielerische Talente gefragt, sondern Akrobaten. Der Cowboy, der es in dieser Beziehung in der zweiten Hälfte der zwanziger Jahre, als der Stummfilm bereits in der Agonie lag, am weitesten brachte, war zweifellos Ken Maynard (1895–1973), der Star der Western aus dem First National-Studio. Immer wieder zog es ihn in die Manege, sehr oft benutzte er auch die weiten Prärie-Ebenen wie die Manege eines großen Zirkus. Maynards Spezialität waren gewagte Reiterkunststücke. Immer wieder fiel er vom galoppierenden Pferd, hing er mit einem Beim im Sattelzeug eines dahinrasenden Pferdes, wechselte er im atemraubenden Tempo die Tiere. Ken Maynard machte all das, was später die Filmstars die Stuntmen, die Sensationsdarsteller, machen ließen. Er war selbst der perfekteste Stuntman und zeigte immer wieder in atemraubenden Großaufnahmen, daß der Star selbst die gefährliche Szene spielte. In den Maynard-Western von First National wurden akrobatische Höhepunkte gezeigt; sie waren die Höhepunkte der Filme, ihretwegen kamen die Menschen ins Kino, nicht wegen

einer interessanten, ungewöhnlichen Geschichte. Die wichtigsten Mitarbeiter von Ken Maynard waren nicht der Szenarist, der Autor der Story, sondern sein Pferd Tarzan, der Regisseur (zumeist Albert S. Rogell, später Harry J. Brown) und der Kameramann (Sol Polito, später Ted McCord).

Maynards Debüt bei First National war 1926 der Film »Señor Daredevil« (Señor Tollkühn) von A. Rogell, worin es um den Kampf von Frachtunternehmern zu einer Zeit ging, die noch nicht von der Eisenbahn bestimmt wurde. Bereits hier konnte Maynard als tollkühner Reiter beeindrucken. Nicht anders war es in dem berühmtesten Stummfilm Maynards, in Rogells »The Red Raiders« (Die roten Plünderer) aus dem Jahre 1927. Hier ging es um jene legendären Wagentrecks der Pioniere, die in den vierziger Jahren des vergangenen Jahrhunderts aufbrachen, um dem Ruf »Nach Westen!« zu folgen, um dort, im Westen, das gelobte Land zu finden. Der Film schildert die Gefahren, die die Pioniere zu überstehen hatten, insbesondere die Auseinandersetzungen mit jenen, die bereits schon während mehrerer Generationen in dieser Gegend lebten, mit den Indianern. Maynard spielt den Lieutenant John Scott, der den Zug der Pioniere zu schützen hat. Dieser auch heute noch außerordentlich beeindruckende Film, dem die Filmhistoriker George N. Fenin und William K. Everson einen ähnlichen Rang einräumen wie dem großen Film von John Ford »Stagecoach« *(Höllenfahrt nach Santa Fe)* aus dem Jahre 1939, enthält einige der gelungensten Reitertricks von Ken Maynard, so z. B. die Rettung eines von seinem durchgegangenen Pferd durch den Staub der Prärie geschleiften Verwundeten durch den ebenfalls rücklings im Sattelzeug hängenden Maynard. Ein weiterer Höhepunkt dieses technisch überdurchschnittlichen Western ist die eindrucksvolle Flucht von vielen Planwagen vor den angreifenden Indianern.

Fast immer ist Ken Maynard der edle Retter in der letzten Minute, der Beschützer der braven Siedler, der hilflosen Frauen und Kinder. Maynard ist immer auf

der Seite des Guten, ein gefürchteter Feind der Schurken. So hilft er in Harry J. Browns »The Wagon Show« *(Zirkusleben)* als Cowboy Bob Mason einem Zirkus gegen die Intrigen eines Konkurrenz-Zirkus. In dem 1930 von ihm selbst produzierten Film »Parade of the West« *(Der Satansreiter)* spielt er einen tollkühnen Zirkusreiter auf der Seite des Rechts. Der historische Hintergrund seiner Geschichten, die Historie des Westens interessierte Ken Maynard und seine Mitarbeiter nur insoweit, als sie ihnen brauchbare Motive für atemraubende Szenen liefern konnte. So spielte er z. B. 1929 in Harry J. Browns »Señor Americano« *(Der Anschlag auf den Depeschenreiter)*, einem Film, der sein

Geschehen in den Auseinandersetzungen um Kalifornien ansiedelt, die zum mexikanisch-amerikanischen Krieg von 1846–1848 und zur Eingliederung Kaliforniens und New Mexicos in die Vereinigten Staaten führten. Wieder ist Maynard hier ein Lieutenant der US Army, der bedrohten Farmern aus den aussichtslosesten Situationen hilft.

Neben Tom Mix war für die deutschen Kinogänger zweifellos Fred Thomson (1890–1928) der populärste Darsteller in Western-Serien. Thomson arbeitete für das F. B. O.-Studio. Auch er suchte sich aktionsreiche Geschichten in der Vergangenheit und Gegenwart des Westens der Vereinigten Staaten. Auch er liebte die Gefahr, liebte den Zirkus und ließ keine Gelegenheit

Tom Mix seinen Tony, Buck Jones seinen Silver und Ken Maynard seinen Tarzan. Kein Western ist ohne Pferde denkbar; nie aber hatten diese Tiere in den Pferdeopern einen derartig herausgehobenen, privilegierten Platz wie in den Western der zwanziger Jahre.

Natürlich war auch der gutaussehende Film-Cowboy Fred Thomson der edle Retter aller Bedrohten; bewies er durch die Tat seine wahre Größe. So spielte er 1925 in B. Reeves Easons »Lone Hand Saunders« *(Der Kindesretter)* den Titelhelden, jenen schüchternen, undurchsichtigen Boy aus Arizona, der durch eine Kindesrettung beweist, von welchem Kaliber dieser Hasenfuß in Wirklichkeit ist. In Albert Rogells »The Silent Stranger« *(Fred Thomson, der schweigsame Fremdling)* ist er der »taubstumme Fremde«, der nach Valley City kommt, einem kleinen Städtchen, das durch Postkutschenüberfälle in Angst und Schrecken versetzt wird. Natürlich befreit dieser schweigsame Fremde, der in Wirklichkeit ein Geheimagent ist, die Stadt von der Angst. In Rogells »North of Nevada« *(Der Silberkönig von Nevada)* retten Fred und Silver King eine Ranch aus den Händen brutaler, geldgieriger Geschäftsleute. Die beiden sind es auch, die den naiven Fremden aus dem Osten, die plötzlich in den Westen verschlagen wurden, helfen, in der ihnen fremden Welt des Westens zu bestehen.

Thomsons Filme erzählen Geschichten, die den Westen genauso nur als Hintergrund benutzten wie die Werke von Ken Maynard und der Mehrzahl der Cowboys des Stummfilms. Filme, in denen auf tatsächliche historische Vorgänge Bezug genommen wurde oder in denen authentische Persönlichkeiten auftraten, waren die Ausnahme. Erst als Thomson 1928, einige Monate vor seinem frühen Tod, von der F.B.O. zur Paramount überwechselte, versuchte er, den ausgefahrenen Gleisen seiner Serien-Western zu entkommen und für sich und seine Zuschauer Neuland zu erschließen. So spielte er in Alfred Werkers/ Lloyd Ingrahams »Kit Carson« den Titelhelden, jenen

aus, wo er akrobatische Nummern vorführen konnte. Und wie fast alle seine Kollegen, so hatte auch Fred Thomson einen ständigen, treuen Partner: seinen Schimmel Silver King. Die Frauen, die Partnerinnen, wechselten diese Cowboys häufig, ihren Pferden waren sie dagegen viele Jahre lang verbunden. Die Pferde fanden im Vorspann der Filme ihren Platz nach dem Namen des Stars. Kam es dennoch zu einer Trennung zwischen Mensch und Tier, Star und Pferd, befaßten sich sofort die Filmzeitschriften und Magazine mit der Angelegenheit. William S. Hart hatte sein Pferd Fritz,

legendären Mountain Man Kit Carson (1809–1868), der als Pfadfinder an vielen Auseinandersetzungen mit den Indianern teilgenommen haben soll. Doch hier sind die sentimentale Liebesgeschichte zwischen Carson und einer Blackfeet-Indianerin, der Kampf mit einem Rivalen um die Gunst des Mädchens weitaus wichtiger als die tatsächliche Biographie des bekannten Westerners. Nicht anders verhielt es sich mit dem Film »Jesse James« *(Ein Bandit von Ehre)* von Lloyd Ingraham (1928). Hier wird die Lebensgeschichte einer der legendärsten Figuren aus der amerikanischen Ge-

schichte geschildert: des gefürchteten und immer wieder besungenen Banditen Jesse James (1847–1882). Der Film konzentriert sich vor allem auf die Aktivitäten von James während des amerikanischen Bürgerkriegs in den Jahren 1862–1865. Doch obwohl dessen Sohn James jr. bei der Arbeit an dem Film als Berater mitgewirkt haben soll, verklärt dieser Film nur noch mehr die Legende, als daß er versucht, ein der Wirklichkeit nahe kommendes Porträt zu zeichnen. Der Titel, unter dem der Film in den deutschen Kinos lief, kommt den Intentionen der Autoren durchaus entgegen. Hier wird wieder einmal das Lied vom braven Banditen, vom Good Bad Man gesungen, ein Lied, das in den folgenden Jahren noch oft angestimmt werden wird. Eine deutsche Filmzeitung resümierte 1928 den Inhalt dieses Films, der, entgegen der historischen Wahrheit, mit einem Happy-End ausgeht:

Jesse James kämpft bei den Südstaaten, lernt ein Mädchen kennen, das aus den feindlichen Nordstaaten stammt, die er dort wiederfindet, als er als Spion ins feindliche Lager beordert wird. Nach Kriegsende kehrt Jesse James heim. Er hat zu Hause einen Feind, seinen

Vetter Bob Ford, der es erreicht hat, daß Jesse James als Bandit verfolgt wird. Gefahren über Gefahren hat er zu bestehen, immer rettet er sich durch Kühnheit und Schlauheit. Er ist nun wirklich Bandit geworden, wird für vogelfrei erklärt, auf seinen Kopf ein hoher Preis gesetzt. In sein Banditentum folgt ihm, ungeachtet aller Gefahren, das geliebte Mädchen.[30]

Daß Jesse James am 3. April 1882 im Kreise seiner Familie von Bob Ford hinterrücks erschossen wurde, verschweigt der Film seinen Zuschauern. Tom Mix, Ken Maynard, Buck Jones, Fred Thomson, Hoot Gibson, diese Western-Helden in Serie, standen allesamt mit der historischen Wahrheit – trotz gegenteiliger Behauptungen – in keinem guten Verhältnis. Ihnen ging es um Abenteuer, um Unterhaltung, um Sensationen, Action und Turbulenz, nicht um so etwas wie historische Wahrheit.

Man könnte die Charakterisierung von weiteren Film-Cowboys der Stummfilmzeit hier durchaus noch weiter fortsetzen. Noch längst nicht ist das Arsenal des Stummfilm-Western ausgeschöpft. Tom Tyler, Tim McCoy, Jack Hoxie, Harry Carey und nicht zu verges-

sen Douglas Fairbanks, der zu Beginn seiner Karriere in mehreren Western spielte – sie alle fanden ihr Publikum, sie alle erzählten immer wieder die alten Geschichten, die sich einander oft ähnelten wie ein Spiegelei dem anderen. Nie wieder kamen so viele Western jedes Jahr in die Kinos wie in den zwanziger Jahren. Diese Filme erlebten zumeist keine Premiere in einem der großen Filmpaläste; die Kritiker ignorierten sie in der Mehrzahl. Doch in den kleinen Kinos, den »Flohkisten«, in den zahllosen Kinos der Arbeiterviertel fanden diese zumeist mit einem sehr niedrigen Produktionsaufwand hergestellten Werke ein dankbares, zumeist jugendliches Publikum! Diese Filme vermittelten mit ihren oft haarsträubenden Geschichten ein fast immer ziemlich schiefes Bild vom Leben im amerikanischen Westen. Alle Klischees, mit denen der Western späterer Jahre belastet wurde, bildeten sich bereits in jenen Jahren heraus. Die Eroberung des Westens war längst nur noch ferne Historie. Niemand konnte sich mehr genau daran erinnern, wie es wirklich gewesen war, wie der Westen wirklich ausgesehen hat. Nicht ohne Grund hatte sich ein William S. Hart zurückgezogen. Jetzt beherrschten die Akrobaten, die singenden Rodeo-Stars und Reiterkünstler die Szene, die sich von phantasiebegabten Autoren phantastische Geschichten schreiben ließen.

Die Zeit der großen Epen

★ Der Zug nach Westen ★ Das Heldenlied der Pioniere: »Die Karawane« ★ Eine amerikanische Odyssee ★ Der Pony-Express ★ Die Anfänge des John Ford ★ Harry Carey als Cheyenne Harry ★ Das klassische Western-Epos vom Bau der Union Pacific Eisenbahnlinie: »Das Feuerroß« von John Ford ★ »Drei ehrliche Banditen« und der Oklahoma Land Rush ★

4

93 Szene aus »Die Karawane« von James Cruze

94 Dreharbeiten für »Die Karawane«

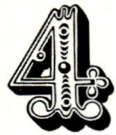

Nicht die Filme mit Tom Mix und all den anderen Cowboys des amerikanischen Stummfilms überlebten die Zeiten und fanden Eingang in die Filmgeschichte. Das Bild des Stummfilm-Western in den bedeutenden Filmgeschichtsbüchern wird fast ausschließlich von zwei Filmen bestimmt. Diesen beiden Western stehen Hunderte anderer Filme gegenüber, die in den zwanziger Jahren Millionen Kinogänger in der ganzen Welt anzogen. Schon allein durch dieses Hervorheben von zwei allerdings überdurchschnittlichen Filmen und durch das Ignorieren von Hunderten anderer Filme werden die meisten Filmgeschichten in ein recht schiefes Bild gesetzt.

»The Covered Wagon« *(Die Karawane)* von James Cruze und »The Iron Horse« *(Das Feuerroß)* von John Ford waren zwei Filme, die bereits zu ihrer Zeit eine außerordentliche Wirkung hatten. Diese beiden Filme fanden sowohl beim Publikum als auch bei der Kritik eine sehr große Resonanz. Sie standen in einer Tradition, die mit den Filmen von David Wark Griffith eingeleitet worden war. Doch diese Griffith-Western waren in den zwanziger Jahren schon wieder weitgehend vergessen, so daß sich beim Erscheinen von »Die Karawane« im Jahre 1923 mehrere Kritiker wunderten, welche Möglichkeiten im Genre des Western enthalten waren. Hier wurde mit Erfolg versucht, ein breites Epos auf die Leinwand zu bringen. Der bisher nur aus der Literatur bekannte breite Erzählstrom fand hier seinen überzeugenden filmischen Ausdruck. Und das ausgerechnet in einem Western, in einer Pferdeoper!

James Cruze (1884–1942), ein eher mittelmäßiger Regisseur, der allerdings durch den Erfolg seines Films

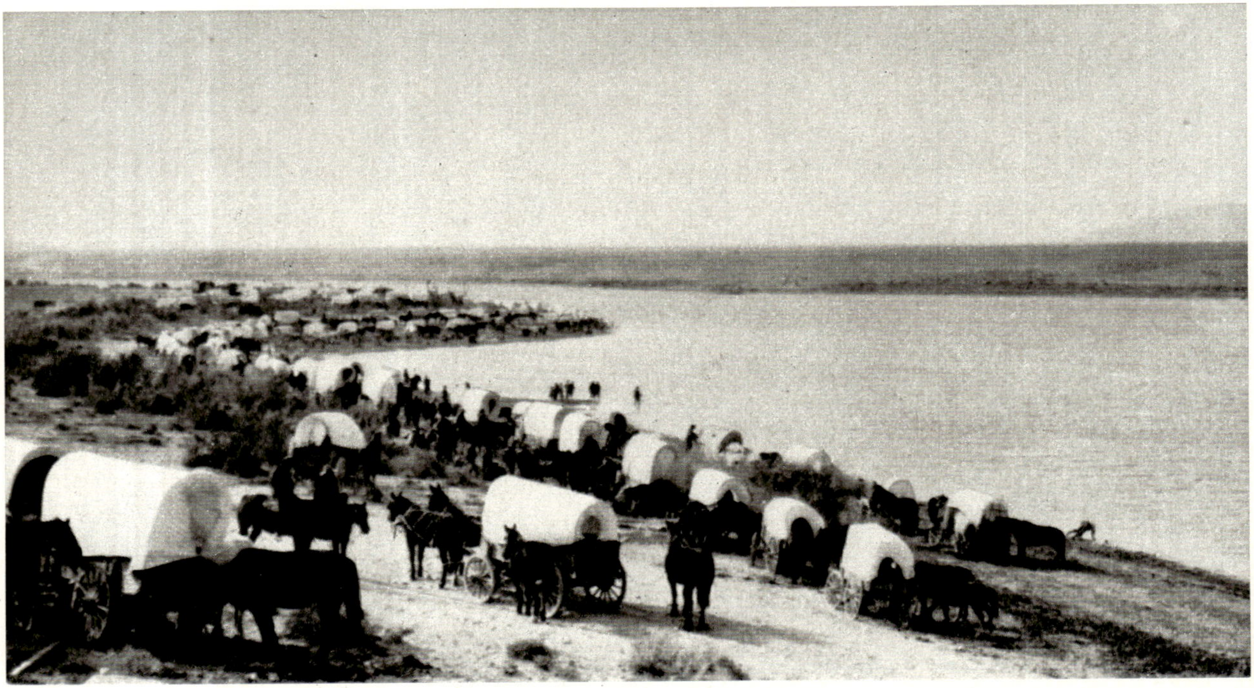

»Die Karawane« einer der höchstbezahlten Hollywood-Regisseure wurde, zeigt in diesem Epos den großen Zug nach Westen, dem sich Pioniere und Abenteurer, Einwanderer und erfolglose alteingesessene Amerikaner auf der Suche nach dem gelobten Land anschlossen. Fast einer Völkerwanderung gleich, begannen diese Männer, Frauen und Kinder zusammen mit ihren Planwagen den Westen zu erobern. 1841 und 1842 zogen bereits 1 000 Pioniere auf dem legendären Oregon Trail von Independence im heutigen Staate Missouri über die Plains, den Platte River entlang bis Fort Laramie, von dort über den South Pass, die Rocky-Mountains bis Fort Bridger und bis Fort Hall im heutigen Staat Idaho. Hier trennten sich die Wagen-Trecks; die einen zogen über den California Trail den Great Salt Lake entlang durch die Sierra Nevada ins Sacramento Valley nach Kalifornien; die anderen gelangten über den Columbia River bis hin nach Oregon.[31]

Bücher und Lieder, Legenden und Filme späterer Jahre besangen immer wieder diesen Zug nach Westen, schwärmten vom Enthusiasmus der Pioniere, erinnerten immer dann, wenn es Amerika schlecht ging, an den Pioniergeist jener Jahre in der Mitte des 19. Jahrhunderts. Auch Walt Whitman, Amerikas bedeutendster Lyriker, besang bereits 1867 diesen Zug der Pioniere in seinem Poem

Pioneers! O Pioneers!

Das Vergangene lassen wir hinten,
Gehen los auf eine neue, weitere, wechselreichere Welt;
Frisch und stark ergreifen wir sie, Welt der Arbeit
Und des Marsches,
Pioniere! Pioniere!

Werfen tapfere Bataillone
In die Schluchten, durch die Pässe, bis zu steilen
Bergeshäuptern;
Und erobern, halten, trotzen, wagen unbekannte Wege,
Pioniere! Pioniere!

Und wir fällen Urzeitforste;
Dämmen, winden Ströme; reißen in den Tiefen Minen
auf;
Messen weite Länderflächen; furchen jungfräuliche
Erde,
Pioniere! Pioniere![32]

Der Film »Die Karawane« beschreibt solch einen Zug von Pionieren über den Oregon Trail nach Oregon bzw. Kalifornien im Jahre 1848. Ein Planwagen-Treck startet in Westport Landing in der Nähe der heutigen Stadt Kansas City und überwindet in mühsamer, wochen- und monatelanger Arbeit alle nur denkbaren Schwierigkeiten, vom Prärie-Brand über Indianer-Überfälle bis zum Überqueren des Platte River. Der Film vermittelt einen Eindruck von den immensen Schwierigkeiten, die die Pioniere zu überwinden hatten. Viele von ihnen sahen nie das gelobte Land, blieben auf der Strecke, verirrten sich, verhungerten oder fanden bei Auseinandersetzungen den Tod. In die Geschichte eingegangen ist z. B. der Donner-Treck, ein Pionierzug im Jahre 1846 unter Führung von George Donner, der im Winter in der Sierra Nevada im Schnee steckenblieb, aus Hunger zum Kannibalismus getrieben wurde und schließlich im März 1847 Kalifornien erreichte. Ein Drittel der Gruppe – darunter 14 Kinder – überlebte diesen furchtbaren Zug nach Westen nicht.

»Die Karawane« ist ein Spielfilm, wenn auch einige Massenszenen durchaus wie Dokumentaraufnahmen aussehen. So hat auch dieser Spielfilm eine Spielhandlung. Sie ist eigentlich das einzige enttäuschende Element dieses ungewöhnlichen Western. Geschildert werden die Rivalitäten um die Führerschaft des Trecks und vor allem um Molly Wingate, die Tochter des Treck-Anführers. Sam Woodhull, ein gerissener Abenteurer, und Will Banion, ein aus der Armee entlassener Soldat, ringen um die Sympathie des Mädchens … Die in diesem Film erzählte Geschichte ist so banal und konventionell wie ähnliche Geschichten aus Dutzenden anderer Filme.

Viel wesentlicher, eindrucksvoller sind dagegen immer wieder die zahlreichen Totalaufnahmen, die den langen Zug der Planwagen durch die weite Landschaft zeigen. Hier bekommt man einen guten Eindruck von der Größe des Unternehmens, von dem Ausgeliefertsein der Pioniere an eine wilde, scheinbar übermäch-

tige Natur. Nicht weniger faszinierend gestaltet sind die Szenen der Überquerung des Platte River. Menschen und Tiere, Planwagen mit all dem lebensnotwendigen Zubehör müssen einen breiten Fluß überqueren … Der Mut, der Einfallsreichtum aller wird auf eine harte Probe gestellt. Und natürlich wird auch der schon stereotype Indianer-Angriff auf die Siedler gezeigt – ungeachtet der historischen Tatsache, daß es bis 1850 zu fast keinen kriegerischen Auseinanderset-

zungen zwischen Indianern und Pionieren gekommen ist. Im Film verhandelt man mit den Indianern über die Überquerung des Flusses. Zu Auseinandersetzungen kommt es jedoch erst in dem Moment, als ein Weißer einen Indianer tötet ... Daraufhin entbrennt ein Kampf, den Cruze mit einer an Griffith erinnernden Meisterschaft inszeniert und montiert hat.

12 Meilen (ca. 20 km) täglich hatte man sich bei diesem insgesamt 2000 Meilen (ca. 3220 km) langen Zug vorgenommen. Als die Siedler schließlich in Fort Hall ankommen, spaltet sich der Zug. Die eine Gruppe will – angeregt durch die sensationellen Goldfunde in Kalifornien – nach Südwesten ziehen, um dort ihr Glück zu machen. Die andere Gruppe zieht nach Oregon weiter. Sie erreicht ihr Ziel im Winter. In einer verschneiten, wilden Landschaft beginnen die Pioniere ihre Arbeit, die Urbarmachung einer unberührten Natur ... Das gelobte Land ist erreicht; unter dem tauenden Schnee wird fruchtbare, schwarze Erde sichtbar.

Dieses Filmepos schildert den Zug einer Gemeinschaft von Menschen. Nicht der einzelne Mensch ist hier wichtig, sondern vielmehr das Kollektiv, eine Gruppe von Menschen, die aufeinander angewiesen sind. Hinter den immer wiederkehrenden Bildern vom Zug der Planwagen-Karawane durch die Landschaft verblassen die Ränkeleien und Plänkeleien der Filmhelden. Hier gerät der große Zug des Lebens ins Bild, wenn man sieht, wie in dem einen Planwagen eine alte Frau stirbt und in dem anderen ein Kind geboren wird. Nach dem Begräbnis der Frau, die den Strapazen des Zuges nicht mehr gewachsen war, graben die Räder der Planwagen ihre Spuren über das Grab ...

»Die Karawane« entstand unter ähnlich harten Bedingungen, unter denen auch die Pioniere damals leben mußten. Mehrere Wochen von jeder Zivilisation abgeschnitten, nur von Konserven lebend, hatten die Filmleute genauso wie die Siedler mit Hitze und Kälte, mit Staub und Frost, mit Wassermangel und Schnee zu kämpfen. Dieser Film war fast vollkommen in der Weite des amerikanischen Westens gedreht worden.

Vor allem im Snake Valley von Nevada entstanden die wichtigsten Szenen. 3000 Komparsen wirkten mit – darunter 1000 Indianer, die aus den Reservaten von Wyoming und New Mexico gekommen waren.

Der immense Erfolg des Films in Amerika wiederholte sich auch außerhalb des Landes. Der »Berater für Indianer-Fragen« des Films, Tim McCoy, der für die Zusammenarbeit mit den zahlreichen Indianern verantwortlich war (und der später selbst ein populärer Schauspieler in mehreren Western wurde), stellte eine Indianer-Truppe zusammen, mit der er nach Europa reiste, um den Film auch dort populär zu machen. Dieser Film über amerikanische Geschichte hatte auch in Europa, sowohl bei der Kritik als auch beim breiten Publikum, einen großen Erfolg. Immer wieder verglich man diesen Western mit den großen Epen der klassischen Literatur, sprach man hier von einer »amerikanischen Odyssee«. Willy Haas (1891–1973), der bekannte deutsche Literatur- und Filmkritiker, jubelte in seiner Rezension dieses Films:

Ein einzigartiges Werk. Nicht nur als individuelle Erscheinung, sondern noch mehr als Beginn einer Gattung, als Morgendämmerung der großen neuen Volkskunst, die wir seit Jahren vom Film erhoffen, erwarten ... (...) Dies ist kein Film. Das ist dasselbe in seiner Art, für unsere Zeit, was für eine andere Zeit die Gesänge von der Belagerung Trojas waren, die Chorlieder vom dunklen Schicksal der Atriden. Es hat in sich dieselbe Monumentalität, die große Monumentalität der werdenden Volkssage, das Mythologische ...
Was ist das für eine Monumentalität?
Sie läßt sich mit Worten nicht definieren. Sie hat nichts mit Ausstattung, nichts mit Bauten, nichts mit äußeren Dimensionen, nichts mit einem großen Aufwand an Geldmitteln zu tun. Zehn volle, erfüllte, dramatisch dichte Akte lang sieht man nichts weiter als diese Planwagen, ein langer Zug, der durch die öde, eintönige Steppe wandert. Es ist eine innere Monumentalität ohne jeden äußeren Aufwand. Es ist, ich wiederhole nochmals, ein moderner Mythos. (...) Das größte, das

103 »Die Karawane« wird für die deutschen Zuschauer propagiert

DIE KARAWANE KOMMT!

Hunderte von Planenwagen sind unterwegs nach Oregon und zu den Goldfeldern Kaliforniens!

DEUTSCHE AUSWANDERER

sind es, die im Mai 1850 westwärts ziehen durch die Gefahren der Prärie, die Ströme und Berge von Wildwest, um sich eine neue Heimat zu suchen.

DIE WIRREN DER REVOLUTION

und die Notjahre mit ihren schrecklichen Hungersnöten und Bauernrevolten haben sie von der deutschen Erde vertrieben. Nun wollen sie auf fremdem Boden den deutschen Pflug niedersetzen.

DER WEISSE MANN UND DIE ROTHAUT

treffen in furchtbaren Kämpfen aufeinander. Ein Kulturkrieg, ein Rassenkampf bricht los, ehe die Waffen des Friedens gebraucht werden können.

DIE KARAWANE NACH DEM WESTEN

kennt aber keine Hindernisse. Trotz unendlicher Verluste an Menschen, Wagen und Material gelangt sie an ihr Ziel. Dieser historische Emigrantenzug ist ein Dokument

DEUTSCH-AMERIK. SCHICKSALSGEMEINSCHAFT

Die Helden der Karawane

WILLI SCHMIDT UND SOPHIE BRAUN

werden Lieblingsgestalten des deutschen Volkes werden.

DARUM ACHTUNG THEATERBESITZER!
DARUM ACHTUNG DEUTSCHES KINOPUBLIKUM!

DIE KARAWANE KOMMT!

(The covered wagon)

Der Paramount-Film der National

Regie: James Cruce

TRADE MARK Paramount Pictures

Uraufführung demnächst!

NATIONAL

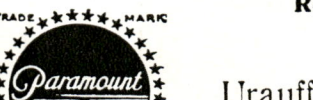

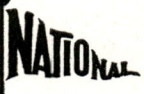

stärkste, das dichterischste aller Bilder aber ist jenes, das durch alle zehn Akte hindurchgeht: die ewige, ewige Ebene der Prärien und der lange, mühsame Zug der Fuhrwerke, der sich wie eine riesige Schlange langsam über ihr weiter windet, einem fernen, unbekannten Ziele zu ...[33]

Dabei war sich der deutsche Verleih über den Erfolg dieses Films offenbar gar nicht so sicher. So versuchte er, das Interesse des Publikums durch eine kuriose »Bearbeitung« wachzurufen. In der deutschen Fassung wurden aus den Pionieren rheinische Bauern, die 1849 nach Amerika gekommen waren! Aus der Familie Wingate des Originals wurde eine Familie Braun, aus Molly Wingate wurde Sophie Braun, aus dem einen Anführer des Trecks, Will Banion, wurde der Deutsche Willy Schmidt!

Dennoch, trotz dieser verfälschenden Bearbeitung, hatte der Film auch in den deutschen Kinos eine große Wirkung; auch eine politische Wirkung, denn einige Kritiker stellten dieses amerikanische historische Epos den reaktionären deutschen Filmen um Fridericus Rex gegenüber. So der deutsche Schriftsteller Leo Lania, der in der sozialistischen Zeitung »Die Welt am Abend« über »Die Karawane« schrieb:

Hier haben wir das erste demokratische Filmepos, die Ilias des 20. Jahrhunderts. (...) So ein Filmepos kann nicht künstlich gemacht werden, es kann nur erwachsen aus der Tradition und dem Empfinden des Volkes. Es konnte nur in Amerika entstehen. Die Staaten haben ihre »Karawane« und wir – den »Fridericus«. So sieht auch unsere Republik aus.[34]

»Die Karawane« wirkte außerordentlich anregend auf die gesamte amerikanische Western-Produktion der folgenden Jahre. Nicht nur in der Quantität; 1923 kamen lediglich 50 neue Western in die Kinos. Ein Jahr später – nachdem Cruzes Film noch immer in den Kinos lief – hatte sich die Jahresproduktion bereits verdreifacht. Dieser Film hatte gezeigt, daß dieses Genre nicht mehr allein das Betätigungsfeld von Serien-Cowboys war. Jetzt versuchten sich auch Regisseure

LOIS WILSON · J. WARREN KARRIGAN

mit größeren Ambitionen am Western. Western wurden nicht mehr allein der Billigproduktion der Studios überlassen. Western-Epos war das neue Zauberwort, das »Die Karawane« ausgelöst hatte. James Cruze selbst versuchte an seinen eigenen Film anzuknüpfen – allerdings ohne großen Erfolg. Er drehte 1925 »The Pony Express«, einen Film, der weniger durch seine Form interessierte, als durch seinen Gegenstand: den legendären Pony Express, der vor der Errichtung der Eisenbahn und der Telegraphie den Osten und den Westen der USA verband. Per Postkutsche brauchte man für die 1900 Meilen (ca. 3000 km) lange Strecke

zwischen St. Joseph, Missouri und Sacramento, Kalifornien, 18 Tage (eigentlich 15 Tage, denn drei Tage wurden im Fahrplan als Polster für etwaige Katastrophen, Achsenbrüche und Indianer-Überfälle eingebaut). Die später eingerichtete Eisenbahn benötigte für dieselbe Strecke viereinhalb Tage. Der Express Rider schaffte sie in acht Tagen! Mark Twain beschreibt in seinem Erlebnisbericht »Durch dick und dünn« recht anschaulich das große Abenteuer dieser reitenden Boten, die nur alle 250 Meilen (400 km) kurz Station machen, die Pferde wechseln und etwas essen konnten. Dennoch existierte dieser phantastische Kurierreiterdienst nur kurze Zeit. Bereits 1861 machte der Tele-

DAS GOLDENE LAND
IN DER HAUPTROLLE: BARBARA BEDFORD

graph das ganze Unternehmen überflüssig. Der Pony Express existierte jedoch weiter in den Erzählungen der Menschen, in den Legenden und später natürlich in den Filmen.

James Cruze schilderte in seinem Film, wie 1860 ein Pony Express Rider die Nachricht von der Wahl Abraham Lincolns nach Kalifornien brachte. Einen größeren Erfolg hatte der Regisseur jedoch erst wieder elf Jahre später, als er den ursprünglich von den sowjetischen Regisseur Sergej Eisenstein geplanten Film »Sutter's Gold« (1936) über den Schweizer Einwanderer Johannes August Sutter drehte, der 1839 nach Kalifornien gekommen war, dort von den Mexikanern Land am Sacramento River gekauft hatte, auf dem er am 24. Januar 1848 Gold fand. Dieser Fund löste den berühmten Goldrausch, löste Landspekulationen und blutige Auseinandersetzungen aus, in deren Verlauf auch Sutters Ländereien vernichtet wurden. Cruze ge-

staltete seinen Film zu einem aufwendigen Western-Epos mit einigen sehr eindrucksvollen Szenen.

Ein großes, von der »Karawane« angeregtes Western-Epos war auch Irvin Willats Film »North of '36« (Nördlich vom 36. Breitengrad) aus dem Jahre 1925, der sich mit den großen Vieh-Trecks befaßte, die in den sechziger Jahren des vergangenen Jahrhunderts das vom Norden und Osten benötigte Fleisch aus dem Süden, vor allem aus Texas, brachten. Diese Bewegungen von oft 3000 Rindern, die von 20 Cowboys bewacht und geleitet wurden, glichen mit ihren Strapazen und Abenteuern, der Errichtung von sogenannten Cow Towns, von Rinderstädten, wie z. B. Abilene im heutigen Kansas, den Trecks der Pioniere nach Westen. Ein herausragendes Western-Epos jener Jahre war auch Lambert Hillyers Film »The Spoilers«*(Das goldene Land)* von 1924. Diese zweite Verfilmung des bekannten gleichnamigen Romans von Rex Beach (drei weitere Filme folgten in der Tonfilmzeit) erzählte vom Goldrausch im fernen Alaska, von Abenteuern, Ränkeleien und Auseinandersetzungen Ende des vergangenen Jahrhunderts.

Ein romantisch gefärbtes Western-Epos war schließlich auch Henry Kings »The Winnig of Barbara Worth« *(Entfesselte Elemente)* aus dem Jahre 1926, in dem die Bezwingung des wilden Colorado River geschildert wurde. Doch einen ebenso breiten Raum nahmen hier die Herzensangelegenheiten dieser rauhen Männer ein. Einer der Helden des Films wurde übrigens von einem gewissen Gary Cooper verkörpert, einem Schauspieler, der noch so manche Seite aus der Entwicklungschronik des Western mitschreiben sollte.

Der bedeutendste Film, der durch James Cruzes Werk angeregt worden war, ist jedoch ohne allen Zweifel John Fords Epos »The Iron Horse« *(Das Feuerroß)* aus dem Jahre 1924, gewiß neben der »Karawane« der wichtigste Western der zwanziger Jahre. John Ford ist der einzige Regisseur, der dem Genre fast fünf Jahrzehnte lang eine Vielzahl bedeutender Beiträge gege-

HARRY CAREY

UNIVERSAL

ben hat. Die Entwicklung des amerikanischen Western kann man an der Entwicklung dieses Regisseurs deutlich erkennen. In seinem Schaffen sind die Höhen und Tiefen, die Schönheit und auch die Grenzen der Western-Filme deutlich widergespiegelt. Obwohl er viele Filme drehte, die keine Western waren, oftmals hervorragende Filme – man denke nur an »Young Mister Lincoln« (Der junge Mister Lincoln), »The Grapes of Wrath« *(Die Früchte des Zorns)* und »The Long Voyage Home« *(Der lange Weg nach Cardiff)* –, so ist er im Bewußtsein der meisten Kinogänger der Western-Regisseur geblieben. »Ich heiße John Ford und mache Western«, so soll er sich manchmal selbst vorgestellt haben ...

John Ford (1895–1973) kam bereits mit 18 Jahren zum Film. Er arbeitete als Requisiteur, Schauspieler und Regieassistent, vor allem für seinen Bruder Francis Ford. Doch auch für ihn war der Weg zur Filmregie recht kurz. Bereits 1917 drehte er seine ersten Filme. Und natürlich waren das kurze Western. Sehr schnell hatte sich hier beim Universal-Studio von Carl Laemmle eine Gruppe zusammengefunden, die Western produzierte. John Ford (der sich damals noch Jack Ford nannte) inszenierte, und Harry Carey und Hoot Gibson spielten. Harry Carey (1880–1947) hatte bereits in einigen kurzen Western von D. W. Griffith gespielt – u. a. in »The Battle of Elderbush Gulch« (Die Schlacht von Elderbush Gulch). Bei John Ford spielte er die Figur des Cheyenne Harry, eines verschlossenen Good Bad Man, eine Gestalt, die deutlich von William S. Hart beeinflußt zu sein schien. Einer der wenigen Ford-Western aus dieser Frühzeit seines Schaffens ist erhalten geblieben. Es ist sein erster langer Film: »Straight Shooting« (Genau gezielt) aus dem Jahre 1917. Hier geht es um die Auseinandersetzungen zwischen Viehzüchtern und sogenannten Homesteadern (Heimstädtern), Männern, die den Züchtern ihre Landrechte streitig machen wollten. Ein Killer wird von den Homesteadern angeworben, damit er ihnen Schutz garantiert ... Dieser frühe Film beeindruckt

durch seine differenzierte Zeichnung des Charaktere, durch einige geschickt inszenierte und montierte Action-Szenen, vor allem durch das Finale, das den Kampf zwischen den beiden Parteien auf der Hauptstraße des Ortes zeigt. Die Rettung in der letzten Minute naht für die Homesteader in Gestalt eines Reiters, dessen Bild immer wieder die bedrohliche Situation unterbricht ... Filmhistoriker sind noch heute über die Qualitäten dieses Western erstaunt, der seiner Zeit weit voraus war. Die Arbeit mit dem Licht, der geschickte Wechsel zwischen Action-Szenen und Ruhepunkten, die Einbeziehung der Landschaft – all das weist »Genau gezielt« als ein überdurchschnittliches Werk aus, das deutlich den Einfluß von Hart erkennen läßt.

John Ford drehte in den folgenden Jahren bis 1926 jährlich ca. acht bis zwölf Filme, zum großen Teil Western. Doch obwohl von diesen Werken nur ein ganz geringer Bruchteil die Zeiten überdauert hat, so kann man bereits beim Studium der Rezensionen und Inhaltsangaben erkennen, daß sich diese vielen Filme doch von der Fließbandproduktion jener Jahre positiv abhoben. Hier wurden keine haarsträubenden Geschichten erzählt wie so oft in den Serien-Western der frühen zwanziger Jahre. Cheyenne Harry und sein Regisseur hatten eine engere Beziehung zum alten Westen als diese Film-Cowboys aus der Konkurrenz zu Tom Mix, die vom Zirkus oder vom Rodeo kamen. Sie ließen sich lieber von der Literatur des Westens inspirieren, als daß sie Filmautoren irgendeine phantastische Story ausdenken ließen. So drehte Ford z. B. 1919 einen Film nach zwei Erzählungen von Bret Harte, einem der bedeutendsten Schriftsteller, der den Westen und seine Menschen beschrieben hat: »The Outcasts of Poker Flat« (Die Geächteten von Poker Flat). Diesen Film, in dem Harry Carey den Cowboy John Oakhurst darstellte, nannte damals eine amerikanische Filmzeitschrift »eine optische Symphonie«. Auch später, als sich John Fords und Careys Wege zeitweise trennten, versuchte diese Schauspieler mit dem unverwechselbaren Profil, in ungewöhnlichen Western zu

109 Harry Carey (Mitte) als »Cheyenne Harry«

110, 111 Tom Mix und Kathleen Key in
»Unter den Wölfen von Alaska«
von John Ford

spielen, in Filmen, die glaubhafte Geschichten über den Westen erzählen. So war er z. B. 1925 in Edmund Mortimers »The Man from Red Gulch« *(Die Banditen von Sandy Bar)*, ebenfalls einer Bret-Harte-Verfilmung, zu sehen, die im Jahre 1849 in Kalifornien angesiedelt ist, zu jener Zeit also, da die Goldfunde Abenteurer und Glückssucher in den Westen lockten.

Das beachtliche Talent des Western-Regisseurs John Ford wurde auch bald außerhalb Amerikas erkannt. Mitte der zwanziger Jahre – längst war der Regisseur von der Universal zur Fox übergewechselt – dreht er den Film »North of Hudson Bay« *(Unter den Wölfen von Alaska)*. Tom Mix spielte hier einen Goldsucher im kalten Alaska, der allerlei Abenteuer zu bestehen hat. Doch dieser Film, dessen Geschichte sich von ähnlichen Goldsucher-Stories nur gering unterscheidet, war derartig beeindruckend gestaltet, daß 1925 die deutsche Filmzeitung »Film-Kurier« zu hohen Vergleichen griff:

Ein Meisterwurf, der in einigen Partien die Poesie der Schwedenfilme mit amerikanischer Dynamik vereint.[35]

In der Regel wurden in jener Zeit die unzähligen Western keiner kritischen Zeile in den Zeitungen für wert gehalten. Bei diesem Film aber suchte man den Ver-

gleich zu den großen poetischen Filmkunstwerken von Victor Sjöström. Der Film kam im selben Jahr in die amerikanischen Kinos wie Fords »Feuerroß«, im Jahre 1924. Auch »Das Feuerroß« war anfangs gar nicht als großes episches Werk geplant, sondern als ein ganz normaler Western der Fox-Produktion, wie John Ford schon viele gedreht hatte. Doch der Erfolg von Cruzes »Karawane« ließ Ford die Dimensionen seines Films erheblich ausweiten.

»Das Feuerroß« – das ist jene von den Indianern so genannte transkontinentale Eisenbahn, die in den Jahren 1863 bis 1869 gebaut wurde und die eine wesentliche Voraussetzung für die Eroberung der Westgebiete der USA bildete. Ford erzählt in der Exposition des Films, der dem englischen Ingenieur und Erfinder George Stephenson gewidmet war, von Träumern und Skeptikern, von Brandon, der einst in Springfield, Illinois, von einer Bahn träumte, die bis ins ferne, sonnige Kalifornien führt, und von Marsh, dem skeptischen, reichen Unternehmer, der das alles als Hirngespinst ablehnt. Als Brandon sich zusammen mit seinem Sohn aufmacht, die gewaltige Strecke nach Kalifornien zu Fuß zurückzulegen, wird er in den Black Hills von Indianern umgebracht ...

stand von allen möglichen Spekulationen war. Große und kleine Gauner, vor allem Bodenspekulanten, Viehdiebe, Saloon-Besitzer, Glücksspieler, Prostituierte – sie alle wollen von der Bahn profitieren; sie ziehen neben dem Troß wie Ungeziefer dahin und machen diese Tat im Namen der Zivilisation zu ihrem Geschäft. Höhepunkt solcher Auseinandersetzungen werden die

1862, als im Land der Bürgerkrieg tobt, unterschreibt Präsident Abraham Lincoln ein Gesetz zum Bau der transkontinentalen Eisenbahn – trotz der Warnungen seiner Berater, die vor den Anstrengungen angesichts des Krieges zurückschrecken. Doch Lincoln denkt an den zukünftigen Frieden und seine wirtschaftlichen Probleme …

Am 8. Januar 1863 beginnt in Sacramento, Kalifornien, die Central Pacific Bahn die Strecke in östlicher Richtung, am 2. Dezember folgt die Union Pacific von Omaha, Nebraska, aus in Richtung Westen. Viele tausend Arbeiter, darunter zahlreiche Iren und chinesische Kulis, machen sich an die Arbeit. Der Film, der sich auf die Beschreibung der Arbeit der Union Pacific beschränkt, zeigt die Arbeiter beim Streckenbau, wie sie rhythmisch die Schwellen feststampfen und dabei das Iron-Horse-Lied singen. Leitmotivisch kehren diese Bilder und das Lied immer wieder …

Ähnlich wie in der »Karawane«, so zeigt auch Ford in seinem Film am Rande authentische Figuren der Western-Historie. So taucht plötzlich ein gewisser William F. Cody bei den Bautruppen auf, der die Arbeiter mit Büffelfleisch versorgt – was ihm wiederum den Beinamen Buffalo Bill einbringt. Auch der legendäre Revolverheld Wild Bill Hickok erscheint – voller Stolz verkündet ein Zwischentitel, daß die Pistole im Film die tatsächliche Waffe des einstigen Helden ist!

Natürlich singt der Film das Hohelied der monumentalen Tat des Menschen, der gigantischen »Verbrüderung der Meere« – wie die Werbung in Deutschland den Film anpries. Aber der Film stellt auch dar, wie von Anfang an die Eisenbahn und ihr Bau der Gegen-

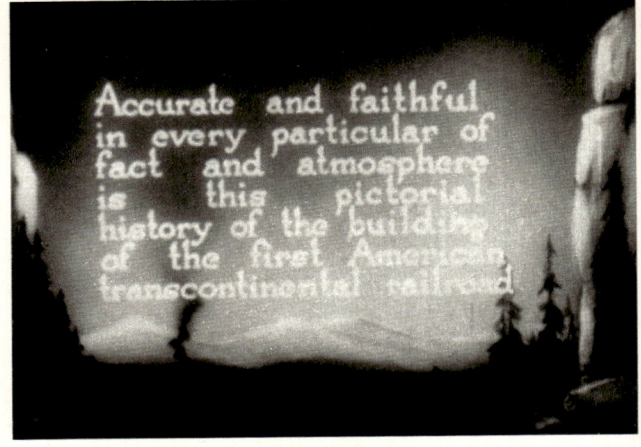

Kämpfe um die Streckenführung in den Black Hills, im Indianer-Gebiet also, wo gerissene Spekulanten die eigentlichen Eigentümer des Bodens, die Cheyenne, geschickt für ihre Ziele einsetzen und in den Kampf schicken. Der Film »Das Feuerroß« zeigt immer wieder die Angriffe der Indianer auf die Bautrupps. Er läßt aber auch deutlich werden, daß sie zu den Angriffen fast immer von einem weißen Geschäftemacher namens Bauman, dem erfolgreichsten Bodenspekulanten der Gegend, angestiftet werden. Dieser Weiße war es auch, der einst den alten Brandon in den Black Hills umbringen ließ. Im »Feuerroß« sind aber auch Pawnee-Indianer zu sehen, die die Bauarbeiter vor Angriffen schützen.

John Fords Film gibt natürlich nicht die ganze Brutalität wieder, mit der hier dem »zivilisatorischen Fortschritt« eine Bresche geschlagen wurde. Brutalität nicht nur gegenüber den Indianern, sondern auch gegenüber den Arbeitern, vor allem den Ausländern, angeworbenen, recht- und mittellosen Kulis und Einwanderern. Der Bau der Union Pacific widerspiegelte in der Realität brutalen Kapitalismus in allen seinen Formen des Klassenkampfes. Die Toten infolge von Klassenauseinandersetzungen und mangelhaften Unfallschutzes sind außerordentlich zahlreich.

»Das Feuerroß«, dieses amerikanische Nationalepos, zeigt ausführlich all die abenteuerlichen, exotischen Aspekte der Geschichte. Da wird immer wieder das bunte Leben im Saloon »Hell on Wheels« (Hölle auf Rädern) geschildert, dessen Wirt gleichzeitig der einzige Richter der Gegend ist. Nicht selten wird hier schnell und unmittelbar über die Theke hinüber Recht gesprochen! Überhaupt räumt John Ford, der Amerikaner irischer Herkunft, dem Humor einen breiten Raum ein. So zeigt er immer wieder das Geschehen aus der Perspektive des bärbeißigen alten Arbeiters Casey, eines aus der Armee entlassenen Iren, der mit seinem langen Militärmantel und seinen ständigen Zahnschmerzen (wo gibt es in der Prärie einen Zahnarzt?) wie ein Kuriosum wirkt.

117

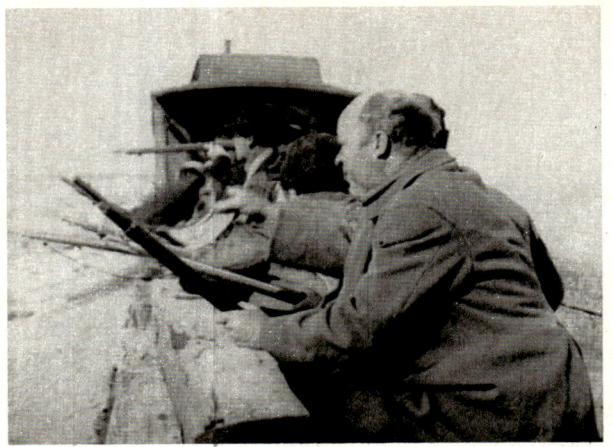

Das Finale des Films bildet die sogenannte »Hochzeit auf Schienen«, als sich am 10. Mai 1869 in Promontory Point, Utah, die Union Pacific mit der Central Pacific vereinigt und die letzte Schwelle mit einem von Kalifornien gestifteten goldenen Nagel befestigt wird. Die alte Jupiter-Lokomotive, die bei dieser »Heirat« damals dabeigewesen war, erscheint im Film noch einmal ...

Obwohl auch »Das Feuerroß« eine gar nicht sonderlich originelle Spielfilmhandlung hat – ein Mädchen zwischen zwei Männern, die Tochter des Unternehmers Marsh zwischen Dave Brandon, dem Helden, und Bauman, dem finsteren Schurken –, wirkte dieser Film von John Ford seinerzeit auf die Kritiker wie ein kulturgeschichtliches Dokument. Nicht die Liebesquerelen der drei Helden waren wichtig, sondern der Bau der Eisenbahn mit allen dazugehörigen Aspekten. Und der Film zeigt das Wachsen dieses gigantischen Unternehmens, das nicht von einer einzelnen herausragenden Führerpersönlichkeit bestimmt wird, sondern von einer Gemeinschaft. Wie in der »Karawane«, so wird auch dieser Film von einem Kollektivhelden geprägt. In einer Vielzahl kleiner, aber außerordentlich wirksamer Szenen werden den vielen einzelnen unverwechselbare Konturen gegeben. Die Anstrengungen der Arbeiter, ihre Ängste, ihr Galgenhumor, ihr solidarisches Verhalten über Sprachgrenzen hinweg vermittelt der Film in großartigen Bildern. Das Bild vom Zusammenwachsen zu einer Gemeinschaft von Menschen, die aus den verschiedensten Gegenden der Welt zusammengekommen sind, bekommt hier fast eine symbolische Bedeutung. Die Legende vom »Schmelztiegel Amerika«, wo Elemente aller möglichen Kulturen zusammenfließen und eine neue Kultur ergeben, wird hier erneut breit ausgemalt. Iren, Engländer, Chinesen, Deutsche – sie alle bringen in diese Gemeinschaft Elemente ihrer Kultur ein. »Das Feuerroß« zeigt auch, daß ein Großteil der Arbeiter direkt aus der Armee, direkt aus dem Bürgerkrieg zum Bau der Union Pacific gekommen war. Die langen Militärmäntel verdeutli-

DAS FEUERROSS

chen, daß diese Arbeiter gleichzeitig auch in der Lage sind, wieder als Soldaten tätig zu werden. Die tatsächlichen Arbeiten am Bau der Eisenbahnlinie leitete bekanntlich ein ehemaliger General, genauso wie die Arbeiter von einem General befehligt wurden. Man arbeitete nach dem »Work and Fight«-System. Arbeiten und Kämpfen waren zwei Seiten ein und derselben Angelegenheit ...

Formal stellt »Das Feuerroß« genauso einen Meilenstein in der Entwicklung des Western dar wie Cruzes

»Karawane«. Ganz deutlich hatte John Ford, vor allem bei der Arbeit mit der beweglichen Kamera und bei der Montage, seine Lektionen von Meister David Wark Griffith gelernt. Einige Szenen aus Fords Film scheinen direkt von Griffiths historischem Epos »The Birth of a Nation« (Die Geburt einer Nation) aus dem Jahre 1915 beeinflußt zu sein, einem Film, in dem einst Ford als Komparse gespielt hatte. Mitunter arbeitete John Ford in den Kampfszenen gleichzeitig mit sechs verschiedenen Kameras, deren Filmmaterial, geschickt

montiert, den Szenen ihren mißreißenden Rhythmus gab. Beeindruckend ist auch, wie Ford in seiner Geschichte immer wieder die individuellen Schicksale mit dem Fortgang des gewaltigen Unternehmens koppelt, wie die kleinen Sorgen und Freuden der einzelnen die immensen Probleme des Baus ergänzen, wie Genreszenen, wie Action und Humor glücklich nebeneinander stehen. Und natürlich beeindrucken die Landschaftsaufnahmen, die die Menschenmassen beim Bau ihres Werkes wie kleine Insekten zeigen. Angesichts der Monumentalität der Natur (Ford drehte den Film vor allem in der Wüste von Nevada und im Devil's Canyon) wirken die Anstrengungen der Menschen um so winziger …

3 000 Eisenbahnarbeiter, 1 000 Chinesen, 800 Pawnee-, Sioux- und Cheyenne-Indianer, 2 000 Pferde, 1 300

Büffel und ein ganzes Kavallerie-Regiment gaben diesem Film, der jedoch viel mehr ist als ein monumentaler Western, seine Dimensionen. Der Zug, mit dem sich der Filmstab auf den Spuren der Union Pacific fortbewegte, bestand aus 56 Waggons; zwei komplette Städte wurden für die Filmaufnahmen errichtet; eine Tageszeitung kam täglich speziell für die Menschen heraus, die an dieser Fox-Produktion mitarbeiteten …

Zwei Jahre danach entstand erneut ein epischer Western von John Ford. »Three Bad Men« *(Drei ehrliche Banditen)* ist genau wie »Die Karawane« und »Das Feuerroß« erhalten geblieben, so daß man sich heute noch von den Qualitäten dieses überdurchschnittlichen Western überzeugen kann. Obwohl weitaus weniger aufwendig produziert als »Das Feuerroß«, versuchte

auch dieser Film zunächst, durch Zahlen zu imponieren. 15000 Komparsen, 2000 Indianer und 1000 Kavallerie-Soldaten sollen hier beschäftigt worden sein.

»Drei ehrliche Banditen« wurde deutlich durch die Erfolge der beiden anderen großen Western-Epen dieser Zeit angeregt; aber auch durch die Filme von William S. Hart. 1925 war der letzte Film mit Harts »Tumbleweeds« in die Kinos gekommen. Hier ging es um den sogenannten »Oklahoma Land Rush«. 1926 erschien Fords »Drei ehrliche Banditen«, in dem es um den »Dakota Land Rush« aus dem Jahre 1876 ging. Auch jene Titelhelden des Films, jene drei ehrlichen Banditen, ein Falschspieler, ein Pferdedieb und ein Bankräuber, alle drei steckbrieflich verfolgt, die ihm Laufe des Films geläutert werden und bei der Durchsetzung von Recht und Ordnung mithelfen, könnten Figuren aus einem Hart-Film sein. Das Finale – die drei Outlaws beschützen ein junges Paar und kommen dabei selbst ums Leben – erscheint fast wie das Plagiat eines Films von W. S. Hart. Die Silhouetten der Toten erscheinen am Schluß noch einmal als gute Geister in einer jetzt friedlichen Gegend!

Höhepunkt des Films ist jedoch jener Szenenkomplex um den Dakota Land Rush. Im damaligen Dakota Territory hatte die Regierung unter Bruch von Verträgen mit den Indianern ein für die Besiedelung durch Weiße ursprünglich verbotenes Gebiet freigegeben. Dieser Land Rush auf Indianer-Gebiet wurde zu einer Art Wettrennen um das fruchtbarste, gewinnträchtigste Stück Land. Noch attraktiver war dieses Gebiet in Dakota durch Goldfunde geworden; und das zu einer Zeit, als die Auseinandersetzungen mit den Indianern in der Schlacht am Little Big Horn und mit dem Tod von General Custer einen Höhepunkt erreichten. Fords Film beschreibt sehr eindrucksvoll diesen Land Rush, der mit einem Kanonenschuß als Startsignal eingeleitet wird:

Die Auffahrt der Wagen auf der Salzwüste; der erregende Schnitt von den Soldaten, die die Leute zurückhalten, zu der Kanonenbesatzung, die auf ihre Uhren starrt; das Zittern der Erregung, das durch die Siedler, die Kinder, selbst durch die Pferde geht – dann die Eruption der Action, die durch die staubige Ebene fegt; umstürzende und zersplitternde Wagen; ein Fahrrad, das von einem Pferd gezogen wird; ein Elternpaar, das gar nicht merkt, daß es nach einer Reparatur am Wa-

*gen sein Kind zurückläßt; und das Kind, wie es vor ga-
loppierenden Hufen im letzten Augenblick von einer
plötzlich auftauchenden Hand weggerissen wird; der
ambulante Zeitungsmann, der sein Blatt in seinem über
die Ebene dahindonnernden Wagen druckt: Dieser
ganze komplexe Aufbau graphisch individueller Szenen
gibt eine stärkere, wenn auch desorganisierte Vorstel-
lung eines solchen Geschehens als die späteren Darstellungen in Cinemascope.*[36]

Und wieder beeindruckte bei diesem Ford-Western die
gelungene Verknüpfung von großer historischer Action
mit den sehr privaten Erlebnissen der einzelnen. Da
fasziniert die aufwendige Action-Szene, die Totalauf-
nahme genauso wie das Detail.

Und wieder erheben die Breite und Menschlichkeit, mit

*der die Figuren hier erfaßt werden, der unaufdringliche
Humor, die Pracht der Inszenierung und der Action diesen Film in eine besondere Klasse.*[37]

»Drei ehrliche Banditen« war John Fords letzter
Stummfilm-Western. 37 Western hatte dieser Meister
gedreht, als der Tonfilm die amerikanische Filmindustrie zu erschüttern begann. In den folgenden Jahren
interessierte John Ford durch Beiträge für andere Genres. Der schöpferische Weg des John Ford reflektiert
recht gut das Auf und Ab, die guten und schlechten
Jahre des Western. Erst dreizehn Jahre später, erst
1939 sollte John Ford mit seinem Film »Stagecoach«
(Höllenfahrt nach Santa Fe) wieder einen Western
drehen, einen Film, der die bis heute wohl fruchtbarste
Periode dieses Filmgenres einleitete …

Die mageren dreißiger Jahre

★ Die Tonfilm-Revolution ★ Der Gangsterfilm als Widerspiegelung einer sozialen Wirklichkeit ★ Der anachronistische Western
in der Krise ★ Ein Ende des Genres? ★ Das erste tönende Western-Epos: »Die große Fahrt« von Raoul Walsh ★ Eine Filmbiographie von Billy the Kid: King Vidors »Der letzte Bandit« ★
Das Lied vom braven Texas Ranger: »Grenzpolizei Texas« ★
Historische Wahrheit oder Legende: »Verrat – Die Abenteuer des
Buffalo Bill« ★

Am 6. Oktober 1927 wurde in New York erstmals das Filmmusical »The Jazz Singer« *(Der Jazzsänger)* von Alan Crosland mit Al Jolson aufgeführt. Dieser reichlich sentimentale, aber dennoch außerordentlich publikumswirksame Film leitete eine kleine Revolution ein, die Revolution des Tonfilms. War man sich auch damals zu Beginn natürlich noch längst nicht über die Auswirkungen dieser Neuerung im klaren, so leitete »Der Jazzsänger« doch das Ende des Stummfilms ein, bedeutete er den Anfang der Reorganisation der gesamten amerikanischen Filmindustrie und das Ende tausender Schauspielerkarrieren. Kein Filmgenre blieb von diesen Veränderungen verschont, denn die sich erst langsam herausbildende Spezifik des Tonfilms war doch recht verschieden im Vergleich zu der des stummen Films.

Parallel zu diesem Prozeß, der sich in den Jahren 1927 bis 1929 in der amerikanischen Filmindustrie vollzog, ereignete sich im wirtschaftlichen Leben des ganzen Landes ein Umschwung, dessen Auswirkungen die »Tonfilm-Revolution« weitaus in den Schatten stellten. Am 24. Oktober 1929 löste der Zusammenbruch der New-Yorker Börse eine Wirtschaftskrise aus, die in ihren immensen Auswirkungen beispiellos war. Die Zahl der Arbeitslosen erhöhte sich in den Jahren von 1930 bis 1933 von 4 auf 14 Millionen. Arbeitslosigkeit bedeutete Elend und auch Hunger. Überall bildeten sich Schlangen vor den Suppenküchen und Wohlfahrtsstellen. Rund um die Großstädte entstanden Blech- und Bretterhütten für die vielen Obdachlosen des Landes. Die Farmer verelendeten immer mehr, erhielten sie doch für ihre Produkte nur noch die Hälfte von dem, was sie vor Beginn der Depression erhalten hatten ... Die Preise in den Geschäften blieben dagegen die gleichen oder erhöhten sich ... Das Bruttosozialprodukt des Landes fiel in den Jahren 1929 bis 1933 um ein Drittel. Die sozialen Konflikte verschärften sich immer mehr ...

In jenen Jahren, wo so gut wie alle Werte des amerikanischen Lebens in Frage gestellt wurden, hatte man auch immer weniger Interesse an Filmen, die diese Werte priesen, indem sie heroische Geschichten aus der Vergangenheit des Landes, aus der Pionierzeit erzählten. Der Western erlebte eine Krise, die eigentlich noch viel länger dauerte als die allgemeine Wirtschaftskrise Amerikas, nämlich bis zum Jahre 1939. Der Westerner mit seinen Idealen wirkte in jener so sehr aus den Fugen geratenen Zeit reichlich deplaciert und antiquiert. An seiner Stelle etablierte sich der Gangster aus den großen Städten als der Held der amerikanischen Kinoleinwand. Der Gangsterfilm, der oft eine recht realistische Beschreibung der Machtstrukturen und des Lebens in den Großstädten der USA zeigte, erlebte in den Jahren des beginnenden Tonfilms und der allgemeinen Depression eine fruchtbare Zeit. Außerdem gab das lärmerfüllte Leben in der Großstadt dem Tonfilm weitaus mehr Möglichkeiten, seine Fähigkeiten zu demonstrieren, als das Leben in den weiten Ebenen, wo verschlossene Westerner ihre Probleme zu lösen haben, Männer, deren Sache es nicht ist, mit großen Worten umzugehen. Es bleibt die »Attraktion« des Schusses, den man wirklich hört, und des Pferdegetrappels, das man nicht mehr nur ahnen muß ... Doch das war wenig angesichts des Lärms einer amerikanischen Großstadt ... Antiquiert wirkten die Western auch im Verhältnis zur technischen Entwicklung, die das Leben der Amerikaner immer mehr bestimmte. In jenen Jahren sprach man über Charles Lindbergh und seine Überquerung des Ozeans mit Hilfe eines Flugzeugs. Fahrzeuge mit mehreren Pferdestärken beherrschten die Straße; was sollten da noch Geschichten um Männer, die sich lediglich auf einem Pferd fortbewegten? Zwar hatte es nicht wenige Versuche gegeben, die Welt des Cowboys mit der modernen Technik zu verbinden, aber waren das nicht mehr oder weniger krampfhafte Versuche gewesen, den Western überleben zu lassen?

So schien eine deutsche Filmzeitschrift nicht unrecht zu haben, als sie im April 1933 einen Artikel überschrieb:

DAS ENDE DER WILD-WEST-FILME

(...) Der Tonfilm nahm dem Wild-West-Film alle Chancen, man konnte diese Filme, die ja nur für das breite Publikum bestimmt waren, nicht in der Originalfassung zeigen, und das Dubben lohnte sich meistens nicht.

In Amerika dagegen hat der Wild-West-Film, meist kurz Western-Film oder auch familiärer »Horse-Opera« genannt, die Geburt des Tonfilms überdauern können; die Zahl dieser Filme, die teilweise sogar – nicht nur für unsere Verhältnisse – mit recht erheblichen Mitteln gemacht wurden, ging auch noch in den letzten Jahren in die Hunderte. Und trotz der fortschreitenden Technik, trotz der rasenden Autos und Flugzeuge, fand auch der Wild-West-Film noch immer sein Publikum. Und wenn auch stets die Handlungen in den verschiedenen Wild-West-Filmen einander ähnelten und – man kann sogar sagen – sich aufs Haar glichen, gab es in den USA ge-

nug Leute, die sich jede Woche die neueste Horse-Opera ansahen.

Doch nun scheint sich auch der Amerikaner endlich der Wild-West-Filme satt gesehen zu haben. Nach den letzten amerikanischen Meldungen haben sich die Wild-West-Filme überlebt. Das Publikum hat nun doch den Produzenten der Wild-West-Filme, die vielfach mit den Stars identisch waren und die Filme am laufenden Band herstellten, Widerstand entgegengesetzt, indem es nicht mehr jeden Film ansieht. Die Wild-West-Filme, ursprünglich immer aus Rücksicht auf das Publikum gemacht, wurden kein Publikumsgeschäft mehr. Fast täglich liest man in amerikanischen Blättern, daß die Vorarbeiten zu geplanten neuen Western-Filmen abgebrochen werden; und die schon in Arbeit befindlichen Filme werden möglichst billig hergestellt. Die Zahl der angekündigten und nicht herausgebrachten Wild-West-

133 Deutsches Filmprogramm von 1931

134 William Collier jr. und Richard Dix
in »Cimarron« (1931) von Wesley Ruggles

135 Glenn Ford und Maria Schell
in »Cimarron« (1960) von Anthony Mann

Filme wird schon in dieser Saison recht groß sein; in der nächsten Saison wird man Wild-West-Filme nur noch ganz vereinzelt in den Programm-Ankündigungen finden. Einige Wild-West-Artisten, wie vor allem Tom Mix, haben dieses Schicksal anscheinend vorausgesehen und sind rechtzeitig abgetreten, bevor sie das Publikum dazu gezwungen hätte.[38]

Schon vier Jahre zuvor, im April 1929, war ein ähnlich pessimistischer Artikel in der amerikanischen Zeitschrift »Photoplay« erschienen. Der Autor erteilte den Cowboy-Stars seine Ratschläge:

Tom Mix, Hoot Gibson und Ken Maynard müssen ihre Pferde mit Flugzeugen vertauschen – anderenfalls müssen sie in das Heim für alte Schauspieler.

Die großen weiten Räume dienen jetzt als Landeflächen, und die Bären können Little Nell nichts mehr anhaben, weil Little Nell darüber nur noch die Nase rümpft, während der geliebte Pilot ihn über die Berge hinweg fliegt.[39]

Gewiß waren die dreißiger Jahre keine Hoch-Zeit des Western; allerdings führten auch sie nicht zum Ende dieser Filmgattung. Auch damals starb dieses immer noch populäre Filmgenre nicht aus – wie es die Zeitungen prophezeit hatten.

1930 kamen sogar einige Western in die Kinos, die deutlich zu machen schienen, daß auch der tönende Western durchaus eine Überlebenschance hat: King Vidors Biographie von »Billy the Kid« (Der letzte Bandit), Raoul Walshs großangelegtes Epos »The Big Trail« (Die große Fahrt), William Wylers »Hell's Heroes« (Galgenvögel) und Wesley Ruggles' »Cimarron«.

»Cimarron« – nach dem gleichnamigen Buch von Edna Ferber gedreht – schilderte die Gründung des Staates Oklahoma. Höhepunkt dieses seinerzeit sehr publikumswirksamen Films war der Oklahoma Land Rush des Jahres 1889, als die Regierung das ursprünglich zur Besiedelung durch Weiße verbotene Indianer-Gebiet den Siedlern freigab. Dieses Wettrennen um das fruchtbarste Stück Land, das schon W. S. Hart in »Tumbleweeds« (1925) und John Ford in »Three Bad

Men« (Drei ehrliche Banditen) geschildert hatten, wurde zur Attraktion dieses stark melodramatischen Films. Der Western »Galgenvögel« des Europäers William Wyler (1902–1981) basiert auf der zuvor bereits zweimal verfilmten Erzählung »Three Godfathers« von Peter B. Kyne, die bis heute die Basis für insgesamt fünf Spielfilme lieferte. Die reichlich sentimentale Geschichte von drei Outlaws, die ein soeben in der Wüste geborenes Baby retten, gestaltete Wyler, der bereits in der Stummfilmzeit einige kurze Western gedreht hatte, zu einem ungewöhnlichen, in der Atmosphäre recht überzeugenden Film, der von vielen Kennern als die gelungenste Filmversion der Geschichte von Peter B. Kyne angesehen wird.

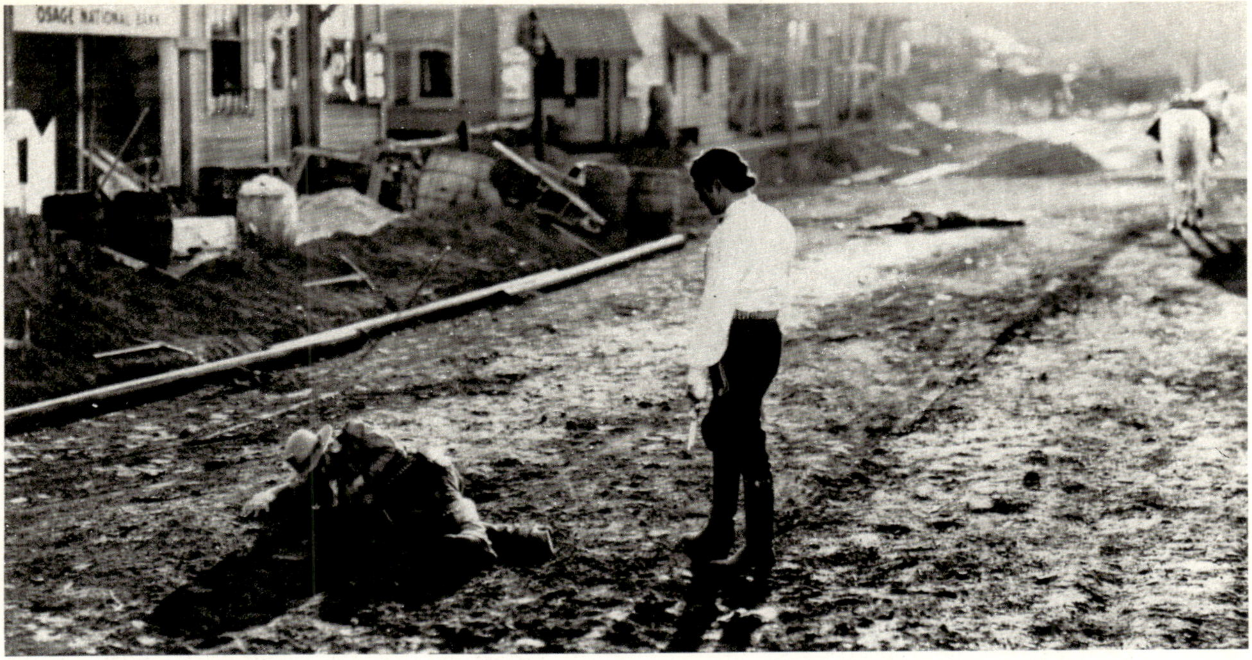
OSAGE NATIONAL BANK

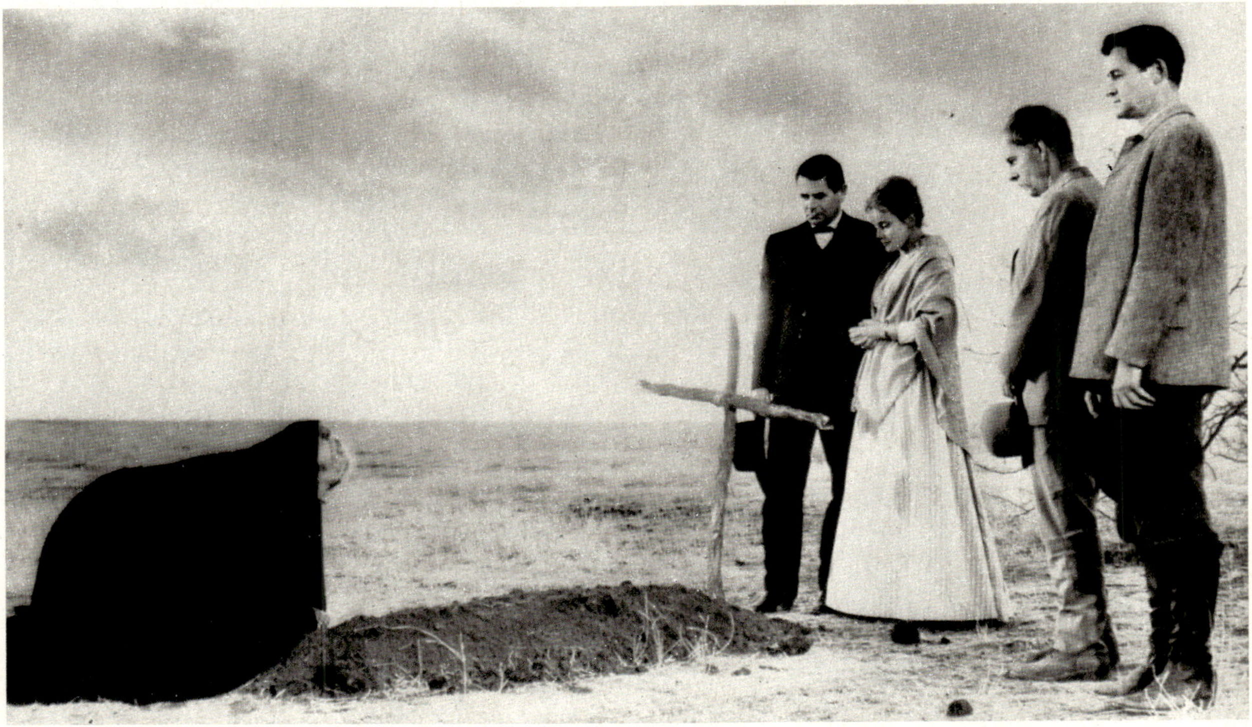

Es schien, als wenn die Regisseure und Produzenten von Tonfilm-Western im Jahre 1930 die Chance dieser Produktionen vor allem im breitangelegten Epos gesehen haben. »Cimarron« war ein Epos, vor allem aber auch »Die große Fahrt«. Dieser Film schien fast so etwas wie eine tönende Variante von James Cruzes »The Covered Wagon« *(Die Karawane)* zu sein, die den Vergleich mit dem stummen Vorbild keineswegs zu scheuen brauchte. Auch hier ging es um den strapazenreichen Zug einer Gruppe von Pionieren nach Westen, nach Kalifornien. Man startet in St. Louis, Missouri, 3000 km vom Ziel des Weges entfernt. Die Siedler sammeln sich und wählen einen Treck-Führer, den Trapper und Scout Breck Coleman. Coleman, der vor allem durch sein Geschick bei Verhandlungen mit den Indianern geschätzt wird, soll die Karawane der Planwagen sicher durch Indianer-Gebiet führen. Außerdem will er mit nach Westen, um dort den Tod seines Freundes zu rächen, der von den Indianern umgebracht worden ist. Doch im Verlauf des Films stellt sich heraus, daß der Mann keineswegs von den Indianern umgebracht wurde, sondern von einem schurkischen Weißen.

Wie fast immer bei solchen Filmen, ist die eigentliche Handlung, ist die Geschichte, die hier erzählt wird, reichlich banal, reichlich unbedeutend. Weitaus wichtiger, beeindruckender ist die Schilderung des Zuges der Siedler, ist die Beschreibung all der Schwierigkeiten, mit denen die Pioniere auf ihrem Weg nach Westen zu kämpfen haben. Die Überquerung eines Flusses, der Zug durch die Rocky Mountains, Indianer-Überfälle, der Kampf mit Hunger und Durst, die Auseinandersetzung mit den Unbilden der Natur … Auch das mögen immer wieder dieselben Vorgänge sein, die in diesen Filmen beschrieben werden, aber hier werden sie außerordentlich realistisch geschildert. Man hat mitunter den Eindruck, einen Dokumentarfilm aus dieser Zeit zu sehen oder ein »kulturgeschichtliches Dokument«, wie man den Film damals nannte. In diesen Szenen treten die eigentlichen Filmhelden in das Kollektiv zurück; hier wird nur noch der

Kampf einer Gruppe von Menschen beim Erreichen eines gemeinsamen Zieles gezeigt.

Raoul Walsh drehte seinen sehr aufwendigen 2-Millionen-Dollar-Film in Utah, Montana und im Sequoia-Nationalpark, vor allem aber in den Rocky Mountains, wo der Zug einen majestätischen Canyon zu überwinden hat. Mann und Wagen, Weib und Kind, Vieh und alle Gerätschaften müssen abgeseilt werden. Wege gibt es hier noch keine. Die schweren Planwagen hängen für kurze Zeit genauso über dem Abgrund wie die großen Tiere ...

»Die große Fahrt« ist ein Film, der kurz nach dem Tod des stummen Films gedreht wurde. Man merkt das diesem Film durchaus an. Er unterscheidet sich jedoch angenehm von der Mehrzahl der anderen Filme aus jener Zeit des Umbruchs. Walsh war sehr zurückhaltend im Umgang mit dem Ton, hatte er doch schnell begriffen, daß ein Western, in dem der Dialog oder gar die Musik dominiert, lächerlich und unrealistisch wirkt. Ein Grund, weshalb sich viele Filmleute damals so vehement gegen den Tonfilm entschieden, war auch die Furcht vor der verlorengehenden internationalen Verständlichkeit der Filme. Wie sollten die nicht englisch sprechenden Zuschauer die tönenden Western verstehen? Eine Methode, die heute fast vergessen ist, wandte man bei diesen Filmen an: Man drehte fremdsprachige Versionen. In Hollywood spielten deutsche Schauspieler in den Dekorationen, die die amerikanischen Schauspieler soeben verlassen hatten, die Szenen noch einmal. So bekamen die deutschen Zuschauer des Films »Die große Fahrt« nie John Wayne in der Rolle des Scouts Breck Coleman zu sehen, sondern den deutschen Schauspieler Theo Shall. Das Wesentliche des Films aber, die beeindruckenden Action-Szenen, die Massenszenen, in denen das Wort und der einzelne Schauspieler so gut wie keine Bedeutung hatten, wurde auch in der deutschen Version aus dem Original übernommen. Dennoch unterschieden sich beide Versionen sehr erheblich voneinander; schon allein in der Länge. Während die amerikanische

Originalfassung 158 bzw. 125 Minuten dauerte, lief der Film in den deutschen Kinos nur 75 Minuten lang. Wie bereits bei der »Karawane« betonte man auch hier besonders den deutschen Anteil an der Pioniergeschichte. Der gesamte Film war in seiner deutschen Version »den Pionieren deutscher Abstammung« gewidmet. Und selbst noch auf der musikalischen Seite versuchte man, das deutsche Element besonders hervorzuheben. So erklingt bei diesem »all talking epic« in den idyllischen Szenen, die die wenigen Ruhepunkte auf dem schweren Weg der Siedler beschreiben, im Hintergrund das deutsche Volkslied vom Heideröslein ...

»Die große Fahrt« war auch einer der ersten Filme, die im breiten 70-mm-Format aufgenommen worden waren. Allerdings kam dieses Verfahren damals nur sehr selten zur Wirkung, denn den soeben für den Tonfilm umgerüsteten Kinos fehlten Vorführgeräte für das neue Verfahren. Der andere Western des Jahres 1930, den man sowohl im 70-mm- als auch im herkömmlichen 35-mm-Verfahren gedreht hatte, war King Vidors Billy-the-Kid-Film »Der letzte Bandit«. Billy the Kid alias William Bonnery alias Henry McCarthy (1859-1881) war und ist neben Jesse James, Buffalo Bill, Wyatt Earp, Doc Holliday eine der beliebtesten Figuren für Western-Autoren. Immer und immer wieder kehren sie zu ihr zurück, erfinden neue Legenden oder schmücken die alten aus, entfernen sich mal mehr, mal weniger von der Wahrheit; aber wer weiß

142–144 »Der letzte Bandit« von King Vidor
Wallace Beery als Pat Garrett
und Johnny Mack Brown als Billy the Kid

wurde. Billy the Kid ist der anständige junge Bursche, der ohne Vater und Mutter aufwuchs und der in dem Farmer John Tunstall so etwas wie einen Vater fand. Als dieser, sein Arbeitgeber, dann umgebracht wurde, rächt Billy zusammen mit einigen Freunden den Mord an seinem »Stiefvater«. Billy the Kid, der Cowboy, gerät so in die brutalen Auseinandersetzungen zwischen den Ranchern im Lincoln County District, New Mexico, und einer monopolistisch arbeitenden Gruppe, die als Lincoln County War in die Geschichte eingegangen sind. Bereits damals, im Jahre 1878, gab es ein ganzes System der engen Zusammenarbeit und Korruption von staatlicher Gewalt und lokalen Machtinstitutionen. Der Film zeigt recht gut, wie jedermann damals behauptete, das »Recht« zu verkörpern, und auch danach handelte. In dieser Welt des Terrors und der anarchistischen Gewalt wuchs Billy the Kid auf und wurde von ihr geprägt. Erst als er merkt, wie es die, die den Sheriff-Stern an der Brust tragen, mit dem Gesetz halten, richtet er diese korrumpierten Vertreter von Recht und Ordnung. Erst dadurch wird er zum gesuchten Outlaw, der schließlich nach einem turbulenten Leben im Alter von nur 22 Jahren von seinem einstigen Freund, dem Deputy Sheriff Pat Garrett (1850–1908), am 14. Juli 1881 erschossen wird.

schon ganz genau, wie es wirklich gewesen ist? Berge von Geschichten, Liedern, Legenden, phantastischen Erzählungen müßten erst abgetragen werden, um dann vielleicht auf die ganz langweilige, ganz nüchterne Wahrheit zu stoßen. King Vidor jedenfalls stellte seinem Film ein Wort des Gouverneurs von New Mexico voran, worin dieser die wahrheitsgetreue Schilderung durch den Film lobt. Doch obwohl das Werk auf einem Buch von Walter Noble Burns beruht, das wiederum auf Grund von historischen Recherchen entstand, macht auch dieser Film aus Billy the Kid eine Art Volkshelden, der nur durch die Umstände, durch die Schurken in seiner Umgebung zum Verbrecher

Wie es dieser Film mit der historischen Wahrheit, selbst mit den schon immer allen Interessierten leicht zugänglichen Fakten hält, macht das Finale von »Der letzte Bandit« deutlich. Entgegen der Wahrheit endet Vidors Werk mit einem umwerfenden Happy-End. Pat Garrett läßt Billy hier über die Grenze entkommen und sieht diesen, seinen Freund von einst, zusammen mit seiner Braut davonreiten. Ein der Wahrheit schon näher kommendes Finale – Billy stirbt in den Armen seines Freundes Pat Garrett, der ihn erschossen hat – wurde zwar gedreht, aber nur in den Export-Fassungen des Films verwandt. Die Legenden waren dem amerikanischen Publikum lieber als die bittere Wahrheit.

King Vidors Film war ein einziger Hymnus über den ruhigen, sympathischen Burschen Billy the Kid, der hier zum Volkshelden wurde, dessen Schicksal man in Balladen und Liedern besang. Er ist ruhig und zurückhaltend, ganz im Gegensatz zu seinem einstigen Freund Pat Garrett, der immer sorgfältig gekleidet durch den Film poltert und lärmt. Vidor macht aus diesem Outlaw einen Rächer der Armen, der einfach das tut, was er tun muß. Billy the Kid, der mehrfache Mörder, wird in der Legende des Films zu einem amerikanischen Robin Hood. Sein Arbeitgeber und Ersatz-Vater, der Rancher John Tunstall, soll in einem Brief aus dem Jahre 1877 über Billy geschrieben haben:
Er spricht dauernd von Sozialismus und Kapitalismus und trägt das kleine Buch eines Engländers namens Karl Marx mit sich herum.[40]
Selbstverständlich war von dieser Haltung in Vidors Film nichts zu spüren. Ein Marx lesender amerikanischer Nationalheld war im Amerika unter Präsident Herbert C. Hoover unvorstellbar.

Mit mehr gegenwärtigen »Helden« Amerikas befaßten sich Anfang der dreißiger Jahre eine ganze Reihe bedeutsamer Filme, die ein recht realistisches Bild von der Gesellschaft des Landes nach der großen Depression zeichneten. Die Gangsterfilme zeigten das Zusammenspiel zwischen Gangstern und Polizei, zwischen

politischer Macht und organisiertem Verbrechertum. Hier wurden erstaunlich offen die Machtstrukturen des Landes durchleuchtet. Der Autor eines der besten Gangsterfilme jener Zeit, W. R. Burnett, der die Vorlage für den Film »Little Caesar« geschrieben hatte, lieferte auch die Basis für einen der interessantesten Western der frühen dreißiger Jahre. »Law and Order« (Gesetz und Ordnung) von Edward L. Cahn schildert weiter nichts als die immer und immer wieder erzählte Geschichte vom mutigen Außenseiter, der in das von Verbrechern terrorisierte Tombstone kommt und dort Recht und Ordnung wiederherstellt. Verschlüsselt wird einmal mehr die Geschichte vom legendären Sheriff

145 Robert Taylor (mit schwarzem Hut)
als Billy the Kid in »Der letzte Bandit« (1941)
von David Miller

146 Fred MacMurray und Jean Parker
in »Grenzpolizei Texas« von King Vidor

Wyatt Earp im wilden Tombstone des Jahres 1881 erzählt. Doch diese im Film gezeigte Welt scheint ein ge-
treues Abbild der Zeit zu sein, in der der Film gedreht
wurde. Dieses Tombstone und diese Gesellschaft unterscheiden sich nur unwesentlich von der Welt der
amerikanischen Großstädte der frühen dreißiger Jahre.
Es herrscht dieselbe Brutalität, derselbe Glaube an die
Autorität der Faust und des Colts.
Es schien, als wenn dieser Western – an dessen Szenarium übrigens John Huston mitgeschrieben hatte – seiner Zeit zu sehr voraus war. Als er 1932 in die Kinos
kam, wurde er fast vollkommen übersehen. Viele Jahre
blieb er ein Tip für Kenner des Western. 1932/33 hatte
jedoch noch niemand Interesse an Western, die in
einer Geschichte aus dem vergangenen Jahrhundert
die amerikanische Gegenwart reflektierten.
Die mageren Jahre des amerikanischen Western wurden erst wieder in der zweite Hälfte der dreißiger Jahre

ein wenig abwechslungsreicher. 1936/37, als längst
alle Fragen im Zusammenhang mit dem Tonfilm ge-
klärt waren, als die Politik des New Deal des Präsidenten Roosevelt einige Erfolge aufzuweisen hatte und
man sich wieder der Ideale der vergangenen Pionierzeit zu erinnern versuchte, kamen einige Filme in die
Kinos, die alle an die Geschichte der Eroberung des
Westens erinnerten: King Vidors »The Texas Rangers« (Grenzpolizei Texas), Cecil B. DeMilles »The
Plainsman« (Verrat – Die Abenteuer des Buffalo Bill)
und Frank Lloyds »Wells Fargo« (Frisco-Expreß).
»Grenzpolizei Texas« schildert die Abenteuer der legendären Texas-Ranger in der Mitte des vergangenen
Jahrhunderts, als Texas gerade Teil der Vereinigten
Staaten geworden war. »Verrat – Die Abenteuer des

Buffalo Bill« erzählt historisch sehr frei die Abenteuer
von Wild Bill Hickok, Buffalo Bill und Calamity Jane
in den Jahren 1865–1876 zur Zeit der Indianer-Kriege.
»Frisco-Expreß« beschreibt den Aufbau von Wells
Fargo, der führenden amerikanischen Expreßtrans-
portgesellschaft. In allen drei Filmen wird amerikanische Geschichte mehr oder weniger authentisch widergespiegelt, erscheinen Persönlichkeiten dieser Geschichte, die in Amerika fast jeder zu kennen meint.
Wie schon Vidors Film über Billy the Kid ein Hymnus
über den berühmt-berüchtigten Verbrecher gewesen
war, so machte der Regisseur auch seinen folgenden
Western »Grenzpolizei Texas« zu einem Hymnus über
jene texanische Polizeitruppe, die ein Jahr vor Erscheinen des Films – 1935 – gerade ihren 100. Geburtstag

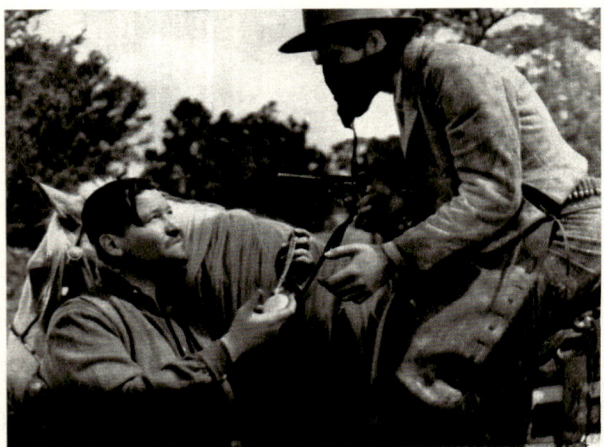

hatte feiern können. Denn diese Texas-Rangers waren bereits im Jahre 1835 gegründet worden, ein Jahr vor der Proklamierung der unabhängigen Republik Texas durch amerikanische Siedler. Damals gehörte Texas noch zu Mexiko. Den Texas-Rangern sprach man in der Legende nahezu übermenschliche Fähigkeiten zu. Sie sollten reiten, schießen und Spuren verfolgen können wie sonst niemand. Aufgestellt worden waren sie vor allem, um eine Gegenkraft gegen die Indianer zu haben, die immer häufiger vom mexikanischen Süden aus die Siedlungen der Amerikaner überfielen. Darüber hinaus machten sie Jagd auf Viehdiebe und andere Verbrecher. Noch in den dreißiger Jahren unseres Jahrhunderts hatten sie ihre Aufgaben: z. B. im Kampf gegen den Alkoholschmuggel während der Prohibitionszeit.

»Genzpolizei Texas« wird von einem langen Kommentar eingeleitet, in dem auf den historischen Hintergrund der Gründung der Texas-Ranger eingegangen wird. Der Film verdeutlicht dann jedoch sehr gut, woher die Ranger ihre Kämpfer bekamen. Es waren sehr oft Männer, die vorher auf der anderen Seite der Barrikade gestanden hatten. Held des Films ist ein Outlaw, ein Postkutschenräuber (Fred MacMurray), der ohne alle Probleme plötzlich Texas-Ranger wird. Aus dem Verbrecher wird über Nacht ein Hüter des Gesetzes! Daraus erwachsen jedoch später auch die Probleme, die die Handlung des Films bestimmen. Denn bald bekommt der frischgebackene Ranger den Auftrag, einen gefährlichen Räuber zu stellen. Dieser war einst der Kumpan des jetzt friedlich gewordenen Filmhelden. Erst dadurch wird die Vergangenheit des Rangers bekannt, so daß er für kurze Zeit hinter Gitter muß. Schließlich aber bewährt er sich im Kampf für die Durchsetzung von Recht und Ordnung im längst zu den Vereinigten Staaten gehörenden Staat Texas.

Der Film preist den Mut und die Charakterstärke der Texas-Ranger. Bei dieser uneingeschränkten Parteinahme hat er natürlich keinen Blick für die Schattenseiten dieser Polizeitruppe und für ihre Tätigkeit. So

war der Name der Texas-Ranger wesentlich mit der
brutalen Dezimierung der Indianer in der unabhängigen Republik Texas und dem späteren US-Staat Texas
verbunden. Erfolgreich hatten sich die Indianer viele
Jahrzehnte lang gegen die Unterdrückung durch die
Spanier und Mexikaner gewehrt. Jetzt wurden sie von
den Amerikanern barbarisch ausgerottet. Im Film sehen wir den Indianer-Überfall auf eine Ranch. Die Indianer töten die Frau und Mutter. Die Texas-Ranger
kommen zu Hilfe und verfolgen die Indianer, die sich
in den Bergen gegen ihre Verfolger mit Hilfe einer gefährlichen Steinlawine zu schützen versuchen … Keinen Moment wird in dem Film dem Nachdenken über
die Motive der Indianer Zeit gelassen. Sie sind die
Feinde, die brutalen Unholde, die die aufrechten Texas-Ranger bekämpfen! Nicht umsonst widmete King
Vidor seinen Film dieser Polizeitruppe, die jenen Staat
Texas »zivilisierte« – was u. a. eine vornehme Um-
schreibung für brutalen Rassismus ist. Die Ausrottung
der Apachen und Comanchen ist zum großen Teil auf
das Konto der Texas-Ranger zurückzuführen, jene Gesetzeshüter, die angeblich immer die Bibel bei sich gehabt haben sollen …

Ein ähnliches Verhältnis zur historischen Wahrheit
und zu den Helden des Films charakterisiert auch das
großangelegte Filmepos von Cecil B. DeMille »Verrat
– Die Abenteuer des Buffalo Bill«. Was bei Vidor die
Texas-Ranger waren, das sind bei DeMille die Plainsmen of the West, die Männer der Prärie, hier personifiziert durch die Figuren Buffalo Bill Cody und Wild
Bill Hickok sowie ihre Freundin Calamity Jane. Der
Film spielt zur Zeit der Indianer-Kriege in den Jahren
1865-1876. Ein großes historisches Panorama wird entworfen. Die ersten Szenen zeigen Präsident Lincoln
und sein Kabinett. Der Bürgerkrieg ist beendet, da
drohen die Konflikte mit den Indianern das Land in
neue blutige Auseinandersetzungen zu stürzen. Es gibt
jedoch Kräfte, die an diesen Auseinandersetzungen
lebhaftes Interesse haben. Für die Waffenhändler sind
ihre vielen neuen Repetiergewehre, die sie erst jetzt, am

Ende des Krieges, erhalten, plötzlich nutzlose Ware. Man kommt deshalb auf die Idee, die Waffen den Indianern »zu Jagdzwecken« zu verkaufen. Präsident Lincoln wird am 15. April 1865 in seiner Theaterloge ermordet. Die Waffenhändler ziehen mit ihrer Ware gen Westen, ins Indianer-Gebiet.

Doch dieses Geschehen bildet nur den Rahmen für die Geschichte um Wild Bill Hickok und Buffalo Bill. Die beiden treffen sich in St. Louis, von wo aus sie – genau wie die Waffenhändler John Lattimer und sein Gehilfe Jack McCall – nach Westen weiter wollen. Hickok (Gary Cooper) ist der sympathische ehemalige Soldat aus dem Bürgerkrieg, der für die Unions-Armee als Scout gearbeitet hat. Auch Buffalo Bill (James Ellison) war als Scout im Krieg. Doch jetzt ist er »zivilisiert«,

trägt einen vornehm karierten Anzug, hat ein Mädchen aus dem Osten geheiratet, deren diverse Hutschachteln und Vogelbauer er tragen muß ... Welch ein Kontrast zwischen diesen beiden Freunden von einst.

Buffalo Bill will sich auch aus den drohenden Auseinandersetzungen zurückziehen und mit seiner Frau in Ruhe als Farmer leben. Erst der nachdrückliche Appell seines Freundes Bill Hickok bringt ihn dazu, mit in die Prärie zu ziehen. Die Rechnung der Waffenhändler ist aufgegangen. Die Cheyenne befinden sich auf dem Kriegspfad.

Auch dieser Film widmet den Motiven der Indianer, den Gründen für ihr Verhalten so gut wie keine Aufmerksamkeit. Sie sind in diesem Film zumeist recht einfältige, oft auch brutale Wilde, die man mit pompö-

153 Gary Cooper als Wild Bill Hickok
und Jean Arthur als Calamity Jane
in »Verrat – Die Abenteuer des Buffalo Bill«

154 Warner Baxter in »Der Rächer«
von William A. Wellman

sen Damenhüten oder einer Spieluhr für kurze Zeit ablenken kann. Sie foltern die Weißen, wie im Kino einfältige Wilde ihre Feinde eben foltern: Hickok wird
über ein loderndes Feuer gehängt!

Kurze Zeit kämpfen Buffalo Bill und Bill Hickok auch
mit in der Armee des berüchtigten Generals Custer.
Doch dieser Custer des Films ist alles andere als be-
rüchtigt; er ist ein aufrechter, sehr ehrenwerter Mann,
der seine Pflicht tut und der genau wie die Plainsmen
Opfer der schurkischen, hinterhältigen Weißen, der
Waffenhändler und -schmuggler, wird. An der entscheidenden Schlacht am Little Big Horn nehmen weder Buffalo Bill noch Hickok teil. Sie erfahren davon
durch einen Cheyenne-Indianer (ihn spielt der junge
Anthony Quinn in einer seiner ersten kleinen Rollen),
der davon in seiner gestenreichen Sprache berichtet.

Am Ende nimmt Wild Bill Hickok die Waffenhändler
fest. Doch in einem kurzen Moment wird Hickok von
einem dieser weißen Schurken beim Pokerspiel von
hinten erschossen.

»Verrat – Die Abenteuer des Buffalo Bill« ist ein
großangelegtes Heldenepos über die Männer der Prärie, die angeblich den Westen befriedet haben, die treu
und ohne viele Worte nach der alten Westerner-Maxime gelebt und gehandelt haben: »Ein Mann muß
das tun, was er tun muß.« Da der Film, der es mit der
historischen Wahrheit genauso hält wie die anderen
Western jener Zeit, außerordentlich geschickt gemacht
ist, da hier sehr harmonisch privates Schicksal mit historischen Ereignissen verknüpft ist, da hier auch dem
Humor sein Platz eingeräumt worden ist, fand dieser
Film eine sehr starke Resonanz beim Publikum und
bei der Kritik. So war einer der begeisterten Kritiker
u. a. der englische Schriftsteller Graham Greene, der –
einst auch Filmkritiker – DeMilles Film 1937 *mit Sicherheit den besten Western der ganzen bisherigen
Filmgeschichte*[41] genannt hat. Das mag übertrieben
sein. Doch zweifellos ist dieser Western der gelungenste seiner Art aus jenen sehr mageren dreißiger Jahren.

Die wenigen bedeutsamen Western dieses Dezen-
niums, von King Vidors »Der letzte Bandit« und
»Grenzpolizei Texas« über DeMilles »Verrat – Die
Abenteuer des Buffalo Bill« bis hin zu Frank Lloyds
»Wells Fargo« *(Frisco-Expreß)* und zu James Hogans
Film »The Texans« *(Über die Grenzen entkommen)*,
wurden in der Hauptsache von einer Filmgesellschaft
gedreht, von der Paramount. Die anderen großen Firmen hatten die Produktion von Western fast vollkommen eingestellt. Einzelne wenige Filme – so drehte
1936 William A. Wellman für die MGM den Western
»Robin Hood of Eldorado« *(Der Rächer)* über den me-

xikanischen Outlaw und Goldsucher Joaquin Murietta – bestätigen nur diese Regel. Erst von 1939 an produzierten wieder alle großen Hollywood-Filmgesellschaften regelmäßig Western.

Nach dem großen Erfolg ihres Films über Wild Bill Hickok und Buffalo Bill brachte die Paramount 1937 unmittelbar danach ein weiteres großes Western-Epos heraus: einen Film über die Entwicklung der amerikanischen Postgesellschaft Wells Fargo. Die Entwicklung von Wells Fargo widerspiegelt hier gleichzeitig zweieinhalb Jahrzehnte amerikanischer Geschichte. Der Regisseur Frank Lloyd und sein deutscher Kameramann Theodor Sparkuhl drehten diesen großangelegten Film nach einer Erzählung des bekannten Western-Autors Stuart N. Lake, der vor allem durch seine reichlich idealisierte Wyatt-Earp-Biographie »Wyatt Earp, Frontier Marshal« (1931) bekannt wurde, die die Grundlage mehrerer Western bildete.

Der Film »Frisco-Expreß« umfaßt die Zeit von 1840 bis zum Ende des Bürgerkriegs. Der Aufstieg von Wells Fargo wird am Schicksal eines ihrer erfolgreichsten Angestellten gezeigt. Dieser Ramsay MacKay (Joel McCrea) ist anfangs Expreßpostbote, der die Post aus dem Osten, aus New York, schneller als die Konkurrenz, vor allem als die offizielle Postbehörde, nach Westen bringt. Schnell und sicher ist seine Devise. Den ersten Teil der Wegstrecke legt er mit der Eisenbahn zurück; weiter geht es mit der Postkutsche nach Buffalo. Um Geld für die Einrichtung eines Überlandexpreßdienstes aufzutreiben, läßt Wells Fargo frische Austern von New York nach Buffalo bringen! Eine Sensation, die ihre Wirkung nicht verfehlt. 1846 kann Wells Fargo bereits in St. Louis eine Filiale einrichten. Das Ende des mexikanisch-amerikanischen Krieges, die Einbeziehung Kaliforniens in die Vereinigten Staaten und die kalifornischen Goldfunde lassen den Westen immer näher rücken und die Notwendigkeit einer schnellen und sicheren Postverbindung deutlich werden. Zwei Jahre nach dem Ende des Krieges – 1850 – eröffnet Wells Fargo bereits eine Filiale

in San Francisco. 1858 richtet die Gesellschaft die Überlandpostlinie von Tipton bei St. Louis im Staate Missouri bis San Francisco ein. 25 Tage brauchten die Postkutschen der Wells Fargo, die jeweils von sechs Pferden gezogen wurden, für die lange Strecke bis zum Pazifik. Die Pony-Expreß-Reiter schafften es dagegen sogar in acht bis zehn Tagen. Bereits 1860 beginnt man dann mit dem Bau von Telegraphenleitungen von New York und San Francisco aus. Und auch am Bürgerkrieg nimmt Wells Fargo teil. Von Präsident Lincoln erhält MacKay den Auftrag, den Goldschatz der Union im Werte vom 5 Millionen Dollar durch die Rocky Mountains zu transportieren und vor den Anschlägen der Südstaaten-Armee zu schützen.

Preisen andere Western den Heldenmut von mehr als zweifelhaften Figuren aus der Geschichte des amerikanischen Westens, so singt der Film »Frisco-Expreß« das Lied vom aktiven und ideenreichen, »freien« Unternehmer, der die Konkurrenz durch Intelligenz und Energie aus dem Felde schlägt. In diesem Film ist es immer die offizielle staatliche Post, die zu langsam ist, die ihre Geschäfte nicht zu organisieren versteht, die besiegt wird. Und Wells Fargo hebt sich hier auch positiv von anderen Konkurrenten ab, die das ihnen anvertraute Geld zu Spekulationszwecken mißbrauchen.

»Frisco-Expreß«» ist fast ein geschickt gemachter Werbefilm für die noch heute aktive Wells Fargo-Transportgesellschaft. Der Film vermittelt aber dennoch außerordentlich plastisch amerikanische Geschichte der Jahre 1840–1865.

Brillante Passagen des Films bleiben unvergeßlich: Auf einer einsam in der Wildnis verlorenen Relais-Station wechselt eine Kutsche ihr Gespann; ein Reiter der Stafetten-Post taucht am Horizont auf, kommt schnell näher, springt von einem Pferd aufs andere, um aufs neue im Galopp zu verschwinden; in der endlosen Prärie installieren Männer des Telegraphenamtes Masten und Drähte. Ohne viel Geschwätz und lyrische Floskeln wird vor unseren Augen Geschichte illustriert, die ereignisreiche Geschichte der Jahre 1855–1861.[42]

Sucht man in den dreißiger Jahren nach bedeutsamen, herausragenden Filmen, die sich deutlich von der Masse der Spiegeleier-Western unterscheiden, so wird man nicht sehr erfolgreich sein. Zwei Hände genügen, um diese wenigen überdurchschnittlichen Filme abzuzählen, die in den Jahren von 1930 bis 1938 gedreht worden sind. Das Jahr 1939 kann man in diesem Fall getrost zu dem folgenden Dezennium zählen, denn zu diesem Zeitpunkt wurde eine neue Entwicklungsphase des Western begonnen, die bis weit in die vierziger und auch in die fünfziger Jahre hineinreicht. Dennoch haben mehrere der Western aus den mageren dreißiger Jahren ihre Reize, enthalten sie doch mitunter fruchtbare Elemente, auf denen die Western-Produktion folgender Jahre aufbauen konnte. So hatte man in jenen Jahren z. B. einige beachtliche Erfolge bei der harmonischen Verknüpfung von privaten Schicksalen mit den großen historischen Ereignissen in den Geschichten der Filme.

Auf der anderen Seite enthalten alle diese Filme – selbst die besten unter ihnen – fast ausnahmslos die bereits seit Jahrzehnten zum Genre gehörenden Klischees; Klischees, die erst viel später, von Mitte der fünfziger Jahre ab, mehr oder weniger erfolgreich aus mehreren Filmen entfernt werden konnten. Auch diese

5

161, 162 Frances Dee und Joel McCrea in »Frisco-Expreß«

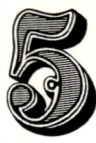

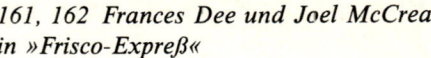

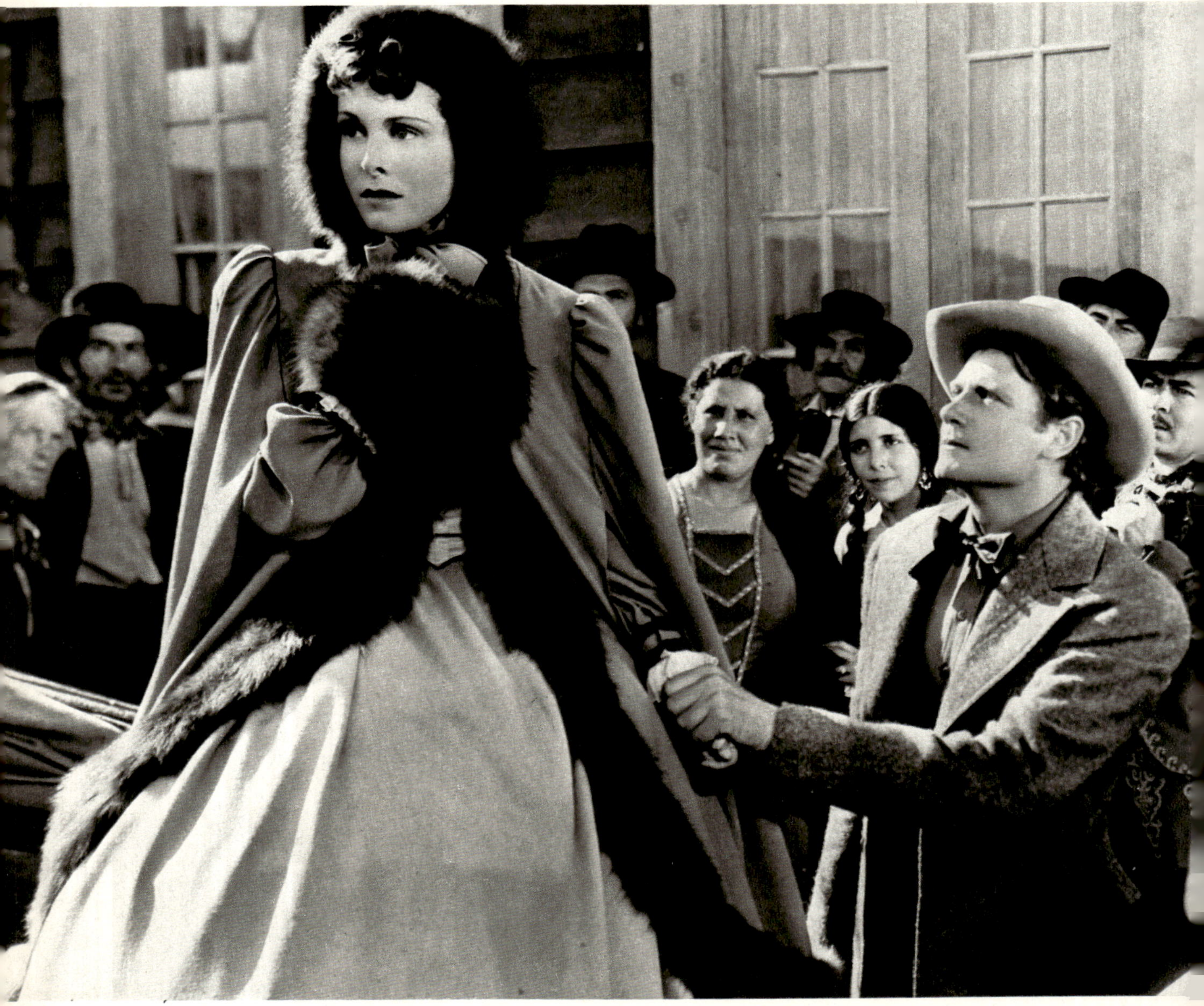

Filme wuschen eifrig die außerordentlich zwielichtigen Heroen der Geschichte des Westens, Revolverhelden, Outlaws, weiß, machten aus ihnen Helden, die nur durch bedauerliche Umstände oder schurkische Freunde an ihrer Seite zu Verbrechern wurden. Auch diese Filme sahen in den Indianern weiter nichts als fremdartige Wesen, die immerfort Schwierigkeiten machen und sich den »edlen« Bestrebungen von tapferen Pionieren, Sheriffs, Soldaten – also dem Fortschritt, der Zivilisation – in den Weg stellen. Und schließlich enthalten auch diese Filme jene Art von »Gesell-schaftskritik«, die sich in Bildern korrupter Sheriffs, verbrecherischer Bankdirektoren und schmieriger Geschäftsleute erschöpft; Personen also, die zumeist das Unheil und die Schwierigkeiten erst auslösen, die die Helden der Geschichte dann bewältigen müssen. In allen diesen Aspekten unterscheiden sich die Filme von King Vidor, Cecil B. DeMille, William A. Wellman und anderen Regisseuren durchaus nicht von der Masse der sowohl in den Jahren des Stumm- als auch in denen des Tonfilms gedrehten eher durchschnittlichen Werke.

Singende Cowboys
und andere Helden am Fließband

B-Pictures und Serien-Western ★ Gene Autry, der singende Cowboy, und das »Autry-Phänomen« ★ Autrys »Sidekick« Smiley Burnette ★ Roy Rogers, der Radiosänger, macht Karriere als Western-Star ★ Die zehn Gebote des aufrechten Film-Cowboys ★ Die Anfänge des John Wayne als Serien-Held ★ Zane Grey, der produktivste Autor von Western-Stories, ein amerikanischer Karl May ★

Hauptdarsteller des Western-Epos »The Big Trail« *(Die große Fahrt)* von Raoul Walsh war ein damals noch vollkommen unbekannter ehemaliger Baseballspieler namens Marion Michael Morrison, der zuvor als Stuntman und Darsteller in kleinen Rollen gearbeitet hatte und sich schon damals John Wayne nannte. Walshs Film hätte eigentlich ein vielversprechender Start für den jungen Schauspieler sein können. Doch »Die große Fahrt« war beim Publikum nicht der Erfolg, den man erwartet und der die beachtlichen Aufwendungen von William Fox, die dieser für den 70-mm-Film aufgebracht hatte, gerechtfertigt hätte. Den geringen Erfolg versuchte die Filmgesellschaft auch durch den noch namenlosen Schauspieler John Wayne zu erklären. So erschien die Karriere des Western-Akteurs John Wayne bereits wieder zu Ende, bevor sie noch richtig begonnen hatte.

Er versuchte sich auf anderen Gebieten, spielte in Komödien und mondänen Gesellschaftsfilmen und wechselte von der Fox zur Columbia-Filmgesellschaft. Schließlich war er auch einige Zeit arbeitslos. Der Abstieg des John Wayne erreichte einen weiteren Tiefpunkt, als der einstige Hauptdarsteller einer aufwendigen Fox-Produktion schließlich für eine kleine Filmgesellschaft zu arbeiten begann, die mit ihren Billigproduktionen die Vorstadtkinos belieferte: Die Mascot. Hier drehte Wayne 1931 zwölf Folgen eines Serials »Shadow of the Eagle« (Der Schatten des Adlers). Wayne spielte in diesen 15 bis 20 Minuten langen Filmen einen tollkühnen und geheimnisvollen Flugzeugpiloten.

Doch daß dieser Abstieg eigentlich ein Aufstieg war, daß die Aufgaben, die John Wayne in billigen B-Pictures erhielt, weit bedeutsamer waren als irgendwelche zweifelhaften Rollen in aufwendigen A-Pictures, war ihm damals wohl noch nicht klar, gewiß aber später bewußt. Die Produzenten erkannten, daß dieser junge Schauspieler durchaus im Western das ihm entsprechende Betätigungsfeld finden würde und daß die Persönlichkeit dieses Mannes ausreichte, um ein haupt-

sächlich junges Publikum zu interessieren. Sechs Western, die er 1932/33 für Warner Bros. drehte – sämtlich Tonfilmversionen von stummen Western, in denen einst Ken Maynard die Rolle von John Wayne gespielt hatte –, bestätigten diese Annahme.

John Wayne war ein Star in B-Western geworden. Diese billigen kleinen Filme entstanden sowohl in den großen Major Studios (z. B. bei Warner Bros. und bei Paramount) als auch in den kleinen Studios (z. B. bei der Republic und Monogram). Die Filme wurden in außerordentlich kurzer Zeit mit einem Minimum an Aufwand produziert. Vier Tage genügten oft als Drehzeit, nicht mehr als 10 000 Dollar als Produktionskosten. Fast immer drehte man in bereits existierenden Dekorationen. Und nur selten machte man sich die Mühe, sich neue Geschichten auszudenken. Zumeist wurden die bereits als Stummfilm-Western erfolgreichen Stories jetzt erneut benutzt. Lediglich die größeren Studios leisteten sich den »Luxus«, auch für die B-Pictures die Vertragsautoren der Gesellschaft zu beschäftigen. Die Produktion dieser Filme war gut durchorganisiert. Zeit war Geld, und so wurde von früh bis spät in die Nacht gedreht. Noch wachte keine mächtige Gewerkschaft über die Einhaltung der Arbeitszeit. Die Produktion von B-Pictures war harte Fließbandarbeit. Dementsprechend war die Resonanz auf diese Art von Filmen. Obwohl sie zumeist von vielen tausend Jugendlichen jede Woche konsumiert wurden, widmete ihnen die sogenannte seriöse Filmkritik so gut wie keine Aufmerksamkeit. Und in ihrer Nachfolge ignorierte auch fast ausnahmslos die Filmgeschichte diese Massenware. So schätzte man die dreißiger Jahre als ein wenig fruchtbares Jahrzehnt der Western-Produktion ein – und ignorierte dabei vollkommen die Vielzahl der B-Western, die in jenen Jahren entstanden waren. Das änderte sich erst in der folgenden Zeit, wo man dieses schiefe Bild etwas zurechtrückte. Jetzt fiel man fast ins andere Extrem und pries in langen Lobgesängen die Schönheit und Naivität der am Fließband hergestellten B-Western. In

den dreißiger und vierziger Jahren rümpfte die Kritik die Nase über diese Spiegeleier-Western; nach Europa kamen solche Filme nur vereinzelt. Und im Zeitalter des Fernsehens, das ein Ende der B-Western-Produktion fürs Kino mit sich brachte, begann man, Hopalong Cassidy und Gene Autry, Roy Rogers und Tex Ritter zu feiern. Vor allem die Wiederaufführungen dieser Filmserien im Fernsehen sicherten diesen einfachen kleinen Filmen ein Millionenpublikum – unter ihm auch so manche Filmkritiker, die früher, in den dreißiger und vierziger Jahren, nie die kleinen Vorstadtkinos, die Flohkisten, wo die B-Pictures zumeist gespielt wurden, betreten hatten. 1953 zog der bekannte französische Filmtheoretiker André Bazin in seinen Aufsatz »Der Western – oder: Das amerikanische Kino par excellence«, eine der ersten bedeutsamen Untersuchungen über das populäre Filmgenre, auch die Filmserie über Hopalong Cassidy mit ein und beschränkte sich nicht nur auf die sogannten großen Western, die A-Pictures, die nach 1939 das Bild des amerikanischen Western bestimmten.

Der phantastische Fernseherfolg der alten Hopalong-Cassidy-Filme hat bewiesen, daß der Western nicht al-

tert[43], schrieb Bazin 1953, mehr als fünfzehn Jahre, nachdem diese Filme in den amerikanischen Kinos zu sehen gewesen waren. Natürlich haben diese Werke mit der Realität, mit der Historie des Westens noch weniger zu tun als die Mehrzahl der A-Produktionen der großen Studios. Doch darum ging es den Produzenten und Regisseuren auch nicht. Sie wollten nur unterhalten, ein jugendliches Publikum für eine Stunde fesseln, ablenken von der tristen Realität der dreißiger Jahre. Dazu war ihnen keine Geschichte zu phantastisch, keine Story zu haarsträubend. Dennoch haben auch diese Filme einen ganz besonderen Reiz, dem sich Western-Freunde nicht entziehen können. Bazin räumt ihnen in seinem sehr klugen, aufschlußreichen Essay über die Entwicklung des Western einen Platz neben den Filmen von John Ford und Delmer Daves, neben Filmen ein, die das Bild und die Diskussion über die Entwicklung des Genres bestimmten. Für Bazin gibt es keine starren Grenzen zwischen A- und B-Western. Aus dieser Perspektive erscheinen dann die dreißiger Jahre gar nicht als eine so magere Zeit für Western-Filme.

Dennoch drückte sich für viele Filmhistoriker der Tiefstand der Western-Produktion in den dreißiger Jahren vor allem durch die Popularität der Filme mit Gene Autry und Roy Rogers aus. Singende, ja jodelnde Cowboys waren zu Helden der Leinwand geworden! Kann es einen größeren Kontrast zwischen der harten Arbeit der Cowboys, der Härte und Brutalität des Westens und der heiteren Welt der Gitarre geben? Der strahlende Held mit der Gitarre in der Hand, ein lustiges Lied auf den Lippen – kann sich der Film weiter von der Realität des Westens entfernen als in diesen kuriosen Filmen der singenden Cowboys Gene Autry und Roy Rogers?

Gene Autry kam als Radiosänger nach Hollywood. Er war ein populärer Schallplatten- und Rundfunkstar. Als er dann 1934 in Hollywood in einem B-Western neben Ken Maynard auftrat, begann das, was als »Autry-Phänomen« in die Geschichte des Western einge-

gangen ist. Jon Tuska, Autor des Buches »The Filming of the West« – neben Everson/Fenins Werk »The Western from the Silents to Cinerama« das fundierteste und wichtigste Buch über die Geschichte dieses Filmgenres –, nennt die Persönlichkeit Gene Autrys und ihren immensen Erfolg ein Paradox des Western. Der Autor, der sich rühmen kann, sein Buch auf der Basis der Kenntnis von über 8 000 Western geschrieben zu haben, schreibt über dieses »Phänomen«:

Wahrscheinlich stellt keine Persönlichkeit aus der Geschichte des Western-Films ein größeres Paradox für Kritiker, Historiker oder auch für die heutigen Zuschauer dar als Gene Autry. Hier gab es keinen großen Widerspruch zwischen dem Bild auf der Leinwand und dem seines Privatlebens, wie das bei William Boyd der Fall war. Außer Tom Mix gibt es keinen Cowboy-Darsteller, der in seiner ganzen Karriere mehr Geld verdient hat als Gene Autry während seiner aktiven Laufbahn. Maynard konnte weder seine Beständigkeit noch seine Einnahmen halten; und kein Western-Darsteller war weniger Cowboy und mehr Geschäftsmann als Gene Autry in seinen Unternehmungen außerhalb der Filmindustrie. Eine Qualität Autrys sollte man aber immer im Auge behalten: Er trennte sich vollkommen von

der Realität. Niemand vor ihm entwickelte so durchgängig und so beharrlich eine Phantasiewelt, wie er es getan hat. Genausowenig gab es jemand neben ihm, der sich selbst anderthalb Jahrzehnte lang in den Western-Programmen so treu geblieben ist wie er.[44]

Dieser Schauspieler konnte weder besonders gut reiten, noch war er ein außergewöhnlich talentierter Darsteller. Er konnte lediglich leidlich singen und ein wenig lächeln … Mit seinem stets tadellos weißen Stetson, seinem ordentlich gebügelten Anzug erinnerte dieser makellos frisierte Held mehr an den Mann auf der Zahnpastawerbung denn an einen Darsteller von Cowboys, von Kuhjungen aus dem amerikanischen Westen.

Der immense Erfolg dieses Schauspielers in seiner Zeit ist in der Tat ein Phänomen, dessen Erklärung fast unmöglich scheint. Autry selbst erklärte es allein aus dem günstig gewählten Zeitpunkt seines Erscheinens. 1934/35 gab es so gut wie keine noch aktiven Cowboy-Stars mehr. So konnte er eine »Marktlücke« ausfüllen. Und die Ansprüche an diesen Cowboy der Leinwand waren nicht hoch. Die Geschichten, die in seinen Filmen erzählt wurden, spielten fast immer in einer Phantasiewelt, die bedenkenlos Elemente des Western mit

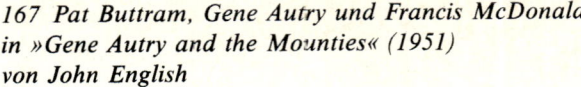

167 *Pat Buttram, Gene Autry und Francis McDonald in »Gene Autry and the Mounties« (1951) von John English*

Versatzstücken des Abenteuerfilms oder einer Science Fiction-Produktion miteinander vermengten. So war z. B. die Serie »The Phantom Empire« (Das Phantom-Imperium), die Gene Autry 1935 drehte und die seinen Ruhm mit begründete, eine Mischung aus Jules Verne, Kriminal-, Musical- und Western-Story. Und natürlich mußte die Geschichte Gene Autry genügend Möglichkeiten geben, seine musikalischen Talente zu beweisen. Nicht immer konnte er nur vom Rücken eines Pferdes sein Lied trällern. Ohne große Bedenken verpflanzte man oft die Geschichten in den modernen Westen, ließ den singenden Cowboy zum Star einer lokalen Radiostation werden.

Eine eigenartige Mischung aus Action und Musik stellen alle Filme mit Gene Autry dar. Die Filme begannen gewöhnlich mit viel Turbulenz, mit Action und wilden Verfolgungsjagden, in denen Gene beweisen muß, daß er durchaus der tollkühne, mutige und geschickte Westerner ist. Im Mittelteil darf der Zuschauer dann seine Nerven schonen und sich am Gesang des Helden erfreuen. Am Ende wird dann wieder Action geboten. Der Held entlarvt und bestraft in letzter Minute die Schurken.

Nur wenige Autry-Filme fanden den Weg in europäische Kinos. Der Erfolg dieser Filme blieb auf die englischsprachigen Länder beschränkt. Während einige B-Pictures der großen Studios in deutsche Kinos kamen, da diese Studios in Deutschland eigene Verleihbüros hatten, blieb dieser Weg den Filmen der kleineren Republic-Gesellschaft versperrt. Lediglich einige wenige Ausnahmen gelangten auch zu den deutschen Zuschauern; so z. B. der Film »The Man from Music Mountain« *(Gold River)* von Joe Kane aus dem Jahre 1938. Dieser Western spielt im modernen Texas, wo ein Staudamm elektrischen Strom nach Gold River bringen soll. Finstere Schufte in gutsitzenden Anzügen, Geschäftemacher und Bankiers versuchen, durch allerlei Machenschaften den Bau des Staudamms zu verhindern. Cowboy Gene Autry, der eingangs vom Pferde den Titelsong des Films in die Prärie schmet-

tert, klärt natürlich die Sache auf und verhilft dem Recht und dem Fortschritt zum Durchbruch. Daß sich dieser Western-Held auch seine Finger maniküren läßt, stört offenbar keinen Zuschauer. Bei Gene Autry und seinen Filmen ist man auf alle haarsträubenden Unglaubwürdigkeiten gefaßt und wundert sich über gar nichts mehr.

Autrys Popularität reichte bis in die Zeit, als das Fernsehen begann, das Ende der B-Pictures herbeizuführen. Auch in diesem neuen Medium hatte Autry Anfang der fünfziger Jahre seinen Erfolg. Unabhängig vom Auf und Ab des Western blieb Gene Autry ein sehr kassenträchtiger Star, der sowohl in den dreißiger Jahren als auch in jener Blütezeit des Western sein Publikum begeisterte. Ein Indiz für die Popularität des Schauspielers ist die Tatsache, daß er in der Mehrzahl seiner über 70 Filme seinen Namen behalten konnte, daß er gewissermaßen immer sich selbst spielte.

Jährlich sechs bis sieben Filme drehte das Republic-Studio mit Gene Autry. Um den Schauspieler hatte sich bald ein ganzes Team von bewährten Mitarbeitern vor und hinter der Kamera zusammengefunden, die die Autry-Filme mit einem Minimum an Aufwand

und Zeit drehten. Joe Kane, einer der aktivsten Regisseure von B-Western, inszenierte die Mehrzahl der Filme. An seiner Seite hatte Autry fast stets Smiley Burnette, einen gleichermaßen komischen wie musikalisch begabten Spaßmacher, der dem Helden eine verläßliche Stütze war. Man nannte sie »sidekicks«, die stets vorhandenen Partner der Cowboy-Helden der B-Western. Burnette (1911–1967) war einer der vielseitigsten unter ihnen, einer von jenen, deren Präsenz für den eigentlichen Helden der Geschichte mitunter eine Gefahr werden konnte; denn dieser urkomische, dicke Mann mit den großen Augen, der ein Dutzend Instrumente spielte und viele seiner Lieder selbst komponierte, begeisterte die Zuschauer gleichermaßen wie Gene Autry. Und natürlich war Gene Autrys treuester Partner sein Pferd, das von der Werbung als »the World's Wonder Horse« (das Wunderpferd der Welt) angepriesen wurde. Dieselbe Werbung nannte Autry »the World's Greatest Cowboy« (den größten Cowboy der Welt)!

Der immense Erfolg der Filme mit Gene Autry – der zeitweise der populärste amerikanische Western-Darsteller war und in der Publikumsgunst neben einem Star wie Clark Gable rangierte – ließ das Republic-Studio ihm einen Konkurrenten an die Seite stellen: Roy Rogers. Auch Roy Rogers kam als Radiosänger nach Hollywood. 1934 bildete er eine Gesangsgruppe, »the Sons of the Pioneers«, eine Art kleinen Cowboy-Chor, der von Mitte der dreißiger Jahre bis in die fünfziger Jahre durch Radio und Kino außerordentlich bekannt wurde.

Nach einigen weniger erfolgreichen Versuchen begann dann 1938 die große Karriere des Cowboy-Stars Roy Rogers, der eine ebenbürtige Konkurrenz für Gene Autry war. Bedarf an solchen Helden gab es damals in Amerika offenbar genug, so daß die Republic ohne große Probleme gleichzeitig zwei einander sehr ähnliche Western-Helden beschäftigen konnte. Mitunter ließ man Rogers haargenau dieselben Abenteuer bestehen, die zwei, drei Jahre zuvor Gene Autry durchge-

standen hatte. Was für Gene Autry sein Pferd Champion war, das war für Roy Rogers sein Pferd Trigger, das die Werbung als »smartestes Pferd der Leinwand« anpries. Was für Gene Autry Smiley Burnette war, das war für den »König der Cowboys« Roy Rogers anfangs ebenfalls Burnette, später dann George »Gabby« Hayes, ein urkomischer, pausenlos brabbelnder, kauziger Alter ohne Zähne und mit einem zerzausten Bart. Kein Wunder, daß dieser Partner oft den schönen, mutigen und ehrenhaften Helden der Geschichte fast an die Wand spielte. Was war ein Cowboy-Lied von Roy Rogers gegen eine Schimpfkanonade aus dem zahnlosen Mund von Gabby Hayes!

Außerordentlich gering waren die Unterschiede zwischen Gene Autry und Roy Rogers. Kein Wunder, denn schließlich inszenierte die meisten Filme der beiden derselbe Regisseur: Joe Kane. Beide Helden boten eine Mischung aus Action und Musik. Rogers war lediglich etwas jünger und wirkte dynamischr als Autry.

169 Roy Rogers, John Wayne
und George »Gabby« Hayes
in »Dark Command« (1940) von Raoul Walsh
170 Roy Rogers und Trigger

Doch, wahrscheinlich unter dem Einfluß der großen Western-Renaissance des Jahres 1939, siedelte auch Roy Rogers seine Geschichten mehr in der Historie des Westens an, als das Autry getan hatte. Mehrmals spielte Rogers einen Mann aus der Umgebung von Jesse James. Später dann verkörperte er den legendären Outlaw selbst – genauso wie Buffalo Bill und Wild Bill Hickok.

Gene Autry und Roy Rogers und auch noch viele ihrer mehr oder weniger erfolgreichen Imitatoren waren zu ihrer Zeit Idole der amerikanischen Jugend. Mindestens einmal in der Woche wollte man einen neuen Film mit diesen Helden sehen. So waren diese eigenartigen, uns heute eher ein Lächeln abringenden Helden der Leinwand fast zu so etwas wie Leitbildern geworden, Leitbilder ähnlich den Helden mancher Comic-Strip-Serie. Charakteristisch in dieser Hinsicht ist ein Cowboy-Kodex von Gene Autry aus dem Jahre 1940, der aus dem Cowboy den blütenweißen Heroen macht, das leuchtende Vorbild, das die Lehrer der Sonntags-Schule, die Damen der Frauenvereine und andere Wächter der Moral und Tugend sowie Aktivisten der moralischen Aufrüstung ihren Zöglingen gern vorhalten möchten.

der moralischen Aufrüstung. Die Welt der Cowboys im Kino – eine märchenhafte Welt ohne jede Beziehung zur Realität.

Die Helden der B-Western und die Serien der dreißiger und vierziger Jahre sind Legion. Neben Gene Autry und Roy Rogers wagte sich auch Tex Ritter in die Arena der musikalischen Western. Aber auch dem einen oder anderen Cowboy-Star aus der Stummfilmzeit gelang der Anschluß an die Fließbandproduktion der tönenden B-Western; so z. B. Ken Maynard und Buck Jones. Nahezu nahtlos gelang dies Buck Jones, der sowohl bei kleinen Studios als auch bei den Major Companies in B-Pictures spielte. Außerordentlich populär wurde auch William Boyd (1898–1972), ein mittelmäßiger Schauspieler, der erst durch die Figur des Hopalong Cassidy bekannt wurde, die er seit 1935 verkörperte. Auch er ist genauso ein Paradox aus der Western-Geschichte wie Gene Autry. Dieser gereifte Mann mit dem weißen Haar erinnerte viel eher an einen würdigen Geschäftsmann denn an einen kühnen Cowboy. Die Serie basierte auf den Erzählungen von Clarence E. Mulford, die bereits seit 1907 viele abenteuerhungrige Leser begeisterten. Im Film war »Hoppy« ein ehrenwerter, aufrechter, stets frischgewaschener und -gekämmter Held, der so ganz dem Kodex von Gene Autry zu entsprechen schien. Der »Hoppy« von Mulford dagegen war ein dem Whisky sehr zugetaner Raufbold, der keine Sünde auszulassen schien. Als Mulford den ersten Film mit seiner Figur auf der Leinwand sah, soll er arg schockiert gewesen sein:
Mulfords Reaktion auf das, was Boyd und Sherman aus seiner erfundenen Figur gemacht hatten, war alles andere als Freude. Es wird erzählt, daß Mulford, als er den ersten Hopalong-Cassidy-Film in seinem lokalen Filmtheater sah, in der Mitte des Films rausging und erst mit Hilfe von Riechsalz wieder zu sich kam.[46]
Doch all das änderte nichts an der Popularität dieser so ehrenwerten Filmfigur. Die Hopalong-Cassidy-Serie wurde eine der erfolgreichsten Western-Serien, die je gedreht wurden. In den Jahren 1935 bis 1948 ent-

Diese zehn Gebote des sauberen Cowboys besagten:
1. Ein Cowboy übervorteilt nie jemanden – nicht einmal seinen Feind.
2. Ein Cowboy enttäuscht nie das Vertrauen.
3. Ein Cowboy sagt immer die Wahrheit.
4. Ein Cowboy ist zu kleinen Kindern, Alten und Tieren freundlich.
5. Ein Cowboy hat keine rassischen und religiösen Vorurteile.
6. Ein Cowboy ist hilfreich – wenn jemand Ärger hat, reicht er ihm die Hand.
7. Ein Cowboy ist ein guter Arbeiter.
8. Ein Cowboy ist sauber: in Gedanken, Worten und Taten.
9. Ein Cowboy respektiert die Frauen, seine Eltern und die Gesetze des Landes.
10. Ein Cowboy ist ein Patriot.[45]
Die Welt der Cowboys – eine Welt der Musterknaben, die keiner Fliege etwas zuleide tun können! Eine Welt

172 *Regisseur Lesley Selander, Jean Parker und William Boyd bei Dreharbeiten*

173 *William Boyd und Nora Lane in »Cassidy of Bar 20« (1938) von Lesley Selander*

standen 66 Filme sehr frei nach den Erzählungen von Mulford. Danach gingen die Produzenten der Serie daran, die bekannten Figuren in selbst ausgedachten Geschichten spielen zu lassen. Natürlich haben auch diese Serienfilme mit der Realität des historischen Westens allenfalls nur einige Äußerlichkeiten gemein. Bedenkenlos taucht Hoppy sowohl in der Vergangenheit als auch in der Gegenwart auf, erlebt er im Westen, aber auch ganz woanders seine Abenteuer. Und natürlich ist Hopalong Cassidy der brave Mann mit dem Herzen auf dem rechten Fleck, der das tut, was ein Mann tun muß, der die Frauen, Kinder und Alten beschützt und achtet. Zur Gewalt greift er nur dann, wenn es gar nicht anders geht. Neben sich hat er immer mindestens zwei Partner. Da ist der komische Alte, »Windy« genannt. Ihn spielt George »Gabby« Hayes, der bereits vielen Roy-Rogers-Filmen die komische Würze gab. Windy ist ein zahnloser, bärbeißiger Alter, der ununterbrochen redet bzw. schimpft, der aber auch erstaunlich gut rennen, klettern und reiten kann. In 41 Filmen spielte das kontrastreiche Paar zusammen. Der dritte Mann in der Runde war »Lucky«,

ein jugendlicher Heißsporn, der Hoppy gleichfalls ein treuer und mutiger Mitarbeiter ist.

Einige der Hopalong-Cassidy-Filme kamen vor dem zweiten Weltkrieg auch in die deutschen Kinos, da sie von der großen Paramount-Filmgesellschaft weltweit vertrieben wurden. Auch hier hatten diese phantasie- und abenteuerreichen Filme einen großen Erfolg, wie eine Kritik zu »North of the Rio Grande« (Im Hinterhalt) von Nate Watt aus dem Jahre 1937 beweist. Hier ging es wieder einmal um einen schurkischen Bankdirektor, der mit Bankräubern dunkle Geschäfte macht und der natürlich durch den ehrenwerten Hoppy und seine Mannen entlarvt wird. Ein deutscher Filmkritiker schrieb über diesen Film:

Schon der Titel spricht Bände. Mit diesem Film lebt ein Stück Kintopp wieder auf. Das ist Wild-West-Romantik von echtem Schrot und Korn. Da wird geschossen und geritten, daß die Gebirgstäler davon widerhallen.

Held der Handlung ist ein unwiderstehlicher Bursche. Echte Cowboy-Natur, an jeder Seite einen Revolver im Gürtel. Clou des Films ist, wenn er mehrere Verbrecher allein in einem Blockhaus stellt und einen nach dem an-

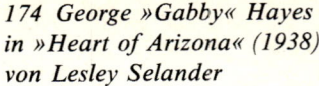

174 George »Gabby« Hayes
in »Heart of Arizona« (1938)
von Lesley Selander

*deren entwaffnet, bis ein heimlich hinzukommender
Komplize den Spieß umkehrt und er dann in der
Klemme sitzt. Aufregende Minuten! Aber die Kameraden des Gefährten sind auch nicht faul. Sie rollen riesige Felsblöcke auf das Blockhaus herunter. Den Moment der Verwirrung benutzt der Gefangene, um zu
entkommen. Schließlich wird die ganze Verbrecherge-
sellschaft überwältigt und nach Sing-Sing geschickt.*[47]
André Bazin nannte es lächerlich, wenn man an den
Western – sowohl an die A- als auch an die B-Pictures
– die Elle der historischen Wahrheit anlegen würde.
Er sieht gerade in ihrer naiven Schwarzweiß-Zeich-
nung, in ihrer klaren Verteilung der Gewichte Analogien zum Märchen, zum Ritterroman, aber auch zu
den großen Sagen und zu den Dramen eines Corneille.
Was aber zumindest die B-Western positiv von den
aufwendigen Produktionen abhebt, das ist der darin
zum Ausdruck kommende Humor. Die wirklich gelungenen komischen A-Western kann man an den Fingern
einer Hand abzählen. Komische Elemente in anderen
Filmen wirken oft fremdartig und aufgesetzt. Vielleicht
ist der Hauptgrund für dieses Manko an Humor in
den großen Produktionen, daß sich diese Filme zu
ernst nehmen, daß sie sich als ernsthafte Berichte über
das Leben und die Menschen des Westens ausgeben
möchten. Diese Scheu kannten die Produzenten von
B-Pictures nicht. Ihre Filme beanspruchten nicht unbedingt, völlig ernst genommen zu werden. Der Komiker war fast so etwas wie eine Konstante in ihnen. Er
war kein Fremdkörper, wirkte nicht verkrampft und
aufgesetzt. Vielleicht lag es auch daran, daß die Studios, die B-Pictures produzierten, über eine ganze
Gruppe von komischen Akteuren verfügten, die immer
wieder perfekt diese bärbeißigen Greise spielen konnten, so daß sie den strahlenden, tollkühnen Cowboy-
Stars durchaus Konkurrenz machen sollten. Man kann
sich bei einiger Phantasie vorstellen, daß es solche
Kauze durchaus unter den Pionieren von einst gegeben
hat.

George »Gabby« Hayes gehört genauso zu den herausragenden komischen Stars der B-Pictures wie Al
St. John, der es als »Fuzzy« schaffte, allein mehrere
Filme zu tragen, d. h. der Star der Produktion zu werden. Al St. John (1893–1963) ist den Liebhabern der
Slapstick Comedy kein Unbekannter. Er war der Part-
ner von Chaplin und gehörte zum Trio von Buster
Keaton und »Fatty« Arbuckle in den Jahren 1917 bis
1920. Bereits in dieser Zeit versuchte er erfolgreich, ko-
mische Elemente in Stummfilm-Western einzufügen.
Es dauerte einige Zeit, bis auch der Tonfilm erkannte,
daß er mit diesem unverwechselbaren Komiker – ver-
wechselbar nur mit seinem Konkurrenten Gabby
Hayes – ein unersetzliches Wirkungspotential besaß.
Er spielte zunächst in einigen kleinen Rollen in den
Hopalong-Cassidy-Filmen. Der Western-Spezialist Joe
Hembus charakterisierte Fuzzy, diesen herrlichen
Spaßmacher des B-Western:
*»Fuzzy« heißt auf deutsch struppig, zerfasert, zerfusselt,
aber auch angetrunken, und all das ist die Figur auch.
Mit Gabby hat Fuzzy das zahnlose Greinen und Kra-
keelen und den Vollbart gemein, der bei Al St. John immer nach vorne gestreckt wird und das Kinn zu einem
Wegweiser verlängert, dem schwadronierenden Wicht
den Weg zur nächsten Keilerei weisend. Fuzzy besteht
immer darauf, neben seinem ernsthaften Partner als
gleichwertig und für voll genommen zu werden. Er besteht auch darauf, daß der Partner ihn mit vollem Namen vorstellt: Fuzzy Q. Jones. Im Bewußtsein, von
einem starken Freund gedeckt zu sein, fordert Fuzzy
Bösmänner aller Klassen mit frecher Schnauze zum
Zweikampf heraus. Wenn es wirklich zu einer harten
Auseinandersetzung kommt, geht er in Deckung und
läßt den Partner die Arbeit machen; es kommt freilich
auch vor, daß er ihm mit ungewöhnlichen Waffen assi-
stiert, z. B. mit einer Spatzenschleuder. Dem besiegten
Feind begegnet er dann mit »Dir hab' ich es aber gezeigt!«-Miene, für gewöhnlich demütigt er ihn auch mit
einem Tritt in den Hintern. Fuzzy denunziert seinen
Partner gerne als Schürzenjäger und schimpft ewig, weil
der Partner für seine eigene Schwäche, den Hang zum*

Alkohol, kein Verständnis hat: In sauberster Westerner-Manier lehnt der Partner natürlich jede Einladung zu einem Drink ab, was Fuzzy völlig wahnsinnig macht. Er entschädigt sich, indem er dem Partner mit seinen stets wechselnden Marotten auf die Nerven fällt, z. B. mit seinem Trieb, Poesie zu produzieren. Auch der Akrobat und Slapstick-Komiker tobt sich in Fuzzy aus. Aus einer seiner alten Spezialitäten, auf tausend verschiedene Arten von einem Fahrrad zu steigen, wird jetzt die Kunst der Erfindung immer neuer Möglichkeiten, aus dem Pferdesattel zu steigen. Auch beim Fallen mit anschließenden Bodenübungen erfindet Fuzzy immer neue Variationen, die den Akrobaten ausweisen. Eines seiner anheimelndsten Talente ist seine Fähigkeit, mit nur einer Hand eine Zigarette drehen zu können. Die Kunst

des Double-Take übt er, wenn er Schläge einstecken muß: Er kichert amüsiert, als mache ihm das gar nichts aus, dann produziert er einen totalen Kollaps.[48]

Natürlich mußte auch John Wayne in den dreißiger Jahren, diesem so sehr von B-Pictures und singenden Cowboys geprägten Dezennium, singen! Er soll sich dabei äußerst unwohl gefühlt haben; aber was hilft's, wenn Produzenten und offenbar auch das Publikum nun einmal musikalische Western mögen. 1933, als Wayne für die Monogram-Filmgesellschaft eine Serie von 16 kleinen Western unter dem Titel »Lone Star« begann, wurde er als »Singin' Sandy« eingeführt. Noch vor Gene Autry und Roy Rogers wurde hier bereits die Mischung aus Action und Musik versucht, durch die die beiden Stars einige Zeit später bekannt

wurden. Wayne spielte in dem Film »Riders of Destiny« (Reiter des Schicksals) einen mutigen Mann, der bedrohten Farmern in ihrem Kampf um die Wasserrechte beisteht. Und natürlich muß auch dieser kühne Recke ein kleines Liedchen trällern! Der Erfolg kann nicht sehr überwältigend gewesen sein, denn bereits kurze Zeit später, im Jahre 1934, bekamen in »Randy Rides Alone« (Randy reitet allein) die Zuschauer nicht mehr den »Sänger« Wayne zu hören, sondern ihn nur noch zu sehen. Kurz darauf hatten die Produzenten der Monogram begriffen, daß das Erfolgsrezept von anderen Stars nicht automatisch bei Wayne verwendet werden konnte. Der Akteur spielte daraufhin weiter in B-Western, bestand weiter alle möglichen Abenteuer, aber ersparte sich selbst und den Zuschauern seinen Gesang!

Doch diese 16 kleinen Lone-Star-Western, die Wayne in den Jahren 1933 bis 1935 drehte, waren eine weitere fruchtbare Etappe auf seinem Weg als Western-Star. In diesen Filmen, die alle knapp eine Stunde lang waren und für die lächerliche Summe von 10 000 Dollar pro Film produziert wurden, konnte sich der Schauspieler ein wenig profilieren. Wie viele seiner Kollegen in jener Zeit betrachtete auch er sich nicht ausschließlich als Western-Darsteller. Auch in Abenteuerfilmen, in Seefahrergeschichten und Boxerfilmen spielte der junge Held. Er verkörperte hier verschiedene Typen, die lediglich ihr Sinn für Abenteuer und Action einte. Er war Cowboy und Rancher, Geheimagent und Boxer, Soldat und Pfadfinder. John Wayne selbst hat später seinen Erfolg in der Mitte der dreißiger Jahre zu erklären versucht:

Für mein Gefühl waren viele Western-Stars der zwanziger und dreißiger Jahre zu verdammt perfekt. Sie rauchten nie, tranken nie, hatten niemals Lust, mit einem schönen Mädchen ins Bett zu gehen. Sie kämpften nicht. Ein Schurke warf mit einem Stuhl nach ihnen, und sie guckten nur verdutzt und schlugen nicht im gleichen Geist zurück. Sie waren zu verdammt süß und rein, um ein schmutziger Kämpfer zu sein. Also mir machte *es nichts aus, ein schmutziger Kämpfer zu sein, wenn das die einzige Art war, zurückzuschlagen. Wenn jemand einen Stuhl nach mir schmeißt, schmeiße ich einen zurück. Ich versuchte, einen Mann zu spielen, der sich schmutzig macht, dem es Spaß macht, ein Mädchen zu küssen, der sich vom Zorn übermannen läßt, der sauber kämpft, solange es geht, aber schmutzig kämpft, wenn es nicht anders geht.*[49]

Diese Selbsteinschätzung seiner Helden mag stimmen. Die von John Wayne verkörperten Helden waren weniger ideale Musterknaben. Sie schienen sich nicht unbe-

dingt an den eigenartigen Cowboy-Kodex von Gene Autry halten zu müssen.

Unter den Filmen, die John Wayne in den dreißiger Jahren drehte, waren viele, die sich auf historische Ereignisse bezogen. Da spielte er 1935 in Robert N. Bradburys »Westward Ho« (Westwärts) einen Pionier auf dem Zug nach Kalifornien. Im gleichen Jahre war er in Carl Piersons »New Frontier« (Flammende Grenze) der Führer eines Siedler-Trecks. 1936 verkörperte er in Scott Pembrokes »The Oregon Trail« einen Captain, der den Tod seines Vaters, eines Treck-Führers, aufzuklären versucht. Es schien, als wenn sich die Produzenten und Szenaristen dieser Filme daran zu erinnern schienen, mit welchem Film John Wayne vor Jahren begonnen hatte: mit Raoul Walshs Epos »Die große Fahrt«. Aber auch in Geschichten, die in ganz anderen Zeiten spielten, war er zu sehen. So verkörperte er 1936 in Joe Kanes »The Lonely Trail« (Wie vom Winde verweht) einen ehemaligen Soldaten des Bürgerkriegs, der nach Ende des Krieges nach Texas kommt und sich dort dem Terrorregime eines Militärgouverneurs entgegenstellt.

Zumeist entwickelten die Autoren dieser Filme Originalstoffe. Selten griffen sie auf literarische Vorlagen zurück. Eine dieser Ausnahmen war 1937 der Film »Born to the West« *(Die Spielhölle von Wyoming)* von Charles Barton. Dieses Werk war die zweite Verfilmung des gleichnamigen Romans von Zane Grey. Grey (1875–1939), von Beruf eigentlich Zahnarzt, gilt als der produktivste und auch erfolgreichste amerikanische Autor von Wild-West-Romanen. Seine seit 1904 erschienenen Bücher wurden von Millionen Lesern in Amerika und auch in anderen Ländern verschlungen. Amerikanische Autoren vergleichen diesen Vielschreiber – über 60 Romane kommen auf sein Konto – mitunter mit dem deutschen Karl May. Das mag sich sowohl auf die Produktivität als auch auf die historische Glaubwürdigkeit der Werke beziehen. Doch diese skeptischen Vorbehalte schränkten die Popularität dieses Schriftstellers nicht im geringsten ein. Schon in der

frühen Stummfilmzeit griff das Kino auf dieses immense Reservoir von Western-Stoffen zurück, die das Werk des Zane Grey darstellt. Tom Mix und viele andere spielten in Filmen nach Romanen von Zane Grey. Eine Vielzahl dieser Bücher wurde mehrfach, einige sogar bis zu fünfmal verfilmt; so z. B. die Romane »The Border Legion« (Die Grenzlegion), »Riders of the Purple Sage« (Das Gesetz der Mormonen) und »Wild Horse Mesa« (Vollblut).

Sein Roman »Born to the West« zählt gewiß nicht zu den bedeutenden Werken dieses Schriftstellers, dem man nachsagt, daß er sich in einigen seiner Bücher kritisch mit der Rassenpolitik der Vereinigten Staaten gegenüber Minderheiten, vor allem den Mexikanern, auseinandergesetzt hat. John Wayne spielt hier einen Cowboy, der im Auftrag seines Onkels einen riskanten Vieh-Treck nach Wyoming führt. Dort wird dem jungen Mann aber der gesamte Erlös des Viehverkaufs beim Pokerspiel wieder abgenommen ... Um das Vertrauen seines Onkels zurückzugewinnen, muß Cowboy John dann aber sogar dessen Leben retten.

Zur selben Zeit, da Zane Greys Romane auch deutsche Leser fesselten, kam dieser kurze Film in die deutschen Kinos. Die deutsche Kritik schien auch über diesen B-Western begeistert zu sein:

Das ist eine Geschichte aus dem wildesten Westen, geschrieben von Zane Grey und inszeniert von Charles Barton. Kühne Cowboys reiten über Stock und Stein, ein hübsches Mädchen lächelt betörend, dunkle Ehrenmänner mogeln beim Poker. Dollarbündel werden auf den Tisch geknallt, daß die Schnapsgläser klirren, und zum Schluß gibt es eine Schießerei bis zur letzten Patrone. Das Ganze ist mit einer erfrischenden Naivität dargebracht, die Einwände gar nicht erst aufkommen läßt, und gewinnt an Echtheit durch die schönen Landschaftsaufnahmen.[50]

Eine der erfolgreichsten Western-Serien der dreißiger und frühen vierziger Jahre war die »Three Mesquiteers«-Folge, die das Republic-Studio in den Jahren 1935 bis 1943 produzierte. Genau wie die Filme um

178 John Wayne und Marsha Hunt
in »Born to the West« (Die Spielhölle von Wyoming)
von Charles Barton

Hopalong Cassidy basierten auch diese B-Pictures auf bereits bekannten Erzählungen. Der Autor William Colt MacDonald ließ die Abenteuer im Mesquite County, im Süden der USA spielen. Und natürlich spielte der Titel der Serie auf die drei bekannten Helden, die drei Musketiere von Alexandre Dumas, an. Trio-Western waren in jenen Jahren recht populär, wie u. a. auch der Erfolg der Filme mit Hopalong Cassidy, in denen ja ebenfalls immer ein Trio unter Leitung von Hoppy agierte, beweist. Man hat in diesen Filmen, in denen ein kleines Kollektiv mutiger, aufrechter Männer Schurken zur Strecke bringt, einen Reflex auf die Politik des New Deal des Präsidenten Roosevelt gesehen. In aller Naivität setzte man die Taten der drei Mesquiteers in Zusammenhang mit der auf Überwindung der Depression gerichteten Politik des New Deal, der Orientierung auf Kollektivgeist und Gruppeninteressen.

Spielten in den anderen, vergleichbaren Serien fast immer dieselben Schauspieler die durch die gesamte Folge gehenden Helden, so wechselten fast ständig die Hauptakteure der Mesquiteers. John Wayne spielte in acht der insgesamt 51 Filme Stony Brooke, den Anführer der drei. Die drei Mesquiteers erlebten ihre Abenteuer sowohl in der Gegenwart als auch in der Vergangenheit des Westens. Die acht Filme mit Wayne spielten sämtlich im modernen Westen, so daß es die Möglichkeit gab, moderne Errungenschaften, wie z. B. das Flugzeug, mit in die Handlung einzubeziehen. Die Handlung fast aller Mesquiteer-Filme lief nach einem ähnlichen Grundmuster ab: Einem der drei passiert ein Unglück. Nach der Devise »Einer für alle, alle für einen« helfen dann die beiden anderen Mesquiteers ihrem bedrohten Freund und den in Not befindlichen Farmern, Siedlern, Frauen usw. Da helfen die drei Burschen in »Santa Fe Stampede« (Aufruhr in Santa Fe) einem alten Siedler, auf dessen Anwesen Gold gefunden wurde, gegen die Machenschaften eines korrupten Bürgermeisters. In »Red River Range« engagieren sich die Mesquiteers im Kampf gegen Viehdiebe.

Gegen die Terrorherrschaft eines sich als Großgrundbesitzer ausgebenden Gauners ziehen die Helden in »The Night Riders« (Reiter in der Nacht) ins Feld. Diese Mesquiteers entsprechen so ganz dem Bild, das in Hollywood gern von Männern wie Jesse James oder Billy the Kid gezeichnet wird. Sie sind Helfer und Beschützer der Armen, richten ihre Aktionen gegen korrupte und verschlagene Gauner, die sich Macht angeeignet haben. Auch die Mesquiteers scheinen in Robin Hood ihren großen Ahnherren zu sehen. Da kommen in »Wyoming Outlaw« (Der Bandit von Wyoming) die Mesquiteers der verarmten und teilweise arbeitslosen Landbevölkerung im Kampf gegen die Politik einiger korrupter Potentaten zu Hilfe. Ihr Schützling wird ein junger Farmersohn, der aus Not zu wildern begann

und dafür eingesperrt wurde. Nach dem Ausbruch aus dem Gefängnis wird der junge Mann zum gehetzten Outlaw, der am Ende trotz der Hilfe der Mesquiteers getötet wird …

Wie fast alle B-Pictures, so waren auch die Mesquiteers-Filme eine knappe Stunde lang. Sie wurden mit sehr geringen Mitteln in wenigen Tagen produziert und zumeist paarweise in den Kinos gezeigt. Die Produktion dieser Filme wurde auch in den vierziger Jahren unverändert stark fortgesetzt. Daß der A-Western in den dreißiger Jahren in einer Krise war und im folgenden Jahrzehnt eine Renaissance erlebte, machte den B-Western so gut wie nichts aus. Diese Filme wurden weiter produziert, bis das Fernsehen ihre Produktion übernahm.

Und auch John Wayne hätte vermutlich weiter solche Filme gedreht, wenn sich nicht im Jahre 1939 ein gewisser John Ford an den Schauspieler erinnert hätte. Ohne diesen Regisseur wäre Wayne gewiß genauso aus der Erinnerung der Zuschauer verschwunden wie Bob Steele, Tom Tyler, Ray Carrigan, Tom Keene, William Wirney und all die anderen Könige der B-Western, die heute keiner mehr kennt. Daß heute wieder viele, leicht nostalgische Zuschauer an diesen kleinen Filmen Gefallen finden und ihre Einfachheit preisen, steht allerdings auf einem anderen Blatt …

Die Renaissance eines Filmgenres

★ Der Western zu Beginn des zweiten Weltkrieges ★ Der Klassiker »Höllenfahrt nach Santa Fe« von John Ford ★ Die Welle patriotischer Western ★ Zwei Filmbiographien von Jesse und Frank James ★ Die James-Brüder als Volkshelden? ★ Eine Western-Parabel über die Gefahr des Faschismus: »Der Ritt zum Ox-Bow« von William A. Wellman ★ Ein ungewöhnlicher Film über Billy the Kid: »Geächtet« ★ Die Frau im Westen und im Western ★ Die klassische Western Comedy: »Der große Bluff« von George Marshall ★

1939 – in Europa begann Hitlerdeutschland einen Krieg, dem der faschistische Terror in Deutschland, der Spanienkrieg, der Münchener Vertrag vorausgegangen waren. Die Drohung, daß diese Entwicklung, daß der Krieg auch nach Amerika übergreifen würde, zeitigte Folgen: Der Präsident forderte für sich mehr Rechte, die einer Beschränkung der bürgerlichen Demokratie gleichkamen, um – wie es hieß – schärfer gegen demokratiegefährdende Entwicklungen einschreiten zu können. In Kunst und Gesellschaft erinnerte man sich wieder verstärkt der patriotischen Vergangenheit, der »glorreichen« Geschichte, der Bill of Rights. Eine Welle des Nationalbewußtseins begann, die in ihrer Auswirkung eine deutlich antifaschistische Tendenz hatte und damit ein wichtiger Teil der sogenannten »Roosevelt-Ära« wurde. Daß dieses Nationalbewußtsein weder die kapitalistischen Besitzverhältnisse noch den Rassismus in Frage stellte, versteht sich von selbst. Es blieb lediglich ein emotioneller Reflex auf die Bedrängung von außen. Hollywood brachte eine ganze Reihe von Filmwerken auf den Markt, die die amerikanische Geschichte beschwörten. Sie hatten durchweg einen großen Publikumserfolg.[51]

Der polnische Filmhistoriker Jerzy Toeplitz schreibt, daß dem Maße, in dem damals die politische Temperatur stieg, immer häufiger Filme erschienen, die sich mit den heroischen Epochen aus der amerikanischen Geschichte befaßten. Dennoch – trotz des sehr relativen Erfolgs von Roosevelts New-Deal-Politik; immerhin gab es 1938 in Amerika noch 10 Millionen Arbeitslose – begann eine Welle von Patriotismus das Land zu überrollen. Das Kino stimulierte und reflektierte diese Stimmung wesentlich.

Welches Filmgenre hätte sich dafür besser geeignet als der Western? Man sah die Gefahr eines Weltkriegs vor sich, in den Amerika trotz aller Bemühungen Roosevelts direkt hineingezogen werden konnte; man fühlte sich von einem Verbrecher aus dem fernen Europa bedroht, der bereits dort immer mehr Völker unterdrückt hatte, und man erinnerte sich an die glorreichen Tage aus der Pionierzeit, da Kollektive aufrechter Menschen den immensen Schwierigkeiten, die die Entwicklung des Landes mit sich brachte, trotzten. Man erinnerte sich an die Heroen aus der Geschichte der Eroberung des Westens, übersah zumeist die vorhandenen dunklen Stellen auf ihrer Weste und stellte sie als Leitfiguren heraus.

Plötzlich war der Western wieder salonfähig geworden. Regisseure, die sich in der Vergangenheit mit anderen Genres beschäftigt hatten, begannen sich jetzt wieder für diese Art Filme zu interessieren – angeregt durch die Studios, die natürlich auch an dieser Patriotismus-Welle verdienen wollten. Auch Regisseure, die eigentlich durch ihre Herkunft der amerikanischen Geschichte recht fremd gegenüberstanden – wie die europäischen Emigranten –, versuchten sich am Western. All das führte zu einer wahren Western-Renaissance, zu einer Welle, die herausragende Werke mit sich brachte, Filme, die mit zum Bedeutendsten gehören, was das Genre in seiner Entwicklung hervorgebracht hat.

Die so überaus fruchtbare Renaissance des Western begann mit einem Film, dessen Story durchaus auch von einem B-Picture hätte erzählt werden können: John Ford drehte nach dreizehn Jahren Abstinenz vom Western »Stagecoach« *(Höllenfahrt nach Santa Fe/ Ringo).*

Die Fahrt einer Postkutsche mit einer bunt zusammengewürfelten Passagiergesellschaft, in der fast alle damals relevanten sozialen Schichten vertreten sind, durch ein Gebiet, das von Apachen unsicher gemacht wird, die sich auf dem Kriegspfad befinden – das ist als Geschichte nicht sonderlich originell. Doch wie die Mehrzahl der großen Western jener Jahre begeistert Fords Film nicht durch eine ungewöhnliche, mutige Sicht bekannter Ereignisse, durch Zerstörung lange gepflegter Legenden o. ä. Er fasziniert mehr durch das Wie, durch die Form, durch eine großartige Variation bekannter Themen aus der alten Western-Legende. Das Szenarium basiert auf der knappen Short Story

180 *John Ford (zweiter von rechts)*
und seine Schauspieler bei der Arbeit
an »Höllenfahrt nach Santa Fe«
181 *Harry Carey jr.*
in »Höllenfahrt nach Santa Fe«

von Ernest Haycox »Stage to Lordsburg« (Postkutsche nach Lordsburg). Später entdeckte man dann in dieser Geschichte erstaunliche Parallelen zu der bekannten Erzählung »Fettklößchen« von Guy de Maupassant. John Ford selbst hat es wahrscheinlich genannt, daß Haycox an diese Novelle gedacht hat, die im Deutsch-Französischen Krieg 1870/71 im von Preußen besetzten Frankreich spielt. Doch Dudley Nichols, Fords Szenarist, reicherte die kurze Story durch Ereignisse und Figuren an, die aus anderen Geschichten stammten. So könnte Dallas, die Prostituierte aus Fords Film, durchaus eine Schwester der »Gräfin« aus Bret Hartes Erzählung »The Outcasts of Poker Flat« (Die Geächteten von Poker Flat) sein, die ja Ford bereits 1919 mit Harry Carey in der Hauptrolle verfilmt hatte. Der Alkoholiker Doc Boone aus »Höllenfahrt nach Santa Fe« findet seine Entsprechung in der Harte-Figur Uncle Billy...

Der Film spielt in den achtziger Jahren des vergangenen Jahrhunderts in New Mexico. Die Gegend wird durch Geronimo (1834–1909), den legendären Apachen-Häuptling, unsicher gemacht, der 1881 aus seiner Reservation geflohen war und drei Jahre lang einen er-

bitterten Kampf gegen die weißen Amerikaner führte. Doch Ford widmet dem historischen Hintergrund wenig Aufmerksamkeit. Geronimo taucht in dem Film genausowenig auf wie andere historische Personen. Der Apachen-Häuptling war im gleichen Jahr – 1939 – Titelfigur eines anderen Western, den Paul H. Sloane mit dem Indianer Chief Thundercloud in der Rolle Geronimos gedreht hatte. Bei Ford spricht man lediglich immer wieder voller Angst von dem Indianer.

John Ford richtet seine Aufmerksamkeit dagegen vielmehr auf die eigenartige Gesellschaft, die in Tonto die Kutsche besteigt: Da ist Dallas, das leichte Mädchen, das von den Damen des örtlichen Sittlichkeitsvereins aus der Stadt verwiesen wird; da ist Lucy, eine schwangere Frau, die zu ihrem Mann, einem Offizier, reist; da ist der schüchterne Alkoholvertreter Peacock; da ist der Arzt und Alkoholiker Doc Boone; da sind der undurchsichtige Spieler Hatfield und der nicht weniger undurchsichtige Bankdirektor Gatewood mit seinem ängstlich bewachten Koffer; neben dem Kutscher Buck sitzt Sheriff Wilcox, der sogleich in Aktion tritt, als unterwegs der gesuchte Outlaw Ringo Kid zusteigt...

Diese neun Personen erleben nun gemeinsam auf ihrer Fahrt die verschiedenen Stadien der Gefahr. Menschen, die sich so gut wie nichts zu sagen haben, die hohe soziale Schranken trennen, sind gezwungen, angesichts der Gefahr gemeinsam zu handeln. Hinter der äußeren Fassade treten Feigheit und Mut zutage, werden die wohltönenden Phrasen der sogenannten besseren Gesellschaft entlarvt. Es stellt sich heraus, daß der »ehrwürdige« Bankier seine eigene Bank bestehlen will; der alkoholsüchtige Doc Boone, den man wie das leichte Mädchen aus der Stadt verjagt hat, wächst über sich selbst hinaus und entbindet Lucy von einem gesunden Kind. Jene beiden, die von den anderen Reisenden nur mit scheelen Blicken bedacht werden, Ringo, der Outlaw, und Dallas, das Saloon-Girl, handeln und wenden die Gefahr ab. Angesichts der Bedro-

182–187 »Höllenfahrt nach Santa Fe«
182 Die Postkutsche trifft ein
183 Vor dem Angriff der Indianer
184 Der Angriff

hung durch die »Feinde von außen«, die Indianer, reagieren die einzelnen Reisenden fast alle entgegen ihrem Ansehen in der Gesellschaft. Die gemeinsam bestandene Gefahr führt bei einigen zur Katharsis, zur Läuterung. Die, die in der Gesellschaft hohes Ansehen genießen, versagen. Die anderen, die Ausgestoßenen, die Gesetzlosen, nehmen die Geschicke der Gruppe in die Hand und wenden die Gefahr ab...

Man kann in dieser Passagiergesellschaft durchaus so etwas wie ein Spiegelbild der amerikanischen Gesellschaft am Vorabend des zweiten Weltkriegs, bedroht von der faschistischen Gefahr, sehen. Die beiden John-Ford-Biographen Joseph McBride und Michael Wilmington versuchen, dieses Spiegelbild zu erhellen:

Die Kutsche ist Amerika, eine Nation von Exilierten, zerrissen in verfeindete und gegensätzliche Gruppen; die Indianer sind die wilden Naturkräfte; die schwangere Frau ist die Freiheit; der Bankier ist das korrupte Establishment der Republikaner, der Sprecher für einen selbstsüchtigen Individualismus; der gütige, mit einer Schrotflinte reisende Sheriff ist Roosevelt; die Plummer-Gang sind die Achsenmächte; Buck, der Kutscher, und seine mexikanische Frau Hoolietta verkörpern die ethnische Mischung, die dem Land seinen demokratischen Charakter gibt.[52]

Man mag dieser eigenartigen Interpretation, diesem Versuch einer symbolischen Deutung folgen oder nicht: Auf jeden Fall erwächst aus dieser Zeichnung der Charaktere von Figuren sehr unterschiedlicher sozialer Stellung ein wesentlicher Reiz des Films. Mögen auch die einzelnen Figuren als Typen bereits in mehreren Filmen immer wieder zu finden gewesen sein: Der Good Bad Man Ringo Kid – fast eine Gestalt wie von W. S. Hart –, das leichte Mädchen mit dem großen Herzen und der Sehnsucht nach einem anständigen Leben, der schurkische Bankdirektor... Man sollte sich also hüten, dem Film das Prädikat »mutig« zu verleihen.

»Höllenfahrt nach Santa Fe« hält sich durchaus an die Konventionen, er widersetzt sich nicht den unge-

185 George Bancroft, John Wayne und Louise Platt
186 John Carradine als Spieler, Donald Meek als
Schnaps-Vertreter und Thomas Mitchell als
betrunkener Arzt
187 Louise Platt als Braut Lucy und John Wayne als
Ringo Kid

schriebenen Gesetzen des Genres. Dennoch rühmten
sich John Ford und sein Szenarist Dudley Nichols später ihrer Kühnheit beim Entwickeln dieser Geschichte,
vor allem bei der Auswahl der Figuren:
*Nichols: Wir haben hier wieder die Industrie verän-
dert… Und das dadurch, indem wir hier gegen alle Be-
stimmungen der Zensur verstoßen haben.*
*Ford: Hier gibt es keinen einzigen anständigen Charak-
ter. Die männliche Hauptfigur hat drei Menschen umgebracht.*
Nichols:Die weibliche Hauptfigur ist eine Prostituierte.
*Ford: Hier gibt es einen Bankier, der seine eigene Bank
ausraubt.*
*Nichols: Und vergiß nicht die schwangere Frau, die
ohnmächtig wird.*
Ford: Oder den Burschen, der gewalttätig wird.[53]
John Fords Film wurde aber auch durch seine exzel-
lente, nahezu atemberaubende Form zu einem Klassiker innerhalb des Genres. Hier ist eine kleine, eigentlich gar nicht sonderlich originelle Geschichte. Dudley
Nichols und John Ford aber gaben ihr die Dimensionen einer klassischen Erzählung, die sich nicht durch
Aufwand oder Kompliziertheit auszeichnet, sondern
im Gegenteil durch Einfachheit. Eine Gruppe von
Menschen – für eine gewisse Zeit an einem Ort zusam-
mengehalten – durchsteht mehrere Stadien von großer
Gefahr. Die Einheit von Zeit und Ort ist mustergültig
gewahrt. Die Personen sind Typen und dennoch
außerordentlich glaubwürdige Charaktere. Nicht das
Wort, der Dialog bekommt hier Dominanz, sondern
vielmehr die Bewegung; die äußere Bewegung, die Bewegung der Kutsche, aber auch die Bewegung im Innern der Menschen, ihre Reaktion auf Bedrohung und
Gefahr.
Und natürlich gestalten John Ford und sein Kameramann Bert Glennon die Szenen vom Angriff der Apachen auf die Kutsche zu einem furiosen Höhepunkt, zu
einem Meisterstück der Kunst der Inszenierung und
der Montage. Die Postkutsche jagt durch das staubige
Monument Valley, um sie herum eine Gruppe reiten- 171

der und schreiender Indianer... Geschickt wechselt Ford die Einstellungen, vom Innern der Kutsche nach außen, auf den Kutschbock, ein Blick auf die Räder, auf die dahinrasenden Reiter, wieder auf die teilweise vor Angst starrenden, teilweise sich aber auch wehrenden Passagiere... Wenn es eine Anthologie der ganz großen Sequenzen aus der Geschichte des Western-Films geben würde, müßte man diese Szenenfolge an vorderster Stelle einfügen.

John Ford kann es sich bei diesem grandiosen Film durchaus leisten, das Finale, das Showdown zwischen Ringo Kid und seinen Feinden, den Plummers in Lordsburg, nur anzudeuten. Hier wird kein spektakulärer Schußwechsel gezeigt. Die entscheidenden Schüsse sind nur im Off hörbar...

Fünfzehn Jahre zuvor, bei der Aufführung von Fords Western »North of Hudson Bay« *(Unter den Wölfen von Alaska)* sprach eine deutsche Zeitung von einem »Meisterwurf, der in einigen Partien die Poesie der Schwedenfilme mit amerikanischer Dynamik vereint«. 1939 nannte ein amerikanischer Kritiker »Höllenfahrt nach Santa Fe« ein »Lied der Kamera«. Dieser Film war ein bedeutsamer Beitrag bei der Weiterentwicklung der Sprache des Films.

Außerordentlich eindrucksvoll ist hier auch – wie bei fast allen Ford-Western – die Einbeziehung der Landschaft als wesentliches Element in dem Film. Immer wieder zeigt Ford die Landschaft als ein die Menschen prägendes Element. Der Mensch wird als kleiner Teil dieser Landschaft begriffen. Die enge Beziehung Mensch und Natur im Westen wird sehr genau widergespiegelt. In eindrucksvollen Totalen zeigt der Film die winzige Postkutsche, die durch das majestätische Monument Valley in der Navajo-Wüste rast.

Ford fand diese herrliche Landschaft an der Grenze zwischen Arizona und Utah bei einer seiner Fahrten durch Arizona. Fortan sollte das Monument Valley, das die Szenerie für acht Western des Regisseurs bildete, zu einem Markenzeichen der Filme werden, die Ford nach 1939 drehte.

»Höllenfahrt nach Santa Fe« hielt sich an die vorgegebenen Schemen und Klischees des Western; in diesem Film wurde nicht versucht, eine Legende zu zerstören oder einen bisher übersehenen Aspekt der Geschichte zu durchleuchten. So waren auch bei John Ford die Indianer nur eine gesichtslose Masse, die anonyme Verkörperung der Gefahr. Keine Sekunde bleibt für die Reflexion der Motive der Indianer übrig. Diese Indianer hier sind gewalttätig und gefährlich. Um sich vor ihnen zu schützen, muß man sie töten. So schien die simple Logik dieser Geschichte zu lauten. Es sollte noch fast anderthalb Jahrzehnte dauern, bis man auch dieses Klischee vom brutalen Indianer beseitigte, bis man auch im Indianer einen Menschen suchte und fand. John Ford fand den Indianer als Menschen erst 35 Jahre später, als er den Film »Cheyenne Autumn« *(Cheyenne)* drehte. David Humphreys Miller umreißt sehr gut die Bedeutung des Indianers in jenen Filmen vor und nach dem Jahre 1939, deren herausragendes Beispiel John Fords »Höllenfahrt nach Santa Fe« ist:

Der Indianer war gut für den Konflikt im Hintergrund. Hätte man diesen Konflikt in den Vordergrund gebracht, wäre es notwendig geworden, glaubwürdige Charaktere zu zeigen. Solange sie aber im Hintergrund blieben, dienten sie zu weiter nichts als zur Bedrohung, als zum Konflikt. Das war auch in »Höllenfahrt nach Santa Fe« so, wo nirgendwo die Indianer personifiziert wurden. Da gab es keinen persönlichen Konflikt. Die Indianer hatten weiter nichts zu tun, als anzugreifen. Folglich waren alle Personen in der Kutsche in Gefahr, in einer nebulösen Bedrohung.[54]

Dennoch, trotz dieser sich objektiv als Rassismus ausdrückenden Haltung, sollte man nicht die ideologische Position jener Künstler übersehen, die »Höllenfahrt nach Santa Fe« gedreht haben. Knapp eine Woche nach der Premiere des Western wurde in New York der Dokumentarfilm »400 Millionen« des großen Dokumentaristen Joris Ivens uraufgeführt. Den Kommentar dieses Films über den Befreiungskampf des

chinesischen Volkes schrieb der Szenarist von Fords Film Dudley Nichols. John Ford selbst drehte im Jahre 1939 noch zwei weitere Filme: die große Filmbiographie des amerikanischen Präsidenten »Young Mr Lincoln« (Der junge Mister Lincoln) und den Prä-Western »Drums along the Mohawk« *(Trommeln am Mohawk)*. 1940 entstand dann John Fords adäquate Adaption von John Steinbecks sozialkritischem Meisterwerk »The Grapes of Wrath« *(Die Früchte des Zorns)*. Die aufmerksame Sozialkritik im Werk von John Ford, seine Besinnung auf die demokratischen Traditionen des Landes gehen einher mit einem eindeutigen Rassismus in bezug auf die amerikanischen Ureinwohner. Aber auch hier scheint Ford in einer langen Traditionslinie zu stehen. Erinnert sei nur an den großen amerikanischen Schriftsteller Mark Twain, den Schöpfer der Gestalten von Tom Sawyer und Huckleberry Finn, der in seinen Büchern nicht nur einmal die Indianer als Ungeziefer beschrieb, das man radikal ausrotten muß; oder auch Andrew Jackson, den 7. Präsidenten der USA, der während seiner Amtszeit 1829 bis 1837 wesentliche Schritte zu einer Demokratisierung des Lebens im Lande durchsetzte und der den

192 Henry Fonda und Claudette Colbert in »Trommeln am Mohawk« von John Ford

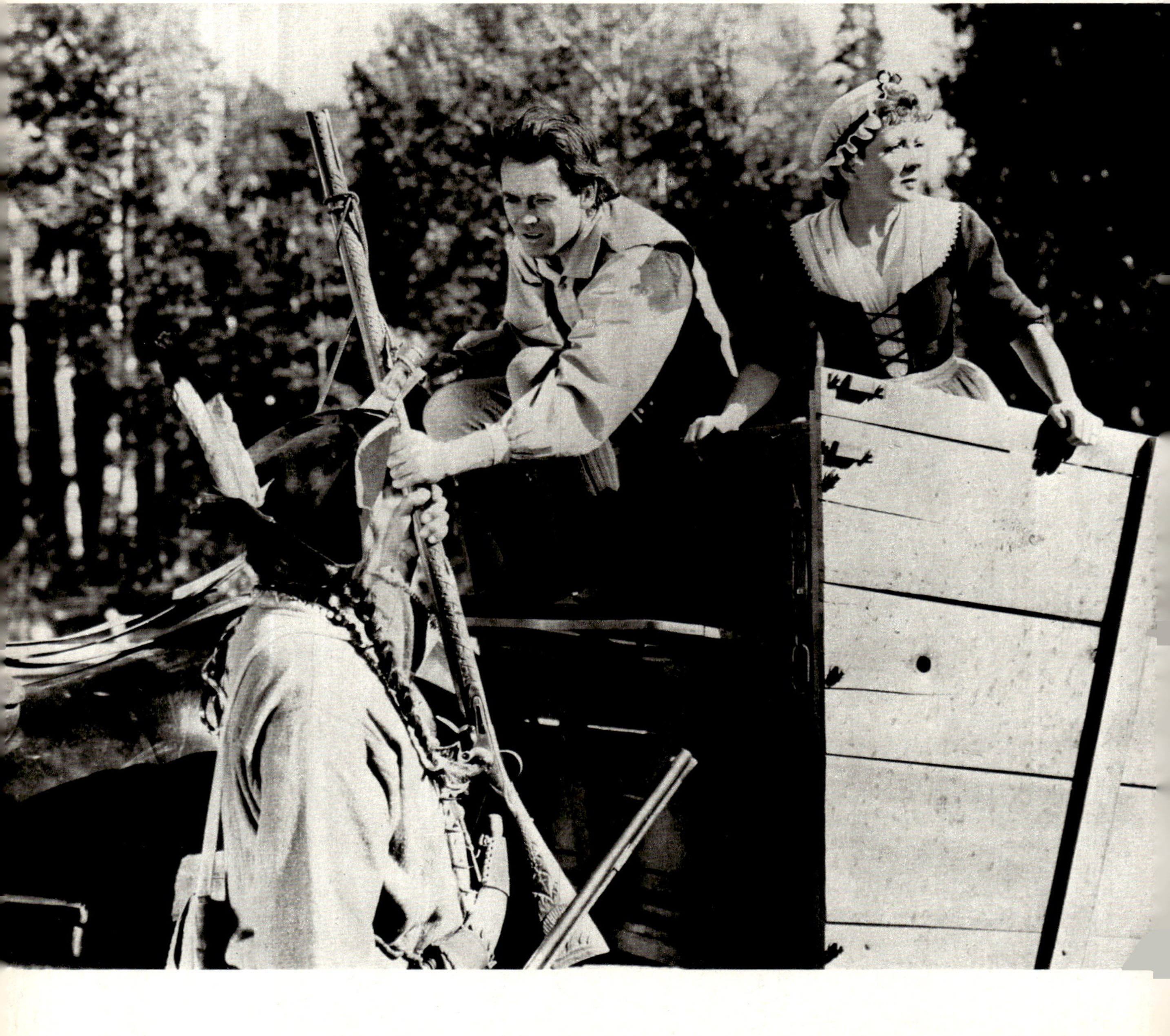

»kleinen Leuten« mehr Rechte verschaffte. Doch auch dieser »Volkspräsident«, der aus dem Westen des Landes kam, der gegen die Creek- und die Seminolen-Indianer gekämpft hatte, war ein unerbittlicher Feind der Indianer, der bei der Dezimierung der Rothäute wesentliche Zeichen setzte...

John Fords im gleichen Jahr wie »Höllenfahrt nach Santa Fe« gedrehter zweiter Western »Drums along the Mohawk« *(Trommeln am Mohawk)* schildert eine Geschichte aus dem Jahre 1775, unmittelbar vor Ausbruch des amerikanischen Unabhängigkeitskrieges. Henry Fonda spielt hier einen amerikanischen Farmer, der im Mohawk Valley die Auseinandersetzungen zwischen Engländern, Amerikanern und Indianern miterlebt. Natürlich ergreift auch dieser Ford-Film uneingeschränkt Partei für die amerikanischen Pioniere. Die Indianer sind hier nichts anderes als brutale Wilde, die von den schurkischen Kolonisatoren, den Engländern, für ihre dunklen Machenschaften ausgenutzt werden. Am Ende siegen die Siedler. Die neue Fahne Amerikas wird aufgezogen.

Noch weiter in die Geschichte zurück ging King Vidors Film »Northwest Passage« *(Nordwest-Passage)*, der – zur gleichen Zeit wie »Trommeln am Mohawk« entstanden – ein Geschehen aus dem French-Indian-War 1754–1763 schildert. In diesem Kampf kämpfen die Indianer an der Seite der französischen Kolonialherren. Und auch in diesem Film wird die Grausamkeit der indianischen Kriegsführung demonstriert, wird die Brutalität der weißen Amerikaner verharmlost. Die Indianer massakrieren ihre Gegner und treiben ihre Gefangenen zum Wahnsinn. Aus dieser vollkommen schiefen Perspektive betrachtet, scheint es fast gerechtfertigt, daß als Vergeltung dafür der amerikanische Major Robert Rogers – eine authentische Figur aus diesem Krieg – ein Dorf der Abenaki-Indianer in der Nähe des St. Francis River in Kanada dem Erdboden gleich machen läßt.

Eine riesige Welle historischer Filme überrollte die amerikanischen Kinos. Patriotismus war in den Jahren 1939 und 1940 wieder gefragt. Alle möglichen historischen Ereignisse und Persönlichkeiten traten in das Licht der Projektoren. 1940 drehte Henry Hathaway »Brigham Young« (Treck nach Utah), einen Film über den legendären Mormonen-Führer Brigham Young, der im Jahre 1846 seine Glaubensbrüder über die Rocky Mountains zu den Salzseen von Utah führte, wo sie ihr gelobtes Land fanden. 1939 inszenierte der Ungar Michael Curtiz einen Film über »Dodge City« *(Der Herr des Wilden Westens)*, jene legendäre Rinderstadt in Kansas, die in den Jahren 1875 bis 1880 zum blühenden Zentrum des Viehhandels wurde. Der aufwendige Film schildert sehr aktionsreich das Leben in diesem Eldorado der Cowboys, Rinder, Glücksritter und leichten Mädchen. Curtiz zeigt mit leichter Ironie das Wachsen der Stadt, die

175

195 Der Saloon als Zentrum von Dodge City
in »Der Herr des Wilden Westens«
196 Errol Flynn (Mitte) als »Der Herr
des Wilden Westens«

Colonel Dodge einst »zum Ruhme der Menschheit« (!) errichten ließ. Nachdem der Film das Leben in diesem wilden Sündenbabel breit geschildert hat, singt er im zweiten Teil das Lied vom braven Sheriff Wade Hatton (Errol Flynn), dem ehemaligen Cowboy, der die Gefängnisse füllt, den Alkohol rationiert, das Glücksspiel nach 2 Uhr nachts verbietet und Dodge City »befriedet«

Raoul Walsh drehte 1941 einen Film über den berüchtigten General Custer: »They Died with Their Boots On« (Sein letztes Kommando) malt natürlich ein heroisches Bild dieses brutalen Indianer-Schlächters, der heute längst zur Symbolfigur amerikanischen Rassenhasses geworden ist. In diesem Film verhandelt Custer voller Ehrlichkeit mit den Sioux-Indianern. Die Auseinandersetzungen zwischen Indianern und Weißen brechen erst durch die Machenschaften weißer Händler wieder aus; Auseinandersetzungen, in deren Verlauf der »aufrechte« Custer am Little Big Horn fällt. Bereits ein Jahr zuvor hatte Michael Curtiz in seinem Film »Santa Fe Trail« (Land der Gottlosen) die Gestalt des Generals durch den Schauspieler Ronald Reagan aufleben lassen.

Selbstverständlich wurde in dieser so sehr nach Lein-

wandheroen verlangenden Zeit auch dem Sheriff Wyatt Earp und seinem Freund Doc Holliday ein filmisches Denkmal gesetzt. In Allan Dwans Film »Frontier Marshal«, der wie fast alle der vielen Earp-Filme auf Stuart N. Lakes Buch »Wyatt Earp – Frontier Marshal« basiert, spielt Randolph Scott den steifen, geltungssüchtigen Helden.

Neben John Fords »Höllenfahrt nach Santa Fe« heben sich von der Western-Produktion der Jahre 1939 und 1940 jedoch vor allem vier Filme ab, die sämtlich authentische historische Ereignisse bzw. Persönlichkeiten beschreiben: William Wyler zeichnet in »The Westerner« (In die Falle gelockt) ein reizvolles Porträt des legendären Richters Roy Bean; Henry King erzählt in »Jesse James« (Jesse James – Mann ohne Gesetz) und Fritz Lang in »The Return of Frank James« (Rache für Jesse James) über das Leben der beiden Brüder Jesse und Frank James; Cecil B. DeMille entwarf in »Union Pacific« (Die Frau gehört mir) einen großen Bilderbogen über den Bau der Union-Pacific-Eisenbahnlinie.

Roy Bean (1825–1902) war eine der kuriosesten Figuren aus der Geschichte des Westens. Der Mann, der die Bautrupps der Southern Pacific Railroad mit Whisky versorgt hatte, errang im Milieu der Eisenbahnbauarbeiter beträchtliches Ansehen durch seine Rechtskenntnisse und seinen gesunden Menschenverstand. Ohne je eine juristische Fakultät besucht zu haben, wurde er am 2. August 1882 zum Friedensrichter ernannt. Als die Schienen der Southern Pacific Railroad gelegt worden waren, ließ sich Bean in dem kleinen texanischen Nest Vinegarroon nieder, dem er den Namen »Langtry« gab. Dieser Name weist auf eine weitere Kuriosität im Leben des unkonventionellen Rechtsprechers hin: seine schwärmerische Liebe für die englische Schauspielerin und Sängerin Lily Langtry. Er kannte sie nur von Bildern und verehrte sie so sehr, daß er seinen Wohnort und sein Lokal nach ihr benannte! Erst 1888 konnte er den Star selbst auf der Bühne bewundern. In Langtry richtete sich Bean seinen Saloon ein, in dem äußerst unkonventionell Recht

auf texanische Art gesprochen wurde. Über die Tür nagelte er ein Schild mit der Inschrift »Law West of the Pecos« (Das Gesetz westlich des Pecos). Weitere Tafeln verkündeten, daß der Friedensrichter Roy Bean hier Eis verkauft und Bier ausschenkt.

Diese kauzige, aber auch schillernde Figur aus der Western-Legende – ein Mann Mitte Fünfzig schwärmt wie ein kleiner Junge von einem fernen Bühnenstar und spricht Recht zwischen Whisky- und Bierflaschen – beutet der Film weidlich aus. Doch darüber hinaus versucht er jene Zeit in Texas zu beschreiben, in der Bean Recht sprach; eine Zeit, da die Einführung des Stacheldrahts die weiten Ebenen parzellierte, da sich zwischen Homesteadern und alteingesessenen Viehbaronen brutale Auseinandersetzungen entwickelten. Gary Cooper spielt in dem Film einen armen Cowboy, den man verdächtigt, sein Pferd nicht ehrlich erworben

zu haben. Um die Vollstreckung der Strafe zumindest aufzuschieben – auf Viehdiebstahl stand bei Bean nicht selten Tod am nächsten Baum –, erzählt der Cowboy dem Richter, daß er Lily Langtry persönlich kennen würde und ihn mit dieser bekannt machen könne. Sogar eine Haarlocke des Stars könne er dem Richter vermachen! Und somit ist das Leben des vermeintlichen Pferdediebs gerettet! Die Beschreibung der Freundschaft zwischen den beiden ungleichen Männern zählt zu den schönsten Teilen dieses ungewöhnlichen Western. Der Kontrast zwischen Barroom und Courtroom, zwischen Kneipe und Gerichtssaal, gibt dem Film eine gehörige Portion Komik. Wird ein »Fall« gebracht, dann räumt Bean die Flaschen von der Theke und holt die Bibel und die Verfassung des Staates Texas hervor, um nach erfolgter Rechtsprechung sofort den ursprünglichen Zustand wiederherzustellen; denn schließlich erwarten die zahlreichen Gäste vom Wirt Roy Bean nicht nur Recht, sondern auch Alkohol. Wenn William Wyler aber die Auseinandersetzungen zwischen den alten texanischen Rinderzüchtern und den neuangekommenen Farmern schildert, dann verliert er fast die Figuren des kauzigen Richters und seines Freundes, des Cowboys, aus den Augen. Doch gerade diese Auseinandersetzungen – in deren Verlauf die gesamte Maisernte durch Brandstiftung vernichtet wird – trennen auch die beiden. Bean hält zu den Rinderzüchtern; der Cowboy wird von den Homesteadern zum Sheriff gewählt, der Beans Herrschaft brechen soll. Im Theater von Ford Davis, wo Lily Langtry gastiert, kommt es zum Kampf zwischen Bean und seinem Freund, in dessen Verlauf der alte Richter getötet wird…

»In die Falle gelockt« ist ein ungewöhnlicher, großartiger Western, der Film eines einfallsreichen Regisseurs, der nicht nur das Publikum von kleinen Vorstadtkinos begeisterte. Nur eines ist er nicht, will er nicht sein: ein wahrheitsgetreuer Bericht über eine authentische Persönlichkeit. Schon allein das Finale des Films läßt erkennen, daß es hier nicht um die Wahr-

heit, sondern um die Gesetze der Hollywood-Drama-
turgie ging. Denn schließlich starb Roy Bean nicht im
»Grand Opera House« von Fort Davis in den Armen
von Lily Langtry, seines großen Schwarms, sondern
weit weniger heroisch 1902 in Langtry. 1896 hatte man
den Richter abgewählt, als sich herausstellte, daß für
Bean weit mehr Stimmen abgegeben worden waren, als
der Ort Wahlberechtigte hatte! Der Ort Langtry in Texas ist noch heute eine Touristenattraktion für amerikanische Western-Fans.

William Wylers Film war nach einer Geschichte von
Stuart N. Lake gedreht worden. Dieser Schriftsteller
war vor allem durch seine Wyatt-Earp-Biographie
»Frontier Marshal« und die zahlreichen danach gedrehten Filme bekannt geworden. Lake ist in die Historie als phantasiebegabter Geschichtenerzähler eingegangen, der skrupellos die historische Wahrheit
zugunsten einer effektvollen Geschichte beiseite schob.
Auch der Film »In die Falle gelockt« ist dafür ein Beweis.

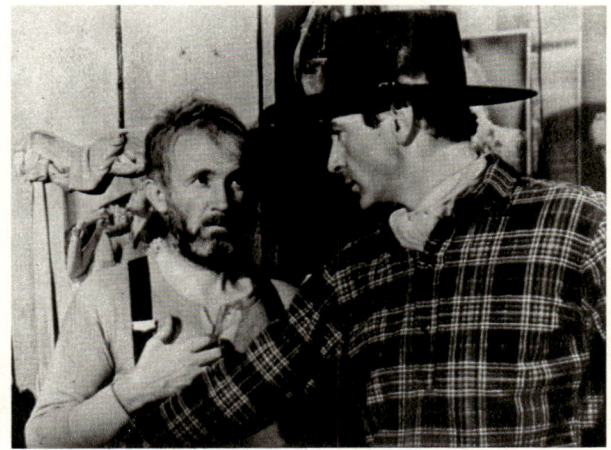

Daß die Figur des unkonventionellen Rechtssprechers
auch in der Gegenwart noch von beträchtlichem Reiz
ist, zeigt der Film »The Life and Times of Judge Roy
Bean« *(Das war Roy Bean)*, den John Huston 1972 mit
Paul Newman in der Titelrolle drehte. Auch dieser
Film lebt von der Faszination, die diese Figur auf den
Zuschauer ausübt. Auch hier gelang eine eindrucksvolle Beschreibung der Verhältnisse im Texas der achtziger Jahre des vergangenen Jahrhunderts, ohne daß
versucht wurde, verbissen die Legende um den Richter
zu zerstören...

Nicht im geringsten stehen die Brüder Jesse und Frank
James Richter Roy Bean nach, wenn es um die legen-
denhafte Verklärung geht. Wahrscheinlich beschäftigten die beiden Brüder die Western-Legende mehr noch
als Wyatt Earp, Doc Holliday, Billy the Kid und
Butch Cassidy. Über diese beiden Heroen wurden seit
ihrem Tod Berge von Büchern, von Groschenheften geschrieben. Als echte amerikanische Volkshelden fanden die Figuren sogar auch Eingang in die Folklore.

Bereits 1921 kam der erste Jesse-James-Film in die Kinos, in dem übrigens Jesse James jr. seinen Vater spielte. Sechs Jahre später konnten die Zuschauer Fred Thomson als »Jesse James« *(Ein Bandit von Ehre)* sehen. Und schon damals wunderte man sich über das mehr als idealisierte Filmbild des Bank- und Eisenbahnräubers Jesse James. Der Tonfilm »Jesse James« *(Jesse James – Mann ohne Gesetz)* unterschied sich zumindest in dieser Hinsicht keinen Deut von Lloyd Ingrahams Stummfilm. Überblickt man den Berg der Legendenliteratur über James und zieht man die patriotische Stimmung im Amerika des Jahres 1939 in Betracht, so kann man sich gut vorstellen, daß ein Film, der damals versucht hätte, die Legende um Frank und Jesse James zu zerstören und wenigstens partiell die Wahrheit zu erzählen, von vornherein ein Mißerfolg geworden wäre. Ein Folksong über Jesse James begann mit den Zeilen:

Jesse war ein Mensch und ein Freund der Armen,
Er konnte keinen Menschen leiden sehen,
Aber mit seinem Bruder Frank raubte er die
Chicago-Bank aus
Und stoppte den Glendale Train...[55]

Dieses Lied könnte als Motto über fast jedem Buch, jedem Film stehen, die sich mit der Figur des Jesse James befaßten. Für sie alle ist Jesse James der amerikanische Robin Hood, der Freund der Armen, der niemanden leiden sehen konnte...

Der Stummfilm »Ein Bandit von Ehre« beschränkte sich inhaltlich auf die Jahre 1862 bis 1865, da James im amerikanischen Bürgerkrieg auf seiten der Südstaaten in der Guerillaarmee des William Clark Quantrill kämpfte. Der Tonfilm »Jesse James – Mann ohne Gesetz« beschrieb dagegen die Jahre 1868 bis 1882, bis zum Tod des Helden. Die ganze Vorgeschichte, Jesse James' Aktivitäten im Bürgerkrieg wurden ausgelassen, ebenso die Tatsache, daß er bereits zuvor an einigen Banküberfällen teilgenommen hatte. Der Film setzt geschickt mit einer Episode ein, in der die ganze

Richtung des Films deutlich wird. Im Jahre 1868 kauften Agenten der Midlands Railroad Company zu Spottpreisen das Land kleiner Farmer in Missouri auf. Weigerte sich jemand, so griffen des Nachts Banditen der Eisenbahngesellschaft »zu anderen Mitteln«. Während solch einer nächtlichen Aktion wird die Farm der James' niedergebrannt und die Mutter umgebracht. Dadurch erhalten die Söhne das Motiv für ihre folgenden Eisenbahn- und Banküberfälle. Jesse und Frank rauben – weitgehend getragen von der Sympathie der breiten Bevölkerung – jene Kapitalisten aus, die zuvor Tausende Farmer ins Elend gestürzt hatten.

Daß die historische Wahrheit im konkreten Fall etwas anders aussah, übergeht der Film. Die Mutter der Ja-

204 Der Tod der Mutter
in »Jesse James – Mann ohne Gesetz«

mes-Brüder, die auf ihrer Farm auch schwarze Sklaven beschäftigt haben soll (die Söhne verteidigten so im Bürgerkrieg auch das »Privileg«, weiterhin Sklaven für sich arbeiten zu lassen), überlebte ihre beiden Söhne (Frank starb erst 1915) und profitierte von ihrem Ansehen, indem sie nach deren Tod alle möglichen Souvenirs dieser amerikanischen Helden unter die Leute brachte!

Der Film schildert im folgenden eine ganze Kette von Eisenbahnüberfällen und Bankräubereien, bei denen die James-Brüder immer auf die Solidarität der Bevölkerung zählen konnten. Vorwürfen, daß sie damit Verbrecher unterstützten, begegneten die Menschen mit der Frage: »Und was machen wir mit den Verbrechern, denen die Eisenbahn gehört?« Auch die Banken konnten mit keinerlei Sympathie der armen Farmer rechnen. Ihre Felder waren durch den Krieg verwüstet worden; um sie wieder zu kultivieren, fehlte ihnen das nötige Geld, das sie von den Banken nur mit Wucherzinsen bekommen konnten

Um die Meinung des Volkes, der kleinen Leute auszudrücken, läßt Henry King den Redakteur einer kleinen Provinzzeitung auftreten, der jede der Taten der James-Bande mit einem kernigen Kommentar begründet bzw. relativiert.

Wenn es der Film mit der historischen Wahrheit auch überhaupt nicht genau nimmt, so bemüht er sich doch, in einigen Details dieser Wahrheit Genüge zu tun. So stellt er das Ende des Jesse James doch außerordentlich detailgetreu dar. Im Film wie auch damals in der Realität wurde Jesse James beim Richten eines Wandbildes im Kreise seiner Familie von seinem Vetter Bob Ford von hinten getötet; von einem Mann, dem es um die auf den Kopf von Jesse James ausgesetzte Geldprämie ging. Die Schöpfer des Films behaupteten, daß ihr Werk auf der Basis von historischen Recherchen entstanden war. Das mag vielleicht in einigen Details stimmen, die gesamte Darstellung des Helden als amerikanischen Robin Hood aus Missouri ist jedoch eindeutig falsch.

209–211 »Jesse James – Mann ohne Gesetz«
Henry Fonda, Tyrone Power und Donald Meek
212 Der Überfall auf die First National Bank
in Northfield, Minnesota vom 7. September 1876

Hätte man sich wirklich in die historischen Quellen vertieft und die historische Wahrheit ernst genommen, wäre vermutlich ein ganz anderer Film entstanden. In diesen Quellen stand ziemlich genau das gesamte Verbrecherregister von Frank und Jesse James. Greifen wir nur ihre Aktivitäten in einem Jahr – 1874 – heraus:

Donnerstag, 8. Januar – Zwei Postkutschen bei Arcadia, Louisiana

Donnerstag, 15. Januar – Postkutsche bei Malvern, Arkansas

Freitag, 30. Januar – Dampfer bei Point Jefferson, Louisiana

Samstag, 31. Januar – Zug der Iron Mountain Railway bei Gads Hill, Missouri

Mittwoch, 2. Februar – Kaufhaus in Bentonville, Arkansas

Mittwoch, 2. März – Ermordung eines Pinkerton-Detektivs in Jackson County, Missouri

Donnerstag, 17. März – Ermordung zweier weiterer Detektive und John Youngers in St. Clair County, Missouri

Donnerstag, 7. April – Postkutsche zwischen Austin und San Antonio, Texas

Sonntag, 30. August – Zwei Omnibusse in der Gegend um Lexington, Missouri

Montag, 7. Dezember – Bank in Corinth, Mississippi

Dienstag, 8. Dezember – Zug der Kansas Pacific Railway in Muncie, Kansas [56]

Doch dieses Sündenregister nur eines Jahres beeinflußte nicht die öffentliche Meinung in den USA. Immerhin sagte noch 1949 Präsident Harry S. Truman:

Jesse James war ein moderner Robin Hood. Er bestahl die Reichen und beschenkte die Armen, und das ist im allgemeinen keine schlechte Politik. [57]

Henry Kings Film hatte zu seiner Zeit einen recht großen Publikumserfolg und erlebte auch gleich eine Fortsetzung. »The Return of Frank James« *(Rache für Jesse James)*, den Fritz Lang 1940 drehte, zeigte noch einmal den Tod von Jesse James und berichtete sodann

von den Aktionen seines Bruders, der Jesses Mörder richten wollte. Der Film schilderte die lange Jagd des Frank James auf Bob Ford, den Kopfgeldjäger. Auch dieses Werk trug mit dazu bei, die Legende um die James-Brüder als aufrechte, brave Helden des Volkes weiter zu spinnen. Der deutsche Regisseur Fritz Lang legte mit diesem Film seinen ersten Western vor. Später hat er betont, daß die historischen Quellen, die von Frank James berichteten, für seine Arbeit nur sehr geringen Wert hatten. Lang erzählt die Geschichte eines Mannes, der den Mord an seinem Bruder rächt. Fritz Lang und sein Szenarist Sam Hellman haben sie erfunden. Nicht viel mehr als ein Lied, das James besang, benutzte der Film von der zeitgenössischen Literatur. Die Ehrlichkeit und Betonung aller fiktiven Elemente konnte sich Lang später leisten, als sich der Western zu seinen Legenden bekannte. 1939/1940 behaupteten dagegen alle Regisseure, daß ihre Filme erstmals die volle historische Wahrheit berichteten.

Nicht anders verhielt es sich mit Fritz Langs zweitem Western. 1941 drehte er »Western Union« *(Überfall der Ogalalla),* einen Film, der den Bau der Telegraphenleitung von Omaha, Nebraska, nach Salt Lake City, Utah, im Jahre 1861 schildert. In dieser Geschichte aus der Zeit des Bürgerkriegs fand Fritz Lang nahezu alle Klischees, die das Genre entwickelt hatte. Da ist der Good Bad Man, der einstige Bandit, der jetzt ehrlich seine Arbeit machen will und den trotzdem seine Vergangenheit einholt; da sind Viehdiebe, die das Lager der Bautruppen der Western Union in Brand stecken; da sind die Ogalalla-Indianer, im Film nicht mehr als eine Horde Wilder, die von schurkischen Weißen zu brutalen Auseinandersetzungen provoziert werden… Und da ist der Telegraphendraht, Symbol des Fortschritts, der, genau wie die etwas später errichteten Eisenbahnlinien, Ost und West miteinander verband. Der Film war jenem Stück Draht, der Grundlage der Telegraphenverbindung, und jenen Männern gewidmet, die die Drähte unter nicht geringer Gefahr miteinander verbunden hatten…

*217, 218 Randolph Scott und Robert Young
in »Überfall der Ogalalla« von Fritz Lang*

Der Ungar Michael Curtiz und der Deutsche Fritz Lang drehten in den Jahren 1939 bis 1941 einige bemerkenswerte Western, denen Amerikaner eine erstaunliche Authentizität bescheinigten. Doch Fritz Lang amüsierte sich nur über diese Komplimente und betonte immer wieder sein Desinteresse an einer genauen Beschreibung einer bestimmten historischen Situation. Der Regisseur der deutschen »Nibelungen«-Filme fand eher eine Verbindung zwischen der griechischen Mythologie, die Ilias, der Nibelungen-Sage und den Legenden über den amerikanischen Westen und die Menschen, die dort gewirkt haben:

Ich habe nie auch nur einen Moment angenommen, daß der Westen, der in den Western-Filmen gezeigt wird, jemals existiert hat. Die Legende vom alten Westen ist das amerikanische Gegenstück zu den germanischen Mythen, wie ich sie z. B. in meinem Film »Die Nibelungen« geschildert habe. Deshalb kann der Regisseur jeder Nationalität die Legende des alten Westens auf die Leinwand bringen. Es handelt sich dabei um etwas, was die Leute sich in ihrer Phantasie ausgemalt haben. Was die Männer, die mir geschrieben haben, so sehr beeindruckt hat, waren wahrscheinlich kleine realistische Züge, die ich in den Film »Überfall der Ogalalla« eingefügt habe: wenn z. B. Randy Scott dem Pferd den Rücken streichelt, um es zu beruhigen, oder wenn er seine soeben verbrannten Finger bewegt, um zu sehen, ob er sich auf sie verlassen kann, bevor er mit dem Schießen beginnt. So etwas machen die echten Cowboys.[58]

Dergleichen Bescheidenheit war einem Cecil B. DeMille und der Mehrzahl der anderen Regisseure, die damals Pferdeopern inszenierten, nicht gegeben. Alle ihre Werke behaupteten mehr oder weniger protzerisch, daß erstmals und nur sie die ganze, volle historische Wahrheit über den Westen erzählen, daß alle auftretenden Personen, alle geschilderten Vorgänge authentisch sind, daß diese Filme eigentlich ein illustriertes Geschichtsbuch ersetzen. Dabei genügte es schon damals, einen kurzen Blick in tatsächliche Geschichts-

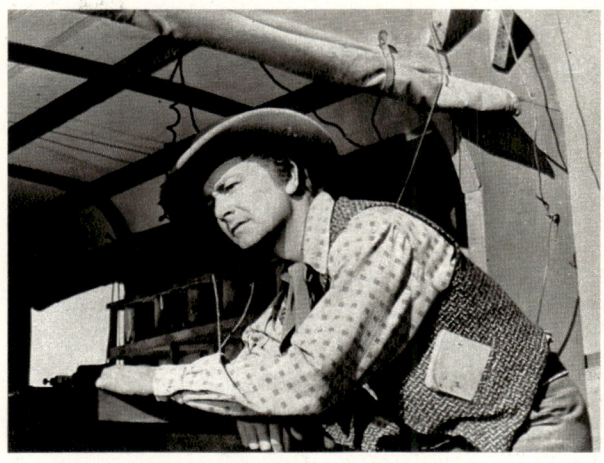

bücher zu werfen, um zu erkennen, daß die Western-Produzenten mehr nach den Attraktionen einer publikumswirksamen Filmstory suchten, denn eine Verbreitung von fundierten historischen Erkenntnissen im Auge hatten.

Natürlich war der Bau der großen Eisenbahnlinie, die den Pazifik mit dem Atlantik, die Ost und West der USA miteinander verband, der passende Stoff für einen Mann wie DeMille in einer Zeit, die nach patriotischen Filmen zu verlangen schien. »Union Pacific« *(Die Frau gehört mir)* erzählte erneut diese Geschichte, die 1924 von John Ford zu seinem großen Stummfilmepos »The Iron Horse« *(Das Feuerroß)* gestaltet worden war. Hier konnte man ohne Skrupel den Heldenmut und die Energie einer Gruppe von Menschen preisen, hier schien alles das Wirklichkeit zu werden, was den legendären amerikanischen Traum ausmacht. Das gigantische Werk des Baus einer Eisenbahnlinie wird hier zum Symbol des Wachsens einer jungen Nation. In seiner charakteristischen, großsprecherischen Form verkündet der Film in seinem Vorspruch, daß die Geschichte der Eisenbahnlinie zugleich ein Stück Geschichte einer jungen Nation ist, die mit Zähigkeit   191

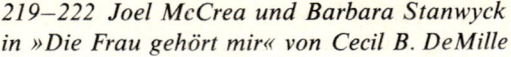

und Idealismus die endlosen Weiten des Westens durch einen eisernen Weg erobert!

Nicht »Höllenfahrt nach Santa Fe«, nicht dieses Meisterwerk seines Genres, war es, das damals in den Jahren 1939/1940 beim Publikum den größten Zuspruch fand. Cecil B. DeMilles aufwendiges Filmepos war es, das in der Popularität alle anderen vergleichbaren Werke aus jener Zeit weit hinter sich zurückließ. Das erreichte der Film weniger durch Originalität in der Form, Intensität der Darstellung, als vielmehr durch einen starken Hang zur Monumentalität. Dieser Film führte eine Traditionslinie weiter, die Cecil B. DeMille 1937 selbst mit seinem Film »The Plainsman« *(Verrat – Die Abenteuer des Buffalo Bill)* begonnen hatte und die 1937 mit Frank Lloyds Film »Wells Fargo« *(Frisco-Expreß)* fortgesetzt wurde. Geschickt mischten auch hier wieder DeMille und sein Szenarist historische Szenen vom Bau der Eisenbahnlinie, die ähnlich wie bei John Ford fast dokumentarisch erscheinen, mit rein privaten und lächerlich wirkenden Plänkeleien, mit Liebe und Eifersucht, einer Frau und zwei Männern, die der recht einfältige deutsche Verleihtitel des Films hervorhob.

Der Film basierte übrigens auf dem Roman »The Trouble Shooter« des bekannten Western-Schriftstellers Ernest Haycox (1899–1950), der auch die literarische Basis für John Fords »Höllenfahrt nach Santa Fe« geliefert hatte. Solch ein Trouble Shooter, ein Streitschlichter, ein Mann, der für Ordnung sorgt, ist hier Jeff Butler (Joel McCrea), ein aufrechter Mann und ehemaliger Soldat des Bürgerkriegs, der zu einer anderen Zeit, an einem anderen Ort wahrscheinlich Sheriff geworden wäre. Dieser Butler muß dafür sorgen, daß der Bau der Union Pacific planmäßig nach Westen weitergetrieben wird. Allerlei große und kleine Gauner, Falschspieler, Spekulanten, Leute, die an der Verzögerung des Baus und an blutigen Auseinandersetzungen verdienen, machen dem aufrechten Helden arg zu schaffen. Natürlich sind hier wieder alle Klischees schön versammelt, die den Western jener Jahre

bestimmten. Die bösen Schufte, die die Union Pacific auf ihrem Weg des Fortschritts immer wieder behindern, sind weiße Spekulanten. Sie sind es auch, die die Indianer aufwiegeln und zu den blutigen Überfällen auf die Bautrupps provozieren. Sid Campeau (Brian Donlevy), Falschspieler und Mitarbeiter eines Finanzspekulanten, erschießt – fast nur so zum Vergnügen – aus dem fahrenden Zug heraus einen Indianer … Daraufhin von Butler zur Rede gestellt, verteidigt er sich mit der Bemerkung, was ist schon ein toter Indianer mehr oder weniger im Vergleich mit den vielen, von der Armee getöteten Indianern! Worauf der einstige Soldat Butler erwidert, die Armee hätte die Rothäute aber doch nicht aus Spaß umgebracht! Und dann fallen die Indianer, die anonyme, gesichtslose Massengefahr, über die Bautrupps her, zerstören einen Wasserturm und lassen ihn kurz vor einem rasenden Zug auf

die Schienen stürzen … Wilde Barbaren haben eine Katastrophe ausgelöst und freuen sich daraufhin wie die Kinder, als sie die herumliegenden Gepäckstücke der Reisenden plündern!

Es war die Zeit des amerikanischen Bürgerkriegs, in der der Bau der transkontinentalen Eisenbahn begonnen wurde. Nicht allein um Fortschritt, um die sogenannte Zivilisation und den Aufbau einer Nation ging es den nördlichen Staaten der USA bei der Forcierung des Eisenbahnbaus während der Kriegszeit. Es ging nicht zuletzt auch um die Goldfunde in Kalifornien, die eventuell über den Ausgang des Krieges entscheiden würden. Natürlich endet der Film mit dem krönenden Abschluß der gigantischen Leistung, »der Hochzeit auf Schienen«, der Vereinigung der Union Pacific mit der Central Pacific am 10. Mai 1869 in Promontory Point im Staate Utah. Zum Schluß blendet 193

der Film auf eine Montage von Bildern über, die rasende Züge zeigen, die in der Gegenwart das Land durchziehen …

Selbstverständlich durfte in jener Zeit, die so sehr nach grandiosen Heldengemälden, nach patriotischen Erzählungen über die Heroen der Vergangenheit verlangte, ein Film über Colonel William Frederick Cody, genannt Buffalo Bill (1846–1917), nicht fehlen. Cody, diese schillernde Figur, die die Zwiespältigkeit der Filmerzählungen über den Westen selbst zu personifizieren schien, die die Western-Legende mit prägte und von ihr geprägt wurde, war ja bekanntlich von Anfang an auf der Seite des neuen Mediums Film zu finden. Der phantasiebegabte, geschäftstüchtige Zirkusunternehmer Buffalo Bill sah sofort die immensen Möglichkeiten des Kinos als Reklame für sich und seine Unternehmungen, die noch weit größer waren als die

Möglichkeiten der Groschenhefte, die seit 1869 die Figur des einstigen Scouts im Lande äußerst populär machten. Trat der Meister damals noch selbst vor die Kamera, so spielten in den folgenden Jahren Schauspieler den Helden. Immer und immer wieder erinnerte man sich an diesen Mann und seine Abenteuer; der Stumm- und Tonfilm erzählte davon, B-Pictures wählten Buffalo Bill genauso zu ihrem Helden wie aufwendigere A-Produktionen. Manchmal war Cody die Hauptperson, manchmal tauchte er nur am Rande der Geschichte auf. Der letzte Film mit Buffalo Bill war dem Publikum noch in guter Erinnerung – DeMilles »Verrat – Die Abenteuer des Buffalo Bill« aus dem Jahre 1937 –, da kam bereits schon wieder ein neuer Film in die Kinos, der sich ausschließlich auf diesen populären Helden orientierte: 1944 erschien William A. Wellmans Film »Buffalo Bill« *(Buffalo Bill, der*

weiße Indianer) auf der Leinwand. Entsprechend der Zeit behauptete auch dieser Film, die ganze Wahrheit, nichts als die Wahrheit zu berichten; und doch hielt er schon dem einfachsten Wahrheitstest nicht stand. Allerdings war auch dieser Film derart geschickt gemacht, wurde hier so gekonnt mit der alten Legende vom Westen gespielt, daß es schwerfällt, von diesem Film nicht eingenommen zu sein. Er hält es mit der Legende, hat keine Veranlassung, Legenden zu zerstören, macht um die wahrscheinlich weitaus langweiligere Wahrheit einen Bogen und begeistert die Zuschauer, die damals nicht ins Kino gingen, um unbedingt die ganze, zumeist sehr triste Wahrheit zu erfahren.

Wellmans Film beschränkt sich auf die Jahre 1876 bis 1913, auf Buffalo Bills Aktivitäten zu einer Zeit, da er durch die Groschenhefte des Net Buntline längst zu einer Figur geworden war, die jeder amerikanische Junge in jenen Jahren kannte. Buffalo Bill hatte zuvor als Scout, als Treck-Führer, Büffeljäger, Pony Express Rider und als Soldat im Bürgerkrieg gewirkt. Bei allen diesen Tätigkeiten zeichnete sich Cody nicht durch ungewöhnliche Fähigkeiten aus, zumindest nicht im Vergleich mit ähnlichen Männern in ähnlichen Positionen. Cody war ein geschickter Reiter, ein kluger Kundschafter, ein treffsicherer Schütze und ein gewitzter Geschäftsmann. Zu dem, was er später im Bewußtsein der abenteuerhungrigen Jugend wurde, kam er durch Net Buntline, einen Autor von erfolgreichen Marine-Romanen, der sich 1869 ein neues thematisches Feld erobern wollte und dafür einen zugkräftigen Helden als Vorbild suchte. Er hatte mit einer Zeitung einen Vertrag abgeschlossen, der ihn verpflichtete, jede Woche eine neue Wild-West-Geschichte abzuliefern. Und so kam er auf Buffalo Bill, der zu jener Zeit als Scout für die Armee arbeitete. Aber natürlich interessierte auch er sich wenig für den wirklichen Buffalo Bill; er nahm nur dessen Namen, orientierte sich vage an dessen tatsächlichen Abenteuern und ließ seiner Phantasie freien Lauf.

Doch diese Geschichten um »Buffalo Bill, the King of the Border Men« hatten einen großen Erfolg. Diese Erzählungen und ein Theaterstück, das Net Buntline über Buffalo Bill schrieb, machten den Scout zu der Figur, die er selbst fortan spielte. Noch heute streiten sich die Fachleute, ob Buffalo Bill allein eine Erfindung von Net Buntline gewesen ist oder ob er tatsächlich, zumindest in den Konturen, jener Figur entsprach, die der geschäftstüchtige Buntline geschaffen hatte ... Doch wer wäre in der Lage, all die Legenden auf ihren Wahrheitsgehalt abzuklopfen, um am Ende vermutlich auf ein eher durchschnittliches, langweiliges Leben zu stoßen?

Allerdings läßt Wellman in seinem Film einige für die damalige Zeit recht ungewöhnliche Töne in bezug auf die Indianer-Frage anklingen. Buffalo Bill läßt hier nicht nur einmal deutlich werden, daß er die amerikanischen Ureinwohner als seine Freunde ansieht, daß Indianer für ihn ebenfalls Menschen und keine wilden Barbaren sind. Er ist mit dem Cheyenne-Häuptling Yellow Hand (Anthony Quinn) — ebenfalls eine authentische Figur — befreundet. Auch Net Buntline (Thomas Mitchell) sowie Buffalo Bills Frau Louisa (Maureen O'Hara) treten auf. Buffalo Bill erscheint im Film als eifriger Friedensstifter zwischen den Weißen

225 *Joel McCrea (rechts) als »Buffalo Bill«*
226 *Thomas Mitchell als Ned Buntline,
Maureen O'Hara und Joel McCrea
in »Buffalo Bill, der weiße Indianer«*

und den Rothäuten. Immer wieder schlichtet er Auseinandersetzungen, befreit er Weiße, die von den Indianern gefangengehalten werden. Als allerdings dann im Juli 1876 – nur wenige Tage nach der Niederlage Custers am Little Big Horn – am War Bonnet Creek erneut ein heftiger Krieg zwischen den verfeindeten Rassen ausbricht (nach Custers Niederlage sinnt die Armee auf blutige Rache), ist Buffalo Bill auf der Seite der Kavallerie. Der Legende nach soll er sich mit dem Schlachtruf »Der erste Skalp für Custer!« auf seinen alten Freund Yellow Hand gestürzt und ihn umgebracht haben. Die Schlacht endet mit der Flucht der Cheyenne. Später dann wird Buffalo Bill in Washington für seine Tapferkeit im Kampf ausgezeichnet.

Durch sein Eintreten für die Indianer wird er aber bald unpopulär. Mit Hilfe von Net Buntline beginnt er schließlich seine dritte Karriere: Buffalo Bill wird Show-Star, Zirkusartist, Unternehmer. Mit seiner Wild West Show zieht er mehrere Jahrzehnte durch die Welt, bereist immer wieder die gesamte USA und später auch Europa. Und er zimmert eifrig weiter an seiner Legende...

Später nannte er seine Show »The Congress of Rough Riders of the World«. In einem immensen Aufgebot an Menschen, Tieren und Material veranstaltet er Reiterspiele, Postkutschenüberfälle und Paraden. Er stellt legendäre historische Situationen nach, engagiert die berühmte Kunstschützin Annie Oakley und den Indianer-Häuptling Sitting Bull. Aber natürlich war auch Buffalo Bill alles andere als ein Geschichtslehrer; ihm ging es um Zirkusattraktionen. Und wenn die Geschichte des Wilden Westens nichts mehr hergab, ließ er in seiner Show auch einmal russische Kosaken oder preußische Ulanen auftreten, spielten die Pferde in der Manege vor dem staunenden Publikum Fußball!

Bald trat er vor die Filmkamera, um sich ewigen Ruhm zu sichern. Nun begann die Welle der Filme um die Gestalt des Helden zu rollen, eine Welle von Filmen, die ihn immer in der Pose des strahlenden Helden zeigten. Erst viel später, als Western scheinbar nur noch dann eine Chance beim Publikum hatten, wenn sie Legenden zerstörten, in den siebziger Jahren unseres Jahrhunderts, entstand der Film, der Buffalo Bill als den eitlen, geltungssüchtigen alten Mann darstellte, der er vielleicht wirklich gewesen ist: in Robert Altmans Film »Buffalo Bill and the Indians« *(Buffalo Bill und die Indianer)* aus dem Jahre 1976. Hier spielt Paul Newman den Cody als eine recht lächerliche Figur, die in ihrer Lächerlichkeit eigentlich nur noch durch ein Publikum übertroffen wird, das sensationslüstern den Vorstellungen in Buffalo Bills Wild West Show folgt.

Aufschlußreich für die Gestalt des William F. Cody alias Buffalo Bill ist neben vielem anderen vielleicht eine Schilderung des Äußeren des Helden in der Schlacht am War Bonnet Creek und die darauffolgende Darstellung auf der Bühne:

Bei der Schlacht von War Bonnet Creek trägt Buffalo Bill ein Kostüm, das, wie Augenzeugen vermuten, seinem Bühnenfundus entstammt: einen malerischen mexikanischen Samtanzug, scharlachrot gefüttert und mit silbernen Knöpfen und Litzen geschmückt. Wie er in seinem historischen Wirken theatralisches Flair gibt, so gibt er seinem Bühnenschaffen den Thrill historischer

Aktualität: Schon wenige Wochen nach der Schlacht geht er mit einem neuen Stück auf Tournee, das seinen Anteil an dieser Schlacht verklärt. Das Stück heißt »The Red Right Hand; or Buffalo Bills First Scalp For Custer« und wird von seinem Helden und Hauptdarsteller als »Pulverdampf-Entertainment« charakterisiert. Die hier erreichte Verschmelzung von Faktischem und Fiktivem ließe sich nur noch durch eine Live-Übertragung des historischen Ereignisses übertreffen.[59]

Welch ein grandioses Sujet für eine Western-Satire wäre diese Figur gewesen! Es ist erstaunlich oder aber auch wieder bezeichnend, daß Hollywoods Western-Regisseure so lange warteten, bis sie diesen Stoff aufgriffen. Aber es ist eigenartig: Auch 1976 war ein Film, der Buffalo Bill durch die Brille der Ironie sah, beim Publikum der amerikanischen Kinos ein Versager. Altmans Film war finanziell ein immenser Reinfall.

Ist es so verwunderlich, daß Anfang der vierziger Jahre noch niemand daran dachte, Buffalo Bill im Kino kritisch zu zeigen? Die Western-Renaissance der Jahre 1939 bis 1944 war eine Renaissance der Form. Neue Inhalte, neue Fragen und neue Perspektiven tauchten erst ein paar Jahre später auf, als patriotische Filme nicht mehr gefragt waren. Doch es gab eine außerordentlich beachtliche Ausnahme, einen Film, der seiner Zeit fast um eine Epoche voraus zu sein schien. Ein Jahr vor seinem Film »Buffalo Bill, der weiße Indianer« hatte William A. Wellman den Film »The Ox-Bow Incident« *(Der Ritt zum Ox-Bow)* gedreht. Sein Film über Buffalo Bill war ein großer Publikumserfolg; der vorausgegangene, bedeutsamere Film war dagegen alles andere als das. Betrachtet man die Geschichte des Western-Films, dann könnte man zu der Annahme kommen, das Western-Publikum ist

ein recht konservatives Publikum, das nichts weniger schätzt als originelle, ungewöhnliche Erzählungen über Personen und Vorgänge, die es längst zu kennen glaubt.

»Der Ritt zum Ox-Bow« spielt 1884 im Staate Nevada. Zwei Cowboys kommen in ein langweiliges, ödes Nest, wo sie in furchtbare Ereignisse hineingezogen werden. Ein angesehener Rancher des Ortes soll von Viehdieben umgebracht worden sein. Daraufhin kommen sofort alle Männer des Ortes zusammen und beschließen, den oder die Täter zu suchen und mit ihnen »kurzen Prozeß zu machen«. Die Bedenken eines Mannes werden mit kernigen Sätzen hinweggewischt: *Wo ich herkomm, unten in Texas, schnappt man sich so'n Kerl und hängt ihn auf. (...) Jawohl, hängen wir ihn auf. Es geht hier nicht um einen Viehdieb, das ist doch ein Mörder! Larry Kinkaid, einer der gottesfürchtigsten Männer, die je lebten, dieser Mann liegt nun da draußen mit einer Kugel im Kopf. Wenn ihr jetzt nichts unternehmt, wird hier bald nichts mehr sicher sein, weder unser Vieh noch unser Haus noch unsere Frauen.* [60]

Da der Sheriff gerade abwesend ist, verpflichtet der Deputy Sheriff die Männer, eine Posse zu bilden, ein Kommando, das die Verbrecher suchen und gleichzeitig richten soll. Für Bedenken hat man keine Zeit. Die Zeit arbeitet für die Verbrecher, und so will man kurz und entschlossen handeln. In der Nacht findet man in den Bergen drei Männer mit der Herde des Ermordeten. Sie beteuern alle ihre Unschuld – die Herde haben sie von dem ehemaligen Besitzer rechtmäßig erworben –, sie flehen um ihr Leben... Doch für den auf Rache, auf Lynchen versessenen Mob gibt es keine Skrupel. Man stimmt kurz ab und hängt – dem Wunsch der Mehrheit entsprechend – die drei am nächsten Morgen auf. Kurz danach erfahren die Männer vom zurückgekehrten Sheriff, daß der Rancher weder beraubt noch ermordet worden ist... Darauf macht einer der lautesten Befürworter des »kurzen Prozesses« den Vorschlag, den Posse-Anführer zu lynchen...

230 *Henry Fonda und Henry Morgan*
in »Der Ritt zum Ox-Bow«

Der Film entstand nach einem Roman von Walter van Tilburg Clark, der seinem Buch später ein Nachwort anfügte, in dem er auf seine Absichten beim Schreiben hinwies:
Das Buch wurde 1937/1938 geschrieben, als sich die ganze Welt über Hitler und die Nazis immer größere Sorgen machte. Rein gefühlsmäßig entstand es unter dem Eindruck dieser Ereignisse. Als das Buch 1940 erschien, machten einige Rezensenten sofort auf Parallelen aufmerksam und sahen es als eine Anklage gegen die skrupellosen und brutalen Nazimethoden an; und als eine Warnung vor den Gefahren, die in der Abschwächung und in der Hoffnung liegen, einer solchen Macht mit Vernunftargumenten und demokratischen

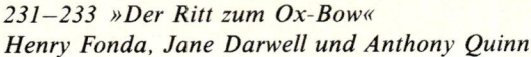

231–233 »Der Ritt zum Ox-Bow«
Henry Fonda, Jane Darwell und Anthony Quinn

Gepflogenheiten entgegentreten zu können. Was sie aber nicht bemerkten – jedenfalls kann ich mich nicht daran erinnern –, war, daß ich eine Art von amerikanischem Nazismus dargestellt habe, obwohl dies sowohl in der Substanz als auch in der Oberfläche der Geschichte ganz offensichtlich war. Und das erschreckte mich sehr. Sicher hatte ich die Parallele im Auge; was mir aber am meisten Sorge machte, waren nicht die deutschen Nazis, auch nicht ähnliche Strömungen in Amerika, sondern das in jeder Gesellschaft immer gegenwärtige Element, das stets dazu führen kann, daß bei der Bekämpfung autoritärer Methoden selbst autoritäre Methoden angewendet werden.

Was ich mit »The Ox-Bow Incident« sagen wollte, war: So etwas kann auch hier passieren. Es ist hier passiert, zwar in geringem Umfang, aber erschreckend deutlich und oft genug.[61]

William A. Wellman (1896–1975), einer der produktivsten Hollywood-Regisseure, der sich in allen Genres versuchte, die in der kalifornischen Filmmetropole gepflegt wurden, hatte bereits 1936 einen überdurchschnittlichen Western über den legendären mexikanischen Outlaw Joaquin Murietta »Robin Hood of Eldorado« *(Der Rächer)* gedreht, in dem er eindeutig Partei für Murietta – übrigens eine von der Literatur erfundene, nicht authentische Symbolgestalt – ergriffen hatte. »Der Ritt zum Ox-Bow« wurde zu einer erregenden, ungewöhnlichen Parabel über die amerikanische Gesellschaft, die, unabhängig von der Zeit, natürlich aber vor allem während des zweiten Weltkriegs, als aufschlußreich und auch mutig angesehen wurde. Lynchjustiz hat es zu allen Zeiten in Amerika gegeben; besonders aber natürlich auch in der Zeit der Eroberung des Westens, als Männer wie Judge Roy Bean »Recht« sprachen oder nahezu jeder Viehbaron oder größere Farmer Selbstjustiz üben konnte, aber auch in jüngster Zeit, da eine Organisation wie der Ku-Klux-Klan, eine eindeutig faschistische Organisation, nahezu ungestört morden kann und sich immer wieder Menschen, die etwas zu verlieren haben, eine brutale

private Polizeitruppe zulegen, da sie angeblich nur von Schwächlingen und liberalen Feiglingen regiert und beschützt werden. Diese Law-and-Order-Mentalität entstand in jenen Jahren, da man im Namen des Fortschritts den Westen der Vereinigten Staaten eroberte. Filme über diese Thematik hat es schon mehrere gegeben, auch schon in den dreißiger Jahren. Man denke nur an Fritz Langs Film »Fury« (Zorn) aus dem Jahre 1936. Noch nie hatte es aber einen Western gegeben, der sich mit dieser Thematik derartig offen befaßte. Das war schon eine für den Western damals sehr ungewöhnliche Botschaft, die Wellmans Film überbrachte. Und der Film zeigte auch, daß derartiges faschistisches Verhalten nur durch die Passivität und den Konformismus der Mehrheit eine Chance hat.

Fast zehn Jahre vor Fred Zinnemanns »High Noon« (Zwölf Uhr mittags) attackierte ein Western das konformistische Verhalten einer Gemeinschaft. Hauptgestalt des Films ist der Cowboy Gil (Henry Fonda), der Fremde, der sich aber aus Feigheit und wider besseres Wissen »anpaßt«, der an der »Lynchparty« (!) teilnimmt. Was für ein ungewöhnlicher Western-Held, ein Mitläufer, ein Versager, ein Mann, der Angst hat und ununterbrochen Niederlagen einstecken muß… Eigentlich ist es kein Wunder, daß dieser Film das Western-Publikum irritierte.

Ein amerikanischer Film, der zur Zeit des Krieges gegen den Faschismus in die Kinos kam und der zeigte, daß auch die amerikanische Gesellschaft für faschistische Methoden anfällig ist, war schon etwas Ungewöhnliches für Amerika im Jahre 1943, mitten im Krieg. Trotz des schwachen Publikumsinteresses erkannten die Kritiker sehr bald den Wert des Films. Schnell wurde dieser Film zu einem Klassiker, zu einem Avantgarde-Western, der seiner Zeit voraus war. 1980 schrieb völlig zu Recht ein amerikanischer Filmwissenschaftler über diesen Film:

»Der Ritt zum Ox-Bow« enthält eine grimmige Anklage gegen die Gewalt des Mobs, gegen die menschliche Borniertheit und die Massenhysterie in einer Gemeinschaft

an der Grenze. Eine Posse wütender, neurotischer Bürger nimmt das Recht in ihre eigenen Hände und hängt drei verdächtige Rustler, um kurz darauf zu ihrer eigenen Schande entdecken zu müssen, daß sie die falschen gehängt haben. Die frühen Szenen in der Stadt zeigen die Hohlheit und den Stumpfsinn, die für die meisten Mitglieder der Posse charakteristisch sind. Das ist so, als wenn hier gezeigt werden soll, daß Massengewalt und Massengrausamkeit aus einer Art furchtbarer Langeweile und Unterdrückung der menschlichen Vitalität herrühren. Diese Art von Sozialkritik einer Gemeinschaft, wo blinder Konformismus die Regungen des Bewußtseins ersetzt hat, ist für den Western der vierziger Jahre einzigartig; erst in den fünfziger Jahren wurde das ein übliches Thema. Vielleicht erklärt es die Tatsache, warum die 20th Century Fox 1956 vom »Ritt zum Ox-Bow« ein Remake fürs Fernsehen herstellte, trotz des finanziellen Versagers, der der Film von 1943 war.[62]

Ein weiterer thematisch ungewöhnlicher Western entstand fast zur selben Zeit wie Wellmans Film. In »The Outlaw« *(Geächtet)* von Howard Hughes und Howard Hawks werden auf den ersten flüchtigen Blick wieder einmal nur Porträts von Heroen des Wilden Westens, von Billy the Kid, Pat Garrett und Doc Holliday gezeichnet. Die Schicksale von Billy the Kid und Doc Holliday werden miteinander verknüpft – ungeachtet der Tatsache, daß es außerordentlich zweifelhaft ist, ob sich diese beiden jemals in ihrem Leben wirklich begegnet sind. Dieser ungewöhnliche Film erzählt fast eine Dreiecksgeschichte: eine Dreiecksgeschichte zwischen drei Männern. Doch weniger das schockierte die amerikanische Zensurbehörde als vielmehr das Verhältnis dieser drei Burschen zu einer vierten Person, zu dem Mädchen Rio (Jane Russell).

»Geächtet« wurde zu einem der skandalösesten Filme aus der Geschichte des Hollywood-Kinos, der seiner Zeit so weit voraus zu sein schien, daß er mehrere Jahre unaufgeführt blieb, daß er erst nach einigen Zensurschnitten der Öffentlichkeit vorgestellt werden durfte. Den Skandal lösten nicht »freizügige« Szenen

aus, hier wurden nicht irgendwelche Tabus verletzt — wenngleich auch eine geschickte Werbekampagne das Interesse der Zuschauer auf diese Aspekte lenkte. So beschäftigte sich lange Zeit eine gewisse Presse z. B. mit dem Büstenhalter, den Jane Russell in dem Film tragen mußte und der extra nach Entwürfen des Produzenten und Regisseurs Howard Hughes angefertigt worden war! Der Skandal wurde ausgelöst durch die in diesem Film sichtbar gewordene Einstellung vom berühmten Westerner zum weiblichen Geschlecht. Plötzlich wurde hier ein Aspekt in das Zentrum der Betrachtung gebracht, der bisher im Western nur am Rande behandelt worden war: die Einstellung zur Frau. Western waren bisher immer — und sind es eigentlich bis heute geblieben — Filme über Männer. Von Ausnahmen abgesehen, bleibt den Frauen in diesen Filmen zumeist weiter nichts übrig, als eine Figur zu sein, die der aufrechte Held, der Cowboy, beschützt und verteidigt. Tom Mix war der perfekte Ritter, der um eine Frau kämpft, der das ihr zugefügte Unrecht rächt, der bald den Platz des verlorenen Vaters oder Bruders des Mädchens einnimmt. Die Ritterlichkeit, die in diesen Filmen immer wieder zum Ausdruck kam, mag die puritanischen Frauenvereine in Amerika entzückt haben, mit der Realität des Lebens im Westen hatte sie wohl nicht viel zu tun.

Welche Rolle spielte die Frau nun aber in Wirklichkeit bei der Eroberung des Westens der USA? Welchen Platz fand sie in dieser so sehr auf Entbehrungen, Härte und Gewalt basierenden Gesellschaft? Beschäftigt man sich mit diesem hochinteressanten Aspekt der Western-Geschichte, dann muß man zunächst einmal betonen, daß die Frauen hier eine sehr kleine Minderheit darstellten. Der Westen war ein Land der Männer; insofern spiegeln die Western durchaus realistisch diese Welt wider:

Im Jahre 1860 kamen in Colorado auf hundert Einwohner 95,37 % Männer und 4,63 % Frauen. Auch wenn man unterstellen kann, daß dieses Zahlenverhältnis anderswo nicht ganz so kraß ausfiel, so steht doch eins

fest: Die Pioniere der »Frontier« litten unter einem außerordentlich starken Frauenmangel.

Das rauhe und gefährliche Leben jenseits der Grenze zur Zivilisation formte eine geschlossene Männergesellschaft. Und die wenigen Frauen machten ihrem Geschlecht nicht immer Ehre.

Mark Twain berichtet von einer langen Schlange kalifornischer Bergarbeiter, die durch eine Türritze zum erstenmal seit Jahren eine Frau sehen wollten: »Sie sah aus, als sei sie 150 Jahre alt, und sie hatte keinen Zahn im Mund.« Hans von Henting berichtet, in den Minenstädten der Rocky Mountains sei 1868 eine übermäßig dicke Frau aufgetreten, die lange betrachtet und versuchsweise berührt wurde.[63]

Einige Pioniere brachten ihre Frauen mit in den Westen. Für die aus Europa stammenden Pioniere war das aber schon viel schwieriger. Immer wieder sind uns die Bilder von Planwagen gezeigt worden, in denen die Pionierfrauen mit ihren Kinder in den Westen kamen. Sie waren ihren Männern im harten, entbehrungsreichen und auch gefährlichen Leben an der Grenze eine verläßliche Stütze. In vielen Filmen wurde diesen hart arbeitenden Pionierfrauen ein Denkmal gesetzt. Doch zumeist waren die Pioniere, vor allem die Cowboys, allein, eine furchtbar lange Zeit allein.

»Wir heirateten alles, was aus einer Kutsche oder Eisenbahn kam«, pflegten Oldtimer zu sagen, und so mochte die Braut eine »Nachnahme-Frau« sein, die man durch eine jener »Herz-und-Hand«-Zeitungen kennengelernt hatte, die von Siedler zu Siedler gingen. In den Pioniergebieten suchten die meisten Verleger solcher Blätter eifrig Ehepartner, bei denen sie natürlich die Wahrheit über Alter, Aussehen und Reichtum etwas streckten. In diesen Tagen versuchten augenscheinlich einige, die Einsamkeit aus ihren armseligen Ersparnissen und ihrem Leben herauszuködern. Manchmal tauschte die »Nachnahme-Frau« das hoffnungsvolle Postkutschen- oder Eisenbahnbillett einfach in Geld um und kam nie an; aber die meisten von ihnen waren glücklich zu kommen, wenigstens, bis sie das wilde Land

erblickten. *Viele solcher Verbindungen, entstanden
durch gegenseitige Bedürfnisse und Abhängigkeit, ergaben solide und selbst ausgezeichnete Familien.*[64]
Ein sehr schönes, realistisches Bild eines solchen Ein-
siedlers, der monate-, jahrelang allein mit seinen Tieren leben mußte, zeichnet der schwedische Regisseur
Jan Troell in seinem Film »Zandy's Bride« *(Zandys
Braut)* aus dem Jahre 1974. Gene Hackman spielt hier
einen wilden, leicht einfältigen Siedler, der sich per
Zeitungsannonce eine Frau auf seine Farm kommen
läßt. Die skandinavische Immigrantin (Liv Ullmann)
versucht mit Klugheit und großem Stehvermögen, den
Mann zu erziehen, versucht, ihm in den zwischen-
menschlichen Beziehungen die Achtung vor dem Menschen an seiner Seite beizubringen.

Für den Westerner war die Frau zumeist ein fremdes
Wesen, das er nicht verstand, das nicht in sein Werte-
system paßte, zu dem er sich mitunter hingezogen
fühlte, von dem er aber zugleich auch wieder abgestoßen
wurde. Für die Cowboys war oft für lange Zeit die
Prostituierte aus den Rotlichtdistrikten der Cattle
Towns, den Rinderstädten, in denen sie ihre Herden
ablieferten, das einzige weibliche Wesen, das sie zu Gesicht bekamen. Nach harter, monatelanger Arbeit fanden sie in den zahlreichen Bordellen Liebe für ein paar
Minuten, Liebe für Geld, das sie im Moment nach harter Arbeit zumeist reichlich hatten. Die Frau hatte für
diese Männer das Aussehen einer käuflichen Dirne –
oder aber das einer Mutter, einer fernen, sanften Frau,
die man verehrte wie eine Heilige, die aber mit dem eigenen tristen Leben nichts zu tun hatte. Aus diesen beiden Bildern der Frau konnte der Cowboy kein Bild
einer tatsächlichen, lebendigen Frau gewinnen, einer
Frau als menschliches Wesen, das genau solche Wünsche und Bedürfnisse hatte wie er selbst. Die Liebe für
ein paar Minuten auf der einen Seite – die madonnen-
hafte Verehrung, die Schwärmerei für ferne, sehr ferne
Frauen auf der anderen Seite... Die lächerliche
Schwärmerei für ferne Frauen drückt sich z. B. sehr
gut im nahezu kindlichen Verhalten von Judge Roy

Bean zu dem Bühnenstar Lily Langtry aus – so wie es der Film »In die Falle gelockt« von William Wyler schildert.

Und dann kam ein Film in die amerikanischen Kinos, der zeigte etwas von dem gestörten Verhältnis der Westerner zu den Frauen, der zeigte, daß die sogenannte Ritterlichkeit der Cowboys, die die Filme und Bücher schilderten, ein Märchen mehr dieser legendenreichen Erzählungen war. Die Prüderie, die in fast allen diesen Filmen zum Ausdruck kam, war letzten Endes auch ein Ausdruck der Hilflosigkeit und Verständnislosigkeit der Männer gegenüber den Frauen. Gegen den Film »Geächtet« liefen deshalb alle möglichen Verbände Sturm, wurde doch hier eine Legende zerstört, die Legende vom ritterlichen Cowboy, vom Beschützer von Frauen und kleinen Kindern!

»Geächtet« zeigt die furchtbare Verachtung der Frau durch die Westerner, eine Verachtung, die letzten Endes auf Angst und Unverständnis basiert. André Bazin, der große französische Filmkritiker und -theoretiker, überschrieb bereits 1948, zu einer Zeit, da es in Europa durchaus noch nicht üblich war, seriös über Western zu urteilen, seine Rezension des Films mit der Überschrift »Die beste Frau wiegt kein Pferd auf«! Tatsächlich lassen diese Heroen des Films eine sehr starke Beziehung zu ihrem Pferd erkennen, während die Frau – und sei sie auch noch so gut gebaut – nur mit großer Skepsis betrachtet wird. Um ein Pferd schlagen sich Billy the Kid (Jack Beutel) und Doc Holliday (Walter Huston). Mit dem Mädchen Rio schlafen sie alle beide; doch die Männerfreundschaft ist viel zu stark, als daß sie durch eine Frau zerstört werden könnte. Trotz endloser Balgereien und brutaler Auseinandersetzungen zwischen den Männern bleiben sie Kameraden. Erst als es ums Pferd geht, als Doc Holliday Billy the Kid sein Pferd nehmen will, wird es ernst…

Für André Bazin attackiert der Film den Mythos der Ritterlichkeit so sehr, daß lediglich Chaplins »Monsieur Verdoux« es hier mit ihm aufnehmen kann.

»Geächtet« basiert auf der Verachtung der Frau. Im Gegensatz zu ihren Artgenossen sind diese Helden hier nahezu versessen darauf, der Heldin ihren Schutz zu verweigern. Sie hören nicht auf, sie zu verspotten, sie immer wieder zu verlassen, ihren Versuchungen zu widerstehen. In diesem unglaublichen Gegenentwurf zur Mythologie der Ritterlichkeit ist es die Frau, die den Mann braucht und die sich die schlimmsten Prüfungen gefallen lassen muß, bevor der Herr und Meister geruht, ihr einen Blick zuzuwenden. Vom Anfang bis zum Ende teilen sich Jack Beutel und Walter Huston Jane Russell. Diese beiden sympathischen und mutigen Männer, die in der Lage wären, sich wegen eines Pferdes gegenseitig umzubringen, weigern sich hartnäckig, sich um die Liebe einer Frau zu schlagen. (…) Gemäß der Logik dieses Films ist es nur allzuklar, daß Jane Russell keine besondere Aufmerksamkeit erhält und daß diese Männer der Ansicht sind, man sei zu den Frauen immer viel zu gut gewesen. Es ist kein Zufall, daß das wirkliche Szenarium des Films die Geschichte von drei eifersüchtigen Männern erzählt. Zwei dieser Männer, Billy the Kid (Jack Beutel) und Doc Holliday (Walter Huston), schlafen mit derselben Frau, und sie lieben dasselbe Pferd. Für dieses Pferd bringen sie sich mehrere Male fast um, aber schließlich bewahren sie sich ihre gegenseitige Freundschaft. Das wiederum ruft die Eifersucht von Pat Garrett (Thomas Mitchell) hervor, der sich als der einzige Freund von Walter Huston wähnte. So sind diese Männer nur auf ein Pferd oder auf sich selbst eifersüchtig. Sie bilden eine spartanische Gemeinschaft, in der es der Frau nicht erlaubt ist, sich einzumischen. Sie ist da, um ihren Körper anzubieten, und sie ist da für die Küche.[65]

»Geächtet« war ein irritierender Film, zumal für die Zeit, in der er entstanden ist. Hier wurde an einem Heldenmythos gekratzt, der Anfang der vierziger Jahre durchaus noch unangefochten gültig war.

Es waren außerordentlich fruchtbare Jahre für den amerikanischen Western, diese Jahre des zweiten Weltkriegs, die nicht nur durch John Fords Meisterwerk

»Höllenfahrt nach Santa Fe« geprägt waren, sondern auch durch eine Vielzahl von bedeutenden Filmen, die fast alle die Zeit überlebt haben und noch heute immer wieder ihr Publikum finden.

Ein Klassiker entstand damals auf einem Gebiet, das schon immer zu den Schwachstellen des Hollywood-Kinos gehört hatte. George Marshalls Film »Destry Rides Again« *(Der große Bluff)* aus dem Jahre 1939 war ein Klassiker auf dem Gebiet der Western-Comedy. Vielleicht liegt es daran, daß sich die Helden, die in diesen Filmen gewöhnlich auftreten, alle ungeheuer wichtig nehmen, daß all die Legenden und Heldenlieder, die uns hier berichtet werden, keinen Platz für Humor, für die Ironie lassen; jedenfalls kann man wohl die gelungenen Komödien im Western-Milieu an

den zehn Fingern von zwei Händen abzählen. Weit erfolgreicher waren auf diesem Gebiet allenfalls die kleinen B-Western, die sich selbst weniger ernst nahmen, die sich nicht durch sogenannte Größe und Würde Geltung verschaffen mußten.

Regisseur George Marshall stützte sich bei seinem Film auf eine bereits bewährte literarische Basis. Den gleichnamigen Roman von Max Brand (1892–1944) hatte bereits 1932 Tom Mix für einen seiner letzten Filme als Grundlage benutzt. In Ben W. Stoloffs Film »Destry Rides Again« *(Tom rechnet ab!)* spielte Tom Mix den Sheriff Tom Destry, in Marshalls Film spielte James Stewart Sheriff Tom Destry jr. In den folgenden Jahren wurde das so erfolgreiche Buch, zumindest Motive daraus, noch zwei weitere Male für die Leinwand

aufbereitet. Nur einige Motive des Romans benutzte 1950 Louis King in »Frenchie« (Revolver-Lady).

George Marshall selbst stellte 1954 ein Remake seines eigenen Films unter dem Titel »Destry« (Destry räumt auf) her. Doch weder Audie Murphy (der in der letzten Fassung den Sheriff spielt) noch Joel McCrea (der in »Revolver-Lady« als Tom Destry agiert) noch Tom Mix machten aus den Filmen eine derart klassische Western-Comedy, die »Der große Bluff« geworden ist.

Man hat den Film eine Parodie genannt, doch diese Bezeichnung trifft diesen Film nur äußerst ungenau. »Der große Bluff« parodiert nicht den Western, er ist ein Western, in dem nicht selten die komischen Töne die Oberhand bekommen. Hier wird eigentlich eine Geschichte erzählt, die davor und danach Hunderte anderer Western erzählt haben... Ein Fremder kommt in eine wilde Stadt des Westens, nach Bottle Neck (Flaschenhals!), wo ein skrupelloser und brutaler Saloon-Besitzer die Macht fest in den Händen hält. Der Bürgermeister und der Sheriff sind Figuren, die ohne zu zögern nach der von ihm gespielten Melodie tanzen. Dieser Fremde, Tom Destry jr., erscheint zwar anfangs als ein rechtes Greenhorn, über den sich die Bewohner von Bottle Neck vor Lachen schier ausschütten wollen. Doch bald stellt sich heraus, wes Geistes Kind dieser Tom ist. Er hat einen berühmten Vater, und er hat »eine Vergangenheit«, er soll schon im legendären

238 James Stewart als Tom Destry
und Marlene Dietrich in »Der große Bluff«
239–241 »Der große Bluff«
Brian Donlevy, Marlene Dietrich und Una Merkel

Tombstone für Ruhe und Ordnung gesorgt haben. Und so wählt man ihn schließlich zum Sheriff. Am Ende ist Bottle Neck »befriedet«, der Saloon-Besitzer entmachtet und Tom Destry ein geachteter Mann.

Daneben beschreibt der Film mit aller Ernsthaftigkeit aber auch den bekannten Konflikt zwischen Farmern und den im Dienste mächtiger Viehbarone stehenden Cowboys, die ihre Herden über die Felder der Farmer treiben wollen. Destry steht auf der Seite der Farmer und bietet ihnen Schutz.

»Der große Bluff« ist die lustige Variante eines immer wieder behandelten Western-Themas. Sogar eine moralische Botschaft scheint der Film zu enthalten, denn er zeigt die Sinnlosigkeit und Stupidität eines auf der Macht der Waffe basierenden menschlichen Zusammenlebens. Der Kult des Schießeisens wird hier sehr schön, sehr überzeugend ad absurdum geführt. Tom Destry leistet eine überzeugende, wirksame Erziehungsarbeit.

Vor allem aber erzielt der Film seine Wirksamkeit durch die Figur der Saloon-Sängerin Frenchie, die von der großen deutschen Schauspielerin und Sängerin Marlene Dietrich verkörpert wird. Das war schon ein unerwartetes, faszinierendes Erlebnis: die so sehr von Hollywood und dem fernen Berlin geprägte Dietrich plötzlich als Saloon-Girl Frenchie zu sehen! Konnte es einen größeren Kontrast geben als die Welt, aus der Marlene Dietrich und ihre Rollen zu stammen schienen, und die harte, laute Welt eines Western-Saloons? Und sie brachte auch noch ihren ständigen Komponisten, den deutschen Einwanderer Friedrich Hollaender, mit in diese fremde Welt. Doch diese Rechnung ging wider Erwarten auf! Hollaender komponierte für den Film einige Lieder, die in der Interpretation von Marlene Dietrich zu den populärsten Musikstücken aus der Geschichte des Western-Films wurden – allen voran das Lied »The Boys in the Backroom«, das Frenchie im Last Chance Saloon von Bottle Neck singt.

Ansonsten paßte auch diese Figur voll und ganz in das

Figurenschema des amerikanischen Western: Frenchie ist das Good Bad Girl, das verführerische leichte Mädchen mit dem Herzen auf dem rechten Fleck. Zuerst arbeitet sie als Attraktion des Saloons mit dem Besitzer zusammen und deckt alle seine Machenschaften. Dann jedoch wird das wilde Girl aus Louisiana von Tom Destry »gezähmt«. Am Ende darf sie sich sogar für ihren neuen Verehrer opfern. Eine Kugel trifft sie, als sie sich schützend vor Tom stellt! – eine Kugel aus der Waffe ihres einstigen Herren.

Zur Parodie wird der Film allenfalls in einer Szene, in der sich Frenchie mit der Frau eines ihrer Pokerfreunde eine Saloon-Schlacht liefert, die man so schnell nicht vergißt. Sie hatte dem Ehemann beim Spiel nicht nur seine gesamte Barschaft, sondern auch noch seine Hosen abgenommen! Wie überhaupt die ganze Figur dieses Mannes, des russischen Einwanderers Boris Stawrogin (Mischa Auer), einen kuriosen Fremdkörper in dieser charakteristischen Geschichte aus dem Westen darstellt...

Die Zeit der Reife

★ Die großen Western des John Ford ★ Ein poetischer Film über Wyatt Earp und Doc Holliday ★ Legende und Wirklichkeit im Leben des General Custer ★ John Ford und die Geschichte ★ Das Krippenspiel des Western: »Spuren im Sand« ★ Der große epische Western »Westlich St. Louis« ★ Der Beginn der Gigantomanie in der Western-Produktion ★ Das Western-Debut des Howard Winchester Hawks: »Red River« ★

242 *Victor Mature (zweiter von links)*
und Henry Fonda (rechts)
in »Faustrecht der Prärie« von John Ford

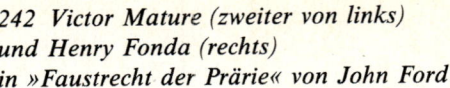

Wyatt Earp (Henry Fonda) zieht zusammen mit seinen drei Brüdern und einer Herde von Texas nach Arizona. In der Nacht lagern sie in der Nähe der Stadt Tombstone. Die Abwesenheit der drei Earp-Brüder — die der Stadt einen Besuch abstatten — nutzen der alte Clanton (Walter Brennan) und seine vier Söhne aus, rauben die Herde und bringen den zurückgebliebenen jüngsten Earp um. Die Earp-Brüder, die eigentlich die berüchtigte Stadt bald wieder verlassen wollten, sind nach diesem Verbrechen gezwungen, zu bleiben, um den Mord an ihrem Bruder zu rächen. Wyatt Earp wird zum Marshal von Tombstone ernannt, einer Stadt, die von dem kranken Zahnarzt Doc Holliday (Victor Mature) beherrscht wird... Mit ihm, dem heruntergekommenen Trinker und Spieler, freundet sich Earp schnell an, ihn gewinnt er als Mitstreiter in seinem Kampf für Recht und Ordnung in Tombstone; kennt man sich doch noch aus vergangenen Tagen.
Aus dem Osten kommt Hollidays Freundin und Mitarbeiterin von einst, Clementine Carter (Cathy Downs), die den Tbc-kranken Zahnarzt vergeblich zu überreden versucht, mit ihr in den zivilisierteren Osten zurückzukehren. Holliday lehnt jedoch ab und bleibt bei seiner mexikanischen Geliebten Chihuahua (Linda Darnell). Daraufhin beginnt sich Wyatt Earp für das Mädchen aus dem Osten zu interessieren. Die Ermittlungen von Marshal Earp über den Mord an seinem Bruder führen ihn zunächst zu Chihuahua, die ein Medaillon des Ermordeten besitzt. Doch sie kann überzeugend nachweisen, daß sie dieses von einem der Clantons bekommen hat, daraufhin wird sie von Billy Clanton lebensgefährlich verletzt. Virgil Earp, der die Verfolgung des Verbrechers aufgenommen hatte, wird von Old Man Clanton erschossen... Chihuahua stirbt, und Doc Holliday macht sich zusammen mit den Earp-Brüdern auf, um im legendären Gunfight am OK Corral die Clantons zu stellen. Im Kampf kommen Doc Holliday und die Clantons um... Wyatt und Morgan Earp verlassen Tombstone, um die Leichen ihrer Brüder zum Vater zu bringen. Clementine Carter

bleibt in der Stadt, um als Lehrerin in der soeben eingerichteten Schule des Ortes zu arbeiten.
John Fords Film »My Darling Clementine« *(Faustrecht der Prärie)* aus dem Jahre 1946 erzählt diese Geschichte in außerordentlich eindrucksvollen Bildern, in einer Form, die auch aus diesem Werk schnell einen Klassiker werden ließ. Ohne jeden Zweifel ist dieser Film einer der schönsten Western aus der Geschichte dieses Genres. Ford nahm als literarische Grundlage für sein Werk das zuvor bereits zweimal verfilmte Buch von Stuart N. Lake »Wyatt Earp, Frontier Marshal« aus dem Jahre 1931, an dessen Entstehung Wyatt Earp angeblich selbst mitgearbeitet haben soll. Was jedoch alles andere als eine Garantie für Glaubwürdigkeit ist, denn dem greisen Earp lag weit mehr an der Ausschmückung seiner Lebens-Legende als an der Vermittlung der historischen Wahrheit. John Ford hat Earp (der 1929 gestorben ist) noch persönlich gekannt und erinnerte sich später an diese Zeit, als er noch für die Universal Western mit Hoot Gibson und Harry Carey drehte:
Als sich Wyatt Earp als Richter zurückgezogen hatte, ließ er sich in einer kleinen Stadt nördlich von Pasadena nieder. Seine Frau war sehr fromm und nahm damals sehr oft an diesen religiösen Convents in Utah und Eastern Arizona teil. Und so stieg Wyatt einmal in die Straßenbahn, kam nach Universal City und traf uns dort. Sofort wurden wir Freunde...
Wyatt schlich sich in die Stadt und fing an, mit meinen Cowboys zu trinken. Gegen Mittag verdrückten sie sich — ¹/₄2 kamen sie schwankend zurück — alle meine Cowboys und Wyatt. Und ich mußte nun den Drehplan ändern...
Vom OK Corral wußte ich damals überhaupt noch nichts, doch Harry Carey war etwas bekannt. Er fragte Wyatt, und Wyatt beschrieb die ganze Sache ausführlich... Auf Papier walzte er dann die Angelegenheit sehr aus, machte aus der Tatsache eine Art Sketch. Wyatt sagte: »Ich war kein guter Schütze, mußte also an den Mann sehr nah herangehen...« Wir drehten das in

»Faustrecht der Prärie« genau so, wie es sich abgespielt hat. Sie gingen nicht einfach auf die Straße und ballerten aufeinander los; das war ein ganz geschicktes Manöver... [66]

Doch ungeachtet dessen legte auch bei diesem Film John Ford seiner Phantasie nicht die Zügel historischer Authentizität an. Authentisch ist, daß Wyatt Earp und Doc Holliday einander gekannt haben. Beide waren aus ihrer Zeit in Dodge City befreundet, wo Earp Assistent Marshal gewesen war. Doch Doc Holliday kam nicht im Duell am OK Corral um – wie es der Film behauptet –, sondern starb 18 Monate später in seinem Bett an Tbc. Wyatt Earp war zur Zeit der Auseinandersetzung mit den Clantons nicht Marshal von Tombstone, wie Fords Film vorgibt, sondern lediglich Deputy Marshal. Dagegen arbeitete sein Bruder Virgil als Marshal. Auch Old Man Clanton kam nicht am OK Corral um. Als es zu dieser Auseinandersetzung kam, lebte er bereits nicht mehr. Außerdem hatte die Fehde zwischen den Earps und den Clantons – eine echte Familienfehde aus dem amerikanischen Westen – eine lange Vorgeschichte. Der Film läßt glauben, als hätte sich alles innerhalb weniger Tage abgespielt. Ford glaubte aber, daß auch hier die schon bei seinem vorausgegangenen großen Western »Stagecoach« *(Höllenfahrt nach Santa Fe)* erfolgreich benutzte Dramaturgie der Einheit von Zeit und Ort die Wirksamkeit der Geschichte wesentlich verstärkte.

Die Äußerlichkeiten der Geschichte, die Fakten des Films halten einer Überprüfung durch Historiker zum großen Teil nicht stand. Darüber hinaus vermittelte der Film jedoch ein aufschlußreiches, sehr stimmiges und auch glaubwürdiges Bild aus jener Zeit im Westen. Tombstone wird als wilde, »wide open town«, als dem Verbrechen gegenüber weit offene Stadt beschrieben, die sich innerhalb einer extrem kurzen Zeit durch den Viehhandel entwickelt hat. Mit einer knappen Episode deutet Ford gleich zu Beginn des Films die Atmo-sphäre an, die in dieser Stadt herrscht. Im Saloon bringt niemand einen betrunkenen, wilden Indianer zur Ruhe. Niemand – außer Wyatt Earp, der vorwurfsvoll fragt: »Was für eine Stadt ist das hier? Whisky an Indianer verkaufen!«

Das ist eine Stadt, in der man nicht in Ruhe auf dem Rasiersessel beim Barbier sitzt, da jederzeit eine Kugel den Spiegel zersplittern lassen kann...

Den Kontrast zwischen Ost und West spiegeln sehr gut die Szenen beim Barbier wider. Dieser Mann mit sei-

*243 Linda Darnell als Chihuahua
und Henry Fonda als Wyatt Earp
in »Faustrecht der Prärie«*

nem im Westen kurios erscheinenden Gewerbe verkörpert den zivilisierten Osten, der sich im wilden Westen fremd vorkommt. Sein Verbündeter ist Wyatt Earp, der immer wieder sein Geschäft aufsucht, der sich vor allem, als Clementine, das schöne, saubere Mädchen aus dem Osten, in der Stadt ist, frisieren und parfümieren läßt.

Wyatt Earp bringt Ruhe und Ordnung nach Tombstone, er bricht der sogenannten Zivilisation eine Bahn – verkörpert durch die Einrichtung einer Schule und einer Kirche. Die Szene von der Feier zur Errichtung einer Kirche gehört zu den eindrucksvollsten, sehr poetischen Szenen des Films. Earp und Clementine gehen gut frisiert und sorgfältig eingehakt durch die befriedete Stadt; die Kirchenglocken läuten, sie haben das Gegröle der Cowboys und die Schüsse der Betrunkenen abgelöst. Der Marshal und seine Freundin tanzen unter dem Beifall der Umstehenden auf dem Gelände, auf dem die Kirche errichtet werden wird... Im Hintergrund die kontrastreiche Landschaft Arizonas... Man hat immer wieder von John Ford als dem »Poeten der Leinwand« gesprochen. In solchen Szenen wird die ganze Poesie dieses Regisseurs offenbar. Sie sind nicht selten viel eindrucksvoller als die turbulenten Action-Szenen, auf die das Geschehen hinausläuft. Auch die Darstellung des Duells am OK Corral unterliegt den Bildern von Earps Tanz mit Clementine. Die Schönheit des harten Lebens an der Grenze, die Stärke einer Gemeinschaft Gleichgesinnter, ihre originale Kultur kommen hier sehr schön zum Ausdruck. Fast wie eine Idylle erscheinen diese Bilder, ein Moment der Ruhe vor dem Sturm, denn das große Duell mit denen, die diese Harmonie stören wollen, liegt noch vor der Gemeinschaft.

Wyatt Earp ist in der Verkörperung durch Henry Fonda ganz der integre, aufrechte Held, ein Mann starker Ruhe, in dem sich alle positiven Charakterzüge des Westerners und des Pioniers wiederfinden. Mit vorgezogenen, hängenden Schultern stolziert er durch Tombstone, er, den kein Frauenbein aus der Ruhe

bringen kann. Mit einem Fuß am Pfosten vor dem Marshal-Büro kippelt er auf einem Stuhl und überblickt »sein« Reich, die Stadt Tombstone, in die endlich Ruhe eingekehrt zu sein scheint... Der Earp des Films »Faustrecht der Prärie« ist nicht gebrochen – wie sein Freund Doc Holliday –, er hängt nicht nostalgischen Träumen von einer verlorenen Zeit nach, er ist nicht zerrissen zwischen den verschiedenen Kulturen. Ford zeigt diesen Marshal voller Bewunderung, die auch in den Szenen, in denen sich eigentlich eine ironische Sicht direkt aufzudrängen scheint, erhalten bleibt. Es mußten erst noch fast zwanzig Jahre ins Land gehen, bis John Ford auch Wyatt Earp distanziert-ironisch zeigt. In seinem Film »Cheyenne Autumn« (Cheyenne) aus dem Jahre 1964, seinem Alterswerk, zeigt er Earp als eine Episodenfigur: ein Prahlhans und Glücksritter, der weiter nichts zu tun hat, als an seiner Legende zu stricken. Ansonsten kümmert er sich nur um das Pokerspiel und den Whisky.

Wie durchschnittlich, wie wenig originell und gar nicht heroisch war der wirkliche Tod des kranken Zahnarztes Doc Holliday. Auch aus dieser Figur macht Ford eine Heldengestalt, auf die man sich in der Stunde der Bewährung verlassen kann. Das Ende Doc Hollidays ist im Film ein heroischer Akt. Er kämpft an der Seite von Wyatt Earp für das Recht, nimmt todkrank am Duell am OK Corral teil, wird dort plötzlich von einem Hustenanfall geschüttelt und stirbt unter dem Kugelhagel der Clantons... Sehr interessant ist in »Faustrecht der Prärie« auch die Zeichnung der beiden Frauengestalten. Selten bekommt man in einem Film die beiden Frauentypen, die die Frauen im Bewußtsein des Westerners zumeist darstellen, derartig klar, gewissermaßen in Reinkultur geboten. Der Puritaner Ford liebt die Kontraste. Chihuahua ist die temperamentvolle, dunkelhaarige, geheimnisvolle Schönheit, die nicht nur einem Mann schöne Stunden bereiten kann, die auch die Männer provoziert. Sie ist die Inkarnation der Verführerin, deren Aktionsfeld nicht das Heim, die Ranch, sondern der Saloon mit

seinen Hinterzimmern und wohl auch das Bordell ist. Clementine dagegen wird wie ein höheres, unantastbares Wesen eingeführt. Sie ist die verehrungswürdige Muttergestalt. Das Eastern-Girl wirkt wie ein Fremdkörper in dieser wilden Stadt, die so sehr auf schnelle, kurze Bindungen aus ist. Doch ähnlich wie bei den Frauen, die die Figuren des W. S. Hart läuterten, bewirkt auch das Erscheinen von Clementine Carter sehr schnell eine Änderung des Verhaltens der Westerner. Diese zarte Frau scheint für die harten Männer des Westens die Verkörperung des Traums von einer schönen, Harmonie und Ruhe ausstrahlenden Frau zu sein. Die Sympathien des John Ford liegen eindeutig auf seiten Clementines. Doch auch Chihuahua, das leichtlebige Saloon-Girl, bekommt ihre Stunde der Bewährung – genau wie Dallas aus »Höllenfahrt nach Santa Fe«. Sie stirbt fast so etwas wie einen Opfertod für Doc Holliday, der sie vergeblich zu retten versucht.

»Faustrecht der Prärie« ist deutlich ein Film der Reife. Dieses Kunstwerk hatte nur noch wenig mit den schematischen Pferdeopern der Vergangenheit gemein. Mit vollem Recht wurde jetzt bemerkt, daß der Western nun endgültig seine Unschuld verloren hatte, daß Western jetzt auch in breitem Maße für ein erwachsenes Publikum unterhaltsam geworden waren. Der Western – lange Zeit als ein zweitrangiges, minderes Filmgenre betrachtet – war jetzt eine anderen Filmgenres gegenüber gleichrangige Gattung geworden. Es gab in jenen vierziger und fünfziger Jahren in Hollywood keinen anderen Bereich, in dem ebenfalls eine derartige Fülle ungewöhnlicher Werke zu beobachten war. Die Meister, wie John Ford und William A. Wellman, drehten eine Vielzahl klassischer Western, die zu den schönsten Leistungen dieses populären Filmgenres gehörten. Bald kamen aber auch zahlreiche neue Regisseure in die Ateliers, die mit neuen Ideen, neuen Haltungen und Perspektiven Geschichten aus dem amerikanischen Westen zu erzählen begannen. Und daneben entstanden weiterhin viele B-Western, die gleichfalls ein interessiertes Publikum fanden. Erst das Fernsehen

beendete diesen Western-Boom in den fünfziger Jahren.

John Ford, der immer wieder auch »Urlaub« vom Western nahm und der zwischen »Höllenfahrt nach Santa Fe« und »Faustrecht der Prärie« einige bedeutende Nicht-Western gedreht hatte – so 1940 die Steinbeck-Adaption »The Grapes of Wrath« *(Die Früchte des Zorns)* und »The Long Voyage Home« *(Der lange Weg nach Cardiff)* nach Eugene O'Neill, 1941 einen Film nach Erskine Caldwells »Tobacco Road« (Die Tabakstraße) –, blieb nach 1948 in der Hauptsache dem Western verbunden und hatte auf diesem Gebiet seine schönsten Erfolge. Es entstand die als Kavallerie-Triptychon in die Filmgeschichte eingegangene Trilogie »Fort Apache« *(Bis zum letzten Mann)*, »She Wore a Yellow Ribbon« *(Der Teufelshauptmann)* und »Rio Grande«; es entstand 1948 noch eine erneute Verfilmung von Peter B. Kynes Erzählung »Three Godfathers« *(Spuren im Sand)*, die Ford bereits 1919 unter dem Titel »Marked Men« verfilmt hatte, und schließlich drehte er 1950 »Wagonmaster« *(Westlich St. Louis)* über einen Mormonen-Treck nach Utah.

»Bis zum letzten Mann« zeichnete wieder einmal – und wieder sehr frei nach der Historie – ein Bild des Colonel George Armstrong Custer, der in der Schlacht am Little Big Horn mit seiner 7. Kavallerie-Division von den Apachen besiegt worden ist. Der Film greift nur einige historische Fakten des Geschehens auf, um sodann eine Geschichte zu erzählen, die nur noch wenig mit der authentischen Vergangenheit zu tun hat. Konsequenterweise gab John Ford in seinem Film der Figur, die an Custer erinnert, auch gleich einen anderen Namen. Diese Figur des Lieutenant Colonel Owen Thursday (Henry Fonda) hat wohl einige Charakterzüge, die wahrscheinlich auch bei Custer anzutreffen gewesen sind. Ansonsten ist jedoch dieser steife Lieutenant eine Figur reiner Phantasie. John Ford und die Geschichte! Ein Thema, das viele Buchseiten füllen würde. Über seine Haltung zur Geschichte geben seine Filme, oft aber auch seine Äußerungen Auskunft. Der

Ford-Biograph John Baxter schreibt über dieses immer wieder interessante Thema:

Im wesentlichen war die Geschichte Fords Grundmaterial, doch aus der Sicht der indirekten und trügerischen Beleuchtung von Eigeninteresse und Hintergedanken. Er war eher damit beschäftigt, in der Vergangenheit eine Lehre zu finden, als sie mit Genauigkeit zu schildern. Ford bearbeitete wahre Begebenheiten in seinem Sinne und achtete dabei nicht besonders auf die Echtheit der Charaktere und Geschehnisse. Seine Vorliebe für das Lied »Dixie« ignorierte die Tatsache, daß es in der Zeit von »Young Mr Lincoln« (Der junge Mr. Lincoln) noch nicht existierte und Lincoln es also auch nicht bewundern konnte. Sein eigenes Bild von der Kavallerie und dem Bürgerkrieg erstreckte sich bis zu einem Ausmaß, das jeden überraschen muß, der auch nur wenig von der Wahrheit weiß.

Frank Nugent, Autor vieler Ford-Filme, erzählte, wie er sich für die Arbeit an »Bis zum letzten Mann« und »Der Teufelshauptmann« vorbereitete: »Ich las jedes Buch über den Südwesten, das meine müden Augen noch verkraften konnten. Ford schickte mich eiligst nach Tombstone, zum Apache Pass, zu Cochises Versteck und zu den Stellen, wo Menschen von Apachen gemartert worden waren. Nach sieben Wochen dieser Art kehrte ich nach Hollywood zurück, voller Wissen, beladen mit Indianer-Kunde und Kavallerie-Befehlen.«

»Bist du mit dir selbst zufrieden?« fragte Ford. Ich versicherte, ich sei es. »Fein«, sagte er… »Nun vergiß alles, was du gelesen hast. Wir wollen anfangen, einen Film über die Kavallerie zu schreiben.«[67]

Kino ist für den konservativen John Ford mehr als die Illustration von Geschichte. Im Zweifelsfall hat er der Legende der historischen Wahrheit gegenüber immer den Vorrang gegeben. Der Film zeigt Thursday-Custer als einen eitlen, steifen Befehlshaber, der schwer Kontakt zu seinen Soldaten findet und sich weit mehr für seine Karriere interessiert als für seine eigentlichen Aufgaben. Er ist verbittert über seine Degradierung im Bürgerkrieg – an dem er als General teilnahm – und

215

über seine Abkommandierung nach Fort Apache, einen Posten, der ihm wenig Ruhm, aber viel Ärger einbringen kann. So ist auch das Unternehmen, das ihm den Tod und gleichzeitig aber auch den Eingang in die Legende bringt, weiter nichts als das Prestigeunternehmen eines ehrgeizigen, karrieresüchtigen Strategen. Er hat keinerlei Erfahrung im Kampf mit den Apachen, lockt sie auf falsche Fährten, bricht ihnen gegebene Versprechungen und stürzt sich todesmutig, genauer ruhmessüchtig in den Kampf, der tödlich endet.

Thursday gegenüber steht Captain Kirby Yorke (John Wayne), ein eher pragmatischer Befehlshaber, der sowohl zu den Soldaten der Truppe als auch zu den Indianern ein recht gutes Verhältnis hat. Er warnt Thursday vergeblich vor der Aktion, die für ihn schließlich zum Massaker wird.

»Bis zum letzten Mann« zeichnet durchaus kein sympathisches Bild von Thursday-Custer. Auch seine Haltung zu den Indianern, die er verachtet, weil sie angeblich keine Ehre haben, macht ihn zu einem zweifelhaften Helden. Wenig Neues vermittelt dieser Ford-Film in der Darstellung der Indianer. Sie sind eigentlich auch hier weiter nichts als die gesichtslose Massengefahr. Daß der Film zeigt, wie die Indianer durch korrupte Indianer-Agenten betrogen und dadurch auf den Kriegspfad getrieben werden, ist 1948 keine besondere Sensation mehr. Korrupte weiße Indianer-Agenten waren im Western damals ein genauso vertrautes Bild wie schurkische Waffenhändler, Alkoholverkäufer oder Bodenspekulanten... Die wenigen Szenen, in denen der Apachen-Häuptling Cochise (1820–1874) aus der Masse seiner Stammesbrüder herausgehoben wird, lassen ihn wohl als einen weisen, ehrenwerten Mann erscheinen. Aber diesen wenigen Bildern steht die ganze Perspektive des Films gegenüber, eine durch und durch weiße Perspektive, die keinen Moment des Nachdenkens über die Motive des Handelns der Indianer übrig hat. Im Verhalten des Colonel Thursday manifestiert sich recht gut die arrogante Haltung der

Am Ende des Film preist Captain Kirby Yorke in Washington Thursday als den mutigen, aufrechten Soldaten, der seinem Regiment alle Ehre gemacht hat. York verschweigt alle Fehler Thursdays, die ihm und seinen Soldaten den Tod gebracht haben. Auch der Film stimmt in diese Lobpreisung mit ein – auch für John Ford scheint dieser Thursday ein Held zu sein.

Diese sich im Film ausdrückende ambivalente Haltung unterstrich der Regisseur auch später noch in einem Interview. Als ihn 1966 Peter Bogdanovich fragte, ob das Finale von »Bis zum letzten Mann« dasselbe ausdrücken soll wie jener Satz am Ende von Fords Western »The Man Who Shot Liberty Valence« (*Der Mann, der Liberty Valence erschoß*) aus dem Jahre 1961, in dem gesagt wird:

Ist die Legende zum Fakt geworden, drucken wir eben die Legende, antwortete Ford:

Ja, weil ich meine, daß das gut für das Land ist. Wir haben eine Menge Leute, von denen angenommen wird, daß sie große Helden gewesen sind. Und Sie wissen verdammt gut, daß sie es nicht waren. Aber es ist gut für das Land, Helden zu haben, um zu ihnen aufblicken zu können; wie Custer – ein großer Held. Gut, er war es nicht. Das soll nicht heißen, daß er dumm war, aber an jenem Tag hatte er einen blödsinnigen Job. Oder Pat Garrett, der auch ein großer Western-Held ist. Nichts davon war er in Wirklichkeit. Man nimmt an, daß er Billy the Kid erschossen hat. Doch er tat es zusammen mit einer ganzen Posse. Andererseits hat natürlich auch die Legende ihre Grundlagen.[68]

Diese Worte könnten als Credo für einen Großteil von John Fords Werken verstanden werden. Er meint, daß es für das Land, für die Menschen wichtig ist, Helden zu haben, zu denen es aufblicken kann. Das ist wichtiger als die oftmals bittere Wahrheit. Auch wenn es sich später herausstellt, daß diese Figuren alles andere als Helden waren, hält er an diesen Legenden fest. John Ford zerstört keine Legenden, er stürzt keine Monumente von ihrem Sockel.

Abgesehen von der sehr fragwürdigen Haltung John

Mehrheit der weißen Amerikaner in jenen Indianer-Kriegen. Selbst als er erkannt hat, daß Cochise ein ehrenwerter, aufrechter Mann ist, hat er keinerlei Skrupel, ein Wort, das er diesem Indianer gegeben hat, zu brechen. Cochise ist ein Indianer, für ihn also ein Wilder, der zu lernen hat, der Regierung der Vereinigten Staaten – als deren Vertreter sich Thursday fühlt – zu gehorchen. Der arrogante Rassismus weißer Amerikaner kommt hier recht deutlich zum Vorschein.

Der Film zeigt auch, wie aus diesem geltungssüchtigen Colonel ein Held der Nation wird. Seine Rechnung scheint aufgegangen zu sein. Durch dieses Selbstmordunternehmen ist er ein Heros des Westens geworden.

251 Joanne Dru und John Wayne
in »Der Teufelshauptmann« von John Ford

252 Mildred Natwick, Victor McLaglen, Joanne Dru
und John Wayne in »Der Teufelshauptmann«

ihre konträren Lebensphilosophien bestimmen diesen Film genauso wie die hervorragend gestalteten Action-Szenen. So ist »Bis zum letzten Mann« auch eine kluge Meditation über Fragen der Verantwortung des einzelnen gegenüber der Gemeinschaft, über individuelle Freiheit und Unterordnung unter die Interessen der Gemeinschaft, über den Sinn oder Unsinn von militärischen und zivilen Rangordnungen, über Tradition und Traditionslosigkeit. Vor allem das Zusammenspiel zwischen Thursday und seiner Tochter Philadelphia, die ebenfalls mit im Fort Apache lebt und Vertreter einer ganz anderen Generation mit recht konträren Ansichten über die Notwendigkeit von Befehlen und Traditionen ist, gibt dem Film einen zusätzlichen Reiz.

»Der Teufelshauptmann« (1949) scheint thematisch und auch in der Form diesen Film fortzusetzen. Wieder wird liebevoll das Leben in einem Kavallerie-Fort, in einer Gemeinschaft aufeinander angewiesener Menschen beschrieben. Zeitlich spielt die Geschichte nach Custers Niederlage am Little Big Horn. John Wayne verkörpert Captain Nathan Brittles, der kurz vor seiner Pensionierung steht. Den ganzen Film durchzieht eine wehmütige Stimmung des Abschieds, der Sehnsucht nach einer eigentlich nie beschriebenen oder auch nur angedeuteten Vergangenheit. Brittles nimmt Abschied von der Kavallerie und vom Westen, die so sehr sein Leben geprägt und bestimmt haben. Immer wieder sucht er Zuflucht an den Gräbern seiner Frau und seiner Tochter, die irgendwann in den Kämpfen der Vergangenheit ihr Leben lassen mußten.

»Der Teufelshauptmann« ist mehr eine Symphonie für die Ohren und ein Gemälde für die Augen als eine Geschichte für den Geist. Die Gefühle von Sehnsucht und Verlust, von einer besseren Vergangenheit, von der Würde der Menschen, die vergangen sind, werden durch Töne und Szenen vermittelt, nicht durch die Themen einer Geschichte.

Nie sehen wir die Vergangenheit, der im »Teufelshauptmann« nachgetrauert wird: Die Gegenwart bietet nur quälende Andeutungen von dem, was sie gewesen sein

Fords zu seinen Filmhelden ist aber auch »Bis zum letzten Mann« wieder ein sehr eindrucksvolles, formal bedeutendes Werk der Reife. Hier gibt es wiederum viel Poesie, eine liebevolle Beschreibung des Zusammenlebens von Menschen. Diese Gemeinschaft in Fort Apache steht für Ford stellvertretend für die Pioniergemeinschaft an der Grenze. Die majestätische Landschaft des Monument Valley wird zu einem tragenden Element des Films. Die Beziehungen der veschiedenen Figuren zueinander, ihre unterschiedlichen Haltungen,

muß. Sie macht den Verlust einer sanften, diffusen, alles durchdringenden Atmosphäre bewußt.[69]

Daß diese Nostalgie, diese Sehnsucht nach einer – wie wir wissen – gar nicht heilen, harmonischen Vergangenheit etwas Irrationales hat, scheint Ford anzudeuten, indem er die Szenen, in denen sich Captain Brittles vollkommen seiner Sehnsucht hingibt – vor allem am Grab seiner Frau –, in einem eigenartig diffusen, unrealistischen Licht und Farbton spielen läßt. Eine Symphonie für die Ohren und ein Gemälde für die Au-

gen – Ford brachte der Bildgestaltung seines Films eine besondere Aufmerksamkeit entgegen. Fast der ganze Film erinnert in seinen Farbtönen an die Bilderwelt des berühmten Malers des Westens Frederic Remington, der mit seinen Bildern von Cowboys, Pionieren und Soldaten versuchte, ein realistisches Bild des Lebens und der Kämpfe im Westen zu zeichnen.

Die Stimmung des Films aus dem Jahre 1949 – John Ford war damals 54 Jahre alt, der 42jährige John Wayne spielte einen viele Jahre älteren Mann – erin-

nert fast an Filme, die erst in den sechziger Jahren das Bild des amerikanischen Western zu bestimmen begannen, die als Spät-Western in die Chronik dieses Filmgenres eingegangen sind. Auch in der Zeichnung der Indianer scheint dieser Film auf Zukünftiges hinzuweisen. Der im »Teufelshauptmann« dargestellte Indianer-Häuptling Pony That Walks (Chief Big Tree) scheint ein Bruder des alten Brittles zu sein. Beide haben sich in der Vergangenheit in den Indianer-Kriegen gegenübergestanden. Jetzt sind beide – trotz des Leids, das sie erfahren haben – Freunde geworden. Doch sie leben in keiner Welt der Idylle. Die Zeit nach dem Kampf am Little Big Horn ist von brutalen Auseinandersetzungen, vom Rachegeschrei der Weißen gekenn-

zeichnet. Pony That Walks und Brittles sind alt; den Ton im Apachen-Stamm gibt genausowenig der alte Häuptling an wie Captain Brittles bei der Kavallerie. Seine letzte Aufgabe vor seiner Pensionierung – er soll die Frauen des Forts angesichts neuer drohender Indianer-Kämpfe zu einer entfernten Poststation bringen, damit diese dann von dort aus in den friedlichen Osten fahren können – kann der alte Soldat nicht mehr ausführen. Die Poststation existiert nicht mehr. Sie ist von den Indianern zerstört, der Zahlmeister ermordet worden... Doch Brittles ist es, der zu den Indianern geht und seinen Freund Pony That Walks bittet, die drohenden Auseinandersetzungen zu verhindern...

8

Der sehr schöne, poetische Originaltitel »She Wore a Yellow Ribbon« (Sie trug ein gelbes Band) trifft viel genauer den leicht elegischen Ton des Films als der wenig originelle deutsche Verleihtitel »Der Teufels-hauptmann«. Ein gelbes Band trug Captain Brittles' Frau im Haar, aber auch Olivia Dandridge, ein junges Mädchen, das mit seiner Tante im Fort lebt und das in Brittles so etwas wie ihren Vater sieht. Captain Brittles ist alles andere als ein Teufelshauptmann, als ein toll-kühner Haudegen... Mit einer gewissen Bitterkeit muß er im Film erkennen, daß seine Zeit vorbei ist und daß jetzt weit skrupellosere Männer das Leben in der Ka-vallerie bestimmen, die keine Beziehung mehr zu den alten Tagen, zum Pioniergeist einer entschwindenden Epoche haben. Auch dieses Gefühl ist fast so etwas wie eine Konstante, die sich fortan durch das Werk des John Ford ziehen wird...

Noch einmal kehrte John Ford 1950 zum Thema US-Cavalry während der Auseinandersetzungen mit den Indianern zurück. In »Rio Grande« spielt John Wayne eine Figur, die fast denselben Namen trägt wie die Wayne-Figur in »Bis zum letzten Mann«. Lieute-nant Colonel Kirby Yorke leitet in diesem Film einen Kavallerie-Posten im Südwesten, der die Aufgabe hat, den Frieden in dieser Grenzregion der USA zu sichern. Yorke lebt bereits 15 Jahre von seiner Frau (Maureen O'Hara) getrennt. Zur Trennung kam es damals im Bürgerkrieg, als der Nordstaaten-Colonel Yorke das Anwesen der auf seiten der Südstaaten stehenden Mrs. Yorke niederbrennen ließ. Die Vergangenheit wird wieder aufgerührt, als ihrer beider Sohn Jeff sei-nen Dienst auf der Station des Vaters antritt und die Mutter auftaucht, um das zu verhindern...

Doch weit brisanter als diese Familiengeschichte ist die Sicht auf einen authentischen historischen Vor-gang, der im Film geschildert wird. Colonel Yorke führt hier einen scheinbar aussichtslosen Kampf gegen die Indianer, die immer wieder vom mexikanischen Territorium aus Überfälle auf das Gebiet der USA un-ternehmen. Eine Verfolgung ist nicht möglich, da es

255 John Wayne in »Rio Grande« von John Ford
256 John Ford und die Landschaft des Westens
am »Rio Grande«

den US-Truppen nach dem Friedensvertrag von Guadalupe Hidalgo nicht mehr gestattet war, den Rio Grande, die Grenze zwischen Amerika und Mexiko, zu überschreiten. Yorkes Vorgesetzter, General Sheridan, stellt es dem Colonel schließlich frei, auf eigenes Risiko die Apachen über den Fluß zu verfolgen. Yorke überquert daraufhin den Rio Grande und besiegt auf mexikanischem Territorium die Indianer. Ein Kriegsgerichtsverfahren nimmt er auf sich. Doch General Sheridan arrangiert alles so, als wenn Yorkes Grenzverletzung, die einen Vertragsbruch der USA darstellt, nicht stattgefunden hätte – zumindest ist offiziell nichts darüber bekannt! Am Schluß der Verhandlung und des Films wird Yorke als Militärattaché nach London strafversetzt!

Die authentische Figur des Generals Philip H. Sheridan ist eine der übelsten Persönlichkeiten aus der amerikanischen Geschichte. Er war Gönner, Förderer und persönlicher Freund von Custer und befehligte mehrere blutige Einsätze gegen die amerikanischen Ureinwohner, bei denen Tausende Indianer umkamen. General Sheridan war es auch, der im Januar 1869 jenen Satz aussprach, der noch heute als massivster Ausdruck amerikanischen Rassenhasses gilt. Als sich der Comanchen-Häuptling Tochoway ihm im Fort Cobb mit den Worten: *Me Tochoway. Me good Indian (Ich bin Tochoway. Ich bin einer guter Indianer)* ergab, entgegnete dieser Indianer-Schlächter: *The only good Indians I ever saw were dead (Der einzige gute Indianer, den ich gesehen habe, war tot).*[70]

Dieser Satz stand als Motto über einer auf Ausrottung der Indianer orientierten Politik, die wesentlich von Sheridan getragen wurde. Er unterstützte Custer bei seinen Feldzügen gegen die Apachen, er gab ihm Rückendeckung, als sich in Washington Stimmen gegen die Unternehmungen des Colonels regten. Und er unterstützte auch ein Unternehmen, das eindeutig einen Vertragsbruch der USA gegenüber dem Nachbarland Mexiko darstellt. Dabei fällt es nicht sehr ins Gewicht, daß zwischen der Historie und der Darstellung im Film wieder einmal eine große Lücke klafft. In Wirklichkeit wurden die damals auf mexikanisches Gebiet gekommenen Texas-Ranger von mexikanischen Militärs aufgefordert, sofort über den Fluß zurückzukehren. Daraufhin besiegte dann allein die mexikanische Armee die Apachen. John Ford »korrigierte« hier die Geschichte und versuchte so einmal mehr, die US-Cavalry zum Sieger zu machen.

Natürlich stellte der Film »Rio Grande« den von General Sheridan unterstützten Vertragsbruch als ein notwendiges Unternehmen hin, wurde Colonel Yorke als eine ehrenwerte, positive Figur gezeigt. Betrachtet man diesen Vorgang und vergleicht ihn mit der Geschichte der USA – von jener Zeit damals nach dem amerikanisch-mexikanischen Krieg bis heute –, dann wird einem die Kontinuität amerikanischer Politik und die oftmals gefährliche Ideologie einiger Western – auch die von den Meistern des Genres gedrehten Filme – bewußt. »Rio Grande«, dieser Western von John Ford, unterstützt eine auf Expansion gerichtete amerikanische Außenpolitik, die heute nicht weniger gefährlich ist als im vergangenen Jahrhundert.

Mit dieser reaktionären Ideologie des Films geht eine recht enttäuschende formale Bewältigung des Stoffes einher. »Rio Grande« ist mit seinen Sentimentalitäten,

seinen eigenartig künstlich wirkenden Szenen und vor allem durch die aufdringlichen, von den »Sons of the Pioneers« gesungenen Lieder eindeutig der schwächste Film von John Fords Kavallerie-Trilogie. Hier fehlte ihm sehr ein Talent vom Format eines Frank S. Nugent, der die Bücher von »Bis zum letzten Mann« und »Der Teufelshauptmann« geschrieben hat, wenn auch »Rio Grande« genau wie die beiden anderen Filme auf literarische Vorlagen von James Warner Bellah zurückgeht. »Rio Grande« zählt ohne Zweifel zu den enttäuschendsten Western des John Ford.

Doch das Werk dieses Regisseurs ist reich; hier stehen Höhen und Tiefen dicht nebeneinander. Zwischen seiner Kavallerie-Trilogie drehte der produktive Regisseur zwei weitere Western, von denen der »Wagonmaster« (Westlich St. Louis) zu den bedeutendsten Werken des Genres gehört.
Einen zwiespältigen Eindruck hinterließ dagegen John Fords Film »Three Godfathers« (Spuren im Sand) aus dem Jahre 1948. Unmittelbar nach »Bis zum letzten Mann« gedreht, schildert dieser Film eine Art christlicher Legende aus der Welt des Westens. Der irische

257 *John Wayne, Maureen O'Hara und Claude Jarman jr. in »Rio Grande«*

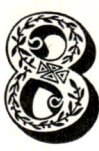

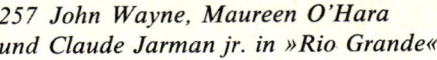

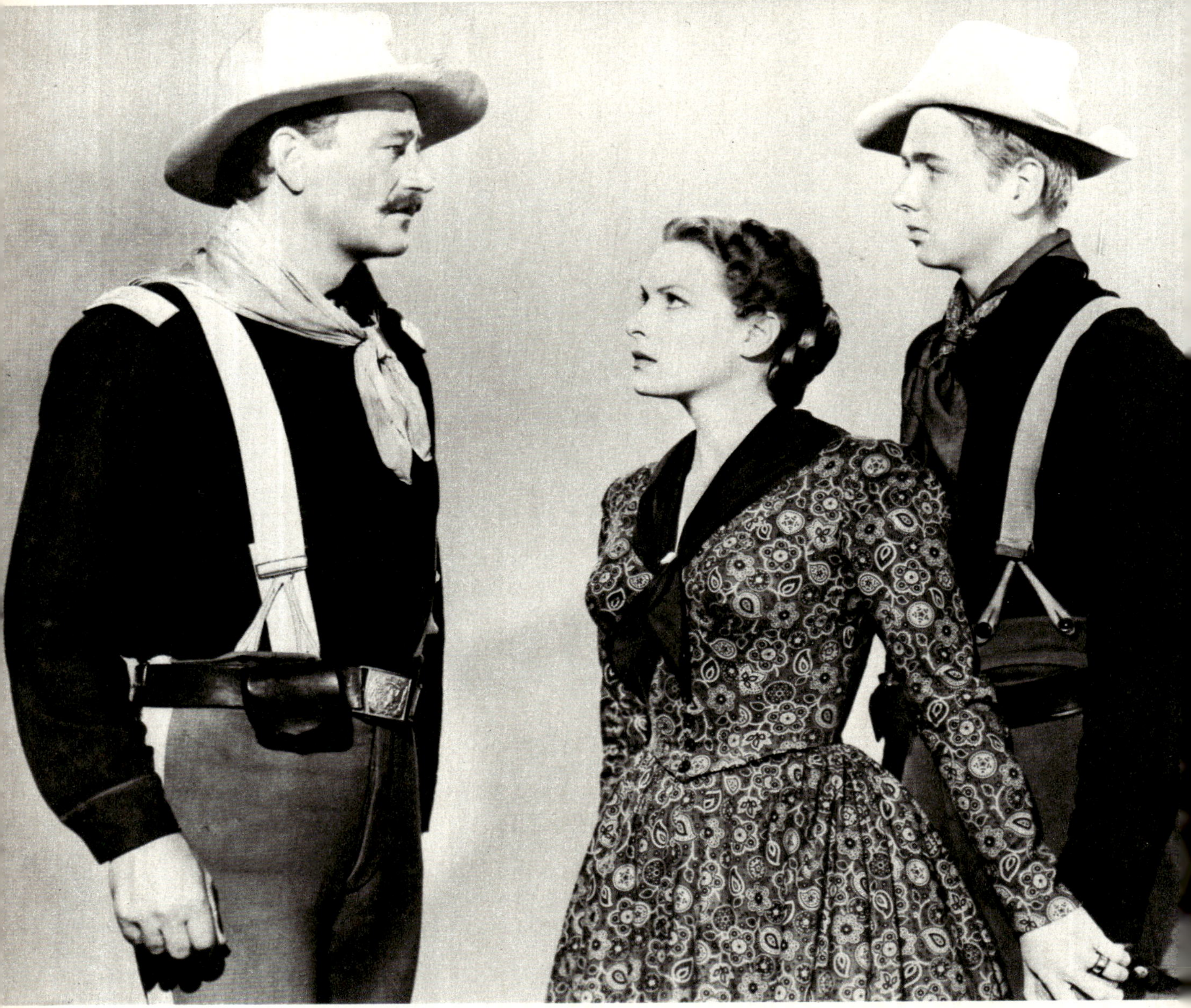

258–260 John Wayne, Pedro Armendariz
und Harry Carey jr.
in »Spuren im Sand« von John Ford

Katholik Ford suchte hier einen Ton, der an die Western des William S. Hart erinnern sollte. Genau wie
bei Harts Geschichten über die Läuterung harter Burschen durch zarte Frauen ist man auch hier eigenartig
berührt, wenn man eine Geschichte erzählt bekommt,
die in einer Fülle von Anspielungen und Symbolen direkt an Geschichten und Figuren erinnert, die uns aus
der Bibel bekannt sind. Da werden uns drei Outlaws
vorgestellt, die planen, die Bank von Welcome, Arizona, auszurauben. Dem Überfall schließt sich die
Flucht der drei in die Wüste von Arizona an – verfolgt
von Sheriff »Sweet« aus Welcome. Durst und Hitze
machen die Flucht immer mehr zur Qual, zumal ihnen
der Sheriff den Wassersack durchschossen hat. An
einer Oase angekommen, müssen sie entdecken, daß
die Wassertanks zerstört sind. Immer mehr vom Durst
gepeinigt, finden sie in der Wüste einen Planwagen mit
einer hochschwangeren Frau. Ihr Mann hatte die Wassertanks vernichtet und die Frau allein in der Wüste
zurückgelassen. Die drei Bankräuber helfen der Frau
bei ihrer Entbindung und versprechen ihr, als die Paten des Babys stets für das Kind zu sorgen. Die Frau
stirbt. In der Bibel, die die Frau bei sich hatte, lesen
die Männer die Geschichte um das Jesuskind … Daraufhin machen sie sich auf, um am Rande der Wüste
eine Stadt mit Namen New Jerusalem zu finden. Auf
dem kräftezehrenden Marsch kommen zwei der Männer um. Nur Robert Hightower (John Wayne) gelingt
mit dem Baby auf dem Arm die Rettung. Die letzte
Strecke des Weges legt Bob auf einem Esel zurück. Der
Sheriff nimmt ihn in Empfang; ein Gericht verurteilt
den Bankräuber zu einem Jahr Gefängnis. Die Bürger
der Stadt bringen dem Good Bad Man, dem geläuter-
ten Verbrecher, der ein Menschenleben gerettet hat, ein
Ständchen …

Mag sein, daß die christliche Legende und die Western-Story, die hier erzählt werden, keine harmonische
Einheit bilden, daß die vielen christlichen Symbole
und Anspielungen mitunter etwas aufgesetzt wirken,
dennoch bleibt auch dieser Film nicht ohne Wirkung.

227

Der Zuschauer verfolgt diese Geschichte nicht ohne Rührung. Der Realismus einiger Szenen – vor allem in den in der Wüste spielenden Komplexen – erinnert deutlich an die Filme von William S. Hart. John Ford widmete seinen Film nicht ohne Grund einem Star aus jener Frühzeit des Western, die der Regisseur selbst noch mitgeprägt hat: »To the Memory of Harry Carey – Bright Star of the Early Western Sky« (Zum Andenken an Harry Carey, den hellen Stern am frühen Western-Himmel). Careys Sohn Harry Carey jr. spielt in dem Film die Rolle des Abilene Kid, eines der drei Bankräuber.

Kenner des Werkes von John Ford werden auch in diesem Film leicht Elemente finden, die ihn mit anderen Werken dieses Regisseurs verbinden. Das Thema des Opferns für eine größere Sache, für die Gemeinschaft oder, wie hier, für ein neugeborenes Kind zieht sich durch das gesamte Werk des John Ford. Figuren von Frauen, die mit der Aura einer Madonna umgeben sind, findet man immer wieder in seinen Filmen; auch den harten Burschen, der plötzlich gezwungen wird, sehr zärtlich, menschlich zu werden... Der brutale Outlaw, der mit seinen riesigen Händen immer wieder zuschlägt und nicht selten seinen Mitmenschen Leid zugefügt hat, hält nun in diesen Händen ein kleines, in ein weißes Tuch gewickeltes Etwas... Man braucht nicht unbedingt bis in das Jahr 1919 zurückzugehen, als Ford erstmals Peter B. Kynes Erzählung verfilmte, um eine ähnliche Geschichte, ähnliche Figuren zu finden. Opferten sich nicht schon im letzten Stummfilm-Western des Regisseurs, in »Three Bad Men« *(Drei ehrliche Banditen)* aus dem Jahre 1926, drei Outlaws für ein junges Paar, und erschienen gewissermaßen die Seelen der Toten am Schluß des Films nicht als gute Geister über einer jetzt friedlich gewordenen Gegend? In »Spuren im Sand« sieht der mit dem Baby durch die Wüste taumelnde Hightower wie in einer Vision die Gesichter seiner zwei umgekommenen Freunde vor sich, die ihm den Weg zu weisen scheinen...
Über »Westlich St. Louis« (1950) sagte John Ford, daß

dieser sowie seine beiden Filme »The Fugitive« *(Befehl des Gewissens)* und »The Sun Shines Bright« *(Wem die Sonne lacht)* dem am nächsten gekommen sind, was er im Kino erreichen wollte.[71] Die Kritik ist sich mit dem Regisseur in diesem Urteil absolut einig. Dieser unmittelbar vor dem enttäuschenden Film »Rio Grande« gedrehte Western ist ein Klassiker, genauso wie es elf Jahre zuvor »Höllenfahrt nach Santa Fe« gewesen war.

Worum geht es in diesem Film? Scheinbar um nicht viel mehr als um das, was uns Dutzende anderer Western, von James Cruzes »The Covered Wagon« *(Die Karawane)* über Raoul Walsh' »The Big Trail« *(Die große Fahrt«)* bis hin zu den vielen Filmen über den legendären Oregon Trail, schon erzählt haben, vom Zug nach Westen, von den Trecks mutiger Pioniere, die im Westen der USA das gelobte Land zu finden glaubten. Die Pioniere von »Westlich St. Louis« sind Mormonen, eine religiöse Glaubensgemeinschaft, die in den dreißiger und vierziger Jahren des vergangenen Jahrhunderts außerordentlichen Repressalien ausgesetzt war. Da die ihrem Glauben entsprechende Lebensweise der Lebensweise der Mehrheit der Amerikaner entgegengesetzt war – u. a. existiert bei ihnen absolutes Alkoholverbot, aber auch die Vielweiberei –, wurden sie verfolgt, einige sogar gelyncht. Ihr Zug nach Westen war deswegen auch ein Art Flucht vor den Repressalien und Verfolgungen, die sie im Osten erlebt hatten. Henry Hathaway hatte 1939 in seinem Western »Brigham Young« (Treck nach Utah) vom Zug der Mormonen nach Utah unter Führung von Brigham Young berichtet, wo sie in der Gegend des Großen Salzsees ihre Welt zu errichten begannen. Dieser Film spielte in den Jahren 1844 bis 1846; John Fords Film »Westlich St. Louis« dagegen ungefähr zwanzig Jahre später, als sich bereits zahlreiche Mormonen in Utah angesiedelt hatten.

Doch John Ford hält sich nicht lange mit der zeitlichen Fixierung seiner Geschichte auf. Hier werden auch keine historischen Persönlichkeiten porträtiert,

229

kein authentischer, historischer Treck wird beschrieben. Beschrieben wird eine anonyme Mormonen-Gruppe, die Mitte der sechziger Jahre von Crystal City aufbricht, um nach Utah zu gelangen, wo sie am San Juan River siedeln wollen. Das kleine Städtchen ist der letzte Ort vor der Wüste, in dem die Pioniere ihren Treck organisieren müssen. Ihnen fehlen Pferde, und ihnen fehlen Führer, Scouts, die sie sicher durch die gefährliche Gegend bringen. Die beiden Pferdehändler Travis und Sandy – ebenfalls Fremde in Crystal City – kennen sich in dieser Gegend aus. Doch zunächst lehnen sie das großzügige Angebot der Mormonen noch ab. Bald müssen sie jedoch ebenfalls die Arroganz der Etablierten, der Bürger von Crystal City, erfahren. Für diese ehrenwerten Mitmenschen – und der Town Marshal ist ihr Sprachrohr – sind »Indianer, Mormonen, Wanderschauspieler... und Pferdehändler« Gesindel, das in der Stadt keinen Platz finden wird... Durch die offene Ablehnung der Bürger zu unerwünschten Personen geworden, nehmen die beiden Pferdehändler das Angebot der vor den Toren der Stadt lagernden Mormonen an und führen sie in jenes Tal nach Utah, das ihr gelobtes Land werden soll.

Unterwegs trifft der Treck drei Wanderschauspieler, die ebenfalls auf dem Weg nach Westen sind. Nach einigen Auseinandersetzungen schließen sie sich den Mormonen an. Und noch ein unerwartetes Zusammentreffen gibt es: die Cleggs, eine steckbrieflich gesuchte Bande von Bankräubern, bitten um Gastfreundschaft. Der Film war mit den Szenen eines Banküberfalls der Cleggs eingeleitet worden.

Als man glaubt, daß man vom Weg abgekommen ist und sich verirrt hat, erscheinen am Horizont plötzlich Berge, die wie Kathedralen aussehen. Der Treck ist im Monument Valley an der Grenze zwischen Arizona und Utah. Die hier lebenden Navajo-Indianer laden die Mormonen als ihre Freunde in ihr Lager ein und lassen sie danach durch ihr Gebiet, durch das Monument Valley, ziehen...

Immer mehr wird das Leben innerhalb der Gemeinschaft durch Auseinandersetzungen mit den Cleggs bestimmt. Immer wieder stören diese Outlaws das friedliche Zusammenleben der Pioniere. Sie belästigen eine Indianerin und provozieren dadurch die alten Auseinandersetzungen zwischen Rot und Weiß. Sie entwaffnen die Mormonen und ziehen diese schließlich in ihre Kämpfe mit der von einem Marshal angeführten Posse hinein, die die Bankräuber stellen will. Am Ende, nachdem der Zug alle möglichen Strapazen überwunden hat und das Ziel fast erreicht ist, versuchen Shiloh Clegg und seine Männer, den kostbarsten Wagen der Mormonen, der das Saatgut enthält, in eine Felsschlucht zu stürzen. Erst nachdem Travis, der Wagonmaster, Shiloh zuvorkommt und ihn erschießt, können die Mormonen und ihre beiden Scouts darangehen, ihr gelobtes Land urbar zu machen...

»Westlich St. Louis« enthält eine Vielzahl von Versatzstücken, die wir aus allen anderen Western auch kennen. Es fehlt nicht an harten Auseinandersetzungen, an Zusammenstößen mit den Naturgewalten; die typische Saloon-Szene ist genauso vorhanden wie ein Pokerspiel. Doch all das wird hier nicht mit der Betonung ausgespielt, die für andere Western typisch ist. Es ist möglich, daß einige Freunde des Genres, die den Western primär als Action-Film begreifen, bei »Westlich St. Louis« enttäuscht sind. Denn dieser Film schildert in Form einer volkstümlichen Ballade den Zug einer friedlichen Gemeinschaft Gleichgesinnter, die einem gemeinsamen Ziel entgegen gehen. Der Alltag, die alltägliche Atmosphäre, die kleinen Freuden und die großen Sorgen der Gemeinschaft sind John Ford weitaus wichtiger als spektakuläre Vorgänge, wie Schießereien, Verfolgungsjagden oder Reiterkunststückchen. Ford singt das Lied vom Leben in einer Pioniergemeinschaft.

Zu Recht preist ihn der französische Kritiker Roger Tailleur als den großen erdverbundenen Sänger vom alltäglichen Leben der Menschen:

Ford hat hier mehr Zeit und mehr innere Ruhe, zu sehen, zu hören, zu fühlen, zu reflektieren. Nie hat er sich

besser eingefügt in die große Familie der wesentlichen Filmschöpfer, der erdverbundenen Sänger vom alltäglichen Menschen, der Donskois und der Flahertys, der Rays und der Renoirs. Um auf amerikanischem Terrain zu bleiben: Ford ist ein Flaherty, dessen Lied von der Erde lauter tönt, und wie ich glaube, ehrlicher.[72]

»Westlich St. Louis« ist einer der wenigen Western mit einem Kollektivhelden. Kein einzelner individueller Held hebt sich hier aus der Gemeinschaft hervor; die Gemeinschaft ist es, der unsere Aufmerksamkeit gilt. Trotzdem prägen sich markante Figuren aus diesem vorzüglichen Ensemble beim Zuschauer ein. Da sind die beiden Pferdehändler Travis Blue (Ben Johnson) und Sandy Owens (Harry Carey jr.), da ist Elder Wiggs (Ward Bond), der die Gruppe der Mormonen führt. Da ist Sister Ledeyard (Jane Darwell), eine kräf-

231

263 Jane Darwell, Russell Simpson, Ward Bond,
Francis Ford und die Mormonen-Gemeinde
in »Westlich St. Louis«

tige, resolute Mormonen-Frau, und da sind die drei Wanderschauspieler: Doc Hall (Alan Mowbray) – ein Schauspieler, der sich auch als Arzt nützlich zu machen versteht –, seine Partnerin mit dem schönen Namen Fleuretty Phyffe (Ruth Clifford) und Denver (Joanne Dru), das Mädchen, das Travis liebt. Profil haben aber auch die Outlaws, Onkel Shiloh Clegg (Charles Kemper) und seine vier Söhne. Ford erinnert mit diesen Figuren deutlich an eine andere Outlaw-Familie ohne Mutter, an die Clantons aus »Faustrecht der Prärie«. Die Absicht, anstelle eines individuellen Helden einen Kollektivhelden zu zeichnen, unterstreicht der Regisseur noch durch die Besetzung des Films. Hier spielen in der Hauptsache bereits durch andere Ford-Filme schon bekannte Schauspieler, die längst zum imaginären Ford-Ensemble gehören. In »Westlich St. Louis« tritt kein einziger Star auf. Weder für einen Henry Fonda noch für einen John Wayne fanden sich in diesem Ensemble Aufgaben.

In die Beschreibung des Alltagslebens einer Gruppe von Pionieren fügen sich auch die zahlreichen Volkslieder ein, die Ford – genauso wie die Tänze – als ein Element dieses Pionierlebens begreift. Ob nun die Songs »Wagons West«, »Rollin' Shadows in the Dust«, »Song of the Wagonmaster«, die die Sons of the Pioneers singen, oder der Square-Dance, den die Mormonen am Abend tanzen – all das sind Lebenselemente, ein Ausdruck für die Gefühle jener Männer und jener Frauen, die damals im Westen ihr Glück zu finden glaubten. John Ford beschreibt dieses Leben voller Sympathie, mit einem außerordentlichen Sinn für Atmosphäre. Dieses Leben ist weit weniger aufregend, weit weniger spektakulär, als es uns viele Western glauben machen wollen. Es ist hart und entbehrungsreich, aber auch nicht ohne Freude. Menschliche Werte, moralische Wertvorstellungen scheinen hier noch ihren Sinn bewahrt zu haben. Die Waffe gehört wohl auch zu diesem Leben. Sie ist ein Schutzmittel, ein Mittel zur Verteidigung des Lebens. Für diese Pioniere ist sie kein Renommierobjekt, kein Ersatz für

Männlichkeit. Man benutzt sie erst dann, wenn alle anderen Mittel versagt haben. Erst als Wagonmaster Travis Blue von dem Anführer der Outlaws, von Onkel Shiloh, bedroht wird, greift auch er zur Waffe und erschießt den Verbrecher: »Ich schieße nur auf Schlangen«, rechtfertigt er seine Tat. Und er schleudert die Waffe weit weg in die Wüste. Eine notwendige, aber eine bittere Aktion. Das Töten eines Menschen – wie oft wurde eine solche Tat in Western-Filmen verharmlost. John Ford scheint dieses Bild in seinem Film geraderücken zu wollen.

Selbst für einen Western des Jahres 1950 waren die Bilder vom friedlichen Zusammenleben der weißen Mormonen mit den Navajo-Indianern im Monument Valley recht ungewöhnlich. Die Rothäute betrachteten die Mormonen als eine verfolgte Minderheit – eine ähnlich verfolgte Minderheit wie sie selbst. Diese Weißen sind für sie nur »kleine Diebe«, während all die anderen Weißen, die immer wieder ihren Frieden bedrohen, »große Diebe«, ihre Feinde sind. Mormonen und Navajos tanzen am Lagerfeuer zusammen. Und diese friedliche Idylle wird erst gestört, als einer der Cleggs ein Navajo-Mädchen belästigt…

Diese Bilder haben ihren historischen Hintergrund. Die Mormonen waren lange Zeit die einzige größere Gruppe weißer Amerikaner, die in den Indianern keine Feinde, sondern die Nachkommen der Hebräer, des »verlorenen Stammes Israels«, also ihre Brüder sahen. Die Anhänger der »Kirche Jesu Christi, der Heiligen der letzten Tage« standen auch in dieser Frage entgegen der Mehrheit der Amerikaner jener Zeit. Nicht zuletzt sind die freundlichen Bilder, die der Film von den Navajo zeichnet, auch ein Tribut, den der Regisseur des Films an diesen Indianer-Stamm entrichtet hat, dem er so viel verdankt. Denn was wären die großen Western des John Ford ohne die Landschaft des Monument Valley, ohne dieses Tal, das noch heute zur Reservation der Navajo gehört? John Ford kehrte immer wieder hierher zurück. Und er wurde so etwas wie ein Ehrenmitglied dieses Stammes.

»Westlich St. Louis« betrachtet der englische Regisseur und große Ford-Verehrer Lindsay Anderson als den am meisten lyrischen Film des Regisseurs aus jener klassischen Epoche, die für John Ford mit dem Film »Faustrecht der Prärie« begann.[73] Dieser Film teilt sich vor allem über das Visuelle mit. Das Optische hat in diesem Film eindeutig das Primat gegenüber dem Dialog. Nicht Worte drücken das Wesentliche aus, sondern die Bewegung innerhalb des Bildes, die Bewegung der Kamera oder auch die Ruhe, die Harmonie einzelner Szenen, die Gesten und die Haltungen der verschiedenen Figuren. Bert Glennon (1895–1967), einer der großen amerikanischen Kameramänner, der schon »Höllenfahrt nach Santa Fe«, »Der junge Mister Lincoln« und »Trommeln am Mohawk« für Ford fotografiert hatte und der hinter der Kamera von Filmen mit Greta Garbo und Marlene Dietrich stand, fand auch hier einen faszinierenden Bildstil, wo immer wieder der Mensch in der Landschaft gezeigt wird. Die Bilder aus »Westlich St. Louis« zählen zu den ganz großen Bildern aus der Geschichte des Western. Nicht wenige Szenen dieses Schwarzweiß-Films scheinen direkt einem Dokumentarfilm zu entstammen. Hier wiederholt sich etwas, was wir bereits bei anderen großen Western, vor allem bei den Stummfilm-Epen, beobachten konnten. Der Realismus einiger Bilder, verschiedener Szenen scheint den Rahmen eines inszenierten, eines Spiel-Films zu sprengen. »Westlich St. Louis« ist ein Film der Reife, der Reife eines Regisseurs, aber auch der Reife eines Filmgenres, das dieser Regisseur wie kein anderer neben ihm geprägt, bestimmt hat.

Sofort nach Kriegsende fanden Kriegsfilme beim Publikum kein großes Interesse mehr, und so kehrte Hollywood schnell wieder zu jenen vertrauten Filmgenres zurück, die der Industrie von jeher die höchsten Profite eingebracht hatten. An der Spitze der Produktion standen wieder die Western. 1945 war bereits jeder vierte amerikanische Film ein Western. Eine ganz neue Welle von Pferdeopern ergoß sich über das Land. Vergangen-

heit und Gegenwart des Westens wurden erneut auf die Kinoleinwand gebracht. All die Helden aus jener Gegend des Landes kehrten ins Kino zurück, die bereits früher zu vertrauten Helden des Kinopublikums geworden waren: Buffalo Bill, Wyatt Earp, Billy the Kid, Calamity Jane, die Texas-Ranger und die Männer von Wells Fargo. Die Filme von John Ford ragten aus einem riesigen Meer von Filmen hervor, die in jenen Jahren die zahlreichen Western-Freunde im Publikum ansprechen sollten. Die B-Western setzten ihren Boom fort. Ein Spezialist dieser Filme wie Joe Kane, der eine Vielzahl von Produktionen mit Gene Autry und Roy Rogers inszeniert hatte, drehte auch nach Kriegsende weiterhin jedes Jahr mindestens ein halbes Dutzend von B-Western für die Republic-Filmgesellschaft.

In den Jahren nach Kriegsende erlebte das amerikanische Kino nicht nur ein starkes Anwachsen der Quantität, sondern mitunter auch einen Zuwachs an Filmen, die sich kritisch mit der amerikanischen Realität auseinandersetzten. Doch das waren zumeist keine Western. Von Ausnahmen abgesehen — so legte 1946 William Wyler, der Regisseur von »The Westerner« (In die Falle gelockt), sein wohl bedeutendstes Werk »The Best Years of Our Lives« (Die besten Jahre unseres Lebens) vor, eine sehr kritische Studie über das Nachkriegsamerika — entstanden diese Produktionen im Genre des Kriminalfilms, des Gangsterfilms. Die Beiträge der »schwarzen Serie« waren die künstlerisch wichtigsten aus jener Zeit. Die Zeitumstände waren nicht viel anders als damals zu Beginn der dreißiger Jahre, als Gangsterfilme die wichtigste Position eines sozialkritischen US-Kinos ausmachten. Seit 1945 bestimmten die Inflation und soziale Unruhen das Land. 1946 war das Jahr mit den heftigsten sozialen Auseinandersetzungen in der amerikanischen Geschichte. 1949 waren bereits 7 % aller erwerbsfähigen Amerikaner arbeitslos. Die heftigen sozialen Konflikte und eine immer stärkere Einschränkung der Bürgerrechte unter Präsident Harry S. Truman im Innern wurden durch

das Anwachsen des kalten Krieges nach außen »ergänzt«. Eine massive antikommunistische Hysterie durchzog das Land. Bereits ab 1947 schnüffelten fanatische Kommunistenjäger in Hollywood herum und brachten die ersten Opfer, die sich den antidemokratischen Verfahren widersetzten, hinter Gitter. 1950, im Jahr des beginnenden Korea-Krieges, übernahm der Senator aus Wisconsin, Joseph McCarthy, das Banner der Kommunistenhatz im ganzen Land und schuf eine Atmosphäre der Angst und Bespitzelung. All das führte zu einem deutlichen Rückgang kritischer Filme. Niemand wollte sich damals »verdächtig« machen... Der Rückgang progressiver Filme in den fünfziger Jahren führte eigenartigerweise zu einer Zunahme auch ideologisch beachtlicher Western. Western drückten damals das aus, was man mit anderen Filmen, also direkter, offener, nicht mehr auszudrücken wagte...

Doch in den vierziger Jahren war davon noch nichts zu merken. Auch ein Regisseur wie William A. Wellman drehte in den vierziger Jahren keinen ähnlich bedeutsamen Film wie »The Ox-Bow Incident« (Der Ritt zum Ox-Bow) mehr. Auch er perfektionierte die Form des Western und zeigte wenig Ambitionen, dem Genre gleichzeitig neue Inhalte, neue Perspektiven zu eröffnen. »Yellow Sky« (Nevada) aus dem Jahre 1948 war eine formal sehr überzeugende Studie über das Verhalten von Menschen in einer Extremsituation, konkret über die Auseinandersetzungen zwischen sieben Outlaws und den einzigen zwei Bewohnern einer verlassenen Goldgräberstadt um einen von ihnen gefundenen Goldschatz. Hier beeindruckten die Beschreibungen der Psychologie von Außenseitern, ihr unterschiedliches Verhalten zueinander, aber auch die Zeichnung der Landschaft, in der diese Geschichte um die Gier nach Gold spielte: eine Ghost Town, eine Gespensterstadt mit verfallenen Holzhütten, die vom einstigen Leben dort künden, die Wüste mit ihren vom Wind umspielten Felsblöcken, bizarre Gebilde der Natur, in deren Schatten die Menschen wie winzige Insekten wirken. Das Zusammenwirken von Mensch und Na-

tur, genauer der Mensch im Kampf mit dieser Natur bestimmte auch Wellmans Western »Across the Wide Missouri« (Colorado) aus dem Jahre 1951. Hier ging es um die Auseinandersetzungen zwischen Trappern und Indianern im Grenzgebiet zwischen Kanada und Montana, im Land der Blackfeet-Indianer in den dreißiger Jahren des vergangenen Jahrhunderts. Der Film überrascht durch eine Fülle sehr plastisch gezeichneter Figuren. Mountain Men, Trapper vor allem, Einzelgänger oder Geschäftemacher, aber auch stolze Indianer, die als Menschen voller Kraft und Würde gezeigt werden: Alle scheinen sie durch die wilde Landschaft um den Missouri River gleichermaßen geprägt. Dieser Film entspricht mit seiner Zeichnung der Indianer bereits einem neuen, wahrheitsgetreuen Bild, das der Hollywood-Western ab 1950 zu entwerfen begann. Wellmans Western »Westward the Women« (Karawane der Frauen) aus dem gleichen Jahr schildert einen sehr ungewöhnlichen Pionier-Treck nach Westen. Im fernen Chicago wirbt ein kalifornischer Bürgermeister 100 Frauen an, die zusammen, fast ohne männlichen Schutz, den gefährlichen Zug über die Rocky Mountains und durch die Wüste antreten, um die Männer zu erreichen, die in einer kleinen kalifornischen Ansiedlung allein leben. Der Film, der all die vielfältigen Strapazen schildert, die die Frauen überwinden müssen, endet mit der gleichzeitigen Hochzeit von 100 Paaren...

Raoul Walsh, der 1930 das große Opus »The Big Trail« (Die große Fahrt) und 1942 die heroische Custer-Biographie »They Died with Their Boots on« (Sein letztes Kommando) gedreht hatte, schuf in den Nachkriegsjahren ebenfalls einige bedeutsame Western. »Pursued« (Verfolgt) von 1947 war nahezu eine ins Western-Milieu verpflanzte antike Familientragödie mit großen Leidenschaften, mit Liebe und Haß, Rache und Bruderzwist. Diese düstere Geschichte um zwei Halbbrüder könnte auch in jeder anderen Zeit, in jedem anderen Milieu angesiedelt sein.

Die Verbindung zwischen antiker Mythologie, dem antiken Drama und dem Western, die schon seit der Stummfilmzeit, eigentlich seit der Existenz des Western für einige Analytiker des Genres festzustehen scheint, wird hier einmal mehr sehr deutlich sichtbar.

Walsh' Film »Silver River« (Herr der Silberminen) aus dem folgenden Jahr porträtiert einen außerordentlich zwielichtigen, außerordentlich erfolgreichen ehemaligen Offizier der Nordstaaten-Armee, der in Nevada durch allerlei Tricks, Spekulationen und andere undurchsichtige Unternehmungen fast zu einer Symbolfigur des amerikanischen Geschäftsmannes wird. »Colorado Territory« (Vogelfrei) von 1948 beschreibt dagegen einen nicht weniger erfolgreichen Outlaw, der in alle möglichen Postkutschen- und Zugüberfälle verwickelt ist. »Distant Drums« (Die Teufelsbrigade, 1951) schildert die Auseinandersetzungen zwischen der amerikanischen Armee und dem Stamm der Seminolen-Indianer in den vierziger Jahren des 19. Jahrhunderts in Florida. Tribut an die neue Sicht auf die amerikanischen Ureinwohner ist hier die Hauptgestalt, ein Captain der US-Army, der mit einer Indianerin verheiratet war und von ihr einen Sohn hat. Ansonsten

270 *Gary Cooper und Richard Webb
in »Die Teufelsbrigade« von Raoul Walsh*

271 *Paulette Goddard in »Die Unbesiegten«
von Cecil B. DeMille*

gefällt sich der Film in einem eigenartigen, schon 1951 etwas anachronistisch wirkenden Heroismus, der die brutalen Aktionen der Armee gegen die Seminolen feiert und der die Gegenseite, die Indianer, als einfältige, heimtückische Toren darstellt.

Altmeister Cecil B. DeMille drehte nach dem Krieg nur noch einen Western. Da heroische Geschichtsbilder, wie »Union Pacific« *(Die Frau gehört mir),* nicht mehr so sehr gefragt waren, begann er sich mehr für aufwendige historische Monumentalfilme zu interessieren, ein Genre, dem er bis zu seinem Lebensende verbunden blieb. Sein letzter Western »Unconquered« *(Die Unbesiegten)* aus dem Jahre 1947 war ein letzter Versuch, amerikanische Geschichte in einem sehr aufwendigen Film widerzuspiegeln. Die Geschichte einer Engländerin, die 1763 als Sklavin nach Amerika kommt und dort in die Auseinandersetzungen zwischen Indianern und Weißen hineingezogen wird, gestaltet DeMille zu einem recht schwerfälligen patriotischen Opus, dem nahezu zwangsläufig der Erfolg versagt blieb.

Einer der Western, über die nach Kriegsende vor allem debattiert wurde, war jedoch weder DeMilles Opus noch die Werke von William A. Wellman oder Raoul

Walsh, das war »Duel in the Sun« *(Duell in der Sonne),* den King Vidor, Regisseur von »Billy the Kid« *(Der letzte Bandit)* und »The Texas Rangers« *(Grenzpolizei Texas),* für den Produzenten David O. Selznick gedreht hatte. Dieser Film aus dem Jahre 1946 war alles andere als ein durchschnittlicher Western. Alles, die Form, die Geschichte, die Besetzung, die Resonanz bei Publikum und Kritik, war ungewöhnlich. Der Film war als ein ungewöhnliches Ereignis konzipiert und realisiert worden. Selznick wollte eine Art Über-Western, einen Super-Western. Natürlich genügte einem solchen Unternehmen nicht nur ein Regisseur. Der Produzent engagierte fünf weitere Regisseure, die alle nur ein paar Szenen drehten und

dann bald wieder entlassen wurden. Einer dieser Regisseure war Josef von Sternberg. Er konnte seine Erfahrungen bei der Lichtgestaltung, die er bei seinen großen Filmen mit Marlene Dietrich gewonnen hatte, auch in diesen Super-Western einbringen.

David O. Selznick war der Produzent des Film »Gone with the Wind« *(Vom Winde verweht)*, eines Films, der in seinen Ausmaßen alles, was bisher aus Hollywood gekommen war, in den Schatten stellen sollte. Selznicks Rechnung ging weitgehend auf. Und so sollte nun »Duell in der Sonne« alles in den Schatten stellen, was bisher als Western aus der kalifornischen Traumfabrik gekommen war. Es ist eigentlich verwunderlich, daß bei dergleichen, zweifelsohne leicht größenwahnsinnigen Ambitionen eines ehrgeizigen Hollywood-Produzenten doch noch ein Film herauskam, der seine Reize hatte, die durch keinen Hang zur Gigantomanie zugedeckt werden konnten.

Dieser Film hält sich nicht lange mit dem Westen und seiner Legende auf. »Duell in der Sonne« erzählt nicht mehr und nicht weniger als eine große Familiengeschichte, als eine menschliche Tragödie, die – eigentlich zufälligerweise – im Westen, in Texas spielt. Menschliche Leidenschaften, die Abhängigkeit der Menschen voneinander stehen im Mittelpunkt des Films. Texas, der Westen, ist nur der Rahmen, in dem die Geschichte von menschlichen Gefühlen und Leidenschaften, von menschlichen Schicksalen spielt. Beziehungen zur Historie, zu wirklichen historischen Vorgängen werden nur ins Spiel gebracht, wenn dadurch die Leidenschaften der Menschen besonders deutlich hervortreten sollen, wenn diese Leidenschaften ein besonderes Motiv benötigen.

»Duell in der Sonne« erzählt die Geschichte des Halbbluts Pearl Chavez (Jennifer Jones), deren Vater (ein Weißer) ihre Mutter (eine Indianerin) umgebracht hat und dafür hingerichtet worden ist. Die Waise kommt dann in das Haus ihrer Tante (Lillian Gish), der Frau des Senators und texanischen Rinderkönigs McCanless (Lionel Barrymore). Im Haus des Senators leben seine beiden Söhne Lewt (Gregory Peck) und Jesse (Joseph Cotten). Beide begehren Pearl. Lewt (der immer dunkle Kleidung trägt) ist aggressiv, brutal und voller herausfordernder Kraft. Jesse (der sich hell kleidet) ist sympathisch, voller Freundlichkeit und Verehrung für die schöne junge Frau. Lewt will Pearl als Geliebte besitzen, doch sie ist zu stolz, will ihn ganz für sich haben und verlobt sich aus Trotz mit einem Landarbeiter. Daraufhin erschießt Lewt den Arbeiter und flieht in die Berge. Die Zeit, die durch den Bau der Eisenbahnlinien bestimmt wird, verlangt auch von dem McCanless-Imperium ihren Tribut. Als die Gleise durch das Weideland des Viehbarons gelegt werden sollen, läßt McCanless auf die Schienenarbeiter schießen. Daraufhin verläßt Jesse seinen brutalen, störrischen alten Vater. Der in den Bergen versteckt lebende Lewt besucht mehrmals heimlich Pearl. Um das Mädchen vor den Nachstellungen seines Bruders zu schützen, nimmt Jesse sie mit zu sich in die Stadt. Bei einem Schußwechsel zwischen den beiden Brüdern wird Jesse verwundet. Lewt will nach Mexiko fliehen. Um ihn ein letztes Mal zu sehen, reitet Pearl in die Berge zu Lewt. Nachdem sie sich durch Schüsse gegenseitig tödlich verletzt haben, sinken sich Pearl und Lewt sterbend in die Arme...

Das Faszinierende, das von diesem Film ausgeht, läßt sich nur schwer mit Worten ausdrücken. Das Bombastische dieser Produktion führte auch dazu, daß allen Wirkungsmöglichkeiten des Kinos hier gleichermaßen große Beachtung geschenkt worden ist. Hier spielen Schauspieler Menschen aus Fleisch und Blut, die aller großen menschlichen Leidenschaften fähig sind, die sich lieben und die sich zerfleischen, die sich verletzen und die sich unendlich lieben. Das sind keine blassen Schemen, Typen aus dem alten Arsenal der Western-Produktion. Niven Busch, der zuvor das Szenarium zu Wylers »The Westerner« *(In die Falle gelockt)* und zur gleichen Zeit zu Walshs ungewöhnlichem, »Duell in der Sonne« sehr ähnlichem Western »Pursued« *(Verfolgt)* geschrieben hatte, war Autor des Romans, der

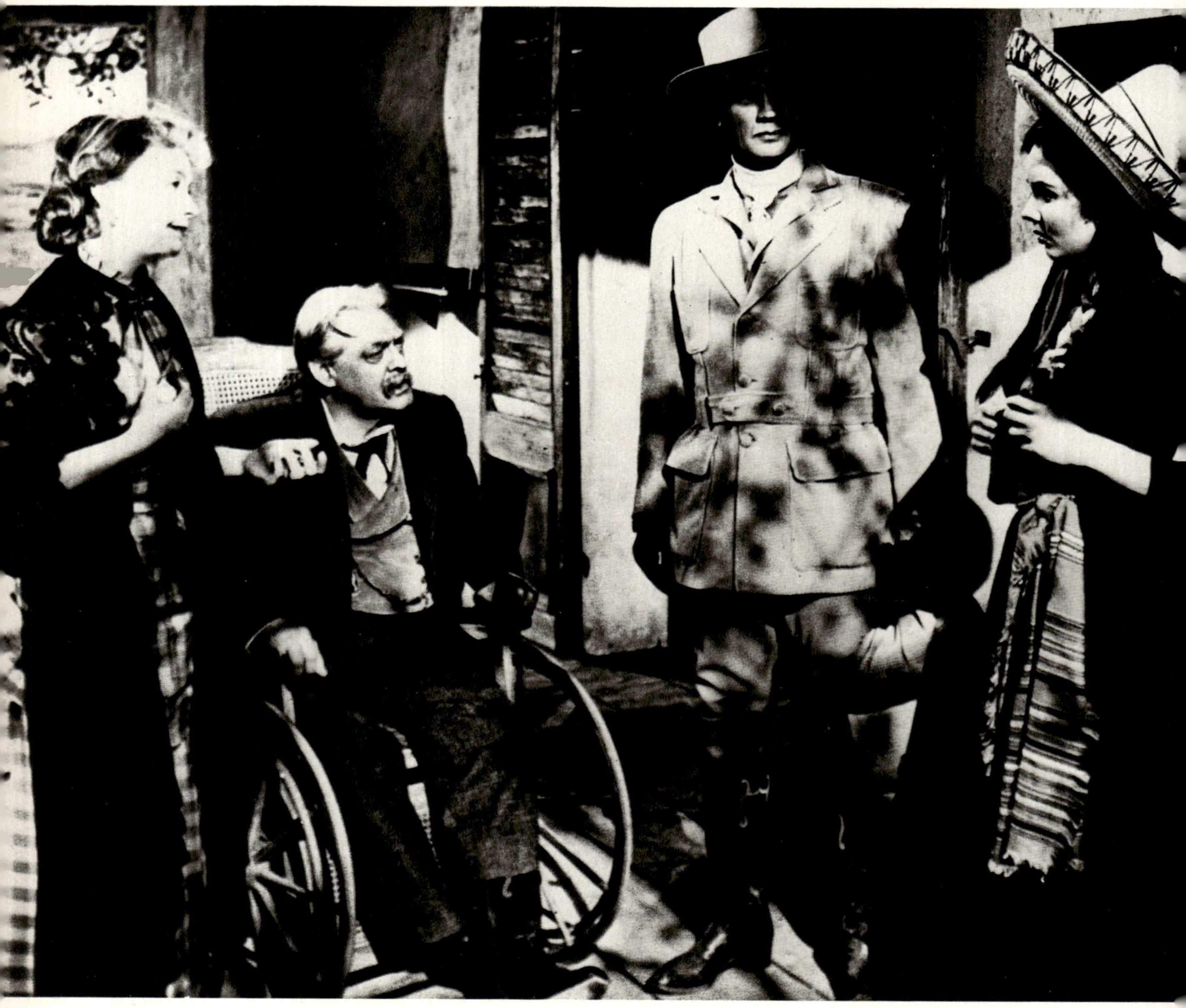

273 Lillian Gish, Lionel Barrymore,
Joseph Cotten und Jennifer Jones
in »Duell in der Sonne« von King Vidor

dem Film als Basis diente. Er dürfte für die kontrastreiche Zeichnung der sehr verschiedenen Charaktere vor allem verantwortlich sein. Hier treten in starkem Maße auch Generationskonflikte auf, die bisher im Western nur am Rande behandelt wurden, die aber fortan in diesem Filmgenre eine wichtige thematische Rolle spielen sollten. Der Viehbaron McCanless regiert mit harter Hand über sein Imperium, zu dem auch seine Frau und seine beiden Söhne gehören, die den Vater »Senator« nennen... Der Rassenkonflikt bleibt hier allerdings völlig am Rande. Das Halbblut Pearl Chavez hat offenbar keinerlei Schwierigkeiten, sich der Kultur, den moralischen Normen der Weißen anzupassen – wenn auch ihr Temperament und ihr Äußeres sehr deutlich die Tochter einer Indianerin erkennen lassen.

Drei Kameramänner verpflichtete Selznick für seinen bombastischen Western, der auch besonders durch einen farbenprächtigen Bildstil wirken sollte. Immer wieder läßt uns die Technicolor-Kamera direkt in die glutrote Sonne blicken. Die Sonne, die die Gefühle der Menschen widerzuspiegeln scheint, die das Land, die Felder, die Wüste, die Berge mit ihrer grausamen Hitze überzieht, und nicht zuletzt die Musik von Dimitri Tiomkin geben dem gesamten Film eine Bedeutungsschwere, die Selznick beabsichtigte.

Der Film erregte ähnlich die Gemüter wie einige Zeit zuvor der Film »The Outlaw« *(Geächtet)*. Und wieder ging es um das Bild der Frau, um die Darstellung der Gefühle und der Liebe in einem Western. Wie hier eine leidenschaftliche, die Menschen zerstörende Liebe gezeigt wird, wie hier Leidenschaften gewissermaßen bis zum Exzeß getrieben werden – das irritierte die sogenannte »öffentliche Meinung« der USA bzw. jene Institutionen, die sich als Hüter der öffentlichen Moral aufspielten. Auch die Figurenwahl – eine Mestizin als einzig sauberes Mädchen in einer weißen Welt des Hasses und der Brutalität, die einen Weißen liebt und geliebt wird, also eigentlich in die Nähe der Rassenschande gerät – irritierte bzw. schockierte. »Duell in

der Sonne« wurde als eine »Gefahr für die Jugend« angesehen — und das passierte einem Western, dieser Art amerikanischer Familienunterhaltung par excellence! Der Erzbischof von Los Angeles verbot allen Katholiken »mit einem freien Bewußtsein«, sich diesen Film anzusehen, und forderte den Boykott aller Kinos für einen Monat![74] Es ist nur bezeichnend für die Haltung des Produzenten David O. Selznick, daß er den Film daraufhin neu montierte, also verstümmelte, und schließlich sehr viel Geld an ihm verdiente!

Heute, da all der Wirbel um diesen Film vergessen ist, da er seinen Platz neben mehreren anderen großen Western eingenommen hat und nicht mehr als der bombastische Super-Western fungieren muß, kann man seinen Wert nüchterner einschätzen. Der französische Filmhistoriker Charles Ford bewertete den Film in seiner »Histoire du Western« recht hoch:

King Vidors Film ist eine der ambitioniertesten amerikanischen Produktionen aus der unmittelbaren Nachkriegszeit. Diese Ambition drückt sich nicht nur durch den Umfang der Rekonstruktion, durch die Vielfalt der angewandten künstlerischen Verfahren aus, sondern auch durch die Vereinigung eines ganzen gewichtigen Star-Ensembles: Gregory Peck, Jennifer Jones, Joseph Cotten, Lionel Barrymore, Herbert Marshall, Lillian Gish, Walter Huston, Charles Bickford, Tilly Losch, Otto Kruger, Harry Carey... Zwei von ihnen hätten allein schon genügt, um den Erfolg des Films zu sichern. Action und Abenteuer, Liebe und Leidenschaft, Tänze und Reitereien wechseln zur großen Freude des Publikums einander ab, eines Publikums, das sich außerdem noch dem nicht unwichtigen Schauer einer durchdringenden Sinnlichkeit hingeben kann. »Duell in der Sonne« hatte für die damalige Zeit ungewöhnliche Ausmaße. Der Film scheint nirgendwo zu lang zu sein; dank der geschickten Dosierung von lyrischen Szenen und Massenszenen interessiert und fesselt er von Anfang bis Ende. Die Darstellung, perfekt bis zur kleinsten Rolle, und eine künstlerische Anwendung der Farbe vervollständigen den Erfolg. Zweifellos haben Liebe und

Tod nie eine derart gute Mischung ergeben wie in dieser Filmadaption des Werkes von Niven Busch.[75]

Jene Zeit nach Kriegsende war für den Western außerordentlich fruchtbar. Fast in jedem Jahr kamen bedeutsame neue Filme in die Kinos, die die vielfältigen Möglichkeiten dieses Genres bewußt werden ließen, die das Terrain ausschritten, die es ausweiteten, neue Figuren, neue Figurenkonstellationen einführten. In jener so überaus fruchtbaren Zeit debütierte auch ein Regisseur, der in den folgenden zwei Jahrzehnten die interessantesten Western drehen sollte. Spielfilme, vor allem Komödien und Gangsterfilme, hatte Howard Winchester Hawks (1896—1977) bereits seit 1926 gedreht. Doch erst 1948 stellte er seinen ersten Western »Red River« *(Panik am roten Fluß)* vor — sehen wir von »Geächtet« ab, für den Hawks 1943 nur einige wenige Szenen gedreht hatte. Man mag darüber meditieren, warum dieser erfolgreiche Regisseur, der so sehr die weiten Räume liebte, die vielfältigen Möglichkeiten, die ihm die Landschaft des Westens für seine Totalen bot, die kraftvollen, männlichen Charaktere, warum er so lange gewartet hat, bis er selbst einen Western drehte. Vielleicht sah er recht spät, daß dieser viel mehr sein kann als die allwöchentliche Wochenendunterhaltung für Jugendliche.

»Panik am roten Fluß« erzählt wieder einmal die Geschichte eines Trecks. Doch dieses Mal besteht er vor allem aus Tieren. Und nicht nach Westen zieht man, sondern von Süden nach Norden. Die Viehtrails, die in den sechziger Jahren des vergangenen Jahrhunderts eingerichtet wurden, brachten die Tiere aus dem Süden, aus Texas, New Mexico, in den industrialisierten Norden, wo die Schlachthöfe von Chicago einen gewaltigen Bedarf an Rindern hatten. 1868 wurde die Stadt Abilene in Kansas zur ersten großen Cowtown, zur Rinderstadt, zu einem riesigen Umschlagplatz für Rinder, in der die Cowboys ihre Herden ablieferten und sich nach all den harten Strapazen für ein paar Stunden erholen konnten. Von Abilene aus gingen dann die Viehtransporte nach Norden, vor allem nach

Chicago. 1869 wurden 160000 Rinder in Abilene um-
geschlagen. 3000 Stück Vieh wurden durchschnittlich
von 15 bis 20 Cowboys nach Abilene gebracht. Drei
Monate war man gewöhnlich auf dem Chisholm Trail
unterwegs, drei harte Monate, die gar nichts mit
Cowboy-Romantik, dagegen viel mit harter Arbeit,
Entbehrungen, ständigen Bedrohungen, Krankheiten,
Indianer-Überfällen usw. zu tun hatten.

»Panik am roten Fluß« war das Western-Debüt von
Howard Hawks und ebenfalls auch von Borden Chase
(1900–1971), einem der besten Western-Szenaristen
der fünfziger Jahre. Chase erzählt in seinem Film in
der Hauptsache von einem solchen Vieh-Treck von La-
redo, Texas, nach Abilene. Doch zuvor wird berichtet,
wie Tom Dunson (John Wayne) zu seiner Herde, zu
seinem Reichtum gekommen ist. Vor vielen Jahren war

279 *Montgomery Clift (Mitte)*
und Walter Brennan (rechts)
in »Panik am roten Fluß«

Tom als Pionier in den Westen gekommen. Er siedelte sich in Texas, nördlich des Rio Grande, an. Charakteristisch für diese Figur und wohl auch für die Mehrheit der amerikanischen Siedler in Texas, die in jenes Land kamen, das noch kurz zuvor zu Mexiko gehört hat, ist die Landnahme, die die Anfangsszenen des Films beschreiben. Als Dunson sein Weideland abgesteckt hat, kommen einige Mexikaner, die behaupten, dieses Land gehöre ihrem Boß. Auf die Frage, wer diesem das Land gegeben hat, erwidert man: »Der König von Spanien.« Daraufhin Tom Dunson: »Also habt ihr es den Indianern weggenommen. Und jetzt nehme ich es euch weg!« Die Logik eines brutalen Usurpators, dessen zukünftiger Kampf gegen Mexikaner und Indianer als »gerecht« geschildert werden wird. Und ganz in diesen Rahmen paßt natürlich auch das Bild, das der Film von den Indianern zeigt, die hier noch einmal die gefährliche, anonyme Masse sind, die Kinder und Frauen mordet, die permanente Bedrohung für jene, die Vieh züchten und verkaufen wollen…

Doch all das interessiert Hawks nur am Rande. Ihn interessiert vor allem die Figur des Patriarchen Dunson, die Inkarnation des harten, selbstherrlichen Feudalherrn, der mit seinen Fäusten brutal ein Imperium zusammengetragen hat und nun mit diesen Fäusten vergeblich versucht, dieses Imperium, seine Macht zu erhalten. Vor Jahren war Tom mit seinem Freund und mit Matt, einem Kind, dem einzigen Überlebenden eines Indianer-Überfalls, nach Texas gekommen. Seine ganze Habe bestand aus einem Planwagen und zwei Rindern, »einem plattnasigen Ochsen und einer Kuh«. Jetzt besitzt er fast 10 000 Rinder. Und er regiert über seinen Besitz mit den längst überlebten Methoden der Pionierzeit. Doch gerade Matt ist es, der Junge, den er wie seinen eigenen Sohn aufzog, der sich während des Trecks gegen die autoritären Methoden des Alten auflehnt, ihn im Kampf verletzt, in der Wüste allein zurückläßt und für ihn die Herde in Abilene verkauft. Der Konflikt zwischen Tom und Matt ist der Konflikt zwischen Tradition und Neuzeit. In diesem Konflikt

scheint Hawks unsere Sympathie auf den Alten zu lenken, auf dessen Tragik, der erkennen muß, daß seine Zeit vorbei ist, daß ihm sein Besitz trotz aller Bemühungen allmählich entgleitet…

Auch »Panik am roten Fluß« wurde mit einem gewaltigen Aufwand realisiert. Der Zuschauer sollte einen überzeugenden Eindruck davon bekommen, was es bedeutet, eine Herde von mehreren tausend Rindern über einen Weg von vielen tausend Meilen zu treiben. Hawks hatte für seinen Film zeitweise 5 000 Rinder zur Verfügung. Hier gab es keine Tricks; hier wurde nicht aus wenig mittels allerlei Kunststückchen viel gemacht. Mehrmals zeigt Hawks in gewaltigen Totalen die Masse der Tiere, die durch ein paar wie verloren wirkende Cowboys bewegt wird. Man hat Hawks' Film zu Recht einen der visuell aufregendsten Western genannt. Viele Szenen, zahlreiche Bilder dieses großen Films sind heute längst zu unvergeßlichen Momenten aus der Geschichte des Western geworden; so z. B. der Aufbruch der Herde, die am Morgen ruhelos in der Einzäunung verharrt. Der Treckführer gibt ein Zeichen, ein anderer Cowboy nimmt es auf. Dann sehen wir einen Reiter, dessen Pferd sich aufbäumt. Mit einem wilden, übermütigen Schrei treibt er die Herde auf! Ein zweiter, dritter, vierter Cowboy tut es ihm

gleich. Dann sehen wir die Herde in ihrer Totalität, die sich langsam in Bewegung setzt. Ein riesiges Unternehmen beginnt zu rollen, angetrieben von Männern, die aufeinander angewiesen sind, die sich aufeinander verlassen müssen. Genauso eindrucksvoll ist die Inszenierung einer riesigen Stampede, einer Panik innerhalb der Herde, die durch die Unvorsichtigkeit eines Cowboys ausgelöst wurde. Ein heruntergefallener Kochtopf erschreckt ein paar Rinder – eine Kettenreaktion ist die Folge. Die Tiere rennen los, trampeln aufeinander, überrennen alles und jeden... Eine Maschine scheint vollkommen durchzudrehen, die niemand mehr stoppen kann. Am Ende sind ein Cowboy und mehrere hundert Rinder die sinnlosen Opfer. In diesen und noch vielen anderen spektakulären Szenen bekommt der Zuschauer einen aufschlußreichen Eindruck von dem, was die Arbeit von Cowboys wirklich bedeutete, eine Arbeit, die so anstrengend wie lebensgefährlich, so hart wie entbehrungsreich war... Und wieder gibt es in einem großen Western-Epos Szenen, die den Rahmen eines Spielfilms zu sprengen scheinen, Szenen, die den Menschen, das Tier, die Landschaft wie in einem aufregenden Dokumentarfilm zeigen.

Neue Namen, neue Themen, neue Perspektiven

★ Der »Über-Western« ★ Die Filme von Delmer Daves ★ Neue Sicht auf die amerikanischen Ureinwohner ★ Der Mann zwischen den Fronten: Das Halbblut ★ Das klassische Modell des »Über-Western«: »Zwölf Uhr mittags« von Fred Zinnemann ★ Die Filme des Anthony Mann ★ Die Filme des John Sturges ★ Die Spätwerke von John Ford ★ Der Klassiker des Howard W. Hawks: »Rio Bravo« ★ »Wenn Frauen hassen« von Nicholas Ray ★ Die kleinen Außenseiter-Western des Budd Boetticher ★

Die verschiedenen Entwicklungsetappen der Filmgeschichte sind nie exakt voneinander getrennt, sie gehen vielmehr zumeist ineinander über. Erst später entdeckt man dann deutliche Einschnitte, die eine neue Etappe markieren. Das ist nicht anders in der Entwicklung des Western. So erscheinen uns heute die Jahre 1939/1940 als solch eine deutlich sichtbare Kerbe genauso wie das Jahr 1950. Was 1939 John Fords »Stagecoach« (Höllenfahrt nach Santa Fe) war, das war 1950 der Film »Broken Arrow« (Der gebrochene Pfeil) von Delmer Daves. Bedeutete der eine Film ein eindrucksvolles Beispiel für die Weiterentwicklung der Formelemente, so stellte »Der gebrochene Pfeil« einen deutlichen Einschnitt in der Darstellung des Indianers im amerikanischen Western dar.

Man hat oft versucht, diese Art von Filmen, die nach dem Krieg, vor allem in den fünfziger Jahren, entstanden sind, im Unterschied zu den vorausgegangenen Produktionen zu definieren, ihnen eine neue Bezeichnung zu geben – denn hier versagte das Schema der A- und B-Pictures. Theoretiker sprachen vom Edel- oder vom Erwachsenen-Western, der französische Filmtheoretiker André Bazin schlug den Begriff »Über-Western« vor. 1955 schrieb er über eine Entwicklung, die sich in den letzten zehn Jahren vollzogen hatte:

Ich würde konventionell die Gesamtheit der vom Genre nach dem Kriege aufgegriffenen Formen als »Über-Western« bezeichnen. Dabei soll jedoch nicht übersehen werden, daß mit diesem Ausdruck Phänomene zusammengefaßt werden, die nicht immer vergleichbar sind. Im Vergleich zum Klassizismus der Jahre um 1940 und vor allem zur Tradition, die er abgelöst hat, ist dieser Ausdruck negativ zu rechtfertigen. Sagen wir also, daß der »Über-Western« ein Western ist, der sich schämt, nur er selbst zu sein, und der seine Existenz durch ein zusätzliches Interesse zu rechtfertigen versucht: durch ein Interesse ästhetischer, soziologischer, moralischer, psychologischer, politischer, erotischer Art – kurz, durch irgendeinen Wert außerhalb des Genres, der das Genre bereichern soll.[76]

Nein, die Filme, die von jetzt an das Bild des Genres zu bestimmen begannen und die auch, rückblickend betrachtet, als die wichtigsten jener Jahre angesehen werden, waren keine »reinen Western« mehr. Sie erzählten nicht mehr in aller Naivität immer wieder neue Variationen der alten Geschichten. Mehr und mehr richteten sie kritische Blicke auf eine bisher zumeist verklärte Vergangenheit, begannen sie, am Sockel jener Helden der Western-Legende zu kratzen, die noch vor kurzem in Filmen auf diese Monumente gehoben worden waren. Ein erwachsenes Publikum stellte größere Anforderungen an den Wahrheitsgehalt, an die Glaubwürdigkeit der Geschichten.

Es mag wohl ein Zufall gewesen sein, daß im Jahre 1950 – in jenem Jahr, in dem auch John Fords großes Werk »Wagonmaster« (Westlich St. Louis) erschien – gleich zwei Filme in die amerikanischen Kinos kamen, die deutlich versuchten, das schiefe Bild, das die Mehrzahl der Hollywood-Western bisher vom amerikanischen Ureinwohner gezeichnet hat, wenigstens etwas zurechtzurücken. Und beide Filme hatten Regisseure gedreht, die als Western-Regisseure noch vollkommen unbekannt waren. Delmer Daves (Jahrgang 1904) hatte zuvor als Requisiteur für James Cruze in der Stummfilmzeit gearbeitet und später an mehreren Produktionen als Schauspieler, Szenarist und Regisseur teilgenommen. »Der gebrochene Pfeil« (sein elfter Film als Regisseur) hob ihn jedoch erstmals aus dem Heer der anonymen Hollywood-Regisseure hervor. Nicht anders war es mit Anthony Mann (1906–1967), der nach einer längeren Laufbahn als Theaterregisseur 1939 nach Hollywood gekommen war und dort seit 1942 Filme drehte. Seine ersten beiden Western »Devil's Doorway« (Fluch des Blutes) und »Winchester '73« aus dem Jahre 1950 machten aus ihm dann sehr schnell einen »Erneuerer des Western«. »Fluch des Blutes« erzählt die bittere Geschichte vom Shoshonen-Häuptling Lance Poole (Robert Taylor), der für seine Tapferkeit im Bürgerkrieg von der amerikanischen Regierung mit einer Medaille ausgezeichnet

wurde und nun in Frieden auf seiner Farm in Wyoming arbeiten möchte. Es ist eine Geschichte, die man ebensogut über einen Neger, einen Juden, über jeden anderen Vertreter einer rassischen Minderheit erzählen könnte. Es ist die alte Geschichte eines Mannes, der in einer Extremsituation, im Krieg, seine Haut für das Land, für die Mehrheit der Bewohner zu Markte getragen hat und dem man nun, da man ihn nicht mehr braucht, sein »Anderssein« als Außenseiter immer wieder vor Augen hält. Trotz aller Versuche erhält er keine Möglichkeit, ein geachtetes Mitglied der Gesellschaft zu werden. Die alte, jederzeit aktuelle Geschichte vom Soldatenlohn wird erzählt. Der Indianer muß erkennen, daß er nach wie vor ein Staatsbürger zweiter Klasse ist. Poole hoffte, daß mit Ende des Krieges Frieden und Gerechtigkeit einkehren, daß mit Eingliederung des Wyoming-Territoriums in den Verband der Vereinigten Staaten von Amerika (1890) Toleranz und Recht regieren werden. Das Gegenteil ist der Fall. Siedler und Eisenbahnbauarbeiter bringen die alten rassistischen Vorurteile ins Land. Ein geschäftstüchtiger Anwalt lockt Schafzüchter mit ihren Herden auf die Weideplätze, die den Indianern gehören. Das Gesetz gibt ihnen die Handhabe dafür, denn nach diesem Gesetz ist ein Indianer – und sei er auch als Kriegsteilnehmer ausgezeichnet worden – kein amerikanischer Staatsbürger, sondern nur ein »Mündel« der US-Regierung und hat demzufolge auch keinerlei Anrecht auf Grund und Boden!

Lance Poole hat alles das, was weiße Amerikaner immer von einem sogenannten »guten Indianer« erwarten. Er will sich in die Gesellschaft der Weißen integrieren, er will ihre Gesetze achten, er ist strebsam, will weiter nichts, als in Frieden leben und arbeiten, er möchte weiter nichts, als in seiner Arbeit Erfolg haben, und er glaubt, daß jene als Ideale für die Gesellschaft der Weißen verkündeten Lebensmaximen auch für ihn gelten. Doch Lance Poole muß erkennen, daß das alles für ihn nicht gilt. Er wird zwar nicht – wie so viele seiner Brüder, aber auch Neger, Mexikaner, Chinesen –

kriminalisiert, doch ein Leben in Frieden ist unmöglich. Als es schließlich zu bewaffneten Auseinandersetzungen zwischen Siedlern und Indianern kommt und Truppen von Fort Laramie aus gegen die Indianer vorrücken, geht Poole in seiner alten Uniform auf die Truppen zu und stirbt vor ihren Füßen... Seine Kameraden von einst, jetzt seine Gegner, sind gezwungen, dem Sterbenden die letzte Ehre zu erweisen.

Anthony Mann erzählt seine Geschichte aus der Perspektive des Indianers. Und so ist es auch nur folgerichtig, daß wir endlich einmal eine Szene, die wir ähnlich in hunderten von anderen Western gesehen haben – ein Dorf wird von brutalen Feinden überfallen und zerstört –, daß wir eine solche Szene auch einmal aus der Sicht der Indianer sehen. Hier sind es die Indianer, die friedlich ihrer Arbeit nachgehen, die das Land bestellen und es kultivieren. In diesem Film sind es weiße Aggressoren, die die rothäutigen Siedler überfallen und niedermetzeln...

»Der gebrochene Pfeil« vom Delmer Daves erzählt dagegen eine Geschichte aus der Sicht eines Weißen, eines Mannes zwischen den Kulturen, der zwischen Rot und Weiß vermitteln will. Der Postmeister Tom Jeffords (James Stewart) ist ein wirklicher »Peacemaker«, ein Friedensstifter zwischen den verfeindeten Apachen unter Häuptling Cochise und den Weißen während der Indianer-Kriege im Süden der USA, in der Nähe der Stadt Tucson, Arizona. Die Hauptfiguren aus Daves' Film waren authentisch, der Häuptling der Chiricahua-Apachen Cochise genauso wie der Superintendent of Mails, der Oberpostmeister von Tucson Thomas J. Jeffords sowie der General Oliver Otis Howard. In der Zeit furchtbarer Auseinandersetzungen, die durch brutale Überfälle der Indianer und der Weißen gekennzeichnet ist, geht ein Mann unter den mißtrauischen, haßerfüllten Blicken seiner weißen Brüder zu den Apachen und bittet um Einstellung der Kämpfe. Er erreicht es durch seinen persönlichen Einsatz, daß fünf Postreiter in die von den Indianern eingeschlossene Stadt Tucson unbehelligt gelangen. Als

aber ein Militärkonvoi, der die Blockade der Stadt aufbrechen wollte, von den Indianern zerschlagen wird, will man den weißen »Verräter« Jeffords lynchen... Dennoch kann mit den Indianern eine 30tägige Waffenruhe ausgehandelt werden – ein Vorgang, der die Gegner auf beiden Seiten nur noch mißtrauischer werden läßt. Während dieser Waffenruhe heiratet der weiße Postmeister Jeffords das Apachen-Mädchen Sonseeahray... Doch haßerfüllte Weiße unterbrechen das Idyll: Sie töten die Squaw und verwunden Jeffords schwer. In seiner Verzweiflung ist es der Weiße, der Cochise rät, das Kriegsbeil wieder auszugraben. Doch der Indianer hält sich an die getroffenen Abmachungen. Im Trauerzug für die Indianerin gehen auch einige Weiße mit. Ein Symbol für ein Ende der Intoleranz und des Hasses?

Man mag gegen den Film ästhetische Einwände haben, man mag ihm vorwerfen, daß auch diese Geschichte nicht ohne Liebesromanze auskommt (auch »Fluch des Blutes« schilderte eine weiß-rote Liebesromanze). Aber schließlich waren diese immer wieder geschilderten Verbindungen eines weißen Mannes und einer Squaw nicht ohne Beziehung zur Realität. Mögen die weißen Siedler, die Pioniere, die Trapper und Scouts den Indianern auch voller Haß und Unverständnis gegenübergetreten sein, der offensichtlich große Frauenmangel in dieser noch unzivilisierten Gegend führte immer wieder solche Verbindungen herbei, die eigentlich im Verständnis der arroganten Weißen Fälle von Rassenschande sein müßten. Aber die harte Realität des Westens beseitigte auch so manches rassistische Vorurteil. Und nicht selten waren es die Männer, die in einer solchen Verbindung lebten, und die daraus hervorgegangenen Kinder, die immer wieder in Konflikt mit der Intoleranz der Mehrheit gerieten.

»Der gebrochene Pfeil« war ein deutlich vorgetragenes Plädoyer für Toleranz und Rassengleichheit. Als solch ein Film war er auch schon damals verstanden worden. Es ging hier nicht mehr nur darum, in einzelnen Szenen die Indianer als menschliche Wesen zu zeigen

und nicht mehr nur als anonyme Massengefahr. Schließlich hatte doch zwei Jahre zuvor selbst John Ford in »Fort Apache« *(Bis zum letzten Mann)* den Apachen-Häuptling Cochise schon in einem sympathischen Licht gezeigt. Daves dagegen plädiert dafür, die Indianer als gleichberechtigte Bürger der USA anzuerkennen. Er zeigt, daß nicht allein die Indianer in den kriegerischen Auseinandersetzungen brutal und wild waren; die Weißen waren es nicht minder. Die Weißen provozierten und übervorteilten die Ureinwohner des Landes, sie brachen bedenkenlos Abmachungen mit ihnen und dezimierten sie daraufhin in barbarischen Kämpfen.

Delmer Daves erinnerte sich 15 Jahre später an seinen Film, den er nach dem Buch »Blood Brother« (Blutsbruder) von Elliott Arnold gedreht hatte:

»Der gebrochene Pfeil« basiert auf den historischen Tatsachen, auf zeitgenössischen Dokumenten. Die Beziehungen zwischen Jeffords und Cochise sind genauso sorgfältig rekonstruiert worden wie die Konflikte und die Übereinstimmung zwischen den Indianern sowie die Geschichte der Weißen, die die Indianer um jeden Preis ausrotten wollen. Aus diesem Grund glaube ich, daß ich – könnte ich den Film heute noch einmal drehen – am Szenarium nur sehr wenig ändern würde; jede Änderung würde dann die historische Wahrheit verfälschen. Jedermann weiß, daß die einfachen Wahrheiten, die in diesem Film ausgesprochen werden, damals als extreme Ansichten galten. Ich glaube aber auch, daß ich die Indianerin wieder sterben lassen würde. Ihr Tod ist wie ein Symbol für den Preis, den der Frieden kostet. Er verdeutlicht die Abscheulichkeit des Hasses – damals genauso wie heute. Soviel zur Geschichte. Darüber hinaus glaube ich, daß es falsch war, daraus einen lyrischen, poetischen Film zu machen. Könnte ich ihn noch einmal drehen, würde ich mich bei den Szenen, in den Dialogen und im Dekor um mehr Realismus bemühen.[77]

Doch es galt in jenen fünfziger Jahren nicht nur das Klischee vom einfältigen, blutrünstigen Wilden, als der

bert Webb, das thematisch an »Der gebrochene Pfeil« erinnert. Diese gleichfalls weitgehend authentische Geschichte berichtet über einen weißen Landvermesser, der in die Auseinandersetzungen zwischen Cheyenne und Weißen 1877 um Fort Laramie gerät. Den Indianern wird ein Ultimatum gestellt, die Kämpfe einzustellen und in die ihnen zugewiesenen Gebiete überzusiedeln. Der Landvermesser ist mit Little Dog, dem Cheyenne-Häuptlingssohn, befreundet, der stolz jede Versöhnung mit dem weißen Mann ablehnt. Er widersetzt sich auch den Wünschen seines Vaters Broken Hand, der den Friedensvertrag, also die Kapitulation der Indianer unterschrieben hat. Little Dog stirbt im Kampf gegen die übermächtige US-Cavalry. Sein Freund, der Weiße, heiratet ein Indianer-Mädchen; wiederum ein Symbol der Hoffnung auf Toleranz und Aussöhnung zwischen den verfeindeten Rassen?

Der Film zeigt einmal mehr, daß die sogenannten Friedensverhandlungen mit den Indianern nichts weiter als Versuche waren, die amerikanischen Ureinwohner zu demütigen und zu übervorteilen. Dieser durch seine künstlerische Bewältigung eher durchschnittliche Film zeigt sehr deutlich, daß den Indianern, die würdevoll und menschlich weiterleben wollten, weiter nichts übrig blieb, als zu kämpfen. Die Legende vom brutalen, kriegswütigen Indianer wird einmal mehr als Lüge entlarvt.

Mit weitaus größeren künstlerischen Ambitionen drehte dann Delmer Daves 1956 »The Last Wagon« (Der letzte Wagen). Hauptfigur dieses Films ist Comanche Todd (Richard Widmark), ein Mann, der als Kind unter Indianern aufgewachsen ist. Zu Beginn sehen wir ihn, wie er voller Brutalität drei Weiße tötet. Der vierte Weiße fesselt Todd und versucht ihn in die Stadt zu bringen. Die beiden schließen sich einem Pioniertreck an, der auf dem Weg nach Tucson ist. Diese Pioniere sind entsetzt über die Brutalität, mit der der Weiße seinen Gefangenen behandelt. Bei einem Apachen-Überfall kommen fast alle Pioniere um. Lediglich Todd und einige junge Leute überleben und versuchen,

der Indianer lange Zeit im Western gezeigt wurde, zu beseitigen. Sowohl Anthony Mann als auch Delmer Daves blieben zwar in den folgenden Jahren dem Western verbunden, drehten innerhalb dieses Genres ihre interessantesten Filme; sie befaßten sich aber nicht ausschließlich mit der Darstellung des Indianers. Andere Regisseure, Neulinge wie auch Veteranen, nahmen das Thema auf und versuchten mehr oder weniger erfolgreich, ihm originale Variationen abzugewinnen. Delmer Daves schrieb 1954 das Szenarium zu dem Western »White Feather« (Die weiße Feder) von Ro-

die Stadt zu erreichen. Bei dieser anstrengenden, strapaziösen Reise durch die Wüste erfahren wir die Geschichte des Comanche Todd, dessen Frau und Kinder von jenen Weißen ermordet worden sind, die er zu Beginn aus Rache umbrachte. Todd, ein Mensch, der zwischen den Kulturen aufwuchs, der nichts anderes als Auseinandersetzungen, als Kämpfe kennt, ein Kind des Krieges, kehrt am Ende in die Welt seiner Kindheit zurück. Er geht zu den Comanchen.

Voller Sympathie und mit großer Sachkenntnis beschreibt Daves die beiden verschiedenen Kulturen. Da ist auf der einen Seite das Leben der Siedler, puritanischer Christen, die sich erst an die Härte des Lebens im Westen gewöhnen müssen. Gleichzeitig werden aber in dieser friedvollen Welt auch Rassismus und In-

toleranz sichtbar, vergiften rassistische Vorurteile die Atmosphäre. Auf der anderen Seite steht die indianische, erd- und naturverbundene Kultur. Comanche Todd, Sohn eines weißen Vaters und einer Squaw, steht zwischen diesen Kulturen genau wie ein Mädchen, das mit den Pionieren zieht, die Tochter eines Weißen und einer Indianerin. Das Thema des Halbbluts, das den Rassenkonflikt ganz direkt erleben muß, wird immer wieder vom Western aufgegriffen, wenn er die Auseinandersetzungen zwischen Rot und Weiß zeigt.

Auch Jim Aherne (Charlton Heston), der Held aus George Marshalls Film »The Savage« *(Der weiße Sohn der Sioux)* aus dem Jahre 1952, ist solch ein Halbblut, ein Weißer, der als Kind der einzige Überlebende eines

von den Indianern überfallenen Pionier-Trecks war und der danach von den Sioux aufgezogen wurde. Auch dieser Mann steht zwischen den Kulturen. Er ist ein Weißer, den aber sein Leben mit den Sioux an die Rothäute bindet. Er gerät in die Kämpfe zwischen den verfeindeten Rassen, soll sich entscheiden, auf welcher Seite er wirklich steht. Beide Parteien betrachten ihn mißtrauisch als Verräter. Der dem Film zugrunde liegende Roman von L. L. Foreman trug den bezeichnenden Titel »The Renegade«. Ja, ein Renegat ist dieser weiße Indianer, der sich gegen den Widerstand von rachelüsternen, kriegerischen Männern in beiden Lagern für Versöhnung einsetzt. Am Ende des Films wird die Botschaft direkt ausgesprochen: »Dieses Land hat Platz für alle, für Indianer und Weiße.«

Auch »Flaming Star« (Flammender Stern) von Don Siegel und »The Unforgiven« (Denen man nicht vergibt) von John Huston – beide aus dem Jahr 1960 – zeigen die Rassenkonflikte am Schicksal eines Halbbluts. In »Flammender Stern« spielt Elvis Presley den jungen Pacer Burton, Sohn eines weißen Siedlers und einer Kiowa-Indianerin. Der Junge erlebt die Spannungen innerhalb der Familie. Die Kiowas bekämpfen die Weißen, da sie ihnen immer mehr Jagdgründe wegnehmen. Die Weißen, auch Burtons Vater, glauben im Recht zu sein, da sie das Land bereits zwanzig Jahre bearbeiten. Die Familie erlebt die Auseinandersetzungen im eigenen Hause. Beide Parteien betrachten die Familienmitglieder als Verräter. Erst als ein aufgebrachter Weißer Pacers Mutter, die Kiowa-Indianerin Neddy (Dolores del Rio), erschießt, geht der Junge zu den Indianern. In den folgenden Kämpfen kommen sowohl der Vater als auch die beiden Söhne um… Selten wurde die Identitätskrise eines jungen Mannes, der sich beiden Kulturen verbunden fühlt, derartig intensiv gezeigt. Die Zerrissenheit eines Mannes wird nacherlebbar gemacht. Diese bittere Geschichte zeigt, wie die brutale Wirklichkeit, wie rassistische Intoleranz und Vorurteile die Menschen wie in einer Mühle zermahlen…

Noch einen Schritt weiter geht der Film von John Huston. Hier wird nicht – wie so oft – ein weißes Kind gezeigt, das von Indianern aufgezogen worden ist, sondern eine Indianerin, die in einer weißen Familie aufgewachsen ist. Audrey Hepburn spielt hier eine Indianerin, die in einer texanischen Familie groß geworden ist. Niemand außer der Mutter (Lillian Gish) – weder das Mädchen selbst noch seine Geschwister – weiß, daß Rachel eine Indianerin ist. Erst als Gerüchte darüber auftauchen, als man einen Verdacht über die Herkunft des Mädchens äußert, erzählt die Mutter von der wirklichen Identität ihrer Ziehtochter. Das wiederum löst die offene Diskriminierung der Farmer-Familie durch ihre Nachbarn aus. Hier, in dieser Geschichte aus dem fernen Texas von 1870, rollen Vorgänge ab, die uns fast an Berichte erinnern, die wir aus dem faschistischen Deutschland gehört haben. Die Familie muß sich vor den Nachbarn rechtfertigen, sie muß eine Ahnentafel erstellen, um zu beweisen, daß sie kein Indianer-Blut in ihren Adern haben. Das Schimpfwort vom »roten Nigger« macht in Texas die Runde!

Der Film erzählt seine Geschichte ausschließlich aus der Sicht der Weißen. Die Indianer werden nur als fremde Eindringlinge gezeigt, die ebenfalls die Far-

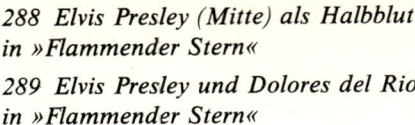
288 Elvis Presley (Mitte) als Halbblut in »Flammender Stern«

289 Elvis Presley und Dolores del Rio in »Flammender Stern«

mer-Familie bedrohen und die Herausgabe ihrer Schwester Rachel fordern... Robert Aldrich schildert dagegen in seinem Film »Apache« (Massai) aus dem Jahre 1954 das Schicksal eines Indianers, der verzweifelt versucht, in einer feindlichen Welt seine Würde, seine Integrität zu bewahren. »Massai« spielt am Ende der Indianer-Kriege, als die Ausrottung der amerikanischen Ureinwohner schon weit fortgeschritten war. Der Apache Massai (Burt Lancaster) soll zusammen mit seinen Stammesbrüdern – darunter auch der stolze Apachen-Häuptling Geronimo – in eine gefängnisartige Festung nach Florida deportiert werden. Doch Massai gelingt unterwegs die Flucht. Allein in der fremden, feindseligen Welt der Weißen, viele hundert Meilen von seiner Heimat entfernt, wird dem Indianer

260

290 John Saxon und Lillian Gish
in »Denen man nicht vergibt« von John Huston
291 Audrey Hepburn und Burt Lancaster
in »Denen man nicht vergibt«

292 Ein Indianer zwischen den Fronten:
Burt Lancaster in »Massai«
von Robert Aldrich

in der Stadt St. Louis seine Situation voll bewußt. Der Indianer steht vor der Alternative, entweder Frieden mit den Weißen zu schließen, als Mensch zweiter Klasse zu leben, als Farmer vielleicht, oder weiter zu kämpfen, seine Würde im Kampf zu bewahren.

Noch lehnt der stolze, ungebrochene Indianer Massai diese Alternative ab und versucht, in der Heimat seine wenigen verbliebenen Stammesbrüder zum Kampf zu mobilisieren. Er muß erleben, wie immer mehr Apachen in den Dienst der Feinde, in den Dienst der US-Army treten. Ein Stammesbruder verrät Massai an die Weißen, die ihn erneut gefangennehmen. Nach seiner Flucht beginnt Massai in den Bergen allein einen verzweifelten Kampf gegen seine weißen Feinde. Mit ihm ist nur seine Frau, die ein Kind von ihm erwartet. Massai versucht, in dieser Isolation für seine kleine Familie zu sorgen, er beginnt, den Acker zu bestellen. Doch Nalinle, seine Frau, die sich heimlich ins Dorf schleicht, um Saatgut und Kleidung zu stehlen, lockt unwissentlich die Armee auf Massáis Fährte. Es kommt zu einem ungleichen Kampf zwischen einer Abteilung der Armee und einem ungebrochenen, stolzen Indianer, der plötzlich beendet wird, als aus der Hütte der Schrei eines neugeborenen Kindes ertönt. Massai ist Vater geworden…

Über dieses Finale gab es Auseinandersetzungen zwischen Aldrich und den Produzenten. Aldrich wollte den Film konsequenterweise mit dem Tod des stolzen Rebellen Massai enden lassen, der um keinen Preis der Welt bereit ist, Frieden mit seinen Feinden zu schließen. Die Produzenten Harold Hecht und Burt Lancaster wollten einen versöhnlicheren Schluß, der der Figur des Massai viel von ihrer Größe nahm, der außerdem weniger der historischen Wahrheit entsprochen haben dürfte. Aldrich beklagte sich noch viele Jahre später über die Verstümmelung seines Films durch die Produzenten:

»Massai« war ein billiger Indianerfilm, der hätte besser sein können. Viel von dem, was ich hier sagen wollte über die Indianer, ging verloren. Das Originalszena- *rium endete damit, daß der von Lancaster gespielte Held auf seine Hütte zugeht und dabei von den Soldaten absolut sinnlos in den Rücken geschossen wird. Das war das Buch, das ich bekam und das ich drehen wollte. Zwei oder drei Tage vor Drehschluß verlangte United Artists von Hecht, zwei verschiedene Finale drehen zu lassen. (…) Die Sache ging schief, weil ein Regisseur mit einem 500-Dollar-pro-Woche-Vertrag sich nie gegen Hecht–Lancaster und United Artists durchsetzen kann. Es wurde ein schlimmer Kompromiß. Ich hatte einen Film über eine bestimmte Angelegenheit, über die Unausweichlichkeit von Massais Tod gemacht. Sein Mut wird an dieser Unausweichlichkeit gemessen. Die ganzen zwei Stunden vorher wurden sinnlos, wenn Massai am Schluß einfach weggehen kann.*[78]

»Massai« ist dennoch ein ungewöhnliches, außerordentlich eindrucksvolles Denkmal für den Indianer als Vertreter eines weitgehend ausgerotteten Volkes, das auch und vor allem angesichts seines Untergangs Stolz und Würde zeigt. Dieser Film war durch seine Geschichte und durch die Wahl seines Helden ein einzigartiges Ereignis in der Geschichte des Western, vergleichbar allenfalls noch mit den beiden beispielhaften Western »Der gebrochene Pfeil« und »Fluch des Blutes«, die allerdings beide noch die Brücke einer Liebes- 261

293 Burt Lancaster als Apache in »Massai«

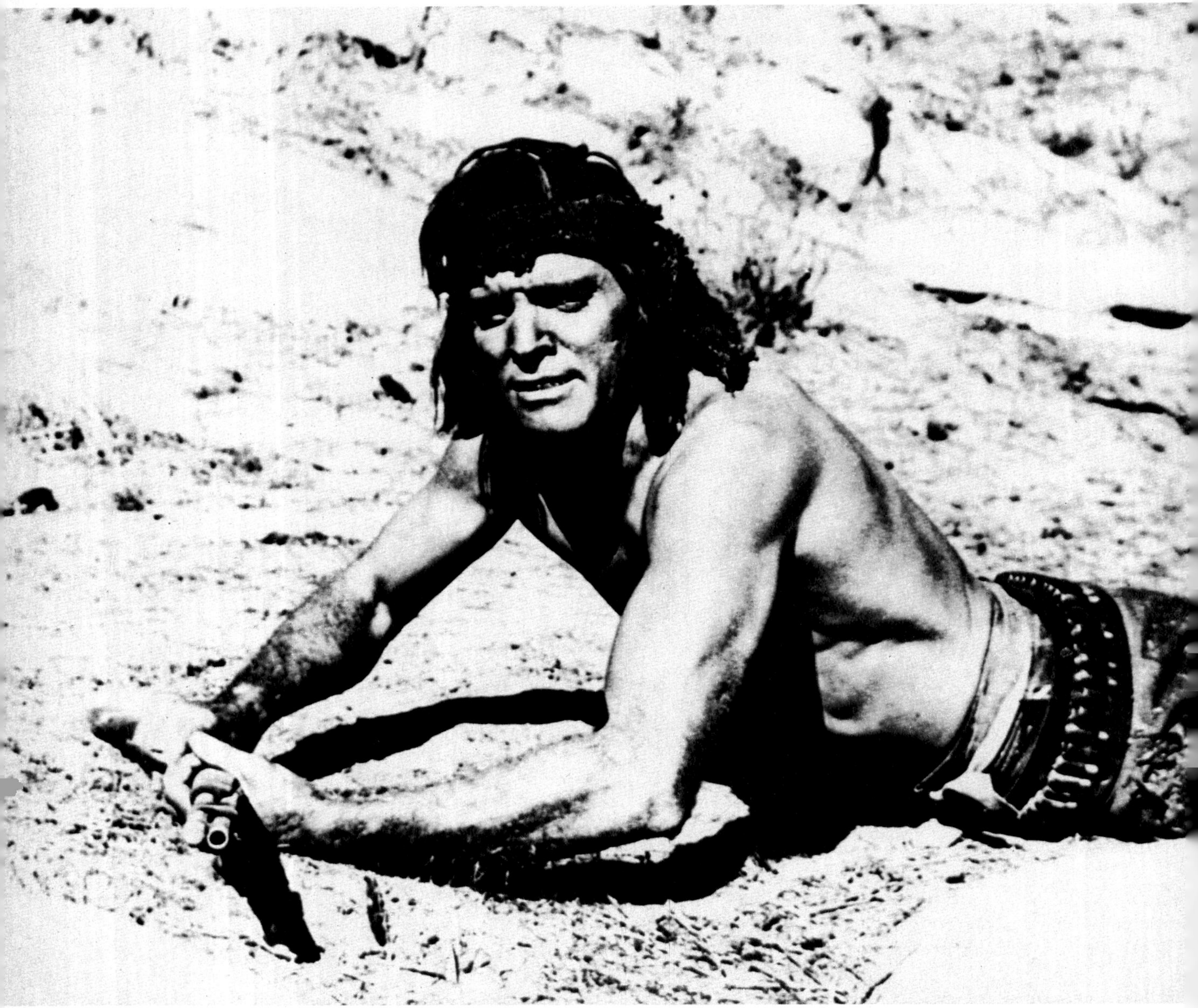

romanze zwischen Rot und Weiß benötigten, um vom Publikum akzeptiert zu werden. Vier Jahre später ist diese Brücke nicht mehr nötig. Hier wird an einem Einzelschicksal – Massai ist keine authentische Figur, die aber Züge vieler Indianer-Führer trägt – das Schicksal eines ganzen Volkes ergreifend behandelt. Im Umfeld von Massai erfährt der Zuschauer von anderen Indianer-Schicksalen, die an der Seite von Weißen die Schatten ihrer selbst geworden sind, die zerbrochen, durch Alkohol zerstört dahinvegetieren ... Diese Bilder waren ungewöhnlich im Hollywood-Western Mitte der fünfziger Jahre. Wurde doch hier deutlich, was Jahrzehnte einer auf die Ausrottung der Indianer gerichteten Politik bewirkt hatten.

Die Geschichte der Eroberung des Westens durch die weißen Amerikaner birgt Stoff für unendlich vielfältige Filmstories. Immer wieder neue, originelle, ungewöhnliche menschliche Schicksale werden berichtet, die – im positiven Fall – interessante Einblicke in diesen historischen Prozeß mit seinen verschiedenen Aspekten erlauben. So legte 1956 der noch weitgehend unbekannte Regisseur Samuel Fuller, der bereits 1949 mit einem recht kritisch-distanzierten Jesse-James-Film »I Shot Jesse James« *(Ich erschoß Jesse James)* debütiert hatte, einen Western vor, der sich gleichfalls sehr deutlich von dem Bild abhob, das Hollywood viele Jahrzehnte lang vom Indianer gezeichnet hatte. In »Run of the Arrow« *(Hölle der 1000 Martern)* erzählt Fuller von dem Südstaaten-Soldaten O'Meara (Rod Steiger), der am letzten Tag des Bürgerkriegs einen Leutnant der Nordstaaten-Armee – gleichzeitig einer der brutalsten Feinde der Indianer – schwer verwundet, ausraubt und danach ins Hospital bringt. Auf seinem Ritt zu den Sioux-Indianern, die auch nach Ende des Bürgerkriegs den Kampf gegen die Yankees noch nicht eingestellt haben, trifft er einen greisen Indianer, der viele Jahre lang als Trapper unter den Weißen gelebt hat und der nun, an seinem Lebensende, bei seinen Brüdern sterben möchte. Schließlich begegnet er dem Indianer Crazy Wolf, der in jedem Weißen seinen

Feind sieht. Crazy Wolf läßt ihn nur nach dem Indianer-Gesetz vom »Lauf des Pfeils« – ein barfüßiger Unbewaffneter muß vor bewaffneten Indianern um sein Leben laufen – am Leben. Gerettet wird O'Meara von Yellow Moccasin, einer Sioux-Squaw. Die beiden werden ein Paar. Der Weiße bleibt daraufhin beim Stamm des Mädchens. Dieser Stamm hat mit den Weißen Frieden geschlossen und sogar zugestimmt, daß diese auf ihrem Territorium ein Fort errichten. Später dann macht O'Meara Crazy Wolf zu seinem Gefangenen und setzt ihn dem »Lauf des Pfeils« aus. Doch der inzwischen wieder genesene Yankee-Leutnant schießt Crazy Wolf kaltblütig nieder und läßt das Fort an einer ganz anderen Stelle erbauen als an der mit den Indianern ausgehandelten. Schließlich läßt er seinen alten Feind, den Weißen O'Meara, verhaften und als Verräter zum Tode verurteilen. Daraufhin setzen sich die Indianer zur Wehr, befreien O'Meara, der den Leutnant erschießt ...

Obwohl der Film an seiner Parteilichkeit für die Sache der Indianer keinen Zweifel aufkommen läßt, vermittelt er doch kein idyllisches, einseitiges Bild. Er zeigt die ganze Härte der Kämpfe auf beiden Seiten, er zeigt einen Zyklus der Gewalt, aus dem auszubrechen nur ganz wenigen möglich ist. Diese wenigen, die man nicht ohne Grund Renegaten oder auch einfach Verräter nennt, sind Männer, die den ersten Schritt auf den einstigen Gegner zugehen, die ihm die Hand reichen, obwohl er noch eine Waffe in der Hand hat ...

Solch ein Mann zwischen den Parteien ist auch der Scout Johnny Hawks (Kirk Douglas) aus André de

263

295 *Kirk Douglas in »Zwischen zwei Feuern«*
von André de Toth

Toths Film »The Indian Fighter« *(Zwischen zwei Feuern)* aus dem Jahre 1955. Dieser sehr lebenslustige, tolerante Weiße versucht immer wieder, Frieden zwischen Indianern und Weißen zu stiften. Und das in einer Zeit, 1870 in der Gegend um Fort Laramie, als sich Sioux und Pioniere ununterbrochen brutale Kämpfe lieferten. Zuvor hatte die Regierung 1868 im Vertrag von Laramie den Sioux unter Red Cloud das Gebiet der Black Hills, South Dakota, als ihr Land zugesichert; aber was sind Verträge, die Weiße mit den Indianern abgeschlossen haben, noch wert, wenn in diesem Indianer-Gebiet Gold gefunden wird? Johnny Hawks führt einen Siedler-Treck durch das Sioux-Gebiet. Immer wieder muß er dafür sorgen, daß Vorurteile und von skrupellosen Weißen zielgerichtet ausgestreute Gerüchte nicht neue Kämpfe ausbrechen lassen. Der Film zeigt sehr deutlich, was die Eroberung des Westens durch den weißen Mann für den Indianer bedeutet hat. Eroberung des Westens, Zivilisation – das heißt hier die Suche nach Gold – und das bedeutet für den Indianer Zerstörung seiner gewohnten Umwelt, abgeholzte Wälder, verschmutzte Flüsse, Dezimierung der Büffelherden. Die Zerstörung der Natur durch eine sogenannte Zivilisation, dieses Thema, das erst zehn Jahre später auch den Hollywood-Film beschäftigen sollte, klang bereits im Jahre 1955 in diesem Western an.

Robert Aldrich, Anthony Mann, Delmer Daves, jene Regisseure, die in den fünfziger Jahren die Western drehten, die eine Weiterentwicklung des Genres brachten, begannen zur gleichen Zeit ihr Profil als Regisseure zu finden. Aber auch die Meister des Western, wie John Ford, Michael Curtiz, William A. Wellman oder Howard Hawks, blieben in jener Zeit dem Western verbunden.

Obwohl Hawks erst 1948 seinen ersten Western gedreht hatte, war er als Regisseur bereits eine etablierte Persönlichkeit, die längst ihren Stil gefunden hatte. 1952 stellte Hawks seinen zweiten Western vor: »The Big Sky« *(Das Geheimnis der Indianerin)*; im Stil, in

der Erzählweise, blieb Hawks hier seinem großen Western-Debüt »Red River« *(Panik am roten Fluß)* verbunden. Dieser Regisseur strickte keine neuen Legenden; er hatte aber auch wenig Interesse an der Zerstörung von Legenden, an der Zertrümmerung von Denkmälern. Die Geschichte des Westens diente ihm nur als hervorragendes Arsenal kraftvoller Charaktere, origineller Personenkonstellationen, ungewöhnlicher Situationen. Der Westen, die Geschichte des Westens der USA war für ihn nur eine Folie für spannende, 265

298, 299 *Kirk Douglas und die Schwarzfuß-Indianer*
in »Das Geheimnis der Indianerin«
von Howard Hawks
300 *Kirk Douglas als Trapper Jim Deakins*
in »Das Geheimnis der Indianerin«

hungen der Personen untereinander, die sich ständig ändern, wo sich immer wieder Haß in Freundschaft, Mißtrauen in Vertrauen und umgekehrt verwandelt – das bestimmt den Film weit mehr als eine sorgfältige Rekonstruktion einer längst vergangenen Welt. Die Freude an Sarkasmen, der Spaß am ständigen Umschlagen der Stimmung, wo auch noch in der ernstesten, bedrohlichsten Situation Platz für Humor bleibt, dominiert in diesem Western, der sich außerhalb aller Entwicklungen des Western-Genres in den frühen fünfziger Jahren zu stellen scheint. Wenn Hawks eine bedrohliche Situation für seine Helden entwirft, wenn es um Spannung geht, dann greift auch er noch bedenkenlos zum alten Klischee der permanenten Bedrohung der Trapper durch gefährliche Indianer. Andererseits zeigt Hawks aber auch, wie die geschäftstüchtigen Weißen versuchen, das friedliche Leben der Ureinwohner dieser Gegend zu zerstören, den Pelzhandel frühkapitalistischen Methoden zu unterwerfen und Feindschaft zwischen den Menschen zu säen. Auch in diesem Film bleibt am Ende der weiße Amerikaner bei den Blackfeet und heiratet die Häuptlingstocher Teal Eye, die er einst als Geisel mißbraucht hatte ...

Parallel mit einer Hinwendung zu einer realistischeren Zeichnung der Indianer vollzog sich in den fünfziger Jahren im Western auch ein nahezu systematischer Abbau der Helden dieser Filme. Die Western waren »erwachsen« geworden; die strahlenden Helden, die auch noch die aussichtslosesten Situationen bewältigten und die weiter nichts als siegen konnten, denen es nicht möglich war, Angst oder Skrupel zu haben, diese überlebensgroßen Helden waren nicht mehr gefragt. Gefragt waren jetzt mehr und mehr glaubwürdige Helden, die eine breitere Skala menschlicher Gefühle sichtbar werden ließen. Die Regisseure und vor allem auch die Szenaristen, die in jenen Jahren die interessantesten Western schufen, interessierten sich auch für die Psychologie der Western-Helden. Man sprach damals mitunter vom »psychologischen Western« – ein

abenteuerreiche Geschichten. Dudley Nichols, der Autor vieler interessanter Ford-Western, hatte Hawks eine Geschichte um zwei Mountain Men, zwei Trapper und Pelztierjäger, geschrieben, die Anfang des vergangenen Jahrhunderts von St. Louis aus den Missouri hinauf bis in das Land der Blackfeet-Indianer kamen. Bei ihnen ist Teal Eye, eine Häuptlingstocher der Blackfeet, die die Weißen als Geisel mitnehmen wollen, um mit den Indianern verhandeln zu können. Die Bezie-

noch vor einiger Zeit undenkbarer Terminus; denn wer interessierte sich vorher für die Psychologie dieser dominierenden, eindimensionalen Bilderbuch-Westerner? Hier deutet sich eine Entwicklung an, die – damals nicht unwesentlich beeinflußt durch das moderne amerikanische Theater, durch die Stücke von Tennessee Williams und anderen – bis in unsere Gegenwart reicht. Immer häufiger wird der Filmheld in eine Situation gestellt, die weit weniger Aktion erlaubt als Reflexion, die zumindest die gründliche Überlegung der Tat vorausgehen läßt. Ein Mann der Aktion par excellence hat plötzlich Zeit und Muße, über sich und seine Umwelt nachzudenken. Ihm wird die ganze Fragwürdigkeit seines Lebens bewußt, das so sehr auf Gewalt, auf der Waffe basierte. Später wird man Filme mit solchen recht müden, mehr oder weniger gebrochenen Helden Spät-Western nennen. Diese Filme, diese Helden gab es bereits Anfang der fünfziger Jahre.

In jenem denkwürdigen Jahre 1950, in dem so richtungweisende Filme wie »Der gebrochene Pfeil« und »Fluch des Blutes« in die Kinos kamen, entstand auch ein Film, der die weitere Entwicklung auf diesem Gebiet wesentlich beeinflußte. Henry Kings Film »The Gunfighter« *(Der Scharfschütze)* präsentiert uns einen Helden, der auf der Flucht vor seiner eigenen Legende, vor seinem eigenen, zweifelhaften Ruhm ist. Gregory Peck spielt den Gunfighter Jimmie Ringo, eine Figur, der wir in Zukunft so ähnlich immer wieder begegnen werden. Dieser Revolverheld hat sein Leben bereits hinter sich. Es war ein Leben voller Kämpfe. Jetzt hat er Ruhe, genauer: möchte er Ruhe haben. Doch dieser Haudegen von einst ist zu bekannt, als daß man ihn in Ruhe lassen würde. Er wird bestaunt und bewundert, vor allem von Jugendlichen, die unbedingt so werden, so leben möchten wie er. Unter ihnen ist auch sein kleiner Sohn, der all die Jahre, da der Vater »etwas Wichtigeres« zu tun hatte, ohne seinen Vater aufwachsen mußte. Die Legenden, später die Dime Novels, die Groschenhefte, noch später die Western-Filme haben ihr Werk getan. Sie haben ein elendes Leben verklärt, sie haben ein Ideal propagiert, das alles andere als ein Ideal war. Ringo ist sich über sein verpfuschtes Leben voll bewußt: »Was für ein Leben: jeden Tag aufpassen, daß man nicht an einen gerät, der so ist, wie man selbst war!«

Und so sitzt Gunfighter Jimmie Ringo allein, heruntergekommen in einem dunklen Saloon, wo all der Trubel und die Turbulenz vergangener Tage einer bedrückenden Atmosphäre gewichen sind. Ein letzter Versuch, ein sogenanntes bürgerliches Leben zu beginnen, wird gewagt: Er will zu seiner Frau und seinem Sohn, er will ein braver Familienvater werden. Immer auf der Hut vor seinen Feinden, belästigt von den Blicken der Burschen des kleinen Ortes, die ihn wie eine Rummelplatzattraktion bestaunen… Natürlich kommt diese Geschichte zu ihrem einzig möglichen Ende. Jimmie Ringo stirbt unter den Kugeln eines jugendlichen Wirrkopfes, der aus Ruhmsucht den berühmten Revolverhelden hinterrücks zur Strecke bringt. Das eigene Spiegelbild scheint das Leben des Revolverhelden beendet zu haben.

Gleichzeitig mit diesen interessanten Western erschienen in den fünfziger Jahren auch mehrere Beiträge anerkannter Kritiker, die die neuen Entwicklungen analysierten. Der Western war ein würdiger Diskussionsgegenstand geworden, mit dem man sich immer wieder auseinandersetzte. In seinem Aufsatz »Der amerikanische Mythos« untersuchte 1953 Robert Warshow die Figur des Westerners als die neben dem Gangster erfolgreichste Schöpfung des amerikanischen Films. »Der Scharfschütze« spielt in diesem Aufsatz eine wichtige Rolle:

Wir lernen den Helden von »Der Scharfschütze« am Ende seiner Laufbahn kennen, in der er niemals auf seiten der Ordnung und Gerechtigkeit gestanden hat und anscheinend zeitweise sogar ein wirklicher Verbrecher gewesen ist; in diesem Fall ist es klar, daß der Held im Unrecht und die Frau, die seine Lebensweise ablehnte, im Recht war. Ihm fehlt also jede höhere Rechtferti-

gung, und er weiß, daß er ein ruinierter Mann ist. Daß er sich auf sozial nützliche Weise »erlöst«, kommt nicht in Frage. Er ist zu sehr das Opfer seines schlechten Rufes, um etwa Sheriff zu werden wie einer seiner alten Freunde; und auch die sentimentale Lösung, sein Leben für einen guten Zweck zu opfern, wird ihm nicht geboten; er steht ja eben außerhalb aller sozialen Werte. Wenn wir ihn einmal in den Tagen seines »Erfolges« gesehen hätten, würde er dem Gangster ähneln, denn seine ganze Laufbahn ist entschieden »antisozial« gewesen, und auch das praktische Problem, dem er sich gegenüber sieht, ist das des Gangsters: Es wird immer jemand da sein, der ihn umzubringen versucht. Aber es ist offensichtlich verkehrt, ihn als »antisozial« zu bezeichnen, nicht nur, weil er sich vor unseren Augen nicht als Verbrecher betätigt, sondern vor allen Dingen des-

halb, weil wir sein Milieu nicht als »Gesellschaft« betrachten können. Natürlich hat er auch seine »sozialen Probleme« und eine Art von feststehender Geschichte: Immer ist die Zivilisation gerade dabei, die alte Freiheit zu vertreiben; es gibt Frauen und Kinder, die schon die Möglichkeit eines geordneten Lebens andeuten, und es gibt den Sheriff, einen bekehrten Sünder, der entschlossen ist, zumindest seinen Amtsbezirk in Frieden zu verwalten. Aber diese Elemente haben eigentlich keinen Anteil an dem »Realismus« des Films, obwohl sie aus der wirklichen Geschichte des Westens stammen; sie gehören zu den festen Konventionen der Form, zu dem anerkannten Rahmenwerk, das den Film erst möglich macht; sie sind auch nicht etwa dazu da, einen Maßstab zu schaffen, nach dem der Held verurteilt werden kann, sondern nur, seine Gestalt deutlich hervorzuheben.[79]

Henry King, ein Veteran – fast genauso wie John Ford oder William A. Wellman –, der noch elf Jahre zuvor mit seinem Film »Jesse James« (Jesse James – Mann ohne Gesetz) uneingeschränkt der Legende um einen der berüchtigtsten Gunfighter Tribut gezollt hatte, gelang hier ein Film, der eine Tendenz einleitete, die immer mehr das Bild des Western im US-Film bestimmen sollte. Der französische Filmtheoretiker André Bazin, der sich ebenfalls in jenen Jahren immer wieder mit diesem fruchtbaren, hochinteressanten Genre Western auseinandersetzte, nannte Henry Kings Film »ein wunderbares Beispiel« dieser neuen Entwicklung.[80]

Diese Entwicklung wurde zwei Jahre später vor allem mit einem Film fortgesetzt, den noch heute viele Kinogänger – die nicht unbedingt große Western-Freunde sein müssen – als den Höhepunkt dieses Filmgenres überhaupt ansehen. Wieder einmal gab es einen Film, der das Genre des Western für Menschen, die die anderen großen, zuvor gedrehten Western übersehen hatten, »salonfähig« machte.

»High Noon« (Zwölf Uhr mittags) von Fred Zinnemann löste in Hollywood einige Aufregung aus. Doch weit mehr über das Wie als über das Was wurde hier gestritten. Denn das, was hier erzählt wird, wurde bereits in zahllosen anderen Western dargestellt; das hätte ebensogut die Story für einen durchschnittlichen B-Western abgeben können.

An einem schönen, friedvollen Morgen heiratet Will Kane (Gary Cooper), der ehemalige Marshal des Städtchens Hadleyville, um 10.30 Uhr die Quäkerin Amy (Grace Kelly). Da erreicht den Ort die Nachricht, daß der gefürchtete Verbrecher Frank Miller, den Kane vor fünf Jahren hinter Gitter gebracht hatte, wieder in Freiheit ist. Er ist unterwegs nach Hadleyville, um mit dem Marshal »abzurechnen«. Doch Will Kane und seine Frau wollen die Stadt verlassen. Sie haben sich an einem anderen Ort einen kleinen Laden gekauft und möchten nun ein friedvolles, bürgerliches Leben führen. Trotz des Flehens seiner Frau, nicht wieder den Marshal-Stern anzustecken, kehrt Kane nach Hadleyville zurück. Er tut das, »was er tun muß«, denn der neue Sheriff wird erst am nächsten Tag erwartet. Der Zug mit Miller soll pünktlich zwölf Uhr mittags in Hadleyville eintreffen. Ihn erwarten drei Mitglieder seiner ehemaligen Bande ... Kane bittet die Männer des Ortes, ihm in dem bevorstehenden Kampf zu helfen. Doch alle lehnen ab, verbergen ihre Feigheit, ihren Mangel an Zivilcourage und lassen Kane allein ... Zwölf Uhr mittags kommt der Zug an. Frank Miller wird von seinen Kumpanen begrüßt. Sie machen sich auf, in die menschenleere Stadt zu gehen. Marshal Kane ficht seinen Kampf mit den Verbrechern allein aus. Erst als der letzte Bandit außer Gefecht gesetzt ist, kommen die braven Bürger hinter ihren Gardinen hervor und wollen Kane gratulieren. Doch dieser wirft ihnen den Marshal-Stern vor die Füße und verläßt Hadleyville ...

Diese nicht besonders aufwendige, an sich nicht sonderlich originelle Geschichte wurde jedoch durch die Fähigkeiten zahlreicher Mitarbeiter zu einem sehr ungewöhnlichen, erregenden Film.

»Zwölf Uhr mittags« wurde zu einem Musterbeispiel einer Western-Parabel, die eine bedeutsame Reflexion

302
Gary Cooper
und
Grace Kelly
in »Zwölf
Uhr mittags«
von Fred
Zinnemann

303
Ein Sheriff
und seine Frau:
Gary Cooper
und Grace Kelly

von aktuellen Vorgängen darstellt. »Zwölf Uhr mittags« ist wahrscheinlich das bekannteste Beispiel für jene Art Western, die André Bazin als »Über-Western« bezeichnet. Dieser Film will mehr als eine spannende Geschichte aus dem Westen erzählen, er will mehr als geschickt unterhalten.

Er betrachtet sich als einen Diskussionsbeitrag zu Vorgängen, die sich ebenso in einer ganz anderen Zeit, an einem ganz anderen Ort abspielen könnten. Dieser Western nahm zu Vorgängen Stellung, die die amerikanische Öffentlichkeit der Jahre 1951/52 beschäftigten. In jener Zeit steuerten der kalte Krieg und eine Massenhysterie – gegen jede auch noch so geringe demokratische, progressive Bestrebung – auf einen Höhepunkt zu. Amerika hatte immense soziale und wirtschaftliche Probleme. Und anstatt sich um die Lösung dieser Probleme – Arbeitslosigkeit, Rassendiskriminierung, soziale Not bei einem Großteil der Amerikaner – zu kümmern, verbrauchte die sogenannte amerikanische Öffentlichkeit ihre Kraft in einer stupiden antikommunistischen Hysterie. Senator Joseph McCarthy durchforschte das Land nach angeblichen kommunistischen Feinden …, und die schweigende Mehrheit des Landes schwieg auch bei diesem erschreckenden Abbau aller demokratischen Traditionen. Sie schwieg aus Feigheit und Opportunismus.

Eine ähnliche Welt – widergespiegelt in einem Mikrokosmos – beschreibt der Film. Marshal Kane stößt bei seiner Bitte um Hilfe auf eine undurchdringliche Mauer aus Feigheit und Ignoranz. Die Männer im Saloon verhöhnen ihn. Auch die braven Kirchgänger, die immer für Recht und Ordnung, für eine saubere Stadt eingetreten sind, verstecken ihre Feigheit hinter dem »Argument«, die Sache sei lediglich eine Auseinandersetzung zwischen Kane und Miller, in die sie sich nicht einmischen wollen. Der einzige Mann, der eigentlich an der Seite von Kane sein müßte, der Hilfssheriff Harvey, würde nur unter der Bedingung mit Kane kämpfen, wenn dieser ihn zum künftigen neuen Sheriff ernennt … Der Stadt droht Unheil, und niemand findet sich, diesem Unheil die Stirn zu bieten. Nur ein Mann bleibt der alten Westerner-Maxime treu, er tut das, was er tun muß, und stellt sich den Verbrechern im Kampf. Doch auch dieser Marshal ist nicht mehr der Held früherer Tage, der auch noch in den aussichtslosesten Situationen alles mit einem Schuß aus der Hüfte lösen kann. Kane ist allein, und er weiß es. Dieser Mann hat Angst; er kann es sich leisten, dieses menschliche Gefühl sichtbar werden zu lassen.

Selten gab es ein eindrucksvolleres Bild in einem Western als Marshal Kane allein in der menschenleeren Main Street von Hadleyville. Er wartet auf die Verbrecher, die zum letzten Kampf gegen ihn angeritten kommen … »Zwölf Uhr mittags« ist ein Film, der vor allem durch seine großartige Form wirkt. Die Wiedergabe der bedrohlichen Atmosphäre, die nahezu identisch erscheinende Zeit des Films mit der der Filmhandlung, die Montage zwischen den noch leeren Schienen, der Uhr und der menschenleeren Hauptstraße, die Geräusche, die Musik … all das macht diesen Film zu einem großen Kunstwerk, dessen Wirkung man sich nur schwer entziehen kann. Die Zeitschrift »Films in Review«, nur eine Stimme unter vielen, pries diese große Leistung:

Es ist erstaunlich, wieviel von einer einfachen Western-Story hier visuell, d. h. durch rapide Parallelmontagen, erzählt wird. Fred Zinnemann, der das inszeniert hat, und Elmo Williams, der das geschnitten hat, können für diese vollkommene Virtuosität nicht hoch genug gelobt werden.[81]

Es verwundert, daß ein solcher Wurf keinem Kollektiv erfahrener Western-Spezialisten gelang, sondern einer Gemeinschaft von Menschen, die sich zuvor und auch danach, nach dem immensen Erfolg von »Zwölf Uhr mittags«, nicht weiter mit dem Western beschäftigten. Eigentlich hatten nur der Hauptdarsteller und der Komponist Erfahrungen auf diesem Gebiet. Gary Cooper verfügte bereits über fast drei Jahrzehnte Erfahrung als Western-Darsteller. Die Rolle des Marshal Kane aber stellt in dieser reichen Karriere einen Höhe-

304, 305 Thomas Mitchell, Gary Cooper, Grace Kelly und Katy Jurado in »Zwölf Uhr mittags«

ischer Emigrant, hatte mit Filmen anderer Genres, darunter auch eine Adaption von Anna Seghers' Roman »The Seventh Cross« *(Das siebte Kreuz),* auf sich aufmerksam machen können, nicht aber mit einem Western. Auch der Produzent Stanley Kramer versuchte sich genau wie der Kameramann Floyd Crosby erstmals auf dem Gebiet des Western. Crosby war es auch, der durch seinen Bildstil, der vor allem von Hell-Dunkel-Kontrasten und einem grobkörnigen Raster bestimmt wurde, die Western-Fotografie wesentlich bereicherte. Aber auch Crosby interessierte sich später nur noch selten für das Western-Genre. Der englische Schriftsteller Carl Foreman, der das Szenarium für »Zwölf Uhr mittags« nach der Erzählung »The Tin Star« von John W. Cunningham geschrieben hatte, war zwar bereits 1945 als Ko-Autor eines kleinen B-Western von Joe Kane (mit John Wayne in der Hauptrolle), »Dakota« *(Liebe in der Wildnis),* hervorgetreten, doch »Zwölf Uhr mittags« war sein erster und – neben »Mackennah's Gold« von 1967 – auch einziger großer Western. Carl Foreman war es auch, der hier eine Problematik beschrieben hat, die er nur zu genau kannte. In diesen Film waren Erfahrungen eingeflossen, die Foreman selbst machen mußte. Am 24. September 1951 mußte der Autor vor dem Untersuchungsausschuß unamerikanischen Verhaltens erscheinen, um Auskunft zu geben, ob er Mitglied der Kommunistischen Partei des Landes ist. Da Foreman die Antwort verweigerte, galt er als ein Gezeichneter. Den Mangel an Zivilcourage und den fehlenden Mut zur Verteidigung demokratischer Spielregeln, die Foreman erleben mußte, der darüber hinaus von drei Kollegen denunziert worden war – diese Erfahrungen ließ Foreman in den Film eingehen.

»Zwölf Uhr mittags« setzte in seiner Form und in seinem Inhalt Maßstäbe; Maßstäbe, die selten erreicht wurden – auch wenn es in den folgenden Jahren nicht an großen, an bedeutenden Western fehlen sollte. Einer der Western, die kurz nach »Zwölf Uhr mittags« in die Kinos kamen und die an Zinnemanns Werk

punkt dar, einer Karriere, die einst an der Seite von Tom Mix begonnen hatte. Nicht viel anders verhielt es sich mit dem Komponisten Dimitri Tiomkin, dessen Partitur und vor allem dessen Lied »Do Not Forsake Me Oh My Darlin'« wesentlich mit zur Wirkung des Films beitrugen.

Doch alle anderen waren weitgehend Western-Neulinge. Der Regisseur Fred Zinnemann, ein europä-

306 Der Marktplatz von Hadleyville
in »Zwölf Uhr mittags«

gemessen wurden, war George Stevens' »Shane« *(Mein großer Freund Shane).*

Dieser Film hatte gewiß nicht die politische Brisanz von »Zwölf Uhr mittags«, auch nicht die formale Originalität. Doch die Zeichnung des Helden, die hier erkennbar wurde, hob den Film weit über den Durchschnitt der Western-Produktion der fünfziger Jahre hinaus. Auch »Mein großer Freund Shane« deutet den historischen Hintergrund der Geschichte nur an. Es ist die Zeit der Weidekriege, als sich Siedler mit Viehzüchtern um das Land schlugen, das sie bebauen wollten. Die Siedler waren Neuankömmlinge, arme Farmer, denen die Regierung einen Flecken Land versprochen hatte. Die Viehzüchter waren oft alteingesessene Viehbarone, die sich im Laufe der Jahre ein beachtliches

Vermögen und Macht über riesige Ländereien geschaffen hatten. Die Einführung des Stacheldrahts Mitte der siebziger Jahre tat ein übriges, um den Konflikt anzuheizen. Die Siedler zäunten ihre kleinen Anwesen als Schutz vor den Herden der Viehbarone ein. Die Viehzüchter betrachteten diese lächerliche Parzellierung »ihres« Landes als Provokation ... Die Filme, die diese Konflikte beschreiben, ergreifen zumeist Partei für die Siedler; so auch »Mein großer Freund Shane«, in dem liebevoll die Kleinfamilie des Siedlers Starrett gezeichnet wird. Zusammen mit ihren Nachbarn wehren sie sich gegen die Drohungen des reichen Viehzüchters Ryker. Doch nicht diese Siedler oder Ryker sind die Helden des Films, auch nicht der kleine Junge Starretts, aus dessen Sicht die ganze Geschichte erzählt wird, sondern jener geheimnisvolle, plötzlich auftauchende Mann mit Namen Shane (Alan Ladd), der den Siedlern hilft. Er kommt auf einem weißen Pferd, ist hell gekleidet, ist freundlich, hilfsbereit und klug. Er ist ein Märchenprinz, der in die harte Realität des amerikanischen Westens verpflanzt wurde. Dieser auf die Erde herabgestiegene Engel scheint nahezu in Reinkultur die Legende des Westens, dieses amerikanische Märchen zu verkörpern. Hier wird eine Legende erzählt, die sich jederzeit als solche zu erkennen gibt. Robert Warshow beschreibt treffend diesen eigenartigen Helden der Legende:

Der Held ist kaum noch ein Mensch zu nennen, sondern so etwas wie der Geist des Westens, in seinen fransenbesetzten Buckskins, prächtig anzuschauen. Er taucht geheimnisvoll aus der unendlichen Prärie auf, Liebenswürdigkeit ausstrahlend und eine Schwermut, die nicht mehr lediglich die natürliche Folge der Cowboy-Erlebnisse ist, sondern sich vergeistigt hat. Und wenn seine Mission erfüllt ist, wenn er in dem düsteren Jack Palance den Geist des Bösen — etwas ebenso Metaphysisches wie seine eigene Verkörperung der Tugend — getroffen und zerstört hat, verschwindet er — ein Mann, dessen Zeit vorüber ist — wieder in einen noch wilderen Westen und läßt nur den staunenden kleinen Jungen

zurück, der die ganze Geschichte geträumt haben könnte.[82]

Shane wird von der Frau des Siedlers geliebt, von ihrem kleinen Sohn verehrt. Er richtet die Siedler auf und rät ihnen, nicht den Drohungen des Viehzüchters nachzugeben und ihre Farm nicht zu verkaufen. Er riskiert den Ruf, ein Feigling zu sein, da er nicht sofort mit der Waffe »argumentiert« … Bei einer Auseinandersetzung wird Shane dann jedoch schwer verwundet. Er reitet aus der Stadt – hat er doch den Siedlern den Sieg gebracht – und stirbt allein in der Einsamkeit … Man mag in dieser Figur Züge der Helden von William S. Hart wiederfinden; es gibt auch Analogien zwischen Shane und der Legion der aufrechten Sheriffs, Marshals, die in unzähligen Filmen immer wieder wilde Städte befriedeten. Doch die Figur aus Stevens' Film stellt eine bisher unbekannte Überhöhung dar. Die Melancholie, das Motiv des Verzichts auf ein persönliches Glück, das Motiv des Opferns für eine Gemeinschaft – all das macht »Mein großer Freund Shane« zu einem ungewöhnlichen Western, der gerade durch sein Bekenntnis zur Legende, zum Märchen in einer Zeit beeindruckt, die immer mehr zu einem realistischeren Western tendiert. In dieser Hinsicht ist der Film ohne jeden Zweifel ein Einzelfall.

Auch Delmer Daves, Regisseur des Films »Der gebrochene Pfeil«, interessierte sich für die Wandlungen, die das Bild des Westerners im amerikanischen Film jener Jahre erlebte. In »Jubal« *(Der Mann ohne Furcht)* aus dem Jahre 1955 schildert er einen Cowboy, der – wie so viele Western-Helden – aus der Fremde auftaucht und ein friedliches Leben in einer Gemeinschaft führen möchte. Doch diese Gemeinschaft begegnet ihm voller Mißtrauen, voller Vorurteile. Jubal (Glenn Ford) will arbeiten und in Ruhe gelassen werden. Doch ohne es zu wollen gerät er immer wieder in harte Auseinandersetzungen: Er wird verdächtigt, den Rancher, für den er arbeitet, mit dessen Frau zu betrügen. In Notwehr erschießt der grundlos verdächtigte Cowboy einen Mann … Der Zorn der Gemeinschaft richtet sich gegen den Fremdling, den Außenseiter. Man droht mit Lynchen. Erst ganz am Schluß stellt sich die Unschuld des Cowboys heraus … Dieser Film wollte wenig mit Legenden zu tun haben. Daves hatte ein realistisches Drama konzipiert. Ihm ging es um das Verhalten von Menschen, der menschlichen Gemeinschaft einem Außenseiter, einem Fremden gegenüber. Jubal ist der »Mann von draußen«, der undurchsichtig erscheint, dem man alles zutraut, der für alles Unheil, das sich ereignet, verantwortlich gemacht wird. Der blinde, dumme Konformismus einer Menschengruppe – lebt sie nun im vergangenen Jahrhundert in Wyoming oder in der amerikanischen Gegenwart der fünfziger Jahre – wird als Ursache einer menschlichen Tragödie geschildert, die nicht ohne Beziehung zu den klassischen antiken Tragödien ist.

Vielleicht der eindrucksvollste Western von Delmer Daves, diesem erfolgreichen Erneuerer des Genres in den fünfziger Jahren, war »3:10 to Yuma« *(Zähl bis drei und bete)* aus dem Jahre 1956. Wenn jemals die Bezeichnung »psychologischer Western« für einen Western zutreffend ist, dann für dieses großartige Werk, diese Verhaltensstudie zweier unterschiedlicher, gewissermaßen aneinandergeketteter Männer. Auf der einen Seite steht der gefürchtete Outlaw Ben Wade (Glenn Ford), der brutal tötet, Postkutschen überfällt und Viehherden stiehlt. Auf der anderen Seite steht der arme Siedler Dan Evans (Van Heflin), der tatenlos mit ansehen muß, wie Wade und seine Bande eine Herde rauben, eine Postkutsche überfallen und dabei zwei Männer töten. Es gibt keinen größeren Kontrast als diese beiden Männer. Wade ist der vom Erfolg verwöhnte Mann, ein Prahlhans, fast die Inkarnation eines Archetyps, den der Westen hervorgebracht hat. Evans dagegen ist der ewige Versager. Trotz harter Arbeit kann er seiner Frau nicht das Leben bieten, das sie sich wünscht. In den Augen seiner Frau ist er ein Feigling. Große finanzielle Sorgen plagen ihn. Seine Herde ist in Gefahr zu verdursten, da er die Wasserrechte nicht bezahlen kann.

nen Jahren. Die beiden ungleichen Männer sind auf Gedeih und Verderb aufeinander angewiesen – der Outlaw ist sich seiner Überlegenheit bewußt, nutzt sie zielstrebig aus; der Siedler ist ängstlich, wittert überall Gefahren ... Evans braucht das Geld, damit könnte er die Wasserrechte bezahlen; die Mission ist für ihn so etwas wie der letzte Strohhalm, der ihn vor seinem endgültigen Ende bewahren soll. Die beiden müssen in einem Hotelzimmer von Convention City zwei Stunden auf die Abfahrt des Zuges nach Yuma warten. Draußen vor dem Hotel lauern die Männer von Wades Bande, die ihren Boß um jeden Preis befreien wollen. Der kurze Weg zum Bahnhof, zum wartenden Zug soll die Entscheidung bringen ...

Rancher Dan Evans hat gleichfalls gar nichts mehr vom einstigen Western-Helden an sich. Er ist in seiner verzweifelten Situation eher jämmerlich als heroisch. Die Übernahme des Transports dieses brutalen, gefährlichen Verbrechers ist eine Verzweiflungstat, ein »alles auf eine Karte setzen«. Und als dann diese Mission wider Erwarten glücklich ausgeht, ist Evans auch kein glücklicher Held, sondern ein Mann, der eine gefährliche Arbeit erfolgreich zu Ende gebracht hat. Einiges verbindet Dan Evans mit Marshal Kane aus »Zwölf Uhr mittags«. Beide sind die einzigen einer Gemeinschaft, die den Mut aufbringen, sich dem Verbrechen entgegenzustellen. Beide befinden sich anfangs in scheinbar aussichtslosen Situationen. Doch Kane handelt aus einem von den Maximen eines Westerner-Lebens geprägten Verantwortungsbewußtsein heraus. Evans dagegen will überleben, will einmal wenigstens nicht versagen. Die Verbrecher, denen sich Kane in den Weg stellt, erhalten im Film wenig Profil. Der Verbrecher, den Evans bewacht, ist dagegen ein so brutaler wie scheinbar auch liebenswerter Mann, der sich seiner Überlegenheit voll bewußt ist. Der Bewachte weiß, daß er gewinnen wird; der Bewacher ist unsicher, ob er gewinnen wird ... Als schließlich Evans und Wade das Hotel verlassen, die Bande des Verbrechers an der Ecke lauert, spottet Wade über die

Als der Outlaw schließlich festgenommen wird, ist niemand der Männer des Ortes bereit, ihn ins Zuchthaus von Yuma, Arizona, zu bringen. Erst als der Besitzer der Postkutschengesellschaft 200 Dollar für denjenigen stiftet, der Wade nach Yuma bringt, ist der mittellose Siedler Dan Evans bereit, die schwierige Aufgabe zu übernehmen. Die Beschreibung dieser Mission macht den Film zu einem der interessantesten Western aus je-

312 Glenn Ford (vorn) und seine Bande
aus »Zähl bis drei und bete«

313, 314 Glenn Ford und Van Heflin
in »Zähl bis drei und bete«

angebliche Sinnlosigkeit, daß Evans sein Leben für
eine Sache riskiert, die nichts einbringt, daß er sich für
eine Gemeinschaft zu opfern bereit ist, die keinen Finger für ihn rühren würde. Viel leichter wäre es dagegen
für ihn, den armen Siedler, seiner Frau das Leben zu
bieten, das sie sich wünscht, wenn er nur einmal mit
ihm, dem Outlaw, eine Bank überfallen würde. Der
Bewacher wird immer nervöser, hat er doch sichtbare
Mühe, dieser Versuchung zu widerstehen. Er ist sich
gar nicht so sicher, daß ein Mann im Westen immer
das zu tun hat, was er tun muß ...
Auch die weitgehende Gleichheit von Filmlaufzeit und
Handlungszeit (zumindest in der zweiten Hälfte von
»Zähl bis drei und bete«) verbindet Daves' Western
mit »Zwölf Uhr mittags«. Auch Daves möchte uns
glauben lassen, daß eine Minute Filmhandlung einer
Minute realer Zeit entspricht, daß nichts weggelassen
oder gerafft worden ist. Man hat Daves' Werk einen
großartigen Balanceakt zwischen eigentlich nur schwer
miteinander zu vereinbarenden Elementen genannt.
Da steht Action (der Postkutschenüberfall zu Beginn)
neben Ironie, Allegorie und einer mitunter romantischen Atmosphäre. »Zähl bis drei und bete« ist einer
der schönsten, perfektesten Western der fünfziger
Jahre.

Daves betonte immer wieder, daß er in seinen Western
eine realistische Erzählweise anstrebt, daß der Dokumentarfilm für ihn ein erstrebenswertes Vorbild ist.
Auf die Frage nach der Authentizität seiner Filme antwortete er 1969, daß er bereits bei seinen im Kriege
entstandenen Filmen die britischen Dokumentarfilme
als Ideal betrachtete:
*In meinen Western habe ich's genauso gemacht. »Der
gebrochene Pfeil« war eine Widmung an meinen Großvater und an die Familie meines Vaters. Das ist alles
Teil und Grund meines Erbes. Ich besitze die Tagebü-
cher meines Großvaters; er hat zweimal mit den Mormonen die Prärien durchquert und hat so harte Prüfungen wie Wachestehen und Indianer-Angriffe mitge-
macht und lauter derartige Sachen. Die Mutter meines*

9

315 Delmer Daves und Glenn Ford bei Dreharbeiten zu »Zähl bis drei und bete«

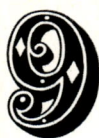

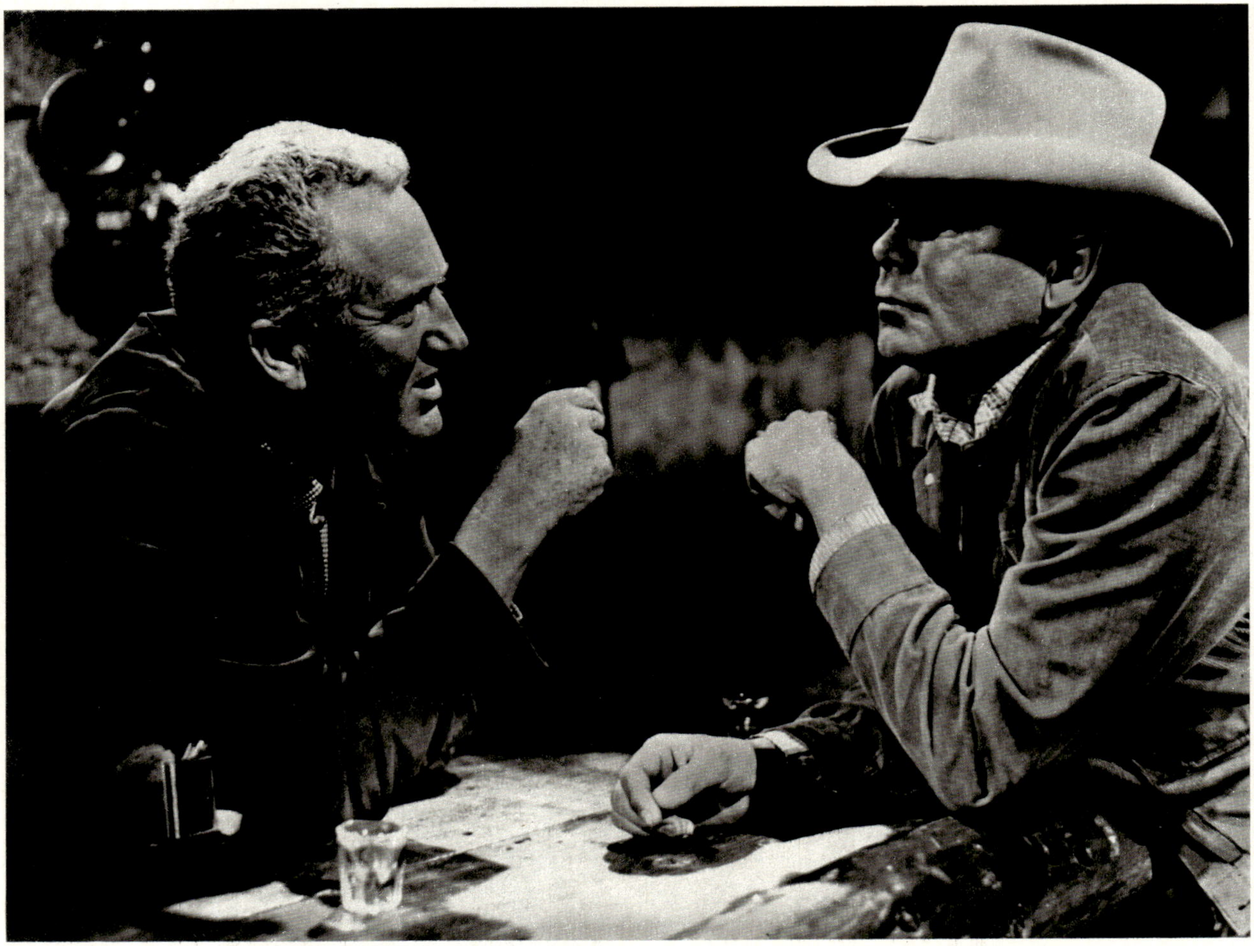

Vaters wurde zwei Monate nach Ankunft der Planwagen in Kalifornien geboren, und ihre Mutter, meine Urgroßmutter, war sieben Monate schwanger, als sie in einem Planwagen die Berge der Sierra Nevada überquerte. Ohne Achtung vor diesen Leuten kann man keine Geschichten vom Westen erzählen; man macht es unecht. Das alles hat mein Leben als Regisseur beeinflußt, ebenso wie die britischen Dokumentarfilme auf meine Kriegsfilme eingewirkt haben. Das ist der Grund, glaube ich, daß es in den meisten meiner Western einen Eindruck des Dokumentarischen gibt. In »Cowboy« z. B. wollte ich sehr deutlich ausdrücken: »So war es, wie der Cowboy gelebt und was er getan hat.« Es war wirklich ein Dokumentarfilm über das Leben eines Cowboys.[83]

Der Film »Cowboy« (1957) beschreibt die »Erzie-

wird, der in einer Nacht in einem Bordell, einer Spielhölle oder auch einem vornehmen Chicagoer Hotel
durchgebracht werden kann ... Das Cowboy-Leben
wird hier von allem Glanz, aller Romantik, allem Heroismus, aller Mystik befreit.

Noch einmal kehrte Delmer Daves zum Western zurück. 1959 drehte er »The Hanging Tree« *(Der Galgen-
baum).* Dieses Mal zeichnete er das Milieu der Goldsucher in Montana in den siebziger Jahren. Gary Cooper
(in seiner letzten Western-Rolle) spielt den Arzt Joe
Frail, der in die Goldsuchersiedlung Skull Creek
kommt. Er hat mit seiner Vergangenheit gebrochen,
will hier, in diesem Eldorado der Glücksritter, Aben-

hung« eines Viehtreibers. Zu Beginn des Films erleben
wir eine Herde polternder, schmutziger Burschen, die
nach erfolgreichem Abschluß ihrer Arbeit in ein Chicagoer Hotel einfallen, um sich frisieren und heraus-
putzen zu lassen, bevor sie ihr hart verdientes Geld
wieder ausgeben. Der Hotelangestellte Frank Harris
(Jack Lemmon) bietet dem berüchtigten Cowboy Tom
Reece (Glenn Ford) seine beachtliche Barschaft an,
wenn sie ihn als einen der ihren mit in den Westen
nehmen. Da Reece sein ganzes Geld beim Pokern ver-
spielt hat, nimmt er das Angebot an. Was alles wie eine
Farce, wie eine übermütige Western-Comedy beginnt
(die Cowboys in der Badewanne schießen die Schaben
mit ihrer Pistole von der Wand!), wird immer mehr zur
eindrucksvollen Beschreibung eines harten Cowboy-
Lebens. Dieses Leben hat nur noch sehr wenig mit den
ersehnten Abenteuern vieler Jugendlicher zu tun. Täglich hat man unvorstellbare Strapazen zu überwinden,
befindet man sich in lebensgefährlichen Situationen:
der Durst, der Staub, die Hitze und die riesige, unbere-
chenbare Herde, die sich jederzeit wie eine Lawine
über die paar Bewacher wälzen kann – Delmer Daves
zeigt ein unromantisches Bild dieses elenden Viehtrei-
berdaseins ... Wir entdecken die Sinnlosigkeit eines
Lebens, das täglich für einen Lohn aufs Spiel gesetzt

teurer und schieß- und rauflustigen Westerner, einen Neuanfang versuchen. Wie so viele Westerner aus den Filmen jener Jahre will auch Doc Frail in Ruhe und Harmonie ein einigermaßen bürgerliches Leben führen. Er möchte nicht in die ununterbrochenen Auseinandersetzungen der anderen hineingezogen werden, möchte nicht der Rächer irgendwelcher Zeitgenossen sein. Doch schon bald wird ihm klar, daß er in dieser brutalen, wilden Welt nicht indifferent bleiben kann. Schon bald muß er einen Jungen davor bewahren, von einer aufgebrachten Meute gelyncht zu werden. Dann pflegt er eine junge Schweizer Einwanderin gesund, die nach einem Postkutschenüberfall lange Zeit hilflos in der prallen Sonne lag und geblendet wurde. Zwischen diesen beiden Außenseitern, die von der grausamen Vergangenheit und von der lauten Gegenwart gleichermaßen geprägt, verletzt sind, entsteht gegen ihren Widerstand eine Beziehung. In der Schweizerin (Maria Schell), die ihren Vater bei jenem furchtbaren Überfall verloren hat, die allein in dieser harten Männerwelt bestehen muß, versucht Daves jene zahlreichen Einwanderer zu porträtieren, die im vergangenen Jahrhundert in den amerikanischen Westen kamen und dort eine Welt vorfanden, der sie nur in den seltensten Fällen gewachsen waren.

Neben Delmer Daves waren es noch zahlreiche andere Regisseure, die in den fünfziger Jahren mehrere bedeutende Western drehten und die in diesem Genre ihre größten Erfolge verzeichnen konnten. Anthony Mann und John Sturges waren Regisseure, die bereits in den vierziger Jahren mit Filmen anderer Genres debütiert hatten — ohne damit besonders hervorgetreten zu sein. Der Western war es, der es diesen Filmemachern ermöglichte, ihr wirkliches Talent sichtbar werden zu lassen. Anthony Mann drehte 1950 zwei Western, die noch heute zu den wichtigsten Positionen dieses Filmgenres gehören. Neben dem Plädoyer für Toleranz zwischen den Rassen »Fluch des Blutes« entstand »Winchester '73«. Der »Titelheld« dieses Films ist jenes legendäre Repetiergewehr, das im Jahre 1873 von dem Waffenfabrikanten Oliver F. Winchester entwickelt und auch produziert worden ist. Doch Manns Werk ist alles andere als ein Film, der einmal mehr einen Kult um die Waffe predigt. Vielmehr dient ihm jene Waffe als geschicktes dramaturgisches Hilfsmittel, mit dem er ein möglichst breites, umfassendes historisches Panorama der siebziger Jahre geben kann. Das Gewehr geht von Hand zu Hand und »entlarvt« seine Besitzer. Dieses Gewehr wird zum roten Faden einer Geschichte, die viele aufschlußreiche Western-Situationen enthält. So kann man diesen Film zu Recht eine Western-Anthologie nennen, denn hier erscheinen Figuren und Situationen, die man aus vielen anderen Western vergangener Jahre bereits kennt, noch einmal gewissermaßen gebündelt.

Der Film beginnt im legendären Dodge City zur 100-Jahr-Feier Amerikas am 4. Juli 1876. Als erster Preis eines Schießwettbewerbs winkt eine echte Winchester. Sheriff Wyatt Earp — in diesem Film nur eine Randfigur — lädt den Fremden Lin McAdam (James Stewart) ein, an diesem Wettbewerb teilzunehmen. Natürlich gewinnt ihn Lin und somit auch das Gewehr. Doch der unterlegene Schuft Dutch Henry Brown überfällt nachts Lin und entwendet ihm das Gewehr. In der Wüste, in einer einsamen Spielhölle, verliert Dutch die Waffe beim Pokern an einen heruntergekommenen Waffenschmuggler. Dieser bringt sie zu den Sioux-Indianern. Doch als er nicht dieses Gewehr, sondern andere, weitaus schlechtere an die Indianer verkaufen will, wird er getötet ... Die Winchester erlebt dann einen Postkutschenüberfall und wechselt wieder den Besitzer ...

Scheinbar endlos wird der ewige Zyklus von Verbrechen und Rache durchgespielt. Immer wieder geschieht ein Verbrechen, immer wieder schwört jemand dafür ewige Rache. Doch 1950 zeigt Anthony Mann noch nicht die Sinnlosigkeit solcher Riten. Auch die alte Westerner-Maxime, daß ein Mann im Westen Dinge tun muß, die man als Mann eben tun muß, die-

Little Big Horn spielt zwar in den Erzählungen der Menschen eine Rolle, doch der Film widmet jenem Vorgang keine weitere Aufmerksamkeit. »Winchester '73« konzentriert sich dagegen auf die Figur des Westerners Lin McAdam, auf einen einsamen Fremden, einen Mann, der wie unter einem geheimnisvollen Zwang sein Vorhaben realisiert.

»Winchester '73« war der erste Film eines ganzen Zyklus, den Anthony Mann zusammen mit dem Schauspieler James Stewart und dem Drehbuchautoren Borden Chase drehte. Chase, der bereits seit 1935 als Filmszenarist tätig war, debütierte als Western-Autor 1948 mit dem Buch für Howard Hawks' Film »Red River« *(Panik am roten Fluß)*. 1950 schrieb er neben »Winchester '73« das Szenarium für Ray Enrights Western über die Weidekriege »Montana«. Als Basis für »Winchester '73« hatte Chase eine Geschichte des umstrittenen Wyatt-Earp-Biographen Stuart N. Lake genommen. In den Jahren 1950 bis 1956 sollte er die Bücher für die interessantesten Western von Anthony Mann, John Sturges, King Vidor und Robert Aldrich schreiben.

So auch zu Manns Film »Bend of the River« *(Meuterei am Schlangenfluß)* aus dem Jahre 1952. James Stewart spielt hier einen Scout, der einen Siedler-Treck nach Oregon führt. Auch er ist ein Einsamer, ein verschlossener, harter Westerner, der alle Brücken hinter sich abgebrochen zu haben scheint. Für ihn ist der Zug in den Westen eine Art Flucht vor einer Gesellschaft, die immer mehr von den »Segnungen« der Zivilisation zerfressen wird. McLyntock ist hart, unduldsam, rechthaberisch. Er will immer wieder im Kampf mit den Naturgewalten seine Kraft beweisen. Mit großer Energie setzt Mann diesen Kampf in Szene. Der Kampf mit dem reißenden Columbia River, mit der Kälte, dem Schnee wird zu einem aufregenden Ritual gestaltet. Ganz allmählich wird dem Zuschauer bewußt, daß dieser Kampf für den Helden so etwas wie eine Bewährung darstellt. Im Kampf versucht ein Mann, seinen Wert zu beweisen. Im Bewältigen einer schwieri-

ses alte Westerner-Credo bleibt unangetastet. Wenn Lin McAdam auch darüber lamentiert, daß es ihm keinen Spaß macht, Banditen nachzujagen, so suggeriert der Film doch die Notwendigkeit solcher Aktionen. Ganz am Ende des Films stellt sich heraus, daß Lin den Verbrecher Dutch verfolgt, weil dieser, sein Bruder, vor Jahren ihren Vater umgebracht hat ...

Anthony Mann interessiert es wenig, die konkrete historische Situation des Jahres 1876 zu rekonstruieren. Wyatt Earp tritt nur am Rande auf. Die Schlacht am

gen Aufgabe will er sich selbst verwirklichen. Die Hilfe für die Siedler, die Sorge um das Überleben dieser Siedler im Hochgebirge, die Auseinandersetzung mit gerissenen Schurken in der Goldgräbersiedlung Portland bestimmen das Leben dieses verschlossenen Mannes, der seine Verletzlichkeit hinter einer Maske von Härte verbirgt.

Gleichzeitig enthält der Film aber auch ein Thema, das in fast allen Mann-Filmen und in noch vielen Spät-Western immer wieder auftauchen wird. Es geht auch hier um die seltsame, ungewöhnliche Komplizenschaft zwischen zwei Männern, die eine gemeinsame Vergangenheit miteinander verbindet. Diese Freundschaft gibt ihnen Kraft; sie bleibt den anderen, den braven Bürgern, den Frauen, fast bis zum Ende auch den Zuschauern, ein Rätsel, ein bei diesen harten Männern schwer verständliches Gefühl.

Anthony Mann interessiert sich für Menschen in komplizierten, mitunter ausweglos erscheinenden Situationen. Er zeigt Männer, die trotz aller Verzweiflung wie von fernen, unsichtbaren Kräften gelenkt handeln. Zwangsläufig spielt der Rahmen, in dem sich solche menschlichen Tragödien abspielen, eine wichtige Rolle. Nicht das authentische Dekor des amerikanischen Westens, der historische Rahmen, ist für Mann wichtig, sondern die Landschaft. Die Landschaft wird zu einem Element des Films, das wesentlich die Charaktere geformt hat. Nicht die Wüste sucht Mann immer wieder als idealen Schauplatz für seine Geschichten, vor allem als Hintergrund für die entscheidende Auseinandersetzung, das Showdown, sondern eine von hohen, kantigen Felsen durchzogene Gebirgslandschaft; oder aber auch den Fluß, diesen Ausdruck wilder, alles mit sich reißender Naturgewalten.

»The Naked Spur« *(Nackte Gewalt)* aus dem Jahre 1952 erzählt die Geschichte des Kopfgeldjägers Howard Kemp (James Stewart). Er will um jeden Preis die auf den Kopf des Verbrechers Ben Vondergroat ausgesetzten 500 Dollar gewinnen. Am Ende kann er nach einem langen, harten Kampf nur noch die Leiche

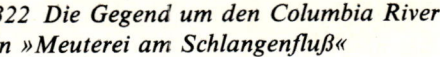

des gesuchten Verbrechers aus einem reißenden Fluß
bergen. Diese will er zum Sheriff bringen, um die
500 Dollar zu erhalten. Doch der Appell einer Frau
bringt ihn um den Lohn all seiner Anstrengungen. Anstatt die Leiche zum Sheriff-Büro zu bringen, beginnt
der Kopfgeldjäger Howard Kemp ein Grab zu schau-
feln.

Anthony Mann nennt keine Geschichte, keinen besonderen Charakter als Ausgangspunkt für diesen Film.
Er beschreibt eine Landschaft, die ihn zu diesem Film
inspirierte:

Wir waren in einer herrlichen Region, im Durango, und
alles ergab sich aus Improvisation. Ich habe nie begrif-
fen, warum man fast alle Western in Wüstenlandschaf-
ten dreht. Zum Beispiel bewundert John Ford das Mon-
ument Valley. Ich kenne das Monument Valley gut,
aber das ist doch nicht der ganze Westen! In Wirklich-
keit ist die Wüste doch nur ein Teil des amerikanischen
Westens. Ich wollte das Gebirge und die reißenden
Flüsse zeigen, das Unterholz und die schneebedeckten
Gipfel, kurz, ich wollte ein ganzes Klima wie bei »Da-
niel Boone« wiederfinden: Die Figuren erscheinen hier-
durch größer. In dieser Hinsicht waren die Dreharbei-
ten für »Nackte Gewalt« für mich wirklich befriedigend.
Der Felsen, auf dem die letzten Einstellungen gedreht
worden sind, heißt wirklich »The Naked Spur«. Ich
sagte mir: Ein Felsvorsprung wird die entscheidende
Waffe sein, die das Drama unterstreicht. Das war der
Ursprung des Schlußkampfes zwischen James Stewart
und Robert Ryan.[84]

Nicht anders war es bei dem Film »The Far Country«
(Über den Todespaß) aus dem Jahre 1954. Hier wählte
Mann die Landschaft Alaskas aus, eine Landschaft,
die durch Goldsuchersiedlungen und durch die nahe
Grenze zwischen Alaska und Kanada geprägt wird.
Immer wieder wird die Landschaft, die Natur als eine
Kraft gezeigt, die permanent die Menschen bedroht,
die immer wieder ihre Existenzgrundlage vernichtet.
Schneestürme, Überschwemmungen, reißende Flüsse,
Lawinen, Felsen, hinter denen die Feinde lauern, die

das Leben bedrohen – all das bringt Anthony Mann in
seine Geschichten ein, all das macht diese Geschichten
aus dem amerikanischen Westen zu großen Erzählungen menschlicher Schicksale, die sich deutlich an der
griechischen Mythologie zu orientieren scheinen.
1955 drehte Anthony Mann zusammen mit James Stewart den Film »The Man from Laramie« *(Der Mann*
aus Laramie) nach einem Szenarium von Philip Yordan, einem der bedeutendsten Western-Szenaristen jener Jahre. Wieder spielt Stewart hier einen gebroche-

325 Walter Brennan und James Stewart
in »Über den Todespaß«

326 Henry Fonda in »Der Mann des Gesetzes«
von Anthony Mann

nen Helden, der überall und nirgendwo zu Hause ist.
Dieser Will Lockhart ist ein friedlicher Einzelgänger,
der immer nur durch die anderen in Schwierigkeiten
gebracht, in ihre Auseinandersetzungen hineingezogen
wird. Auch dieser Film berichtet eine Rachegeschichte.
Lockhart ist nach New Mexico gekommen, um dort
den Mörder seines Bruders zu finden und zu richten.
Doch überall ist der Einzelgänger der Fremde, der
Außenseiter, den man lieber gehen als kommen sieht.
Nach einiger Zeit findet der Mann heraus, daß sein
Bruder Opfer von Waffenschmugglern geworden ist,
die Gewehre an Indianer verkauft haben ...
Nach einer Vielzahl von Auseinandersetzungen, die
ihn nicht nur einmal in lebensgefährliche Situationen
brachten, stellt er den Mörder seines Bruders. Doch in
dem Moment, da er das Ziel seines Weges erreicht hat
und nun endlich Rache üben, den Mörder bestrafen
könnte, verzichtet er, überwindet er sich selbst und jagt
den Verbrecher davon ...
Die Vorliebe Manns für übermenschliche, deutlich an
den Helden der alten Mythologie orientierte Figuren
findet auch hier sichtbaren Ausdruck. Philip Yordan
und Anthony Mann mißtrauen den kleinen, durchschnittlichen Figuren, die zu Helden aufgebaut werden. Yordan berichtete 1961 über seine Ambitionen bei
der Entwicklung der Figur des Mannes aus Laramie:

*Ich wollte gegen diese kleinbürgerliche Mentalität re-
agieren und versuchen, die Reinheit der Helden der antiken Tragödien wiederzufinden. Da war ich mit Anthony Mann vollkommen einer Meinung. Ich habe
versucht, die tragische Mythologie neu zu schaffen,
wollte dem Schicksal, der Einsamkeit, der Ritterlichkeit
breiten Raum einräumen. Ein Mann kommt an, von
dem niemand weiß, woher er kommt, wohin er gehen
wird. Dieser Mann wird von Furien gejagt, verzweifelt
sucht er seinen inneren Frieden.*
*Diesen Heldentyp wollte ich mit einer typisch ameri-
kanischen, auch typisch populären Gestalt verbinden.
Sieht man diesen Mann auf der Straße, dann sagt man*
*von ihm: »Das ist ein Mann.« Und man sagt das, ohne
zu wissen, warum, und man hat recht. Er könnte Holz-
fäller, Cowboy oder ein schmalbrüstiger Schaffner sein.
Im allgemeinen lebt er einsam, bittet niemanden um etwas, will nichts haben, ist aber immer auf der Suche
nach Würde. Er verachtet nicht die Menschen, fürchtet
sie aber auch nicht mehr, wird allerdings gefährlich,
wenn man ihn angreift. In einem Regiment wäre er vielleicht ein einfacher Soldat: Nach zwei oder drei Tagen
würden hier alle seine Überlegenheit begreifen und verstehen, mit wem sie es zu tun haben. Wenn er Angst
hat, haben alle Angst.*

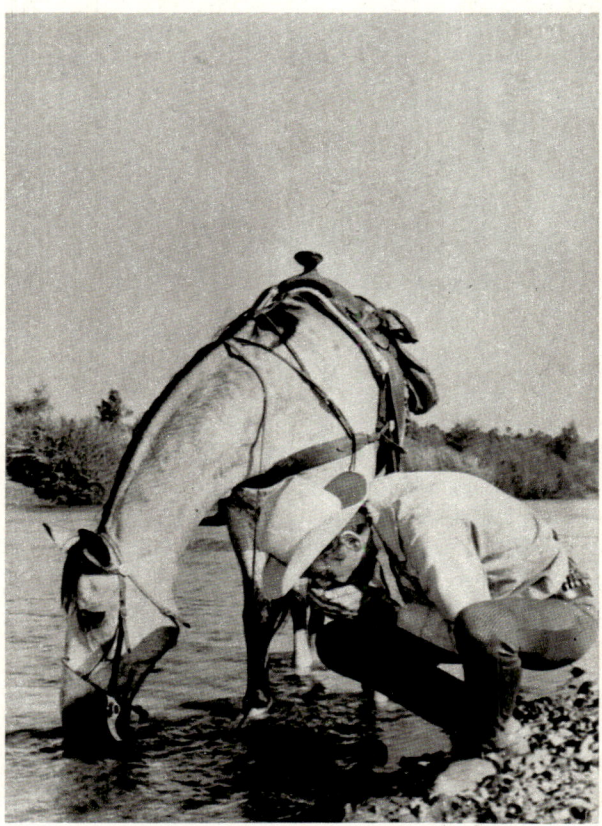

Ich wiederhole, diese Figur ist keine Gefahr für die anderen, er ist kein Faschist. Er hat Würde. Er sucht Würde. Er schlägt sich nur, wenn er dazu gezwungen wird; dann aber ist er schrecklich.[85]

Neben dieser zentralen Figur, der zentralen Geschichte, die der Film erzählt, fügen Mann und Yordan noch eine Nebenhandlung ein, die einen Konflikt verdeutlicht, den wir in vielen Western der fünfziger Jahre finden. Wir sehen einen reichen Rinderkönig, ganz Patriarch, der sein gewaltiges Reich im Bewußtsein seiner Macht und im Geist der Pioniere verwaltet, zu denen er einst selbst gehörte. Doch neben ihm ist sein Sohn, ein verschlagener, brutaler Feigling. Generationskonflikte spielen in den Western jener Zeit eine immer größere Rolle. Die alten Pioniere von einst müssen erkennen, daß ihr Reich zerfällt, daß die Ideale der Pioniere bei ihren Kindern keine Resonanz

mehr finden, daß die Söhne zu Verbrechern geworden sind.

Konsequenterweise abstrahiert Mann in seinen Western immer mehr von den Äußerlichkeiten der Geschichte. Nur als Ausgangspunkt, als weiter Rahmen ist ihm der Westen noch nötig. Diese Schicksale, von denen hier erzählt wird, können sich auch in ganz anderen Regionen, in gänzlich anderen Zeiten vollziehen. Gebirgslandschaften, die entfesselten Elemente der Natur finden sich nicht nur im amerikanischen Westen. Es gibt allerdings auch Western von Anthony Mann, in denen der Anklang an die griechische Mythologie in den Hintergrund gerät und der Westen in seinen Konturen wieder deutlicher hervortritt. Das war so bei Manns frühem Western »Winchester '73«, und das ist so bei »The Tin Star« *(Der Stern des Gesetzes)* aus dem Jahre 1957, einem seiner schönsten Filme. Äußeres Zeichen für diesen Wandel ist die Wahl des Szenaristen und des Hauptdarstellers. Nicht Borden Chase oder Philip Yordan schrieben Mann das Buch für den Film, sondern der erfolgreiche Ford-Szenarist Dudley Nichols; und nicht James Stewart spielt hier die Hauptrolle, einen einstigen Sheriff, sondern Henry Fonda. Aus dem einstigen Sheriff Morg Hickman ist jetzt ein Kopfgeldjäger geworden. Genau wie Howard Kemp (James Stewart) aus »Nackte Gewalt« verdient er sich sein Geld, indem er steckbrieflich gesuchte Verbrecher stellt und die ausgesetzte Prämie kassiert. Der soziale Abstieg vom scheinbar angesehenen Ordnungshüter zum Kopfgeldjäger ist offenbar. Ist der Sheriff zumeist noch eine von der Gesellschaft geachtete und respektierte Persönlichkeit, so wird der Kopfgeldjäger verachtet und gemieden wie ein Outlaw. Auch Hickman muß das in jenem Ort erleben, in den er gekommen ist, um eine Prämie zu kassieren. Niemand will ihn beherbergen. Nur eine andere Deklassierte nimmt ihn auf: Die Witwe eines Indianers wird genauso gemieden wie der Kopfgeldjäger ... Sheriff des Ortes ist ein junger, unerfahrener Mann (Anthony Perkins), der immer wieder die Hilfe des Ex-Sheriffs in Anspruch

nehmen muß. Was folgt, ist der Erziehungsprozeß eines jungen Sheriffs, der begreifen muß, wie man mit Outlaws und mit der Waffe sinnvoll umgehen kann. Hickman lehrt den jungen Ordnungshüter, daß es wichtiger ist, die Menschen zu studieren, die Motive ihres Handelns zu ergründen, als sich nur in der Technik des Schießens zu üben. Ein alter Haudegen, der nie einen Schritt ohne seine Waffe getan hat, lehrt einen jungen Hitzkopf, daß es wichtigere Sachen gibt, als bei einer Schießerei unbedingt immer der Erste zu sein. Ex-Sheriff Hickman ist eine Figur, die wir zu kennen scheinen; genauso seinen jungen Freund. Denken wir z. B. an die ersten Szenen aus DeMilles Film »The

Plainsman« (Verrat – Die Abenteuer des Buffalo Bill) wo Wild Bill Hickok einem kleinen Jungen, der ihn anhimmelt, beibringt, daß eine Pistole kein harmloses Spielzeug ist; denken wir an Gregory Pecks »The Gunfighter« (Der Scharfschütze), der sich in einem dunklen Saloon vor seinem zweifelhaften Ruhm als Revolverheld versteckt, und denken wir an die vielen müden Sheriffs in den Western der fünfziger und sechziger Jahre, dann wird einem schnell bewußt, daß dieser einsame, verschlossene Kopfgeldjäger durchaus eine Western-Figur ist, die in allen Entwicklungsetappen des Genres zu finden ist.

Anthony Mann selbst beschreibt kurz und prägnant das Thema seines Films:

Das war eine simple Geschichte, eine Lehrstunde. Der Stern aus Blech ist nicht nur ein Stück Metall, sondern auch die Summe aus Verdruß, bitterem Nachgeschmack und kaschierten Ängsten. Wenn Fonda und Perkins über sich selbst hinauswachsen, der eine seine Verbitterung überwindet und der andere seine Unerfahrenheit, dann hat er seine Bedeutung erreicht.[86]

Die von Henry Fonda gespielte Figur könnte aber auch ein »Bruder« von Sheriff Kane aus »Zwölf Uhr mittags« sein. Morg Hickman legte seinen Sheriff-Stern einst ab, als die Gesellschaft ihm bei seiner Arbeit die Unterstützung versagte. Anthony Mann zeichnet kein idyllisches Bild der Siedlergemeinschaft mehr – wie es John Ford noch zehn Jahre zuvor getan hat. In der Siedlergemeinschaft, die »Der Stern des Gesetzes« zeigt, bestimmen Feigheit, rassistische Vorurteile und Intoleranz das Bild. Ihr gegenüber steht der Fremde, der Außenseiter, der von allen nur scheel angesehen wird, dem alle mißtrauen. Als dieser Fremde dann seine schmutzige, aber doch notwendige Arbeit macht, wird ihm für kurze Zeit zwar eine bestimmte Anerkennung zuteil, fast nie aber Unterstützung oder Hilfe. Danach wird schnell wieder der alte Zustand, werden die alten Denkschemen wieder etabliert. Bürgersinn, aktives Engagement für das Allgemeinwohl, all das, was die Ideale der Pioniergemeinschaft gewesen sein sollen, sucht man hier ver-

– darunter eine Frau – fällt Link in die Hände der Verbrecher. Bald stellt sich heraus, daß Link Jones einst Mitglied dieser Bande war; der Anführer ist sogar sein Stiefvater. Es kommt zu harten Auseinandersetzungen zwischen Link und der Bande, die ihm vorwirft, einst feige seine Komplizen verlassen zu haben. Doch Link hat nur ein Ziel: zusammen mit den beiden anderen Passagieren lebendig den Banditenunterschlupf zu verlassen. Die Outlaws, Links ehemalige Freunde, sind zu allem bereit, ein Menschenleben zählt bei ihnen nichts ... Nach einem geschickten Manöver, das die Verbrecher glauben machen soll, daß Link Jones wieder einer der ihren geworden und in Zukunft wieder gemeinsam mit der Bande durch das Land ziehen wird, nach einem Duell, in dem Links

geblich ... So fügt sich auch dieser Film in das allgemeine Bild ein, das die Western von Anthony Mann ergeben. Auch Ex-Sheriff Morg Hickman ist ein einsamer, aufrechter Ritter, der einer feigen, opportunistischen Gemeinschaft gegenübersteht, der für diese Gemeinschaft die Kastanien aus dem Feuer holt, um kurz darauf wieder verachtet zu werden ...

Noch zweimal kehrte Anthony Mann – ohne Borden Chase, Philip Yordan und ohne James Stewart – zum Western zurück, bis er im folgenden Jahrzehnt direkt Geschichten aus der Antike erzählte. 1958 drehte er mit Gary Cooper in der Hauptrolle »Man of the West« *(Der Mann aus dem Westen)*. 1960 verfilmte er noch einmal Edna Ferbers Roman »Cimarron«.

»Der Mann aus dem Westen« ist wieder eine Meditation über die Gewalt im Westen, über die Versuche, den Zyklus von Gewalt und Rache zu durchbrechen – ohne neues Unrecht, neue Gewalt auszuüben.

Link Jones (Gary Cooper) lebt mit seiner Familie ein gutbürgerliches Leben im Westen. Um die neue Lehrerin des Ortes abzuholen, fährt er mit einer beträchtlichen Summe Geldes in einen entfernten Ort. Doch unterwegs wird der Zug von Outlaws überfallen und ausgeraubt. Zusammen mit zwei anderen Passagieren

Stiefbruder und später auch der Stiefvater umkommen, gelingt es dem Mann aus dem Westen endlich, zusammen mit der befreiten Frau in die Zivilisation zurückzukehren.

Noch einmal beschreibt Mann in einem Western den Kampf eines Mannes mit seiner eigenen Vergangenheit, einen fast ausweglosen Kampf, in dem er gezwungen wird, immer wieder zu den Methoden zu greifen, die er nicht mehr anwenden wollte. Ein Mann versucht, das Böse aus der Welt zu schaffen, und kann dabei nicht »rein« bleiben ... Es ist wieder ein nahezu klassischer Konflikt, den sich Anthony Mann ausgesucht hat. Ganz deutlich beruft er sich auf antike Dramatiker, auf Euripides und Sophokles. Und wieder ist der Westen nur der Ausgangspunkt (symbolisiert z. B. durch den Zugüberfall). Später dann wird fast ein zeitloser Kampf zwischen Gut und Böse beschrieben, dessen Ende sich in einer zerklüfteten Gebirgslandschaft abspielt ...

Neben Delmer Daves und Anthony Mann war es vor allem ein Regisseur, der in der zweiten Hälfte der fünfziger Jahre mit einem geschlossenen, originellen Western-Werk auf sich aufmerksam machen konnte: John Sturges. Sturges fand genau wie Daves und Mann den Weg zum Western erst nach einer längeren, wenig erfolgreichen Karriere als Hollywood-Regisseur. Die Filme, die er seit Ende der vierziger Jahre in Kalifornien drehte – zumeist durchschnittliche, kleine Thriller –, hätten ihm ganz gewiß keinen Platz in der Filmgeschichte gesichert. In den fünfziger Jahren war offenbar der Western das Genre, in dem sich junge Regisseure am besten profilieren konnten. Genau wie Daves und Mann trat auch John Sturges erst mit Western in den Blickpunkt der Öffentlichkeit. Hier zeigte er Originalität und Ideenreichtum. Sein erster größerer Western »Escape from Fort Bravo« (Verrat im Fort Bravo) von 1953 erzählt eine Geschichte aus dem amerikanischen Bürgerkrieg. Nicht durch eine besonders originelle, neuartige Sicht auf bereits bekannte Vorgänge zeichnet sich dieser Film aus, auch nicht durch eine besonders gelungene psychologische Zeichnung der Figuren (vor allem eines Captain der Nordstaaten), sondern vor allem durch eine meisterhafte Inszenierung von turbulenten Action-Szenen sowie durch ein starkes Gefühl für den Rhythmus und die Dynamik der Szenen.

Nicht allein durch eine meisterhafte formale Gestaltung beeindruckte dagegen der folgende Western von John Sturges »Bad Day at Black Rock« (Stadt in Angst) aus dem Jahre 1954.

»Stadt in Angst« ist das seltene Beispiel eines modernen Western, d.h. eines Western, der nicht irgendwann in einer fernen Vergangenheit spielt, sondern in einer Zeit, die soeben noch Gegenwart war. Der Film spielt in einer kleinen Stadt, Black Rock, Nevada, kurz nach Ende des zweiten Weltkriegs. Das Modell des Films ist jedoch wohlbekannt. Ein Fremder, der ehemalige Offizier MacReedy (Spencer Tracy), kommt in eine typische Western Town, die sich gar nicht so sehr von jenen Orten unterscheidet, die uns aus anderen, im vergangenen Jahrhundert spielenden Western bekannt sind. Doch dieser Fremde, dieser mißtrauisch beäugte Außenseiter, will keine Rache, er will nichts aufklären, er will weiter nichts, als einem alten Japaner die Medaille dessen im Kriege gefallenen Sohnes überbringen. Der junge Japaner hatte als amerikanischer Soldat in Italien das Leben MacReedys gerettet. Doch überall, wo er nach dem alten Japaner, dem Vater, fragt, stößt er auf Ablehnung, Distanz und nur mühselig verdeckte Feindschaft.

Seine Nachforschungen über das Schicksal jenes Japaners, den er vergeblich sucht, decken schließlich ein Verbrechen auf. Der Japaner, der Fremde, der auf seinem als wertlos eingeschätzten Stück Land kostbares Wasser gefunden hatte, wurde damals im Krieg, während eines pseudo-patriotischen Trinkgelages der Westerner von Black Rock, umgebracht. Und da über die Sache bereits das Gras des Vergessens gewachsen ist, bereitet man auch die Beseitigung des Mannes vor, der die alten Wunden wieder aufreißen will. Nur durch

viel Geschick und Glück gelingt es MacReedy, diese »freundliche« kleine Western Town mit ihren »netten, gastfreundlichen« Bewohnern lebendig zu verlassen ...
Was bei diesem Film gleichzeitig beeindruckt wie erschreckt, ist die Zeichnung der Bewohner von Black Rock als sehr durchschnittliche Westerner, die sich in ihrem Verhalten immer wieder auf die Werte und Ideale der Pionierzeit berufen. Hier werden die Ideale der Vergangenheit durch das Recht der Faust, des Stärkeren ersetzt. Recht ist nur das, was die starken Männer von Black Rock mit ihren breiten Cowboy-Hüten als solches bezeichnen. Was die anderen, was die »Welt da draußen« darüber denkt, ist gleichgültig. Wer nach Black Rock kommt, hat sich anzupassen ...
Mitten in den fünfziger Jahren schildert ein Western die in vielen Filmen immer wieder gepriesene Grenzermoral, die Ideologie des Westens als eine zum offenen Faschismus tendierende Haltung. Dieser Film setzt William A. Wellmans Film »The Ox-Bow Incident« (*Ritt zum Ox-Bow*) fort, geht in der Konsequenz und

Deutlichkeit noch einen Schritt weiter. Er ist um so erstaunlicher, da er in einer Zeit entstand, die noch deutlich durch die Spuren von McCarthys Hexenjagd gekennzeichnet war.
John Sturges schuf einen ungewöhnlichen Western, dessen kritischer Blick durchaus Zinnemanns »Zwölf Uhr mittags« entspricht. Es wird eine Haltung grundsätzlich zur Diskussion gestellt, die bisher immer als Humus für all das Gute, Vorwärtsweisende in der amerikanischen Gesellschaft gepriesen wurde.
Was mich hier besonders beschäftigt, ist die im Film zum Ausdruck kommende Haltung zum Westen. Obwohl es hier gar keine Rinderherden mehr zu geben scheint, beharren die Westerner auf ihrem Cowboy-Status. Zum Beispiel verkündet eine Tafel am menschenleeren, örtlichen Hotel Spencer Tracy, daß das Hotel »für Cowboys, für alle ihre Wünsche und ihre Behaglichkeit reserviert ist, wenn sie in der Stadt sind«. Als sich Tracy dort ein Zimmer gemietet hat, wird er von einem bedrohlichen Lee Marvin aufgeschreckt, der auf dem Bett ausgestreckt liegt und verkündet: »Diese Zimmer sind für Cowboys, ihre Wünsche und ihre Behaglichkeit reserviert, wenn sie in der Stadt sind, und ich bin in der Stadt, wie jeder Idiot sehen kann.« Und der keifende Fremdenhasser Robert Ryan erklärt Tracy: »Für uns hier sind Fremde verdächtig — das rührt noch vom alten Westen her.« Daraufhin antwortet Tracy: »Und ich dachte immer, zur Tradition des Westens gehörte die Gastfreundschaft.« Schließlich hält Ryan eine miese, kleine Rede über das allgemeine Publikum und seinen »wilden Westen«, die Geschäftsleute und ihren »unterentwickelten Westen«, die Schriftsteller und ihren »romantischen Westen«. »Für uns ist dieser Ort hier aber unser Westen, und ich wünsche, daß sie uns zufrieden lassen.«
Die klare Absicht des Films ist es, in der allamerikanischen Figur des Cowboys weniger sympathische Züge aufzudecken: Patriotismus verdeckt hier Fremdenhaß, Ignoranz wird als intuitiver Gemeinsinn kaschiert, stumpfsinnige Aggression wird durch Männlichkeits-

*dünkel verdeckt, Arroganz wird als Lebensstil bemän-
telt. Außerdem können sie nicht einmal richtig kämpfen.
Ein einfacher Karategriff oder ein bißchen Intelligenz
eines einarmigen Gegners genügt, um sie zu besiegen.*[87]

Später hat Sturges noch mehrere eindrucksvolle Western gedreht, die alle vor allem durch ihre Form beeindruckten und die auch zu großen kommerziellen Erfol-

gen wurden. Nie aber gelang ihm wieder ein Western
mit einer derart großen gesellschaftskritischen Brisanz
wie »Stadt in Angst«.

»Backlash« *(Das Geheimnis der fünf Gräber)* aus dem
Jahre 1956 entstand nach einem Szenarium von Bor-
den Chase bzw. einem Roman von Frank Gruber.
Diese Geschichte erinnert an die eindeutig antiken
Vorbildern nachgestalteten Western-Tragödien von
Anthony Mann. Es geht hier um einen Westerner, der
ein grausames Verbrechen aufklärt und dabei ent-
deckt, daß sein eigener Vater der Schuldige ist. Eine
Konstellation wird sichtbar, die fast wie eine Ödipus-
Geschichte aus dem Westen aussieht. Der Sohn will
seinen Vater töten, um den Tod von fünf Männern zu
rächen ...

Zwei Jahre später kehrte Sturges mit dem Film »Last
Train from Gun-Hill« *(Der letzte Zug von Gun-Hill)* zu
dieser in den fünfziger Jahren beliebten Thematik zurück. Hier wird parallel zu einer Männerfreundschaft
ein Generationskonflikt entwickelt. Einst waren Matt
Morgan (Kirk Douglas) und Craig Belden (Anthony
Quinn) Freunde. Jetzt ist Belden ein Viehbaron in
Gun-Hill geworden, Morgan Sheriff in einem anderen
Ort. Durch eine brutale Mordtat, der die Frau des Sheriffs zum Opfer fällt, werden die beiden Männer wieder zusammengeführt. Es ist offensichtlich, daß Beldens Sohn einer der beiden Mörder war. Der Sheriff
will Rick Belden ins Gefängnis bringen, doch der Vater bittet den Freund um Schonung seines Sohnes ...

Was sich dann vollzieht, erinnert sehr stark an Delmer
Daves' zwei Jahre zuvor entstandenen Film »3 : 10 to
Yuma« *(Zähl bis drei und bete)*. Sheriff Matt Morgan
muß allein – gegen eine ganze Stadt, die von den Beldens beherrscht wird, gegen seinen Freund von einst –
den Mörder seiner Frau festnehmen und zum Zug
nach Pawley und ins Gefängnis bringen. Der Sheriff
dieses Films scheint noch ganz der ungebrochene Held
zu sein, der einsame, isolierte Held, der das tut, was er
tun muß (wenn auch die Größe des Konflikts etwas re-
duziert wird, da der Sheriff hier ganz persönlich be-

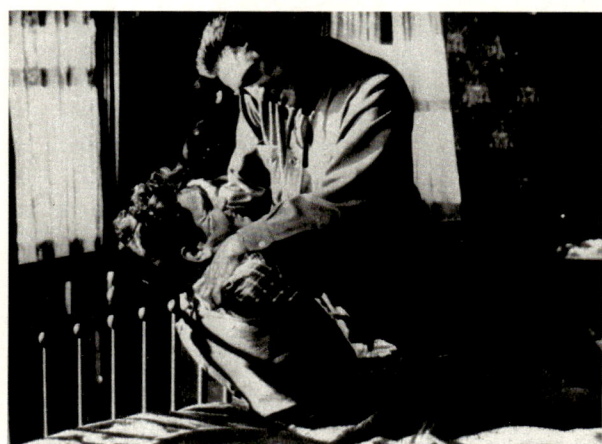

troffen ist). Auf der anderen Seite zeigt der Film aber auch, daß das Recht im Westen uneingeschränkt auf Seiten der Reichen, der Mächtigen ist. Der Rinderkönig Craig Belden beherrscht die Stadt; niemandem scheint es hier in den Sinn zu kommen, die Bestrafung seines Sohnes, eines Mörders, zu fordern. Wer das Geld hat, hat die Macht, und wer die Macht hat, hat das Recht auf seiner Seite. Die soziale Rangordnung wird nur von einem Mann, von einem Außenseiter in Frage gestellt. Sofort hat dieser dann aber auch eine ganze Gemeinschaft gegen sich.

Die Generation der Väter scheint noch ganz den Idealen der Pionierzeit zu entsprechen. Craig Beldens Sohn dagegen ist der degenerierte Sproß eines dieser Pioniere. Sein Leben besteht nur aus Nichtstun, Balgereien und Rauschzuständen. In solch einem Alkoholrausch tötete er auch die Frau des Sheriffs. Als Rechtfertigung der Mordtat vor seinem Vater sagt er: »Die Frau war doch nichts wert, Vater.« Die Frau war eine Indianerin. Obwohl deutlich die Erschütterung des Vaters über seinen verkommenen Sohn gezeigt wird, impliziert Sturges auch Überlegungen über die Ursache für diese menschenverachtende Haltung des Jungen. Hat der Vater, dieser Pionier von einst, sein Imperium nur auf der Basis von Menschlichkeit, der Achtung vor dem Leben anderer, seiner Gegner und Widersacher, aufgebaut? Ist die Einstellung, das Leben einer Indianerin sei ein minderwertiges, nicht schützenswertes Leben, den Siedlern von einst immer so fremd gewesen? So scheint auch dieser heruntergekommene junge Westerner nichts anderes als das Erziehungsprodukt einer mutterlosen Familie zu sein, die im wesentlichen nach den Gesetzen der Faust lebte. Craig Belden ist entsetzt über seinen Sohn; für den Zuschauer dagegen scheint die Entwicklung des Sohnes gar nicht so sehr eigenartig zu sein ...

Verhältnismäßig wenig Western über authentische Figuren der Western-Geschichte entstanden in den fünfziger Jahren. Lieber schilderten die Regisseure und ihre Szenaristen menschliche Schicksale von Unbe-

kannten im Westen, beschrieben Vorgänge, die sich
wohl so ähnlich hätten abspielen können, an die aber
nicht die Elle der historischen Glaubwürdigkeit gelegt
werden konnte. Auch John Sturges fügte sich diesem
Trend. Weder »Stadt in Angst« noch »Das Geheimnis
der fünf Gräber« oder »Der letzte Zug von Gun-Hill«
zeigen authentische Figuren der Geschichte oder schildern historische Vorgänge.

So war der Film »Gunfight at the O K Corral« *(Zwei
rechnen ab)* aus dem Jahre 1957 durchaus eine Ausnahme. Zum letzten Mal war Marshal Wyatt Earp
1946 in einem überdurchschnittlichen Western aufgetreten, in John Fords »My Darling Clementine«
(Faustrecht der Prärie). Danach tauchte er lediglich als
Episodenfigur in Manns »Winchester '73« auf sowie
in Jacques Tourneurs Film »Wichita« (1955), in dem
Joel McCrea den legendenumwobenen Gesetzeshüter
spielte. Das Leben des so viel besungenen Helden war
vielseitig genug, so daß sich die Filmemacher immer
wieder andere Episoden aus diesem Leben aussuchen
konnten. Doch während sich John Ford und viele andere Regisseure auf den zweifelhaften Earp-Lebensbe-
richt von Stuart N. Lake stützten, suchte sich John
Sturges eine andere literarische Vorlage, die auch nicht
den Ehrgeiz hatte, unbedingt die reine Wahrheit über
jenen wichtigen Lebensabschnitt des Wyatt Earp zu
verbreiten. Für Sturges ist Earp der korrekte, starke
Mann, der immer noch an Recht und Ordnung glaubt
und sich auch durchsetzen kann. Er ist unbestechlich,
gesetzt, sorgt ohne Waffen (!) für Ruhe in Dodge City,
wo er Marshal ist.

Doch Sturges scheint diese Figur auch durch die Brille
der Ironie zu sehen. Wyatt Earp hat in diesem Film
Grundsätze, die er pedantisch genau befolgt. Dieser
Marshal aus Dodge City hat nicht selten das Gehabe
eines braven Beamten aus unserem Jahrhundert, der
im Dienst keinen Tropfen Alkohol trinkt und der über
die ihm über den Kopf wachsende Bürokratie stöhnt.
(Auch ein US-Marshal im Westen muß Berichte an
seine übergeordnete Behörde schreiben!) Erstmals se-

Doch »Zwei rechnen ab« schildert nicht nur Earp (Burt Lancaster), der Film beschreibt auch eine Männerfreundschaft. Doc Holliday (Kirk Douglas) ist bei Sturges eine Kontrastfigur zu Earp. Der Marshal ist steif, verschlossen, unnahbar, immer ernst. Holliday dagegen ist schwatzhaft, tollkühn, außerordentlich eitel. Mit Sarkasmus erzählt der einstige Zahnarzt von seiner Vergangenheit, da er seinen Beruf an den Nagel hängen mußte, weil seine Patienten das ununterbrochene Husten des Arztes störte. In einer langen Exposition zeigt der Film, wie Earp Doc Holliday vor der aufgebrachten Bevölkerung von Fort Griffin rettet, die ihn wegen Mordes lynchen will. Einige Zeit später kommt dann der mittellose Holliday nach Dodge City, um Earp bei seinem Kampf gegen die Clanton-Bande zu helfen. Der Marshal macht den heruntergekommenen Ex-Zahnarzt und Tbc-kranken Spieler zu seinem Hilfs-Sheriff. Beide Männer machen sich auf, um in Tombstone, wo Morgan und Virgil Earp Sheriffs sind, die Clantons zu stellen. Nach dem Tod von einem der Earp-Brüder kommt es zur großen Auseinandersetzung am O K Corral, die mit der Niederlage der Clantons endet ... Dieses Duell gestaltet Sturges zu einem furiosen Finale, das sowohl von der Atmosphäre vor dem Kampf lebt, einer von Ungewißheit und Angst geprägten Stimmung, als auch von der Spannung beim eigentlichen Kampf zwischen Wyatt Earp und Doc Holliday auf der einen und den Clantons auf der anderen Seite.

Sturges erweist sich einmal mehr als ein Regisseur, der alle Wirkungsmöglichkeiten des modernen Films kennt und ausnützt, der sie virtuos beherrscht. Da tragen sowohl die Farbkamera von Charles Lang als auch die Montage der Action-Szenen und die mit Leitmotiven arbeitende Musik von Dimitri Tiomkin wesentlich zur Wirkung dieses bedeutenden Films bei.

Zehn Jahre später kehrte Sturges noch einmal zur Figur des Wyatt Earp zurück. 1967 drehte er »Hour of the Gun« (Die fünf Geächteten) mit James Garner als Earp und Jason Robards als Holliday. In diesem Film

hen wir in einem Western ein Marshal-Büro, vollgestopft mit dicken Aktenordnern! Und dieser Ordnungshüter bringt es fertig, eine Verordnung durchzusetzen, nach der Dodge City von bewaffneten Cowboys nicht betreten werden darf! Und natürlich ist dieser Wyatt Earp aus einem Western des Jahres 1957 amtsmüde; eigentlich hat er diesen ewigen Kampf für Recht und Ordnung satt, will lieber in Ruhe ein ganz durchschnittliches, ruhiges Leben führen. Natürlich wirft er am Ende des Films den Blechstern weit von sich und geht nach Kalifornien, wo eine Frau auf ihn wartet ... Scheinbar kann sich kein Sheriff aus einem Film der fünfziger Jahre dem Vorbild von Marshal Kane aus »Zwölf Uhr mittags« entziehen ...

342 *James Coburn, Brad Dexter, Robert Vaughn,*
Charles Bronson, Horst Buchholz, Steve McQueen
und Yul Brynner: »Die glorreichen Sieben«

versucht Sturges, das Schicksal der beiden Männer nach dem Duell am O K Corral zu reflektieren. Erneut lebt der Kampf zwischen ihnen und den Clantons auf, die mit Hilfe von Prozessen und brutaler Gewalt versuchen, die Schande ihrer Niederlage in Tombstone zu tilgen ... Doch 1967 sah man Earp bereits um einige Nuancen kritischer als noch zu Zeiten von »Zwei rechnen ab«. Außerordentlich distanziert wird gezeigt, mit welcher Brutalität der einstige Marshal seine Widersacher außer Gefecht setzt. Der ewige Zyklus von Gewalt und Rache wird wieder einmal erschreckend sichtbar. Natürlich ist aber auch dieser Wyatt Earp aus »Die fünf Geächteten« ein recht müder Gesetzeshüter, der in Frieden leben und arbeiten möchte, der sich nie wieder einen Marshal-Stern anstecken will. Aber so endete ja auch schon »Zwei rechnen ab« ...

Fast als einen Schwanengesang des Western-Regis-

seurs John Sturges und gleichzeitig als seinen wohl größten kommerziellen Erfolg kann man seinen Film »The Magnificent Seven« *(Die glorreichen Sieben)* aus dem Jahre 1961 betrachten. Gewiß hat er danach auch noch Western gedreht, doch keiner davon hat auch nur annähernd die Bedeutung seiner Filme aus den fünfziger Jahren erreicht. Sturges und seine beiden Szenaristen nahmen sich für ihren letzten großen Western einen japanischen Samurai-Film als Ausgangspunkt: Akira Kurosawas »Shichinin no Samurai« *(Die sieben Samurai)* aus dem Jahre 1954. Erzählt Kurosawas Film eine Geschichte von armen japanischen Reisbauern, die vor 400 Jahren immer wieder nach der Ernte von brutalen Banditen überfallen und beraubt werden, so transponiert Sturges die Geschichte nach Mexiko, wo ein kleines Dorf jedes Jahr nach dem Einbringen der Ernte überfallen wird. Bei Kurosawa engagieren

343 »Die glorreichen Sieben« von John Sturges
344 Eli Wallach als Bandit Calvera und
Yul Brynner als Chris in »Die glorreichen Sieben«

die Bauern im Kampf erfahrene Samurai, um sich gegen die Banditen zu schützen; bei Sturges heuern sich die mexikanischen Bauern Gunfighter, Revolverhelden, Kopfgeldjäger an, Männer, die für Geld andere Männer umbringen. Diese »glorreichen Sieben« des Filmtitels haben nicht mehr die ehrenwerte moralische Attitüde, die noch die meisten Helden der Western der fünfziger Jahre auszeichnete. Sie sind keine Fremden, die eine Rechnung zu begleichen haben, die ein Verbrechen sühnen, Unrecht bestrafen wollen. Sie sind keine Westerner, die das tun, was man tun muß. Sie sind Söldner, die sich ihre Fähigkeiten im Kampf teuer bezahlen lassen. Es ist nur ein Zufall, daß sie dieses Mal auf der Seite des Rechts stehen. Ebensogut würden sie sich beim nächsten Mal von Männern anheuern lassen, die das Unrecht repräsentieren, die weiter nichts als ihre Privilegien geschützt haben wollen.

Sturges hält sich bei seinem Western, bei den Figuren, bei der Entwicklung der Geschichte recht eng an das japanische Vorbild. Die sieben Revolverhelden werden sehr konturen- und kontrastreich beschrieben. Diese sieben Charakterstudien machen den Wert des Films vor allem aus. Da ist der reine Abenteurer, dem kein Unternehmen zu gefährlich ist; da ist der abgeklärte

Chef, den nur das Geld interessiert; da ist der Halbindianer, der in seiner Tätigkeit eine Möglichkeit sieht, gesellschaftliche Achtung zu erringen; da ist der jugendliche Heißsporn, der gierig auf Ruhm und Ansehen ist ... Sie alle sind irgendwie Gestrauchelte, Außenseiter, Heimatlose, denen niemand eine Träne nachweint, auf die keine Frau, keine Kinder warten ... Sie sind kalte Professionals eines Berufs ohne Ansehen ... Dennoch – trotz aller Skepsis, mit der Sturges diese Figuren zeigt – entbehren sie nicht völlig der Faszination, die sie auf die Zuschauer ausüben. Nicht die Bauern, die Mexikaner, die Sieger im eigentlichen Sinne sind die Helden dieses Western, sondern jene angeheuerten Söldner.

Und aus dieser Perspektive heraus betrachtet, wirkt die Ideologie des Films auch recht fragwürdig. Die amerikanische Western-Spezialistin Jenni Calder bezeichnet »Die glorreichen Sieben« als die Rechtfertigung zweifelhafter Aspekte amerikanischer Außenpolitik:

Tapfere Amerikaner, mutige Männer mit Waffen und Intelligenz reiten über die Grenze und verteidigen ein bedrohtes mexikanisches Dorf. Der faschistische Ton in Eli Wallachs Porträt des Banditenchefs ist unüberhörbar. Amerikanische Demokratie beseitigt Diktatur – und die Gemeinschaft ist ewig dankbar dafür. Das Thema gibt es nicht nur in diesem Film. Wer reitet immer und immer wieder, um bedrohte Dörfler zu retten, hilft ihnen in ihrem Kampf für die Freiheit, rettet das Mädchen, liefert Geld, Waffen, technisches Wissen, um Menschen zu unterstützen, die gegen die Diktatur kämpfen, wenn nicht der amerikanische Held?[88]

Sturges gehört wie Anthony Mann, Delmer Daves und Budd Boetticher zu den Regisseuren, die sich in den fünfziger Jahren durch Western profilieren konnten, die allein durch diese Filme in die Geschichte des neueren amerikanischen Films eingegangen sind. Ein Regisseur, der – ähnlich wie Fred Zinnemann – lediglich einen einzigen, allerdings herausragenden Western in jener Zeit vorlegte, ist Richard Brooks. Der einstige Schriftsteller und Szenarist hatte seit 1950 Filme aller

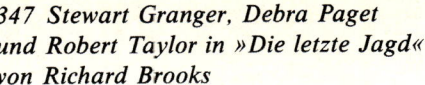

möglichen Genres gedreht, bis er 1955 mit seinem kritischen Bericht über die moderne amerikanische Großstadtjugend »The Blackboard Jungle« *(Die Saat der Gewalt)* erstmals aus der Anonymität der zahlreichen in Hollywood tätigen Regisseure heraustrat. Doch im gleichen Jahr drehte er auch einen Western, der zu den wichtigsten Filmen dieser an wichtigen Western wahrlich nicht armen Dekade gerechnet werden kann. »The Last Hunt« *(Die letzte Jagd/Satan im Sattel)* ist ohne jeden Zweifel ein Thesen-Film, ein Über-Western im Sinne von André Bazin; doch der Debütant auf diesem Gebiet, Richard Brooks, beherrscht die Gesetze dieses Genres perfekt, er bedient sich souverän altbewährter Western-Muster und -Strukturen, so daß ihm der Balanceakt zwischen der Vermittlung einer gewichtigen These und den Erfordernissen des Genres perfekt gelingt. Dieser Film ist kein »Transportmittel« einer Idee, nicht nur Vehikel einer bedeutsamen These.

In diesem überdurchschnittlichen Film geht es um ein Thema, das am Rande bereits in mehreren anderen Western behandelt worden ist, hier aber im Zentrum des Interesses steht: das Schicksal des amerikanischen Büffels, des Bisons, in den wesentlichen Jahren der Eroberung des Westens zwischen 1853 und 1883. Diese Eroberung des Westens ging nicht nur mit einer brutalen Dezimierung der Indianer einher, sondern auch mit der Massenabschlachtung von Tieren. Büffel wurden aus Profitgier umgebracht (Büffelhäute brachten nur in der Menge einigermaßen ausreichende Erlöse), aus reinem »Vergnügen« am Töten, aber auch aus Rassismus. Schließlich waren die Büffel eine Hauptnahrungsquelle der amerikanischen Ureinwohner. Charles Gibson (Robert Taylor), Büffeljäger aus Leidenschaft, der sich seiner Erfolge an der Seite von General Sheridan in den Indianer-Kriegen immer wieder rühmt, sieht in jedem toten Büffel einen toten Indianer. Auch noch zu der Zeit (in der der Film spielt), als der Bestand dieser Tiere auf dem Territorium der Vereinigten Staaten auf einige wenige Tausend zusammengeschrumpft war, zieht dieser Büffelkiller zu seinen Raubzügen aus, deren Opfer diese Tiere, aber auch Indianer oder ganz einfach Andersdenkende sind ... Der Film schildert die Freundschaft zweier Männer, die allmählich zu Todfeinden werden. Der Rassismus und die brutale Killermentalität des Büffeljägers Gibson entfremden ihn immer mehr von seinem Freund Sandy McKenzie (Stewart Granger), einem Rancher, der sich nur noch widerwillig und voller Skrupel an der Büffeljagd beteiligt. Gibson tötet Büffel und löst dadurch bei den Indianern eine Hungersnot aus; als er den von den Indianern als heiliges Tier verehrten weißen Büffel umbringt, provoziert er weitere Auseinandersetzungen. Mit Brutalität und Arroganz wird alles mißachtet, was den Indianern etwas bedeutet, ihre Kultur, ihre Lebensgewohnheiten, ihre Legenden. Die Arroganz weißer Usurpatoren gegenüber allem Fremdartigen wird hier erschreckend deutlich gemacht. Brooks läßt diesen Archetyp aus der amerikanischen Geschichte, der so sehr die Mentalität des Landes und seiner Bewohner geprägt hat, wie ein überlebtes Fossil sterben. Dieser brutale Killer, dessen Leben so sehr vom Kampf geprägt war, stirbt nicht im Kampf. Im harten Winter steht die Auseinandersetzung zwischen den nunmehr zu Todfeinden gewordenen Männern bevor, die Freunde waren. Um sich vor der nächtlichen Kälte zu schützen, und um nicht den einzigen Zufluchtsort, eine Grotte, mit seinem Feind zu teilen, tötet Charles Gibson zum letzten Mal einen Büffel, schneidet den Körper auf und legt sich in die Haut hinein ... Am nächsten Morgen findet Sandy McKenzie nur noch eine erstarrte Leiche: Der Büffeljäger ist in der Haut eines Büffels erfroren ...

Es reizte mich, einen Western zu machen, aber ich wollte nicht den üblichen machen, über einen Mann, der schneller als der andere ziehen kann. Nicht, daß daran irgend etwas falsch wäre, aber mir war klar, daß ich nicht genug über die Techniken des Western wußte. Meine Geschichte läßt sich nicht in die gängigen Kategorien des Western einordnen, weil sie in jener Periode der amerikanischen Geschichte spielt, in der die Siedler,

die nach dem Westen kamen, in einem Zeitraum von nur zehn bis zwölf Jahren sinnlos, nur zu ihrem eigenen Vergnügen, etwa zwei bis drei Millionen Büffel dahinschlachteten. Das Fleisch verdarb. Damit nahm man den Indianern, die fast ausschließlich von den Büffeln lebten, nahezu jede Möglichkeit, zu überleben. (...)
In meinem Film wird gesagt, daß die schmutzige Ausrottung der Büffel eine Schande war. Mein Film sollte die Leute so betroffen machen, daß sie sagten, das wäre damals ein Verbrechen gewesen. Man war aber so betroffen, daß man nicht einmal den Film ansah. Geschäftlich war es ein totaler Reinfall, aber wenn Sie den Film in der Urfassung sehen, werden Sie finden, daß es ein interessanter Film geworden ist. (Richard Brooks, 1964)[89]

»Die letzte Jagd« ist das, was man einen psychologischen Western mit den Zügen einer Parabel nennen könnte. Denn natürlich geht es hier nicht nur um die Dezimierung der Büffel, um den Rassismus gegenüber den Indianern. Brooks geht es hier grundsätzlich um die Gewalt, die so sehr das Leben der Menschen in der amerikanischen Vergangenheit und Gegenwart bestimmte und prägte. Charles Gibson, der Büffeljäger und Indianer-Hasser, personifiziert ein auf der Gewalt gegenüber den Menschen basierendes System, dessen Wurzeln bis in jene Zeiten zurückreichen, die die Western immer wieder beschreiben. Für Charles Gibson ist das Töten eine Form von Leben, ein Ausdruck von Kraft:
Das ist, wie wenn man eine Frau besitzt. Da passiert etwas, was nicht mehr rückgängig gemacht werden kann.

Töten das ist wie ..., das ist der einzige wirkliche Beweis, daß man lebt.[90]

Wie von einer geheimen Kraft getrieben, von einer unheilbaren, übermächtigen Krankheit besessen, tötet dieser Mann immer wieder ... Eine selbstzerstörerische Kraft hat ihn am Ende schließlich besiegt. Daß zwar der Mann tot ist, nicht aber die Ideologie, die er repräsentierte, verdeutlicht der Film auf eine eindrucksvolle Art und Weise.

Brooks' Western scheint ein Werk zu sein, das seiner Zeit um ein Jahrzehnt voraus ist. Der außerordentlich geringe Erfolg in den fünfziger Jahren und die große Anerkennung, die der Film später fand, als sich mehrere amerikanische Western mit dem Thema der Gewalt auseinandersetzten, sprechen für diese Vermutung. In den sechziger Jahren, als man versuchte, von den Geschichten aus dem amerikanischen Westen der Vergangenheit einen zeitlichen Bogen zur amerikanischen Gegenwart zu ziehen, erinnerte man sich an diesen Film von Richard Brooks und war von seiner erzählerischen Konsequenz und formalen Meisterschaft beeindruckt. Doch in jener Zeit, Mitte der sechziger Jahre, meldete sich Brooks bereits mit einem ähnlich brisanten Western zu Wort: mit dem Film »The Professionals« *(Die gefürchteten Vier).*

Jene für den Western so überaus reichen fünfziger Jahre wurden vor allem durch die Filme neuer Regisseure wesentlich bestimmt, die neue Themen aufgriffen, neue Variationsmöglichkeiten der bereits bekannten Grundmuster zeigten, die das Genre sowohl inhaltlich als auch formal auffrischten. Doch es wäre vollkommen falsch, wollte man annehmen, daß in jenen Jahren auch ein deutlicher Generationswechsel unter den Western-Regisseuren stattgefunden hätte, der durch das Verstummen der Meister bestimmt wurde. Die Meister waren in jenen Jahren nicht weniger aktiv als »die Schüler«; auch sie stellten weiterhin glaubwürdige, überdurchschnittliche Werke vor. Zumindest in den fünfziger Jahren arbeiteten Vertreter beider Generationen nebeneinander, ihre Werke schienen sich gegenseitig zu befruchten.

John Ford war auch noch in den fünfziger Jahren das Vorbild für die Mehrzahl der jungen Western-Regisseure – trotz ihrer recht differenzierten Sicht auf die Vorgänge, die Ford in seinen Filmen erzählt hatte. Der Regisseur des »Gebrochenen Pfeils«, Delmer Daves, nannte Ford seinen geistigen Vater, der ihnen allen, den jungen Regisseuren, den Weg gewiesen hat, auf dem sie fortfahren konnten.[91] Dennoch, auf den ersten Blick wirkt John Fords Western aus dem Jahre 1956 »The Searchers« *(Der schwarze Falke)* im Vergleich zu Filmen von Daves, Mann oder Sturges irgendwie antiquiert, unmodern. Schon der Held des Films, auf den Ford hier die ganze Sympathie der Zuschauer zu lenken versucht, scheint wie ein Bruder all seiner Western-Helden vergangener Jahre zu sein. Ethan Edwards (John Wayne), Bürgerkriegsveteran ohne Heim, ohne Familie, verbringt fünf Jahre seines wohl nicht mehr allzu langen Lebens damit, quer durch das Land seine von den Comanchen entführte Nichte Debbie (Natalie Wood) zu suchen. Am Ende muß er erkennen, daß all die Suche nutzlos war, daß die Gesuchte längst zur Indianerin geworden ist. Die Welt hat sich verändert. Die alten Werte und moralischen Wertvorstellungen sind nicht mehr die gleichen. Nur Ethan scheint

der alte geblieben zu sein, ein Anachronismus in einer sich wandelnden Welt. Nicht ohne Verwandtschaft zu Charles Gibson aus Richard Brooks' Film »Die letzte Jagd« scheint auch dieser alte Westerner daran zu glauben, daß der Kampf, daß das Töten von Leben der Beweis für ein aktives Leben ist.

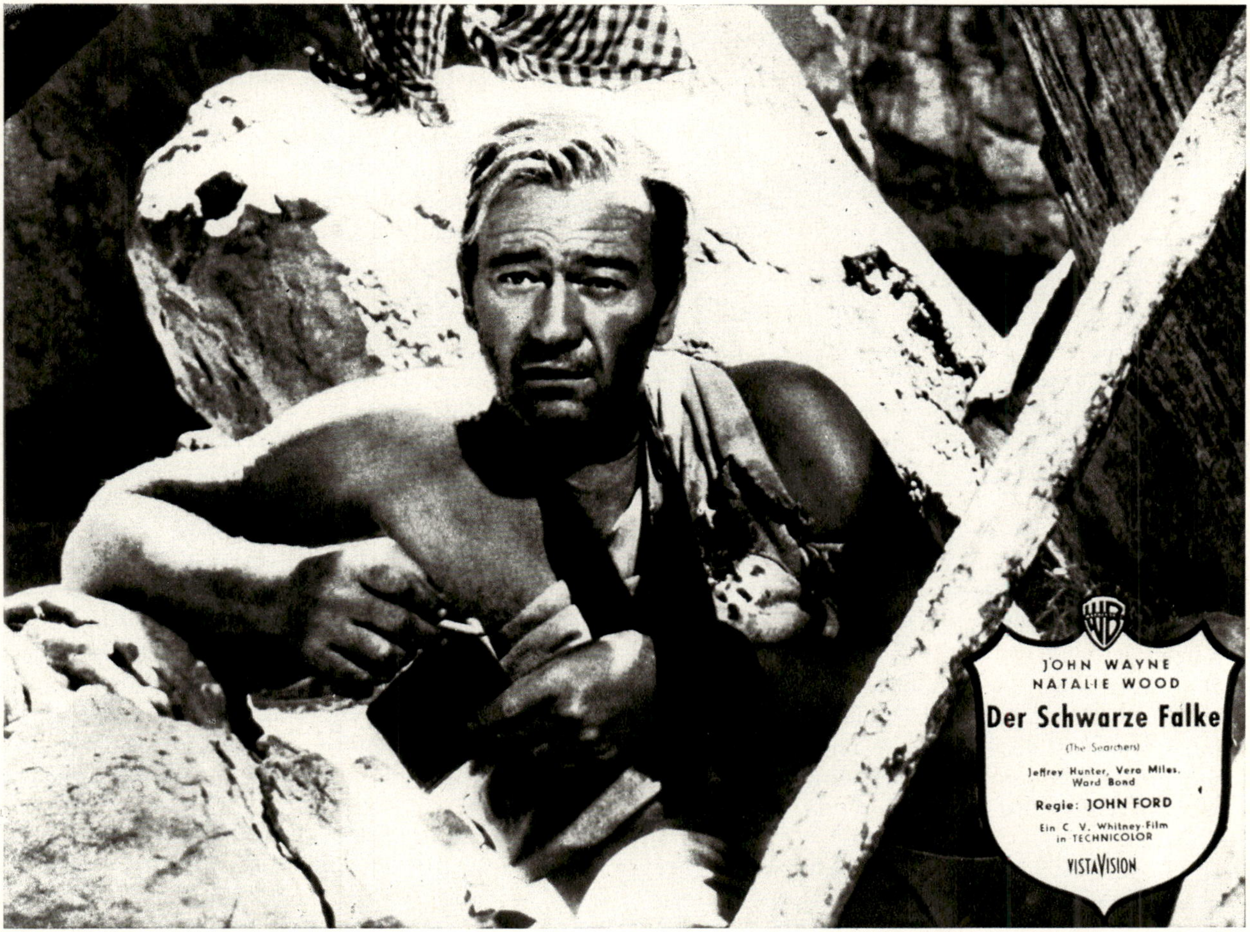

Doch diese Figur ist nicht in dem Schwarz-weiß-Schema einer eindimensionalen Western-Story zu fas-sen. Diese ungewöhnlich komplexe Figur ist auf der einen Seite der brutale Indianer-Hasser, der die India-ner für all das Übel verantwortlich macht, das er er-lebt, der Indianer und Büffel nahezu genußvoll tötet. Auf der anderen Seite nimmt er mit sich ein Halbblut, den Jungen einer Cherokee-Indianerin, der in der Fa-milie seines Bruders aufwuchs, nachdem seine Eltern umgebracht worden waren. Ethan ist eine Art geheim-

311

nisvoller Outlaw, wie er gleichzeitig Offizier des Bürgerkriegs auf seiten der Südstaaten war; er ist ein Wan-
derer, dessen Ziel das Wandern ist, wie er gleichzeitig
von der ewigen, unstillbaren Sehnsucht nach einem
Heim geprägt wird.
Durch die Schuld des verschlossenen, rechthaberi-
schen Einzelgängers gerät die Familie seines Bruders
in einen Hinterhalt der Indianer. Während die übrigen
Familienmitglieder getötet werden, entführen die Indianer die zehn Jahre alte Debbie und ihre Schwester.
Der Film beschreibt dann die lange, sehr lange Suche
des Ethan Edwards nach seiner Nichte. Sein Vorhaben
wird vom abgrundtiefen Haß auf die Entführer bestimmt. In seiner Verbitterung verliert er sein Ziel immer mehr aus den Augen. Sein blinder Haß läßt ihn
nicht mehr die Entführte suchen, sondern nur noch
die Entführer. Am Ende seiner Odyssee erfährt er, daß
Debbie beim Comanchen-Häuptling Scar lebt. Doch
das weiße Mädchen will nicht wieder zu ihrer Familie
zurück. Sie fühlt sich jetzt als Indianerin. Ethan ist
nicht in der Lage, dies zu verstehen. Er versucht, sie zu
312   töten ...

Die Tragödie eines Einzelgängers, der nie Mitglied
einer Familie sein konnte, hat John Ford seinen Film
genannt. Der Film endet so, wie er begann; der Kreis
hat sich geschlossen: Zu Beginn kommt ein einsamer
Reiter in das Heim des Ranchers Aaron Edwards ...
Am Ende zieht dieser Reiter, Ethan Edwards, allein
und einsam wieder fort. Er hat vergeblich die Heimat,
die Ruhe gesucht. Er wollte Gerechtigkeit, Frieden
bringen, hat aber nur Leid gebracht. Von Haß getrieben, hat er bei den anderen, den Indianern, den Ranchern, nur Haß erzeugt.
So weitet sich dieser große epische Western zur eindrucksvollen Parabel über jene Vorgänge aus, die die
Eroberung, die sogenannte Zivilisation des Westens genannt werden. Mögen die Sympathien Fords ohne den
geringsten Zweifel auf der Seite jener tragischen, anachronistischen Figur des einsamen Reiters, des einsamen Falken sein, mögen die Indianer dieses Films
auch mit allen Klischees ausgestattet sein, die der Western in vergangenen Jahren entwickelt hat, so läßt
Ford dennoch keinen Zweifel daran, daß die wirklichen Eigentümer des Landes, auf dem sich die Tragödie abspielt, die Indianer sind. John Ford zeigt sie als
Menschen voller Stolz und Würde. Als 1966 Peter Bogdanovich dem Regisseur sagte, daß die Indianer in seinen Filmen stets mit großer Würde gezeigt werden,
antwortete er:
*Das ist wahrscheinlich eine unbewußte Eingebung –
aber sie sind wirklich ein sehr würdevolles Volk, selbst
wenn sie besiegt worden sind. Natürlich ist so etwas
nicht sehr populär in den Vereinigten Staaten. Die Zuschauer wollen Indianer sehen, die töten. Sie betrachten
sie nicht als menschliche Wesen – mit einer großen Kultur, die sehr verschieden zu der unsrigen ist. Analysiert
man jedoch die Sachen sorgfältig, dann wird man her-
ausfinden, daß ihre Religion der unsrigen sehr verwandt
ist.*[92]
Fünf Jahre später kehrte John Ford noch einmal zum
Thema aus »Der schwarze Falke« zurück. »Two Rode
Together« (Zwei ritten zusammen) von 1961 erscheint

351 John Wayne als Ethan Edwards in »Der schwarze Falke«

313

fast wie eine – allerdings weitaus weniger gelungene
zweite Version des ersten Films. Fünf Jahre Entwicklung ließen Ford die Gesellschaft der Weißen, der Pioniere und Siedler weitaus kritischer, ironischer sehen
als noch im Jahre 1956. James Stewart als Marshal
McCabe ist nicht mehr der tragische, einsame Held,
der Ethan Edwards (John Wayne) war. Es scheint dennoch fast dieselbe Figur zu sein – die im Laufe der
Jahre ihre Würde verloren hat. Alkoholismus und Zy-
nismus lassen die Degeneration deutlich werden. Dieser Marshal handelt nicht mehr aus ehrenwerten moralischen Motiven heraus; er rührt nur dann einen
Finger, wenn eine ansehnliche Summe Geldes winkt,
mit der er sich neuen Whisky verschaffen kann. Erst
als man ihm 500 Dollar pro Person bietet, läßt er sich
dazu überreden, die von den Comanchen gefangenen
Weißen zu befreien.

Als man schließlich einige der Gefangenen befreit hat,
muß man genau wie einst »Der schwarze Falke« fest-
stellen, daß die Indianer ihre Gefangenen gar nicht so
schlecht behandelt haben, wie man es sich in seiner
Phantasie ausgemalt hat, daß die Weißen gar nicht um
jeden Preis in die sogenannte weiße Zivilisation zurückkehren möchten. Sie müssen auch bald den Haß
in den Augen ihrer Brüder entdecken, für die sie nach
so langer Zeit längst zu Fremden geworden sind. Haß,
Arroganz und Vorurteile bestimmen die Sicht der weißen Siedler auf die befreiten Gefangenen. Besonders
eine weiße Frau, die von einem Comanchen Kinder bekommen hat, wird wie eine Aussätzige behandelt. Es
scheint nur logisch zu sein, daß sich die meisten ehemaligen Gefangenen zurück in die Gefangenschaft
sehnen…

Der Film wird weitgehend bestimmt von den verbalen
Auseinandersetzungen zwischen dem korrupten, zyni-
schen Marshal McCabe und Lieutenant Gary (Richard Widmark), der McCabe zur Teilnahme an der
Befreiungsaktion überreden will. Doch diese Wortge-
fechte beeinträchtigen die Wirkung dieses Films erheblich. Wirkte »Der schwarze Falke« durch die Kraft der

Bilder, durch die Verschlossenheit und Sprachlosigkeit
der Figuren, die ihre Gefühle wie unter einem Panzer
aus Härte verbergen, so stören die exhibitionistischen
Wortkaskaden der beiden, von James Stewart und Richard Widmark gespielten, nur scheinbar so verschiedenen Helden in »Zwei ritten zusammen«… Daran
können auch die oftmals sehr poetischen, in ihrem Stil
deutlich alten Gemälden nachempfundenen Farbbil-
der des Film nur noch wenig ändern.

1959 erinnerte sich Ford noch einmal an einen The-
menkreis, dem er sich nach dem zweiten Weltkrieg besonders verbunden gefühlt hatte. »The Horse Sol-
diers« *(Der letzte Befehl)* erzählte eine Episode aus
dem Bürgerkrieg der USA. 1863 sollte der Yankee-
Oberst Marlowe (John Wayne) die von den Truppen
der Nordstaaten eingeschlossene Stadt Vicksburg von
ihren Versorgungslinien abschneiden und erobern.
Dieser Film, der wie ein vierter Teil von Fords Kavallerie-Trilogie aussieht, verzichtet allerdings auf den
Heroismus der vorausgegangenen Filme. Der Krieg
wird hier als Menschen, menschliche Bindungen und
menschliche Werte zerstörendes Unternehmen gezeigt.
Die bitteren Töne haben in diesem Film das patriotische Pathos anderer Bürgerkriegs-Western von John
Ford verdrängt.

King Vidor, Regisseur der Filme »Billy the Kid« *(Der letzte Bandit)* und »The Texas Rangers« *(Grenzpolizei Texas),* hatte seit »Duel in the Sun« *(Duell in der Sonne)* keinen Western mehr gedreht. Nach neun Jahren legte er wieder einen Western vor, der sowohl inhaltlich als auch formal ein herausragendes Werk wurde: »Man without a Star« *(Mit stahlharter Faust).* Borden Chase, Manns bevorzugter Western-Szenarist, erzählt hier die Geschichte des Cowboys Dempsey Rae (Kirk Douglas), der in die brutalen Auseinandersetzungen zwischen Siedlern und Viehzüchtern in jener konfliktreichen Zeit gerät, da der Stacheldraht das Leben im Westen so wesentlich veränderte. Hier gerät ein

Cowboy in gesellschaftliche Konflikte, die sein Weltbild recht stark erschüttern. Anfangs ist Demsey Rae noch ganz die Inkarnation des freien, ungebundenen Westerners, der die Weite des Landes liebt und preist. Doch bald wird dieses Bild durch all das, was man »Zivilisation« nennt, verändert. Nicht nur die Eisenbahn bringt Veränderungen, sondern auch die Einführung des Stacheldrahts. Rae ist Texaner. Doch er verließ Texas, als dort das weite Land immer mehr in kleine Anwesen parzelliert wurde. Über Kansas City kam er nach Wyoming... Seine Flucht vor dem Stacheldraht führt ihn immer weiter nach Norden. Er selbst prophezeit, daß er wohl bald in Kanada landen

wird. Doch hier in Wyoming gerät er in Konflikte, die seine Haltung wesentlich ändern sollen… Es geht um Überlebenskonflikte zwischen kleinen und großen Viehzüchtern, den Cattlemen. Die kleinen, zumeist neuangekommenen Siedler wollen ihr Weideland vor den riesigen Herden der Viehbarone schützen, damit sie ihre Rinder über den Winter bringen können. Der Stacheldraht ist für die Siedler das sicherste Schutzmittel. Rae steht auf seiten der reichen, mächtigen Viehbarone, die skrupellos ihre Herden immer weiter vergrößern und nun auf ihre uneingeschränkten Weiderechte pochen — der arme, mittellose Cowboy auf seiten der Reichen, die das Land bedenkenlos ausbeuten. Er steht gegen die kleinen Züchter, die einem har-

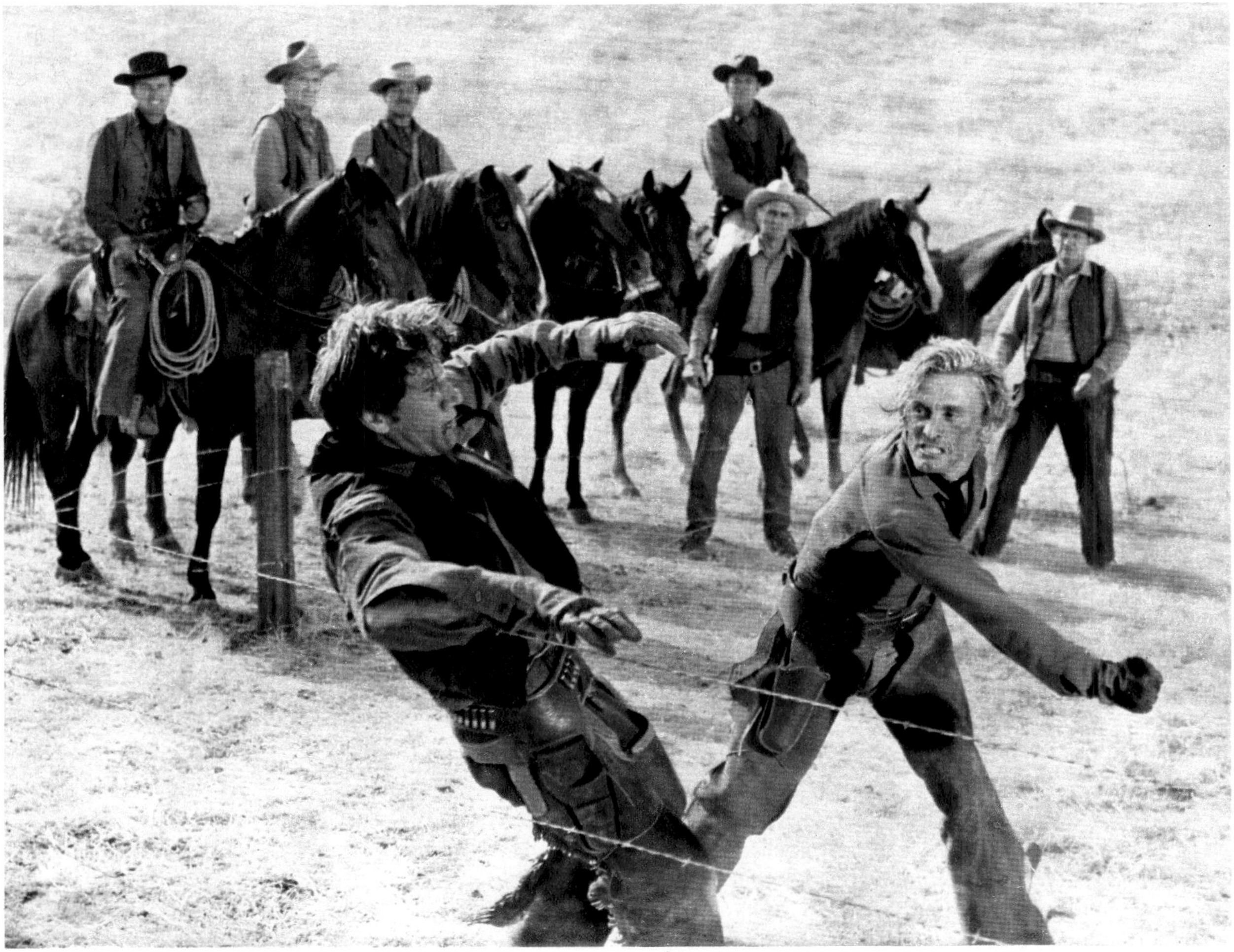

ten Kampf ausgesetzt sind. Es bedarf erst schmerzhafter Erfahrungen, bis der Cowboy erkennt, daß er das schmutzige Geschäft der Reichen betreibt. In diesem Film ist – trotz aller Komik, die Vidor in dieser Geschichte zum Tragen kommen läßt – viel von Verzweiflung und Wut zu erkennen. Verzweiflung und Wut über die Verhältnisse, die die Ideale von einst verschwinden lassen, die das Land und die Menschen so grundlegend verändern. Am Ende des Films zieht Dempsey Rae weiter nach Norden; er ist auf der Flucht vor all den Konflikten, die die sogenannte Zivilisation mit sich bringt. Auch dieser einst so lebenslustige, jetzt eher verbitterte Cowboy ist ein Mann von gestern, der versucht, der modernen Zeit zu entfliehen.

Dieser sehr schöne, erkenntnisreiche Western war King Vidors Abschied vom Western, von einem Genre, dem er nicht viele, aber dennoch einige herausragende Beiträge geliefert hatte. Howard Hawks hatte 1952 »The Big Sky« (Das Geheimnis der Indianerin) ge-

dreht. 1959 folgte sein dritter großer Western »Rio Bravo«. Mehrere Kritiker und auch der Regisseur selbst haben »Rio Bravo« einen Anti-»High-Noon« genannt. 1970 sprach Hawks über den Ausgangspunkt dieser Western-Produktion:

Ich sah »Zwölf Uhr mittags« – und etwa zur selben Zeit sah ich noch einen anderen Western. Wir unterhielten uns über Western, und man fragte mich, ob ich diese Filme mag. Ich sagte: »Nicht besonders.« Ich kann mir keinen guten Sheriff vorstellen, der in der Stadt wie ein Huhn herumläuft und im Kopf weiter nichts als den Gedanken hat, wer ihm helfen wird. Ich sagte, daß ein guter Sheriff sich umdrehen und sagen würde: »Wie gut seid ihr? Seid ihr so gut wie der beste Mann hier?« Wahrscheinlich wird der Bursche dann sagen: »Nein«, und daraufhin würde dann der Sheriff sagen: »O.K., dann paß auf dich gut auf.« Und diese Szene haben wir in »Rio Bravo«. Dann erzählte ich, daß ich noch einen anderen Western gesehen habe, wo ein Sheriff einen Gefangenen bewacht, der ihn verspottet und zum Schwitzen bringt. Der Gefangene sagt: »Wart nur ab, bis meine Freunde dich schnappen.« Und ich sagte: »Das ist eine Menge Blödsinn«; dagegen müßte der Sheriff sagen: »Hoffe lieber nicht, daß deine Freunde mich schnappen, weil du dann der erste bist, der sterben wird.« Und während wir darüber sprachen, sagte jemand zu mir: »Warum machst du nicht einen Film genau in der anderen Art?« Und ich sagte: »O.K.«, und wir drehten »Rio Bravo« exakt entgegengesetzt zu »Zwölf Uhr mittags« und diesem anderen Film. Ich glaube, er hieß »Zähl bis drei und bete«![93]

Die Worte von Hawks über »Zwölf Uhr mittags« und über Delmer Daves' Film »Zähl bis drei und bete« mögen befremden, mögen angesichts der großen, unbestreitbaren Qualitäten beider Filme ungerecht erscheinen. Sie drücken aber vor allem auch Hawks' Unbehagen über eine Entwicklung aus, die immer mehr von Filmen bestimmt wurde, die man »Über-Western« nannte, Western, die um jeden Preis versuchten, als große Kunstwerke anerkannt zu werden.

Doch wäre es absolut falsch, wollte man annehmen, Hawks möchte in seinem Film wieder den heroischen Super-Sheriff einführen, einen Helden, der allein und ohne jede Hilfe die Probleme löst, die gelöst werden müssen. Sheriff John T. Chance (John Wayne) läßt einen Mann verhaften, der brutal einen unbewaffneten Mann umgebracht hat. Doch dieser Mörder hat einen mächtigen Bruder, Nathan Burdette, der als reichster Rancher von Rio Bravo die ganze Stadt abriegeln läßt. Der so fast völlig isolierte Sheriff muß mit seinen beiden Gehilfen – Stumpy, einem humpelnden Greis (Walter Brennan), und einem vom Alkohol zerfressenen, einstigen berühmten Gunfighter, Dude (Dean Martin) – den verhafteten Mörder bewachen und sich auf die bevorstehende Auseinandersetzung mit dem Clan der Burdettes vorbereiten. Durch die Blockade in der Stadt festgehalten wird auch eine wegen Falschspielerei gesuchte Frau, die der Sheriff liebt, Feathers (Angie Dickinson), sowie ein alter Freund des Sheriffs, der zusammen mit einem Gehilfen Sprengstoff transportieren soll. Nach allerlei Manövern kommt es schließlich zum erwarteten Showdown zwischen Chance mit seinen drei Helfern und den Revolvermännern des mächtigen Ranchers Burdette, das für Chance erst dann siegreich endet, als der alte Stumpy den Sprengstoff ins Spiel bringt...

Hawks geht es in »Rio Bravo« – wie auch in seinen folgenden zwei Western – nicht um die Demontage von Heldenfiguren; ihn interessiert nicht die genaue Rekonstruktion von historischen Situationen. Diese Geschichte spielt irgendwann im amerikanischen Westen. Keinerlei Anhaltspunkte erhält der Zuschauer für eine zeitliche Fixierung. Weder im Vordergrund noch in den Episoden treten historische Personen auf. Keinerlei Bezugspunkte zu historischen Vorgängen sind hier zu entdecken. »Rio Bravo« ist nur aus sich selbst heraus zu begreifen. Hier gibt es keine Botschaft, etwas, was über die eigentliche Story hinausweist – so wie es bei »Zwölf Uhr mittags« der Fall war. Der Western »Rio Bravo« ist auch kein Kommentar zu Ent-

wicklungen der amerikanischen Gesellschaft der Gegenwart. Hawks interessiert sich für das Verhalten von Männern in gefährlichen Situationen, ihn interessieren Charaktere, Figurenkonstellationen, Atmosphäre. Er konzentriert sich allein auf die Charaktere, auf ihre Entscheidungen, ihr Verhalten. Er schweift nicht ab. Zum Beispiel spielt die Landschaft in diesem Film so gut wie keine Rolle. Dagegen erhält die Musik von Dimitri Tiomkin – vor allem das alte, leitmotivisch verwendete Trompeten-Solo »Deguello« – für die Atmosphäre dieses Films eine sehr große Bedeutung.

Dieser klassische Western hält sich weitgehend an die Einheit von Zeit und Ort. Eine sehr begrenzte Zahl von Figuren handelt innerhalb weniger Stunden, ohne den Ort des Geschehens, ohne Rio Bravo verlassen zu können. Diese strenge Konzentration auf einen Ort, das Eingeschlossensein, gibt diesem Film vor allem seine Spannung. Howard Hawks bleibt einem Prinzip vieler großer Western verbunden, das 1962 sein Kollege John Sturges als ein »Gesetz« der Western-Produktion formulierte:

319

*Drei Sachen sind für einen Western wesentlich. Die er-
ste ist Isolation – das ist ein absolutes Gesetz. In
»Zwölf Uhr mittags« lautet die erste Frage: »Warum
rufen Sie nicht den Marshal?« und die Antwort ist:
»Weil ich ihn nicht erreichen kann.« In »Stadt in
Angst« fragt man: »Warum rufen Sie nicht nach Hilfe,
Mister?« Er kann nicht, die Telefonleitungen sind ge-
kappt. Das erste, was man machen muß, ist die Menschen von jeder Hilfe abschneiden; sie können nicht zur
Regierung laufen, sie können nicht in die nächste Stadt
eilen. Das nächste ist, daß man sie nur durch Gewalt
herauskommen lassen kann. Durch eine Schießerei.
Und die dritte Sache ist, daß ein Mann oder eine*

*Gruppe von Männern Gesetz und Recht, Recht und Un-
recht in ihre eigenen Hände nehmen müssen – ob sie es
wollen oder nicht, ob sie dabei sterben oder nicht.*[94]
Hier wird von Sturges ein Grundmuster entworfen,
das für »Rio Bravo« und eine Vielzahl Western zu-
trifft, gewiß aber nicht für alle. Man denke nur an
mehrere Filme von John Ford – zum Beispiel »Der
schwarze Falke« –, die solch eine Isolation der Figuren
nicht benötigen.
Ihren letzten Western drehten Ende der fünfziger, Anfang der sechziger Jahre auch zwei Veteranen des amerikanischen Western. Michael Curtiz erzählte in »The
Comancheros« (Comancheros) aus dem Jahre 1962
eine turbulente Geschichte um Texas kurze Zeit vor
Aufnahme des Territoriums in die Union der Vereinigten Staaten. Schien sich dieser Film deutlich der Tendenz zu einem realistischeren, zu einem »Über-Western« zu widersetzen, so drehte 1958 Henry King
noch einmal einen Western, dessen Geschichte fast die
Brisanz seines »Gunfighter« (Der Scharfschütze) hat. 321

»The Bravados« *(Bravados)* erzählt wieder einmal eine Rachegeschichte. Da kommt ein einsamer Fremder, Jim Douglass (Gregory Peck), in ein sehr durchschnittliches Western-Städtchen, um dort der Hinrichtung von vier Verbrechern beizuwohnen, die vor einiger Zeit Douglass' Frau vergewaltigt und ermordet haben sollen. Douglass ist ganz die Inkarnation des geheimnisvollen, verschlossenen, aufrechten Rächers, dessen Motive sich erst ganz langsam herausstellen. Das Städtchen ist bevölkert von lieben, braven Kleinbürgern, die eifrig in die Kirche gehen und Recht und Ordnung achten. Doch gerade als die gesamte Bevölkerung in der Kirche ist, entfliehen die zum Tode Verurteilten aus dem Gefängnis. Daraufhin macht sich Douglass auf, die Verbrecher zu stellen. Getrieben von

blindem Haß und dem Glauben, daß die Männer seine Frau getötet haben, hetzt er ihnen nach, spürt auch einen nach dem anderen auf und tötet sie – trotz der Versicherung der Männer, daß sie unschuldig sind. Douglass hat keinerlei Beweise, daß er wirklich die Mörder seiner Frau vor sich hat, aber er rächt blind. Der Rächer wird genauso zum brutalen Killer wie die, die er richten will. Ein sinnloser, furchtbarer Zyklus rollt ab. Gewalt erzeugt Gegengewalt – und niemand ist da, der diesen Zyklus durchbricht. Erst als er auch den vierten entflohenen Verbrecher aufgespürt hat, wird es ihm endgültig klar, daß er die falschen gerichtet hat; das Ergebnis seines blinden Rachefeldzuges: drei Tote. Doch als der gebrochene Douglass in das Städtchen zurückkommt, feiert man ihn wie einen großen Helden, der sich für Recht und Ordnung eingesetzt hat, der das getan hat, was ein Mann im Westen tun muß!

Hier trifft sich dieser Film Henry Kings mit seinem Film »Der Scharfschütze«. Damals floh ein müder Gunfighter, der Scharfschütze, vor seinem zweifelhaften Ruhm; er wollte sich vor der Legende verstecken. In »Bravados« wird ein Mann zum Helden gemacht, der alles andere als das ist, der drei Menschen umgebracht hat. Wir, die Zuschauer, wissen es. Auch er selbst weiß es. Aber so entstehen im Westen Legenden!

»Bravados« ist noch einmal ein eindrucksvoller, bewegender Western des Altmeisters Henry King. Das Szenarium zu diesem Film schrieb ihm einer der besten Hollywood-Szenaristen der fünfziger Jahre, Philip Yordan. Die für den Western so reichen fünfziger Jahre sind nicht nur durch das Werk von Regisseuren zu solch einem fruchtbaren Dezennium geworden. Sie sind es gleichermaßen durch die Arbeit großer Schauspieler – James Stewart, Gary Cooper, Richard Widmark, Gregory Peck, Kirk Douglas und andere – und talentierter Szenaristen geworden. Da gab es auf der einen Seite die Traditionalisten, die für die Meister des Western schrieben, für John Ford, Howard Hawks,

362 Joan Collins und Gregory Peck in »Bravados« von Henry King

9

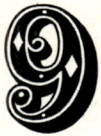

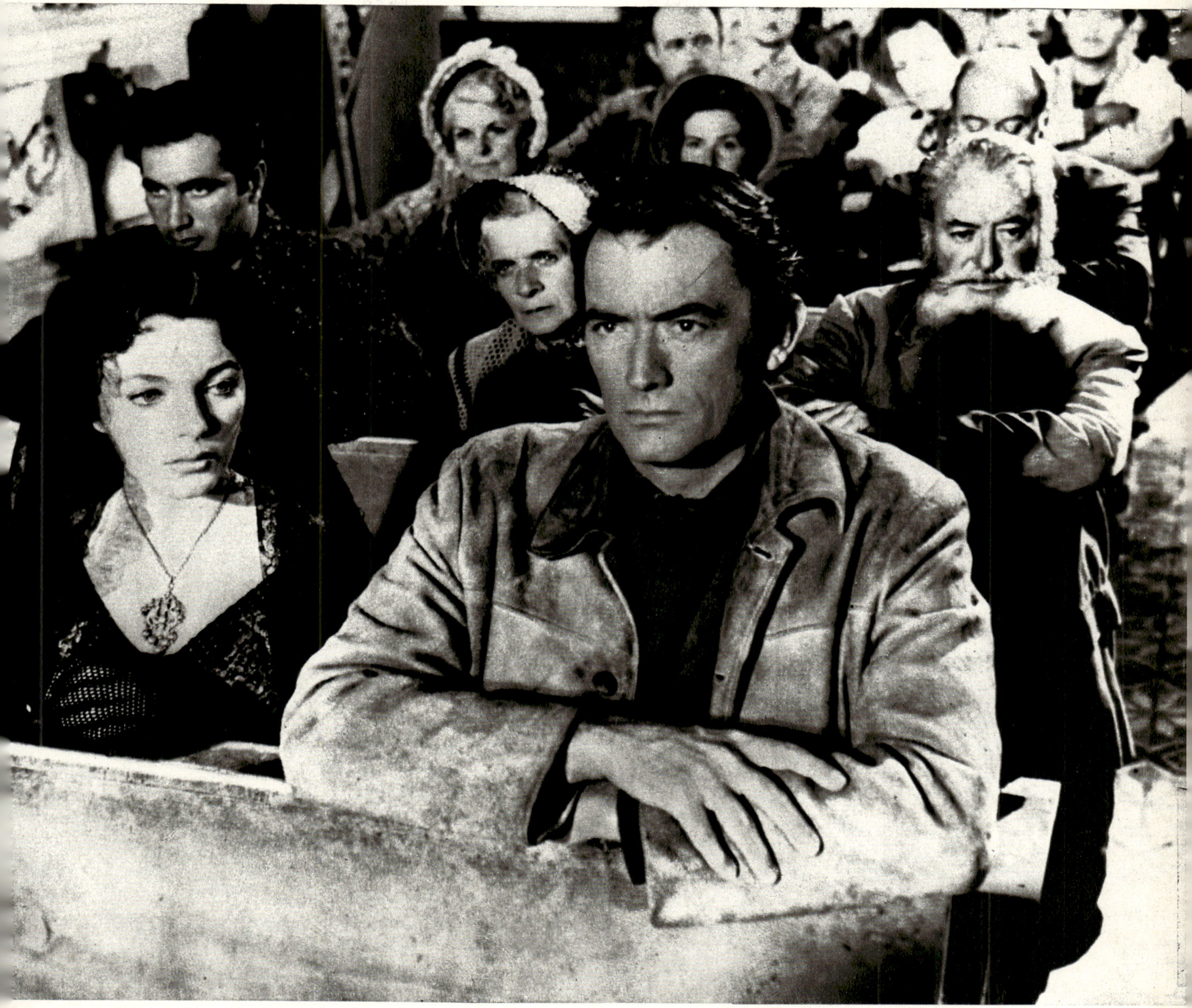

Michael Curtiz: Dudley Nichols (1895–1960), Frank S. Nugent (1908–1965); auf der anderen Seite jene Szenaristen, die zusammen mit Anthony Mann, Delmer Daves, John Sturges eine Erneuerung des Western versuchten: Borden Chase (1900–1971), Frank Gruber, Burt Kennedy und Philip Yordan. Yordan hatte einen ähnlichen Weg nach Hollywood wie die Regisseure, für die er hauptsächlich arbeitete. Anfang der vierziger Jahre kam er nach Hollywood, schrieb Szenarien für Kriegsfilme und Gangsterfilme, bis er sich 1954 für den Western zu interessieren begann.

Sein erster Beitrag auf diesem Gebiet war eine kleine Sensation. Nicholas Ray (1911–1979) drehte »Johnny Guitar« *(Wenn Frauen hassen)*. Ray, ein Regisseur, der 1948 nach Hollywood kam, hatte in den fünfziger Jahren vor allem mit kritischen Filmen über die amerikanische Jugend beachtliche Erfolge. Doch in seinem umfangreichen Werk nimmt auch dieser Western eine herausragende Stellung ein. »Wenn Frauen hassen« war ein Film, der eine Frau zum »Helden« hat. Ähnlich wie andere, die sich vor allem der Frau des Westens zuwandten, wie »The Outlaw« *(Geächtet)* und »Duel in the Sun« *(Duell in der Sonne)*, hatte auch dieser Film Zensurprobleme, wurde auch dieser Film eine Sensation in mehrfacher Hinsicht. Doch auch heute noch – da der Film nicht mehr durch Sensationen wirken kann – erscheint »Wenn Frauen hassen« als ein herausragender, recht eindrucksvoller Western ungewöhnlichen Formats.

Da kommt ein Fremder, der sich Johnny Guitar nennt, in eine typische Western-Town, deren Saloon einer geheimnisvollen Frau, Vienna (Joan Crawford), gehört. Diese Frau und ihr Saloon sind den ehrenwerten Bürgern der Stadt ein Dorn im Auge. Immer wieder versucht man, Vienna aus der Stadt zu treiben, verdächtigt man sie, ihren Besitz auf zweifelhafte Art und Weise erworben zu haben. Mißtrauisch ist man auch, weil sie sich schützend vor Dancin' Kid und seine Männer stellt, die verdächtigt werden, soeben eine Postkutsche überfallen zu haben.

Vor allem Emma Small (Mercedes McCambridge), eine Rancherin, haßt Vienna, ihre Freunde und ihren Saloon. Sie fühlt sich durch Vienna wirtschaftlich geschädigt, und sie liebt heimlich und vergeblich Dancin' Kid, den Freund Viennas... Emma gelingt es schließlich, den Sheriff dazu zu bringen, Dancin' Kid anzuklagen, einen Mann umgebracht zu haben. Da sich Vienna schützend vor Kid stellt, wird sie aufgefordert, innerhalb von 24 Stunden die Stadt zu verlassen... Dancin' Kid und seine Männer müssen und wollen auch die Stadt verlassen – doch zuvor rauben sie, die immer ungerechterweise als Verbrecher angesehen wurden, die örtliche Bank aus: aus Rache gegenüber einer Stadt, die durch Fremdenhaß Fremde zu Outlaws machte. Daraufhin verdächtigen die Bürger der Stadt auch Vienna, an diesem Überfall beteiligt gewesen zu sein. Sie wollen die Frau und ihre Freunde lynchen; Emma zündet in ihrem blinden Haß den Saloon an. Im Kampf tötet Johnny Guitar schließlich Emma und reitet mit Vienna zusammen von dannen...

Der Film, der wenige Monate nach »Zwölf Uhr mittags« in die amerikanischen Kinos kam, zeichnete sich durch mehrere Abweichungen vom üblichen Western-Schema aus, die damals nahezu schockierend wirkten. Da ist die Hauptfigur, entgegen dem Originaltitel des Films, nicht der Mann Johnny Guitar, sondern eine Frau, Vienna. Sie paßt nun gar nicht in das Schema der wenigen Frauen, die im Vordergrund von Western-Geschichten Platz fanden. Sie ist weder die brave, puritanische Siedlerfrau noch das verführerische Saloon-Girl mit dem Herzen auf dem rechten Fleck. Sie ist eine energische, kraftvolle Geschäftsfrau, die das gewinnversprechendste Weideland erworben hat und deren Saloon ausgerechnet an der Stelle steht, die die im Bau befindliche Eisenbahnlinie für ihren Bahnhof benötigt. Diese Frau steht im Westen, in der patriarchalischen Gesellschaft des Westens vorzüglich ihren »Mann«; eine Figur, die auch noch 1954 viele Amerikaner irritierte.

Und da ist die Gesellschaft, da sind die braven Bürger der Stadt, die hier als intoleranter Mob mit faschistischen Tendenzen gezeigt werden. Die braven Westerner, die die Zivilisation in den Westen brachten, provozieren Verbrechen bei ihrem Kampf gegen das Verbrechen. Will Wright analysiert das Verhältnis von Held und Gesellschaft in diesem ungewöhnlichen Western und in Delmer Daves' Film »Der gebrochene Pfeil«:

In beiden Filmen, in »Der gebrochene Pfeil« und in »Wenn Frauen hassen«, haben die gewöhnlichen Bürger der Stadt, die friedliebenden Siedler und Zivilisationsbringer der klassischen Western-Story, die Rollen der Schurken übernommen. Gewöhnlich hat der Held mit dem Schurken zu kämpfen, um die Prinzipien des »Guten« zu schützen – die Wahrheit, die Gerechtigkeit, die Ehre, das Leben des Individuums und die Würde –, aber jetzt muß er, um dieselben Prinzipien zu schützen, die Gesellschaft bekämpfen. Im »Gebrochenen Pfeil« versuchen die Bürger von Tucson, Jeffords zu lynchen, weil er die Apachen respektiert und versucht hat, mit ihnen Frieden zu schließen; später wird er heimtückisch angegriffen und verwundet; seine Frau wird durch einen angesehenen Bürger der Stadt umgebracht. Der Film will uns dadurch am Ende sagen, daß es für die weiße Gesellschaft notwendig war, um zu lernen, mit den Indianern in Frieden zu leben, daß die Frau des Helden, ein vollkommen unschuldiges Mädchen, umkommt. Genauso ist auch Vienna in »Wenn Frauen hassen« anständig, unabhängig und stolz – und sie verteidigt den unschuldigen Kid. Und dafür wird sie bedroht, angegriffen, fast gelyncht. Ihr Geschäft wird durch die ehrenwerten Bürger der Stadt zerstört. Kid und seine Freunde werden fälschlich verdächtigt, bedroht, ins Verbrechen getrieben und schließlich von denselben Bürgern umgebracht. Wenn man akzeptiert, daß der typische Held ein Mann von Prinzipien und ungewöhnlicher kämpferischer Kraft ist, dann können wir in Vienna den Helden mit Prinzipien und in Johnny den Helden der Kraft sehen. Beide werden von der Stadt angegriffen, weil sie fast Fremde sind, unkonventionell und unabhängig. In der klassischen Western-Story machen diese Qualitäten die Gesellschaft dem Helden gegenüber mißtrauisch, aber seine Prinzipien und seine Kraft überzeugen sie schließlich am Ende; in diesem Film jedoch – und in »Zwölf Uhr mittags« – lassen diese Vorzüge die Gesellschaft den Helden hassen; und nur seine ungewöhnliche Kraft rettet ihn vor ihrem Zorn.[95]

325

»Wenn Frauen hassen« ist durchaus ein »Über-Western«, der nicht nur eine hochinteressante Western-Story, eine originale Variation altbekannter Strukturen ist, er ist auch ein geschickter Kommentar zu Problemen, die damals in den frühen fünfziger Jahren die amerikanische Gesellschaft beschäftigten.

Als man 1961 Philip Yordan, den Szenaristen des Films, fragte, ob er in »Wenn Frauen hassen« eine Anti-McCarthy-Parabel sieht, antwortete er:

Ja, ja. Ich bin sehr froh, daß Sie das sagen, denn die Anti-McCarthy-Anspielungen haben uns den Ärger mit der Zensur eingebracht, von dem ich sprach. Wir haben dabei Ward Bond einen schönen Streich gespielt. Wie Sie wissen, war Ward Bond einer der Führer der faschistischen Partei in Hollywood. Wir ließen ihn die Rolle des Chefs der Miliz spielen, eines faszinierenden Extremisten, der mit Terror regiert. Und der Schauspieler glaubte, daß seine Figur ein Held sei, ein sympathischer Bursche! Er hatte nichts begriffen. Ich muß sagen, daß ich immer sehr berührt wurde durch das Thema von »Wenn Frauen hassen«: Sie leben ruhig an einem friedlichen Ort, und plötzlich taucht ein Individuum auf, das zu Ihnen sagt: »Sie haben nicht das Recht, hier zu leben. Aus diesem oder jenem Grund müssen Sie das Feld verlassen, wenn nicht...« Und ich frage Sie, warum ich nicht das Recht habe, dort zu leben, wo ich will?

Ich glaube, das ist ein sehr modernes Sujet, ein Drama, das sich aus der kleinbürgerlichen Moral entwickelt, die diese Politik des Terrors favorisiert.

Und es gab noch etwas anderes in »Wenn Frauen hassen«: eine starke Attacke gegen den Puritanismus, personifiziert in der Figur der verschmähten alten Jungfer, die Mercedes McCambridge spielt. Und natürlich gibt es auch Johnny, eine Art Held in einer Tragödie angesichts der Furien und des Schicksals, der von draußen kommt und dessen Ankunft das Drama auslöst.[96]

Rays Western ist ein außerordentlich vielschichtiger Film, in dem sowohl poetische als auch sozialkritische Elemente zu finden sind, der sowohl Anhänger eines intellektuellen Western als auch jene Kritiker faszi-

niert, die im modernen Western psychoanalytische Motive suchen. Daneben befriedigt er aber auch ein Publikum, das lediglich eine spannende Western-Story oder eine gefühlvolle Liebesgeschichte sehen möchte. Ohne jeden Zweifel ist »Wenn Frauen hassen« den großen, richtungweisenden Western jener Jahre – wie z. B. »Zwölf Uhr mittags« – an die Seite zu stellen. Er ist ein Werk, das viele, mitunter sich gegenseitig ausschließende Interpretationsmöglichkeiten zuläßt. Der französische Regisseur und einstige Filmkritiker François Truffaut schrieb 1955 – und diese Stimme ist nur eine unter vielen, die dem Werk lange Elogen widmen und es wie einen Kultfilm behandeln –:

Dieser Western schockiert durch seine Extravaganz. »Wenn Frauen hassen« ist ein falscher Western, aber kein »intellektueller Western«. Es ist ein geträumter, ein märchenhafter, bis an die Grenzen des Möglichen irrealer, ein delirierender Western. Vom Traum zu Freud war da nur noch ein Schritt, den unsere angelsächsischen Kollegen getan haben, als sie »Wenn Frauen hassen« einen »psychoanalytischen Western« nannten.[97]

Sein Landsmann Jean-Louis Rieupeyrout, Autor mehrerer Bücher über die Geschichte des Western, schrieb über diesen Film:

Gegen den Kollektivwahn wandte sich auch Nicholas Ray mit seinem Film »Wenn Frauen hassen«. »Weißt du, was eine Patrouille ist? Eine blutdürstige Meute, die ihren eigenen Schatten verfolgt.« Dieses sehr schöne Film-Poem, getragen und sanft wie eine Elegie, hebt sich durch seinen vollendeten Ästhetizismus von den meisten Western ab. Ein Western von Ray ist immer unverkennbar und läßt sich in keine Kategorie einordnen. Wie in den Filmen von Aldrich und Brooks manifestiert sich in »Wenn Frauen hassen« eine persönliche Stellungnahme zu politischen Problemen, die es nicht nur irgendwann irgendwo im Westen gegeben hat.[98]

Und da gab es noch das Werk eines anderen Regisseurs, das sich ebenfalls weitgehend allen gängigen Kategorien entzieht. Budd Boetticher kam genau wie

seine Kollegen Anthony Mann, Delmer Daves und John Sturges, in deren Schatten der Western-Regisseur Boetticher immer stand, Anfang der vierziger Jahre zum Kino. Der ehemalige Stierkämpfer und Regieassistent begann 1944 mit der Inszenierung von durchschnittlichen B-Pictures. 1951 drehte er dann erstmals zwei Filme, die auf eine gewisse Aufmerksamkeit stießen: den von John Wayne produzierten Stierkämpferfilm »The Bullfighter and the Lady« (Der Stierkämpfer und die Lady) sowie den Western »The Cimarron Kid« (Flucht vor dem Tode). Der Western schilderte sehr frei nach den Tatsachen den Überfall der Dalton-Gang auf die beiden Banken von Coffeyville, Kansas, vom Oktober 1892, der mit der Niederlage der Gang und dem Tod von drei der vier Dalton-Brüder endete. Doch auch Boetticher ging es nicht so sehr um historische Tatsachen, auch nicht um eine Neubewertung von immer wieder im Kino erzählten Vorgängen. Ihm ging es vor allem um einen effektvollen, spannenden Film. Doch weder »Flucht vor dem Tode« noch der Western »Horizons West« (Fluch der Verlorenen) – eine Geschichte um die Versuche ehemaliger Bürgerkriegsteilnehmer, in Texas wieder Fuß zu fassen – waren Möglichkeiten für Boetticher, sein Talent als Western-Regisseur zu beweisen. Nicht anders war es mit »Seminola« (Seminole) aus dem Jahre 1953; ein Film, der deutlich in der Nachfolge von Filmen wie »Der gebrochene Pfeil« und »Fluch des Blutes« stand, der ebenfalls versuchte, den amerikanischen Ureinwohner auf der Leinwand wahrheitsgetreuer darzustellen. Boetticher schilderte hier den siegreichen Kampf der Seminolen-Indianer unter Häuptling Osceola für ihr Verbleiben in Florida im Jahre 1835. »Seminole« ist eigentlich der einzige Boetticher-Western, in dem der Regisseur versuchte, sich weitgehend an historische Tatsachen zu halten:

In diesem Film gab es einen großen Teil Wahrheit. Die Seminolen-Indianer sind die einzige Nation, die mit den Vereinigten Staaten Krieg geführt hat und nicht besiegt wurde. Sie haben niemals einen Vertrag unterzeichnet. Nachdem ich die Seminolen gesehen, ihre Geschichte studiert hatte, machte ich einen Film über sie und sagte über sie die Wahrheit: Sie haben den Burschen von West Point eine herrliche Tracht Prügel verpaßt. Die Amerikaner haben sich zurückgezogen, um nicht zu sagen: Sie sind geschlagen worden. Die Indianer waren es, die den Krieg gewonnen haben. Das wollte ich zeigen…[99]

Doch 1956 kam es zum Zusammentreffen von Budd Boetticher mit dem Schauspieler Randolph Scott und dem Szenaristen Burt Kennedy. Der Regisseur drehte mit dem Schauspieler bis 1960 sieben Western, die man als einen losen Zyklus betrachten kann. Was bei diesen sieben Filmen zunächst beeindruckt, ist die Kargheit, mit der hier erzählt wird. Hier ist kein Platz für Exaltiertheit, für künstlerische Extravaganzen welcher Art auch immer. Hier haben wir Western, die sich selbst nicht künstlich aufwerten, die nicht durch Kunststückchen und Tricks anerkannt werden wollen. Boettichers Western können als eine Reaktion auf jene Filme verstanden werden, die damals in den fünfziger Jahren das Bild des Genres bestimmten. Budd Boetticher drehte keine »Über-Western«, keine »Adult-Western« (Western für Erwachsene), keine psychologischen oder psychoanalytischen Western. Sie sind keine Auseinandersetzungen mit der Geschichte des Westens, mit seinen Legenden. Und sie sind auch keine Kommentare zur amerikanischen Gegenwart. Sie sind das, was man »reine Western« nennen könnte, die sich wieder an ihre Herkunft erinnern. Nicht ohne Grund erinnern die besten Boetticher-Filme ihre Liebhaber immer wieder an die Stummfilm-Western von Th. H. Ince und W. S. Hart. Hier ist all die Einfachheit, die Kargheit der Mittel wiederzuentdecken, die Lakonie, die auch die Filme von Hart auszeichnete. Das Äußere, die Verschlossenheit und Wortlosigkeit der Figuren, die Randolph Scott bei Boetticher spielte, scheinen ebenfalls auf William S. Hart zu verweisen. Das Ergebnis für diese Orientierung Boettichers auf die Quellen zu einer Zeit, da der Western mit allen

möglichen Mitteln seine Salonfähigkeit zu demonstrieren versuchte, waren Ignoranz bei Filmverleihern und
Skepsis bei den Kritikern. Dieses Werk stand damals
fast vollkommen im Schatten der Filme von Mann,
Daves, Sturges, Aldrich und anderen. Diese kleinen
Filme, die fast dieselben Qualitäten und auch den geringen Anspruch hatten wie die B-Western der dreißiger und vierziger Jahre, wurden einfach übersehen –
auch von einigen Historikern des Western.

Einer der Kritiker, die schon in den fünfziger Jahren
die Größe der Boetticher-Western sahen, war der französische Western-Kenner und -Liebhaber André Bazin. Seine Rezension zu Boettichers Film »Seven Men
from Now« *(Der Siebente ist dran)* aus dem Jahre 1956
erschien zu einer Zeit, da noch keiner der anderen bedeutenden Boetticher-Western gedreht war. Aber auch
diesen Western, dem Bazin seinen Aufsatz mit dem Titel *Ein exemplarischer Western* widmete, konnte der

Kritiker nur nach Überwindung von Schwierigkeiten sehen. Weder Filmverleiher noch Kinobesitzer maßen dem Film eine besondere Bedeutung zu. Bazin umriß jedoch bereits 1956 die Stellung Boettichers im amerikanischen Western:

Das grundlegende Problem des gegenwärtigen Western ist zweifellos das Dilemma zwischen Intelligenz und Naivität. Heute kann der Western sehr oft nur noch einfach und der Tradition verbunden sein, wenn er vulgär und idiotisch ist. Eine ganze Rabatt-Produktion basiert auf diesen Grundlagen. Doch seit Thomas Ince und William Hart hat sich das Kino verändert. Der Western als konventionelles und vereinfachendes Genre muß trotzdem erwachsen und intelligent werden, wenn er denselben Platz einnehmen will wie die Filme, die würdig sind, kritisiert zu werden. So kamen die psychologischen Western, die Western mit einem sozialen Thema, die mehr oder weniger philosophischen Western, die bedeutungsvollen Western. (...)

Die erste Verwunderung, die »Der Siebente ist dran« auslöst, ist die Perfektion, mit der das Szenarium uns ununterbrochen überrascht, obwohl es von einer ultraklassischen Intrige ausgeht. Keine Symbole, keine philosophischen Hintergedanken, kein Schatten von Psychologie, nichts als ultrakonventionelle Figuren, verwickelt in altbekannte Vorgänge, aber außergewöhnlich erfinderisch an ihren Platz gestellt und vor allem unendlich ideenreich, wenn es darum geht, durch gelungene Details eine Situation interessant zu machen.[100]

Für Bazin vereint sich in diesem Western Naivität und Intelligenz, er ist für ihn der intelligenteste Western, den er kennt, *der am wenigsten intellektuelle, der raffinierteste und zugleich am wenigsten ästhetische, der einfachste und schönste.[101]*

Der Film schilder die Erlebnisse des Ex-Sheriffs Ben Stride (Randolph Scott), der sieben Outlaws verfolgt und richtet, die eine Station von Wells Fargo ausgeraubt und dabei seine Frau getötet haben. Äußerlich betrachtet, ist dieser Western weiter nichts als eine herkömmliche Rachestory. Ein Mann nimmt Rache für

ein ihm persönlich geschehenes Unrecht. Noch mehrfach sollte sich Boetticher dieses Grundmusters bedienen. In »Decision at Sundown« *(Fahrkarte ins Jenseits)* aus dem Jahre 1957 sucht Randolph Scott den Mann, mit dem seine eigene Frau zuletzt zusammen war, bevor sie sich umbrachte. Auch in »Ride Lonesome« *(Auf eigene Faust)* aus dem Jahre 1959 schildert Boetticher die Suche Scotts nach dem Mörder seiner Frau.

Betrachtet man die Filme, die Boetticher und Randolph Scott gedreht haben, im Zusammenhang, dann erscheinen sie fast wie ein Film, wie Varianten immer ein und derselben Geschichte. Doch das sieht Boetticher überhaupt nicht als einen Vorwurf an:

Alle Filme mit Randy Scott erzählen fast immer dieselbe Geschichte mit Varianten. Ein Mann, dessen Frau man getötet hat, sucht den Mörder. Dies gestattet mir, sehr subtile Beziehungen zwischen einem Helden zu zeigen, der sich vollkommen in seinem Rachegedanke vergraben hat, und den Outlaws, die sich – im Gegenteil – von ihrer Vergangenheit befreien wollen. Das sind die einfachsten Beziehungen im Western, aber auch die wesentlichsten.[102]

Da kommt in »Buchanan Rides Alone« *(Sein Colt war schneller)* aus dem Jahre 1958 ein einsamer Reiter, der Texaner Buchanan (Scott), in ein kleines kalifornischen Städtchen, das von einer reichen Familie, die alle wichtigen Posten der Stadt besetzt hat, terrorisiert wird. Natürlich ist es dieser geheimnisvolle, einsame Fremde, der sich dieser Herrschaft widersetzt... Da sucht der verschlossene, einsame Reiter in »Comanche Station« *(Einer gibt nicht auf)* von 1960 seit zehn Jahren seine Frau, die einst von den Comanchen entführt worden ist. Doch er findet nur eine andere Frau, die er unter großen Schwierigkeiten zu ihrem Mann zurückbringt... Immer ist Scott der aufrechte, verschlossene Reiter, der sich gegen Unrecht zur Wehr setzt, der einsame Rächer. Doch Boetticher meidet ein einfaches Schwarz-weiß-Schema. Er sieht die Figur seines Helden durchaus kritisch:

9

368 Randolph Scott (zweiter von rechts) in »Sein Colt war schneller« von Budd Boetticher

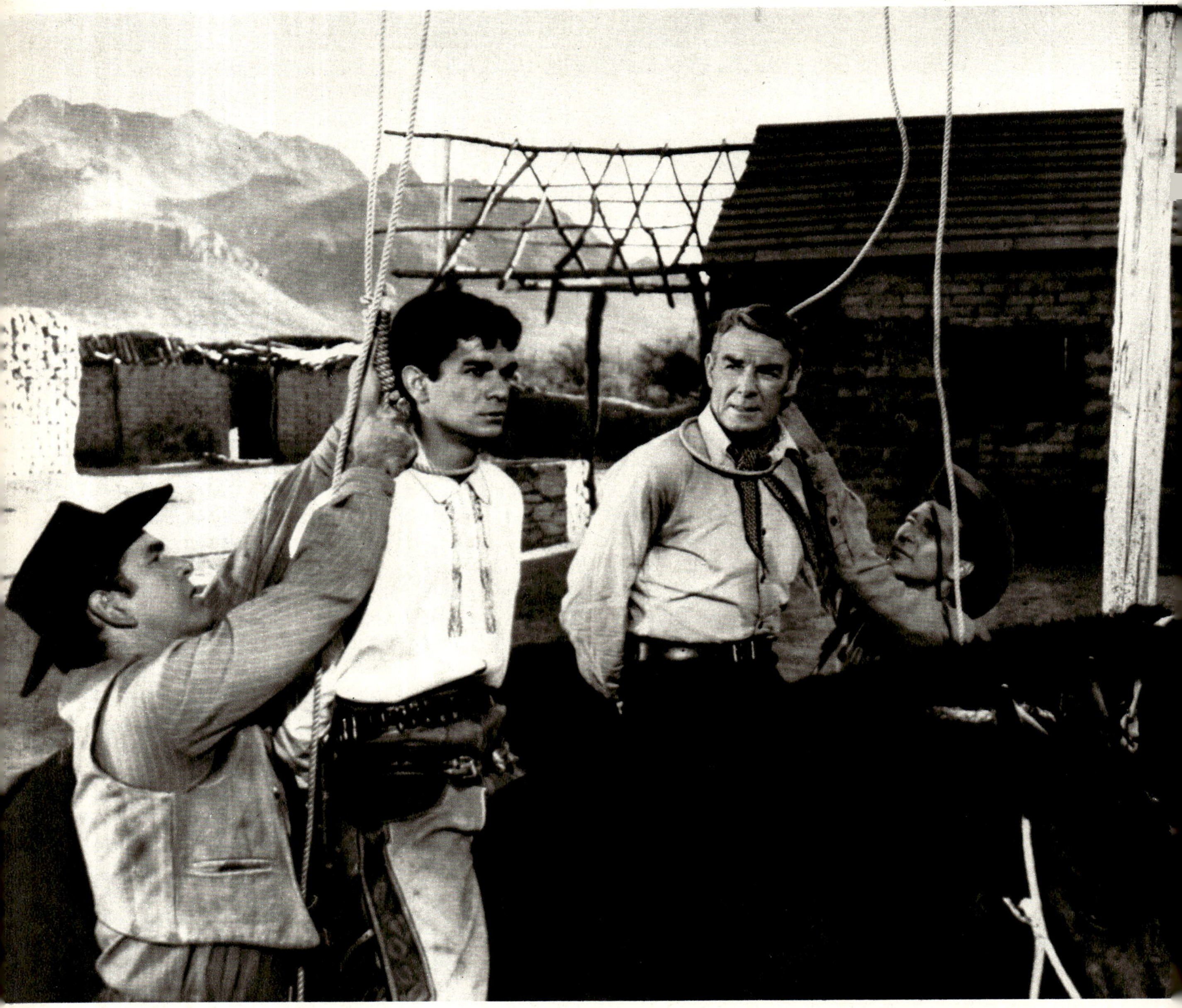

In meinen Filmen sind die Helden keine wirklichen Helden und die »Schurken« keine wirklichen Schurken. Das ist wahr. Ich bin mit Ihnen einer Meinung. Ich möchte, daß zum Beispiel alle Figuren, die sich Randolph Scott entgegenstellen, Ihnen ein wenig sympathisch erscheinen. (...) In meinen Filmen möchte ich, daß man spürt, daß es etwas Gutes in diesen Figuren gibt, das, was sie zu dem gemacht hat, was sie sind. Wenn sie nicht getötet worden wären (im allgemeinen werden sie es), könnten sie zu einem ganz normalen Leben zurückkehren. Ich möchte, daß Sie durch die Tatsache verstört sind, daß das ganz normale Menschen sind.

333

Sie haben Fehler gemacht wie jedermann; das sind menschliche Wesen, mitunter menschlicher als Scott.[103]

Die »kleinen« Western des Budd Boetticher – klein auch in ihren äußeren Maßen, denn nur ein einziger Boetticher-Western ist länger als achtzig Minuten – waren die letzten B-Western, die in Amerika entstanden sind. Für weitere Western fand der Regisseur in den sechziger Jahren keine Geldgeber mehr. Enthusiastische Kritiken, die der Regisseur später bekam, überzeugen selten einen Produzenten vom Talent eines Regisseurs. In den sechziger Jahren waren andere Western gefragt. Die Agonie des Western schien sich bereits 1960 anzukündigen.

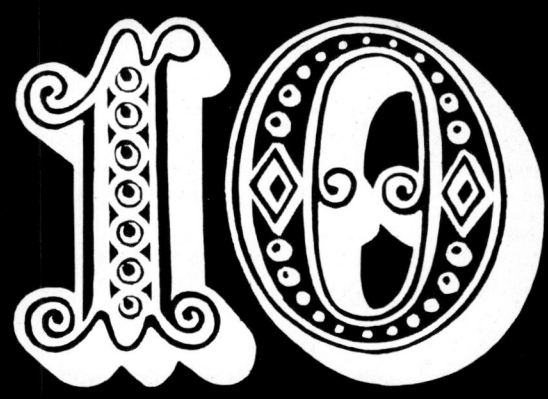

Der Abschied eines Filmgenres

★ Das Zeitalter der Fernseh-Serien ★ Die letzten Filme von John Ford ★ Die Spät-Western des Henry Hathaway ★ Die letzten Western des Howard W. Hawks ★ Der letzte Film mit John Wayne ★ Der Western als Sprachrohr konservativer Ideologien ★ Spät-Western mit komischen Akzenten ★ Das Werk eines Außenseiters: Die Filme von Sam Peckinpah ★ Intellektuelle Western ★ Die Filme des Arthur Penn ★ Der Western als moderne Parabel ★

1940 entstanden in Amerika 477 Spielfilme, zehn Jahre später nur noch 382, und im Jahre 1962 kamen lediglich 147 US-Filme in die Kinos. Hollywood befand sich Anfang der sechziger Jahre in einer Krise, die noch viele Jahre lang andauern und aus der dann schließlich zehn Jahre später ein äußerlich vollkommen anderes, zusammengeschrumpftes Hollywood hervorgehen sollte. Ist es ein Zufall, daß vor allem der Western unter dieser Krise zu leiden hatte, daß für jenes Genre, das für viele »das amerikanische Kino par excellence« gewesen war, zehn Jahre später kein Platz mehr zu sein schien? Dieses Genre hat die Krise des amerikanischen Films der sechziger Jahre eigentlich nicht überlebt.

Konnte man in den vierziger oder fünfziger Jahren die Zahl der jährlichen Western-Produktionen nur sehr schwer ermitteln, so wurden 1962 ganze sechzehn gedreht, die auch eine Exportchance hatten. Und zehn Jahre später reichten die Finger einer Hand, um die wenigen des Jahres aufzuzählen.

Eine Situation war eingetreten, die es seit dem Entstehen dieses Filmgenres, seit den Tagen von Porters »The Great Train Robbery« *(Der große Eisenbahnraub)* nicht gegeben hatte... In den mageren Western-Jahren früherer Zeiten – etwa in den dreißiger Jahren – prosperierte zumindest die Produktion von B-Pictures und Serials.

Doch im Zeitalter des Fernsehens produzierte dieses Massenmedium die billigen, kleinen Spiegeleier-Western. Bereits im September 1954 lief die letzte Western-Serie für das Kino »Two Guns and a Badge« *(Rauchende Pistolen)* von Lewis D. Collins an. Das Fernsehen begann zur gleichen Zeit im großen Stil mit der Produktion von diesen Serien. Es profitierte direkt vom alten Kino-Western, erzählte dessen Geschichten neu, machte aus den neunzig Minuten langen Stoffen fürs Kino mehrere Folgen von einer Stunde für das Fernsehen. So basierte z. B. die Fernseh-Serie »Wagon Train«, die von 1957 bis 1965 entstand, auf den Figuren aus John Fords Film »Wagonmaster« *(Westlich*

St. Louis) aus dem Jahre 1950. Ward Bond spielte hier dieselbe Rolle, die er schon für die große Leinwand verkörpert hatte. John Ford inszenierte selbst auch eine Folge dieser Serie. Alle möglichen Helden des Westens fanden auf dem Bildschirm eine Auferstehung: von David Crocket über Kit Carson bis zu Buffalo Bill und Annie Oakley. Eine der erfolgreichsten Fernseh-Western-Serien war »Bonanza«, die vierzehn Jahre lang allwöchentlich die Zuschauer zu interessieren versuchte!

Allerdings entstanden in jenen krisenhaften sechziger Jahren, die durch eine immer stärker reduzierte Western-Produktion charakterisiert wurden, auch einige, die noch einmal Höhepunkte in der Entwicklung des Genres bildeten; noch einmal sollten mit diesen Werken seine großen Möglichkeiten bewiesen werden.

John Ford drehte zwei Western und eine Episode des Films »How the West Was Won« *(Das war der Wilde Westen)*, die als sein Testament angesehen werden können. 1961 wurde »The Man Who Shot Liberty Valance« *(Der Mann, der Liberty Valance erschoß)* aufgeführt, eine sehr schöne, wehmütige Reflexion der Themen, die Ford von Anfang an beschäftigt haben. Hier geht es wieder einmal um Fragen wie »Legende und Wahrheit im Westen«, »Vergehen und Entstehen gesellschaftlicher Verhältnisse«, um die Zwiespältigkeit, die die Gewalt und das Unrecht beim Entstehen des Westens gespielt haben. Die Rahmenhandlung des Films spielt irgendwann gegen Ende des vergangenen Jahrhunderts in irgendeinem Staat des Westens, in Arizona oder New Mexico. Der angesehene Senator Ransom Stoddard (James Stewart) kommt mit seiner Frau nach Shinbone, in jenen Ort, von dem aus vor vielen Jahren seine Karriere begann. Stoddard kommt nach Shinbone, um seinen alten Freund Tom Doniphon (John Wayne), einen verarmten Rancher, zu beerdigen. In Shinbone begrüßt man Stoddard als den Mann, der einst den gefürchteten Banditen Liberty Valance (Lee Marvin) erschossen und dadurch Shinbone befriedet hat. Bedrängt von einem Reporter der

371 James Stewart, John Ford und John Wayne
bei Dreharbeiten an
»Der Mann, der Liberty Valance erschoß«

Lokalzeitung, noch einmal jene Vorgänge zu erzählen, die längst Legende geworden sind, schildert der Senator, wie er damals vor drei, vier Jahrzehnten den Outlaw Liberty Valance besiegte...

Stoddard erzählt die Wahrheit, verzichtet auf die Legende. Und diese Wahrheit sieht ganz anders aus, als es bisher jedermann glaubte. Nicht Stoddard erschoß Valance, sondern Tom Doniphon. Der Aufstieg Stoddards, sein Weg zum Gouverneur, Senator und Botschafter, vollzog sich genau wie der Aufstieg des Ortes Shinbone – Symbol für den Westen – auf der Basis einer Lüge, die man Legende nennt. Als der Redakteur der Zeitung die volle Wahrheit erfahren hat, vernichtet er sein Manuskript. Die Wahrheit ist viel zu unattraktiv, langweilig, sie würde niemandem nützen: »Denn hier ist der Westen. Wir wollen unsere Legenden behalten...«

Die Beziehungen der drei Männer Stoddard, Doniphon und Valance sind das Wesentliche des Films; ihr Schicksal reflektiert den Lauf der Geschichte, die Eroberung des Westens, die Einführung einer sogenannten Zivilisation. Ransom Stoddard ist der junge Mann aus dem Osten, der der Parole »Go West, Young Man!« folgte und mit dem Gesetzbuch unter dem Arm in den Westen, nach Shinbone kam... und sich dort erst einmal lächerlich machte. Es ist die Zeit, die auch King Vidors Film »Man without a Star« *(Mit stahlharter Faust)* beschreibt, als die Einführung des Stacheldrahts, das Einströmen neuer, zumeist armer Siedler, die den alten, reich gewordenen Pionieren von einst ihre Besitzrechte streitig machten, als diese Entwicklungen zu gesellschaftlichen Veränderungen größten Ausmaßes führten. Tom Doniphon und Liberty Valance verkörpern beide den alten Westen. Liberty Valance ist zum Outlaw geworden, weil er mit Terror und Brutalität versucht, die alte Ordnung, seine Vorstellungen von Recht und Ordnung, aufrechtzuerhalten. Sein Vorname Liberty (Freiheit) ist Programm; er repräsentiert die Freiheit, die Zügellosigkeit der Pioniere von einst, die in ein unbekanntes Land von grenzenloser Weite kamen. Doniphon dagegen geht nicht den Schritt vom Anhänger der alten Ordnung zum Verbrechen. Er paßt sich widerwillig der neuen Ordnung an, da er weiß, daß ein Beharren ganz zwangsläufig zum Verbrechen führt. Er wird ein Freund des jungen Anwalts Ransom Stoddard aus dem Osten. Doch auch er leidet unter den Veränderungen, kann all das, was er erlebt, nur unter Alkohol ertragen. Am Ende stirbt er vollkommen verarmt; seinen einzigen Besitz, ein Paar Stiefel, raubt der Leichenbestatter dem Verstorbenen aus seinem Holzsarg...

Ohne jeden Zweifel gehört John Fords Sympathie dem alten Doniphon, dem Verlierer, der zwar den Lauf der Geschichte akzeptiert, der aber von dieser Geschichte überrollt wird. Den ganzen Film durchzieht die Wehmut über die Vergänglichkeit des Westens. Eine Welt ist verschwunden, und John Ford trauert ihr nach – auch wenn es ihm klar ist, daß diese ganze Entwicklung nur vollkommen logisch und zwangsläufig ist. »Der Mann, der Liberty Valance erschoß« ist John Fords Testament, sein Abschied vom Westen. Seine

Skepsis gegenüber allem Fortschritt, den die sogenannte Zivilisation gebracht hat, zeigt sich auch in der
ganz anderen Perspektive, in der er hier die Landschaft des Westens zeigt. Nicht mehr die Majestätik
des Monument Valley, die Weite der Prärie sind hier
zu finden, als vielmehr die Enge und Begrenztheit
einer rational eingerichteten Welt. John Ford drehte
diesen Film konsequenterweise fast vollkommen im
Atelier...
Erstmals tauchte im Zusammenhang mit John Fords
Film der Begriff »Spät-Western« auf. Spät-Western –
das waren Filme, die sich nicht ihre Legitimation
durch Werte außerhalb ihrer eigentlichen Geschichte
holen mußten, die sich nicht durch eine Art Botschaft
philosophischer, sozialer, psychologischer Art Aufmerksamkeit und Anerkennung verschaffen mußten.
Spät-Western waren Filme, die einen letzten Blick auf
eine untergegangene Welt darstellten. Sie haben nicht
mehr die Naivität und Einfachheit früherer Western –
die Naivität ist zusammen mit dieser Welt untergan-
gen. Und dennoch stehen diese Filme sehr deutlich am
Ende einer Tradition – einer Tradition, die mit den

Filmen von William S. Hart begann. Immer häufiger
waren Westerner im Laufe der Entwicklung des Films
tragische Figuren geworden. Eine Fülle tragischer Figuren enthält das Werk von John Ford – bis hin zu
Tom Doniphon aus »Der Mann, der Liberty Valance
erschoß«. Aber findet man nicht auch in den Figuren,
die Hart verkörperte, tragische Züge?
Und ist jener Satz des Redakteurs des »Shinbone
Star«, als er die Wahrheit über den Ausgangspunkt
der Karriere des berühmten Senators Ransom Stoddard gehört hat (»Wenn die Legende zur Tatsache geworden ist, drucken wir die Legende«), nicht das Programm für fast alle Western, die in Amerika
entstanden sind? John Ford bekennt sich zu der Legende, er meint genau wie der Redakteur, daß die Legende gut für das Land, für die Entwicklung des Landes gewesen ist. Die bittere, fade Wahrheit nützt
niemandem. Ford verschweigt nicht, daß der Aufstieg
Stoddards und Shinbones auf einer Lüge, einem Trick
basiert; er will diese Lüge nicht zur Wahrheit umbie-
gen. Er zeigt aber, daß die Legende ein Teil der Geschichte geworden ist, daß das Symbol des Helden
Stoddard aktivierend auf die Menschen wirkte...
Die elegische Abschiedsstimmung, die diesen Film
durchzieht, kam auch in den anderen beiden Western
zum Tragen, die John Ford in den sechziger Jahren
drehte. Da steuerte er für das aufwendige Cinerama-
Spektakel »Das war der Wilde Westen« aus dem Jahre
1962 die Episode »The Civil War« (Der Bürgerkrieg)
bei, eine düstere, gar nicht mehr laut patriotische
Schilderung um eine der furchtbarsten, grausamsten
Schlachten des amerikanischen Bürgerkrieges, die
Schlacht um Shiloh. John Wayne spielt hier den General der Unions-Truppen William Tecumseh Sherman,
jene zwielichtige Figur, die sich in den nachfolgenden
Indianer-Kriegen einen unrühmlichen Namen machte.
Doch diesem General fehlt hier genauso die Heldenpose wie jenem General-in-Chief Ulysses Grant (die
zweite Hauptfigur des Films), der als »Held des Bürgerkriegs« in den Jahren 1869 bis 1877 18. Präsident

der Vereinigten Staaten war. Die Episode schildert den Kampf um die Shiloh-Kirche an der Grenze zwischen Tennessee und Mississippi vom April des Jahres 1862, in dessen Verlauf 25000 Soldaten getötet wurden, als ein wildes, sinnloses Gemetzel.

»Das war der Wilde Westen« sollte nach den Plänen seiner Produzenten noch einmal (das letzte Mal?) ein großes historisches Panorama von der Eroberung des Westens werden. Mit der modernen Technik des Cinerama-Verfahrens sollte hier noch einmal alles das, was in Jahrzehnten Western-Produktion zusammengetragen worden war, wie in einem imaginären Western-Museum protzerisch ausgestellt werden. Alle möglichen Figuren, alle möglichen Episoden aus der Geschichte des Westens tauchen hier genauso auf wie ein ganz großes Ensemble von Stars, die alle bereits viele Jahre lang zum Bild des amerikanischen Western gehören. Drei erfahrene Western-Regisseure, Henry Hathaway, John Ford und George Marshall, inszenierten fünf Episoden, die die Geschichte des Westens in den Jahren von 1830 bis 1890 schilderten.

Da erzählt Hathaway in der Episode »The River« (Der Fluß) vom Zug der Pioniere aus New England auf dem Erie-Kanal und auf dem Ohio River bis nach Mississippi.

In »Plains« (Der Planwagen) wird der Zug von Pionieren von Independence, Missouri, nach Westen, nach Kalifornien verfolgt. Die Kunde von Goldfunden zieht alle möglichen Abenteurer nach Westen. Ein Indianer-Überfall auf die Pioniere wird zum Höhepunkt dieser Episode.

Es folgte John Fords Episode aus dem Bürgerkrieg.

George Marshall erzählt in seiner Episode »The Railroad« (Die Eisenbahn) vom Bau der transkontinentalen Eisenbahn, der immer wieder von den Indianern gestört wird, die von schurkischen weißen Geschäftsmachern provoziert und aufgestachelt wurden. Höhepunkt dieser im Jahre 1869 spielenden Geschichte wird der Angriff einer wilden Herde Büffel auf die Eisenbahnbaustelle.

Die letzte, von Henry Hathaway inszenierte Episode, »Outlaws« (Die Desperados), schildert die Auseinandersetzungen zwischen Sheriffs, Farmern und gefürchteten Outlaws, den Grant-Brüdern, in Arizona in den achtziger Jahren des vergangenen Jahrhunderts.

Diese aufwendige Familiengeschichte des Westens – der Film erzählt von den Schicksalen der Farmer-Familie Prescott – sollte zu einem großen, nationalen Epos werden, das das Entstehen jener Nation schildert, die die Vereinigten Staaten von Nordamerika dar-

374 *Richard Widmark (zweiter von links)*
in der Episode »Die Eisenbahn«
aus »Das war der Wilde Westen«

375 *Szenenfoto aus »Das war der Wilde Westen«*

stellt. Doch ungeachtet all dieser zweifelhaften, pseudopatriotischen Absichten kamen in den Film auch sehr skeptische Töne hinein, die weit mehr der Stimmung im Lande entsprachen, als der Film in die Kinos kam, als alle schrillen Lobgesänge auf die Nation. So wird z. B. in der Eisenbahnepisode die sehr aktuelle Zivilisationsmüdigkeit vieler Amerikaner jener Zeit angesprochen, wenn ein alter Büffeljäger (Henry Fonda) auftritt, der eine apokalyptische Vision des zivilisierten Westens nach der Vollendung des Eisenbahnbaus hat: »Dann wird das Gras eingezäunt werden, mit Schlössern davor!«

Bedeutsamer als dieses monumentale Cinerama-Spektakel war dann jedoch John Fords letzter Western »Cheyenne Autumn« (Cheyenne) von 1964, ein Film, der Kenner und Liebhaber des Werkes des Regisseurs irritierte. Erstmals versuchte ein Ford-Western, eine Geschichte aus der Sicht der Indianer zu zeigen. Es schien sogar, als wenn sich der Regisseur hier weitgehend an die historische Wahrheit gehalten und nicht wieder der Legende den Vorzug gegeben hätte. »Cheyenne« spielt in den Jahren 1878 und 1879 nach dem Ende der Indianer-Kriege, als die rassistische Politik der Regierung bereits allumfassend Wirkung gezeigt hatte. Die nördlichen Cheyenne hatten 1877 zusammen mit den mit ihnen verbündeten Sioux-India-

nern angesichts der Übermacht der Weißen kapituliert und waren in ein Reservat im Indian Territory, in ein Gebiet im heutigen Staat Oklahoma gezogen, das ihnen für ihre altgewohnte Lebensweise keinerlei Überlebenschance bot. Da viele Cheyenne, vor allem ihre Kinder, in dieser Reservation regelrecht verhungerten, brachen die 286 überlebenden Indianer aus und versuchten, in ihre alte Heimat, nach Yellowstone Country im Norden der USA zu gelangen. Diesen 79 Kriegern mit ihren Familien stand damals eine Armee von 13 000 Soldaten gegenüber, die in fünf Linien den Widerstand der Indianer brechen wollten.[104] John Ford zeigt im Film eine Kavallerie-Abteilung, die sich den fliehenden Indianern erst in dem Moment entgegenstellt, als diese den Grenzfluß des Indian Territory zu überschreiten versuchen. Ein Teil der Indianer ergibt sich der Übermacht der Weißen und zieht in ein Fort, in dem sie furchtbaren Repressalien durch einen krankhaft rassistischen Kommandanten ausgesetzt sind. Nach einem erneuten Ausbruch und der Flucht vereinigen sie sich wieder mit ihren Stammesbrüdern. Obwohl die Kavallerie die Indianer kurz darauf stellt, verhindert ein Einspruch des Innenministers der USA, Carl Schurz, die Vernichtung der Cheyenne. Die kleine Gruppe schwacher, dem Hungertod naher Indianer, in der Mehrzahl Frauen und Kinder, erhält das Recht, in ihrer Heimat bleiben zu dürfen...

Der Film beschreibt den Niedergang eines einst stolzen, großen Indianer-Stammes. Er zeigt die Opfer einer Rassenpolitik, die die systematische Vernichtung der amerikanischen Ureinwohner zum Ziel hat. Wir sehen in Decken gehüllte, frierende und hungernde Indianer, die nichts mehr mit den in unseren Vorstellungen noch vorhandenen federgeschmückten, bunt drapierten Kriegern zu tun haben. Auch dieser Film ist ein Werk des Abschieds, in dem elegische Töne, ein Gefühl der Trauer, dominieren. Der Film entläßt den Zuschauer mit einem Gefühl der Bitterkeit.

John Ford betrachtet »Cheyenne« als den Versuch der Wiedergutmachung einer Schuld, die der amerikani-

sche Western – und auch er selbst – durch die unge-
rechte und falsche Darstellung des Indianers im Film
auf sich genommen hat. Später sagte er dazu:
Ich habe diesen Film schon lange machen wollen. Ich
habe mehr Indianer getötet als Custer, Beecher und
Chivington zusammen. Die Europäer wollen auch über
die Indianer etwas erfahren. Von jeder Geschichte gibt
es zwei Seiten. Einmal wollte ich die Angelegenheit
auch von ihrem Standpunkt aus zeigen. Sehen wir der
Angelegenheit ins Auge, wir haben uns da sehr schlecht
benommen, auf unserem Schild ist ein Schandfleck; wir
haben betrogen und geraubt, getötet, massakriert und
alles so etwas. Sie haben einen einzigen weißen Mann
umgebracht, und daraufhin erschienen gleich ganze Ar-
meen.[105]
Dieser Film stieß nicht nur auf Sympathien. Kenner
des Werkes von John Ford weisen darauf hin, daß der
Regisseur auch in seinen frühen Filmen am Rande immer wieder gerechtere Porträts von Indianern gezeichnet hatte, daß auch bei ihm Indianer nicht nur als kon-
turenloser Massenfeind, sondern mitunter auch als
überzeugende menschliche Individuen gezeigt wurden.
Doch in »Cheyenne« standen die Indianer im Zentrum der Handlung; ihnen war der ganze Film gewid-

met. Es schien, als wenn John Ford am Ende seines
Werkes, vierzehn Jahre nach Delmer Daves' »Broken
Arrow« *(Der gebrochene Pfeil)*, einer Tendenz im amerikanischen Film Rechnung tragen wollte, die schon so
etwas wie eine Mode geworden war. Dieser Film war
fast zehn Jahre zu spät gekommen, um noch eine wesentlich neue Sicht auf das Indianer-Problem bieten zu
können.
»Cheyenne« wartete auch noch mit einer Episode auf,
die sich im Stil und im Ton deutlich von dem übrigen
Werk, in der Aussage auch deutlich vom Gesamtwerk
John Fords unterschied. In der Mitte des Films wird
uns noch einmal das wilde Dodge City gezeigt, in dessen Saloon Wyatt Earp (James Stewart) und Doc Holliday (Arthur Kennedy) sitzen und pokern. Dieser
Earp des Films »Cheyenne« hat nun aber auch gar
nichts mehr mit der Heldenfigur aus John Fords »My
Darling Clementine« *(Faustrecht der Prärie)* gemeinsam. Hier ist er ein großsprecherischer, eitler Dandy,
der nur noch von seinem Ruhm zehrt, der weiter nichts
liebt als ein gutes Pokerspiel und ein Glas Whisky.
Dieser heruntergekommene Wyatt Earp setzt sich
dann an die Spitze einer wilden Posse der aufgebrachten Bürger von Dodge City, die sich an der allgemein
ausgerufenen Indianer-Hatz beteiligen, nachdem sie
erfahren haben, daß 286 Cheyenne aus ihrer Reservation ausgebrochen sind... Vorausgegangen war dieser
Posse, die so lächerlich wie chaotisch endet, eine
Szene, in der ein betrunkener Cowboy einen Cheyenne
wie ein Stück Vieh tötet, als dieser nach Dodge City gekommen war, um Nahrung für seine hungernden
Stammesbrüder zu holen. Der Cowboy brüstet sich
später im Saloon seiner Tat mit den Worten: »Ich
wollte schon immer einmal einen Indianer abschie-
ßen«... Die Indianer-Psychose, als eine Mischung aus
Angst und Großmannssucht, kam in diesen lauten Szenen genauso ins Bild wie im Porträt des weißen Kommandanten eines Forts, in dem die Indianer wie Häft-
linge behandelt werden, dem John Ford deutlich die
Züge eines Psychopathen mit faschistischen Ideen

378 Szenenfoto aus »Cheyenne«

10

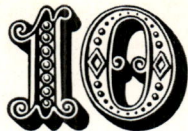

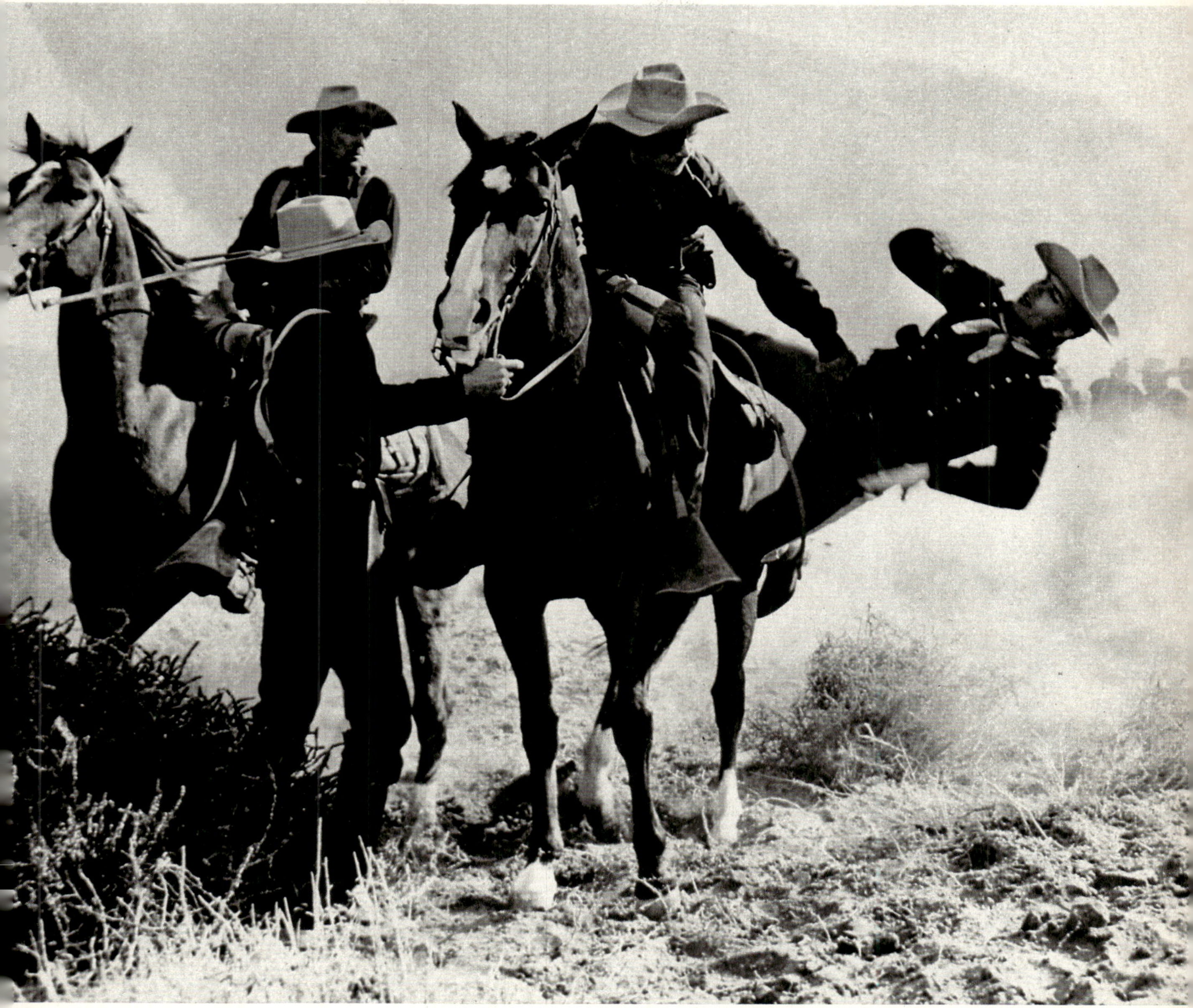

gibt. Und auch der junge Kavallerie-Offizier, der direkt von West Point an »die Front« kommt, um dort seinen von Indianern getöteten Vater zu rächen, und der dabei weiter nichts tut, als seine Soldaten in die Falle zu führen, fehlt nicht in diesem Film, der so viele bekannte Figuren aus anderen Ford-Western in einem gänzlich anderen Licht zu zeigen schien.

»Cheyenne« war der letzte Western von John Ford. 1973 starb der Regisseur. Ein großes Werk – darunter 54 Western – hinterließ er der Nachwelt.

Die sechziger und siebziger Jahre waren die Jahre des Spät-Western; sie waren durch die letzten Filme großer Meister geprägt, die noch einmal einen mehr oder weniger verklärten, mehr oder weniger illusionslosen Blick auf eine Landschaft, auf ein Territorium warfen,

das ihnen so sehr vertraut gewesen war, das sie immer und immer wieder beschrieben haben. Diese Jahre waren gekennzeichnet durch die Western von Meistern, die die Szene verließen, die ihren Platz jüngeren Regisseuren frei machten. Doch diese Plätze blieben fast alle unbesetzt. Die Mehrzahl der jungen Regisseure, die in den sechziger und siebziger Jahren nach Hollywood kamen, hatten zumeist wenig Interesse am Western.

1967 starb Anthony Mann, 1975 William A. Wellman, 1977 Howard Winchester Hawks, 1980 Raoul Walsh. King Vidor drehte seinen letzten Western 1955, Delmer Daves 1959, Budd Boetticher 1960, Henry Hathaway 1971, John Sturges 1973 ...

Henry Hathaway begann in den dreißiger Jahren mit kleinen B-Western, die er zumeist nach Büchern von

381 Michael Anderson jr., John Wayne, Dean Martin und Earl Holliman: »Die vier Söhne der Katie Elder«

10

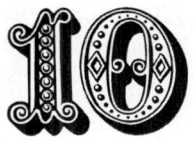

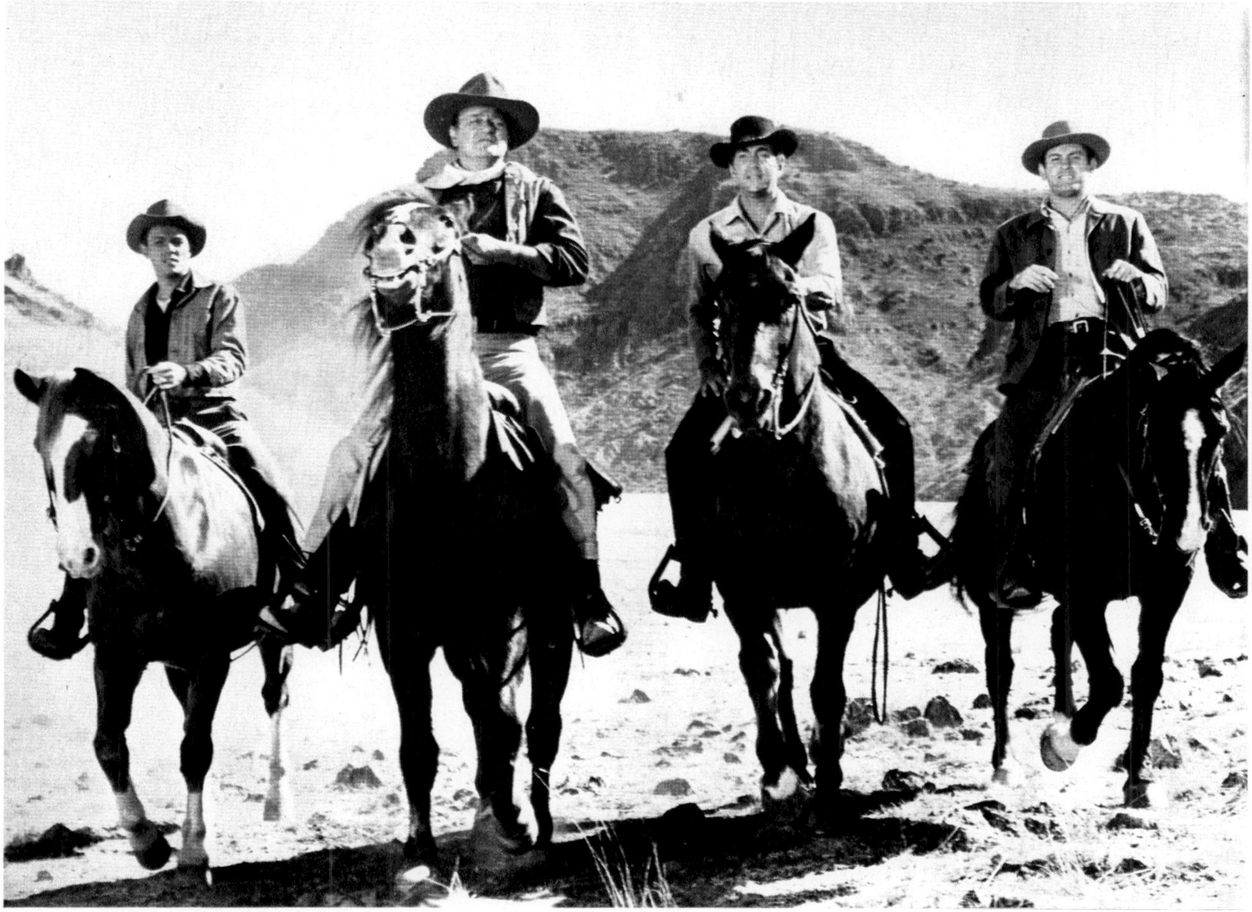

Zane Grey drehte. Sehr oft spielte in diesen durchschnittlichen Western Randolph Scott die Hauptrolle. 1942 konnte er mit der Filmbiographie des Mormonen-Anführers »Brigham Young« (Treck nach Utah) aus der Anonymität des Heeres der vielen Vertragsregisseure in Hollywood heraustreten. Einen ungewöhnlichen Film drehte er auch 1958 mit »From Hell to Texas/Manhunt« *(Schieß zurück, Cowboy)*, in dem die Sinnlosigkeit und Rücksichtslosigkeit eines Rachefeldzuges erschreckend deutlich gezeigt wurden. Doch auch in der Epoche des Spät-Western drehte Hathaway zwei Western, die überdurchschnittliche Beiträge für dieses Genre waren. »The Sons of Katie Elder« *(Die vier Söhne der Katie Elder)* aus dem Jahre 1965 war ein recht sympathischer Western, der eine fiktive Geschichte aus der Zeit der Weidekriege erzählte, die durch die Einführung des Stacheldrahts soviel Auseinandersetzungen erlebte. Vier Brüder erfahren hier am

Grab ihrer Mutter, daß unbekannte Gauner ihr das Weideland genommen haben und daß bei diesem Kampf der alte Elder den Tod gefunden hat. Vier Söhne versuchen, die am Tod ihrer Eltern Schuldigen zu finden... Diese Elders haben gewiß nicht das Format der Earp-Brüder, sie werden nicht mit dem zweifelhaften Heiligenschein der James-Brüder versehen. Hathaway erzählt eine einfache, kleine Geschichte, die keinerlei Anspruch erhebt, mehr zu sein, als sie vorgibt.

Einer der schönsten letzten Western war dann jedoch Hathaways Film »True Grit« *(Der Marshal)* aus dem Jahre 1969. Eine ganz durchschnittliche, schon oft so ähnlich erzählte Geschichte wird erneut berichtet: Ein müder, alter Sheriff wird noch einmal aufgefordert, ein Verbrechen aufzuklären. Dieser Sheriff ist John Wayne, ein vollkommen heruntergekommener, versoffener, fetter alter Mann, der seinen jämmerlichen Zustand durch poltrige Bemerkungen und banale Witze zu überdecken versucht. Seine »Auftraggeberin« ist ein 14 Jahre altes Mädchen, das den Tod ihres Vaters aufgeklärt haben möchte. Das Zusammenspiel dieses herrlich ungleichen Paares macht den Reiz des Films vor allem aus. Wird Marshal Rooster Cogburn noch einmal das aufbringen, was man ihm von früher nachsagt, nämlich »true grit« (echten Mumm); wird der poltrige Opa noch einmal die Kraft haben, sich mit brutalen, viel jüngeren Outlaws herumzuschlagen? Diesem Film fehlt scheinbar die elegische Stimmung, die Melancholie der anderen Spät-Western jener Zeit. Dieser alte Sheriff scheint sich mit seinem Schicksal abgefunden zu haben; voller Selbstironie schaut er auf sein bisheriges Leben zurück, das doch auch nicht gerade von Glanzpunkten überstrahlt war... Eine gehörige Portion Humor hebt diesen Film über die Mehrzahl der anderen Spät-Western hinaus, die sich oftmals im Licht eines Selbstmitleids gefielen...

Der Film wurde ein beachtlicher Erfolg bei Kritik und Publikum...; was natürlich den Wunsch aufkommen ließ, ihn fortzusetzen. Stuart Millars Film »Rooster Cogburn« *(Mit Dynamit und frommen Sprüchen)* von 1976 übernahm zwar die Figur des poltrigen, alten Sheriffs und den dazugehörigen Hauptdarsteller, stellte ihm eine 66jährige Western-Debütantin (Katharine Hepburn) an die Seite, doch alles andere fehlte diesem Film. Er wurde nur zu einem müden Abklatsch des großen Vorbilds. Hathaway selbst versuchte 1971 mit dem Film »Shoot out« *(Shoot out – Abrechnung in Gun Hill)* vergeblich, bei der Auswahl der Figuren, der Geschichte und auch der Stimmung an seinen eigenen Erfolg anzuknüpfen. Der Geschichte eines alten, aus dem Gefängnis entlassenen Gunfighters, der noch eine

alte Rechnung zu begleichen hat, und eines kleinen, sechsjährigen Mädchens, einer Waise, im Westen des ausgehenden 19. Jahrhunderts fehlten die Brisanz und die Souveränität, die »Der Marshal« zweifellos hatte.

»Der Marshal« – für den sein Hauptdarsteller, John Wayne, auch zum ersten und einzigen Mal in seinem Leben einen Oscar bekommen hat – bestand auch vor den Augen kritischer Historiker des Western, die der Entwicklung des Genres in den sechziger und siebziger Jahren mehr als skeptisch gegenüberstanden. George N. Fenin schrieb über den Film:

Henry Hathaway steuerte den »Marshal« bei, eine eher traditionelle Geschichte, die durch die burleske John-Wayne-Figur des harten Sheriffs aus den Pferdeopern der zwanziger, dreißiger und vierziger Jahre belebt wurde. Der John-Wayne-Sheriff von 1969 lebt mit einem Chinesen und einer Katze zusammen; nicht mehr die Tugenden aus den Filmen vor 30 Jahren zeigt er, sondern das Laster – er ist sadistisch anstelle von fair, er mag den Boden der Flasche, er läßt sich durch Geld und nicht durch den Wunsch, Gerechtigkeit zu üben, motivieren. Der unrealistische, romantische Sheriff der Pferdeopern war zu etwas ganz anderem geworden.[106]

Die letzten beiden Filme von Howard Hawks vor seinem Tod waren ebenfalls Western, von denen der eine, »El Dorado« (1966), als eine Art Variation seines großen Western aus dem Jahre 1958 »Rio Bravo« angesehen werden kann. Hawks, der passionierte Geschichtenerzähler, den Figuren und ihr Verhalten, den

Charaktere und ungewöhnliche Situationen viel mehr interessieren als die großen historischen Zusammenhänge, variiert immer wieder dieselben Geschichten, erzählt sie aus anderen Perspektiven, interessiert sich mal für diese, mal für jene Aspekte der Geschichte.

In »Rio Bravo« ist John Wayne der Sheriff des Ortes, der mit einem Freund und einem sehr alten Mann schier übermächtige Banditen zur Strecke bringt.

In »El Dorado« ist Robert Mitchum dieser Sheriff, John Wayne dagegen ein alter Haudegen, der in den Ort kommt, um seinem Auftraggeber, einem mächtigen Viehbaron, zu helfen. Doch bald stellt sich heraus, daß dieser Mann, Thornton, sein Talent an einen unwürdigen, reichen Verbrecher verkauft hat. Der klassische, uralte Western-Konflikt wird entwickelt: Ein erfahrener, mittelloser Mann, der nichts weiter hat als sein Talent, gut und zielsicher zu schießen, steht plötzlich auf der Seite der Reichen, Mächtigen gegen die armen Siedler, die nur ihren kleinen Besitz, ihr Weideland, ihre Herde, zu verteidigen haben… Ohne jeden Skrupel wechselt Thornton die Fronten und hilft seinem Freund, dem Sheriff von El Dorado.

Über die interessante Konstruktion der Geschichte von »El Dorado« erzählt Hawks:

»El Dorado« beginnt wie eine Tragödie; dann jedoch, wenn sich die Geschichte auf die Beziehungen zwischen den beiden Männern konzentriert, wird es amüsant, wenn es um ihre Beziehungen geht. Zunächst erst einmal gehen die beiden mit demselben Mädchen. Darüber lacht schon das Publikum. Dann sagt das Mädchen, daß sie Wayne mit zu sich nimmt, und da sagt der andere Kerl: »Ich habe zwar ein ziemlich hartes und unbequemes Bett, aber mit mir hast du keinen Ärger!« Ihre Beziehungen basieren auf gegenseitiger Ironie, sie nehmen sich gegenseitig nicht ernst. Diese Ironie wird dann immer stärker – bis zum Schluß alles nur noch komisch ist. Jedenfalls haben die Leute in Amerika mehr gelacht als bei einer Komödie. Ich mische gern, sowohl die Gefühle als auch die Genres.[107]

Am Schluß des Films humpeln zwei lädierte Hüter des Gesetzes durch den befriedeten Ort El Dorado. Thornton war bereits zu Beginn angeschossen worden und muß nun am Stock gehen. Der dem Alkohol verfallene Sheriff Robert Mitchum wurde am Ende ebenfalls getroffen. Zwei recht angeschlagene Westerner sind zufrieden, daß sie noch einmal Glück gehabt haben. Eine Heldenpose ist bei ihnen nicht mehr zu entdecken; sie würde auch von ihrer Selbstironie vom Tisch gefegt werden.

Hawks erzählt hier eine Geschichte, die keine Legitimation durch die Historie braucht, die nicht auf irgendein historisches Ereignis zurückgeht. Es wird nicht versucht, historische Vorgänge und authentische Persönlichkeiten neu zu betrachten und neu zu bewerten. Sowohl »Red River« *(Panik am roten Fluß)* als auch »The Big Sky« *(Das Geheimnis der Indianerin)* hatten zumindest einen genau fixierten historischen Hintergrund. Hawks verglich diese beiden Filme in dieser Hinsicht mit »El Dorado«:

Die Entstehung des »Chisholm Trail« und die Erschließung des Missouri für den Pelzhandel sind wichtige Episoden aus der Geschichte der Vereinigten Staaten gewesen. Aber die Erzählung vom Kampf eines Sheriffs um Recht und Ordnung in einer Stadt gehört ebenfalls zu dieser Geschichte, selbst wenn sie nur einen ganz kleinen Teil davon darstellt. Man kann die Geschichte von Scarface und vom Police Department Chicagos erzählen, weil sie sehr berühmt sind. Man könnte aber wahrscheinlich innerhalb dieser Geschichten auch eine kleine Episode finden, die ebenso interessant zu erzählen wäre. »El Dorado« basiert auf Fakten und Legenden, die nicht in den Schulbüchern stehen, die bei denen aber, die den Westen gut kennen, sehr berühmt sind. »El Dorado« geht auf die wahre Geschichte eines Gunman zurück, der versehentlich einmal einen Jungen getötet hat. Ich weiß nicht, ob er bedauerte, ihn getötet zu haben, oder ob er glaubte, sein Ansehen dadurch zu verlieren, weil er auf einen Jungen geschossen hat, anstatt sich einen Stärkeren vorzunehmen. Diese Art von Situationen gehört ebenfalls zur Geschichte. Die schlechten

385, 386 John Wayne, Jack Elam
und Jennifer O'Neill
in »Rio Lobo« von Howard Hawks

387 Jack Elam und John Wayne
in »Rio Lobo«

Western sind die, die überall spielen könnten. Sie tau-
gen nichts. Sie sind konstruiert und falsch.[108]
In »Rio Lobo« (1970), Hawks' letztem Film, spielt
John Wayne den Bürgerkriegsoffizier McNally, der
nach Kriegsende in dem texanischen Städtchen Rio
Lobo einen Goldraub aus den Kriegstagen aufklärt
und rückgängig macht. Natürlich spielt der Bürgerkrieg, spielt die Nachkriegszeit, spielt der ganze histo-

rische Hintergrund so gut wie keine Rolle. Hawks geht
es um Figuren und um die Beziehungen der Figuren
zueinander. Es geht ihm um einen älter gewordenen
Helden, der noch eine Sache zu erledigen hat, bevor er
von der Bühne der Welt abtreten kann. Doch auch in
»Rio Lobo« sind – wie in »El Dorado« – nicht die
Wehmut und die elegische, sentimentale Stimmung zu
finden, die die Spät-Western von John Ford bestimmt
und geprägt haben. Die Helden des Howard Hawks
akzeptieren ihr Schicksal; sie wissen, daß sie älter geworden sind und nur noch selten das Aktionsfeld bestimmen werden. Hier treten deutlicher als in anderen
Western – vor allem früherer Jahre – die Unterschiede
zwischen den Generationen hervor. Sehr oft erhalten
die alt gewordenen Helden – die häufig John Wayne
spielt – einen Jungen an die Seite gestellt. Das Verhältnis zwischen den Alten und den Jungen bestimmt diese
Filme. Der eine hat sein Leben bereits gelebt, er zehrt
von seiner eigenen Legende; der andere ist ein Heißsporn, der noch ziemlich unüberlegt in die Arena tritt,
der den Legenden glaubt und um jeden Preis auch ein
Teil der Legende werden möchte.
Hawks variiert dieses Muster, stattet die Antipoden
mit ungewöhnlichen Eigenschaften, mit Biographien
und Erfahrungen aus, die sie für uns interessant erscheinen lassen. In »Rio Bravo« zeigt Hawks einen
Jungen, der hervorragend schießen kann und dadurch
dem Sheriff von Rio Bravo eine große Hilfe ist. In »El
Dorado« dagegen stellt Hawks John Wayne einen eigenartig kauzigen jungen Mann an die Seite, der zwar
bereits kräftig an seiner Legende strickt, der dies aber
eigentlich durch eine permanente Verletzung aller Regeln tut, die für einen wirklichen Westerner gelten. Er
kann nicht einmal schießen! Und doch ist es gerade
dieser Mann ohne Revolver, der seinen Gegnern immer um eine Nasenlänge voran ist, der mit seinen völlig unkonventionellen, im Westen auch unbekannten
Methoden den Feinden ein Schnippchen schlägt. Die
Western von Howard Hawks sind immer Filme, die
sich an die Grundmuster des Genres halten, sie nicht

unbedingt umwerfen wollen, die sie eher unterlaufen, variieren und erweitern – um dadurch zu erstaunlichen Resultaten zu gelangen.

Zu einer Zeit, da John Ford und Howard Hawks bereits das Dekor ihrer Western-Stories verlassen hatten, da der Western in Hollywood bereits so gut wie am Ende war, im Jahre 1976, kam noch einmal ein Spät-Western in die Kinos, der ohne jeden Zweifel als einer der schönsten Schwanengesänge gelten kann, den das Genre sich selbst angestimmt hat. Don Siegel hatte »The Shootist« (Der Scharfschütze) mit John Wayne in der Titelrolle gedreht. Es war der letzte Film dieses Schauspielers, der wie kein anderer das Bild dieses noch immer außerordentlich populären Filmgenres bestimmt hat. Noch einmal spielt Wayne hier den alten, müden Revolverschützen, der auf der Flucht vor seiner eigenen Legende ist, eine Figur, die vor mehr als 25 Jahren in Henry Kings Film »The Gunfighter« (Der Scharfschütze) einen ersten Höhepunkt ihrer Leinwandkarriere erlebt hatte.

Doch dieser Scharfschütze John Bernard Books aus Siegels Film will nicht nur seine Ruhe, seinen Frieden haben, er will auch in Ruhe sterben. Seine Tage sind gezählt. Books hat Krebs. Er weiß es und hat nur noch einen einzigen Wunsch: würdevoll von dieser Welt abzutreten, die er einst mit aufgebaut und bestimmt hat. Diese kleine Western Town Carson City in Nevada entspricht so ganz dem Bild, das man sich vom Westen Anfang unseres Jahrhunderts machen kann. Beschrieben werden hier acht Tage, die letzten acht Tage im Leben des Shootist J. B. Books, der vor seinem Tod keine alte Rechnung zu begleichen hat, der nicht noch irgendein Unrecht rächen, der nicht noch irgendeine Wahrheit ans Tageslicht befördern möchte. Ihn interessieren eher rein persönliche Dinge: ein Grabstein, eine würdige Beisetzung. Doch ansonsten hat er all die Probleme, die die alten Westerner im Spät-Western zu haben pflegen. Er flieht vergeblich vor seiner eigenen Legende. Seine Anwesenheit in dem langweiligen Nest ruft alle möglichen dunklen Existenzen auf den Plan, die unbedingt in die Geschichte eingehen wollen, indem sie sich an dem gefürchteten Schützen messen, indem sie ihn, der so viele getötet hat, zur Strecke bringen wollen. Jene Hitzköpfe kreuzen immer wieder seinen Weg, provozieren ihn, sind gierig auf Sensationen, auf einen Kampf mit ihm. Als es nachts im Haus, in dem Books sich niedergelassen hat, zu einer gefährlichen Schießerei kommt, jubelt der jugendliche Sohn der Vermieterin: »Was für ein großer Tag! Unser Haus ist jetzt ein Teil der Geschichte!«

Die Welt des Westens ist korrupt und verloren geworden. Die Ideale von einst gibt es nur noch in den Liedern der alten Zeit. Als man erfährt, daß die Tage des kranken Revolverhelden gezählt sind, tauchen sofort die Geschäftemacher auf, die das Ende des Heroen geschäftlich ausnutzen wollen. Ein Journalist möchte eine große Serie über das Leben des Mannes in seiner Zeitung veröffentlichen. Und auch eine Freundin von

einst taucht plötzlich in Carson City auf. Sie will den sterbenden Books heiraten! Nicht sein ohnehin kaum vorhandenes Erbe interessiert die Dame, aber ein Buch über den berühmten Scharfschützen würde garantiert sofort zum Bestseller, wenn es »Mrs. Books, die Witwe des Helden« verfaßt hat...

Es ist eine elende, gemeine Welt, die Books ohne Wehmut verläßt. Er geht in den Saloon, wo er sehnsüchtig

von drei dunklen Existenzen erwartet wird, die nun endlich ihren Kampf bekommen, einen Kampf, der sie das Leben kostet. Books wird von einem vierten Mann in den Rücken geschossen und stirbt...

Dieser faszinierende Schwanengesang des Western bietet noch einmal das eindrucksvolle Bild des Westens zu einer Zeit, da die wilde Vergangenheit längst Geschichte geworden ist. In diesem Film ist Platz für Mo-

mente der Ruhe, für Poesie, für Wehmut. Vom Geist der Pioniere ist hier nichts mehr geblieben. Es ist nichts mehr »zu erobern«, keine Grenze weiter voranzutreiben. Der Westen hat seine Endzeit erreicht, die seine Gegenwart ist.

Einen zusätzlichen Reiz erhält der Film dadurch, daß John Wayne diesen sterbenden Scharfschützen verkörpert, der sich damit zu Lebzeiten bereits ein Denkmal setzte. Realität und Fiktion, Westerner und Western-Akteur scheinen fast deckungsgleich zu sein. Daß auch für Regisseur Don Siegel John Wayne zur Symbolfigur des Westens geworden ist, zeigt er, indem er vor dem Vorspann Bilder aus dem Leben des J. B. Books einmontiert, die Bilder aus früheren Filmen John Waynes sind.

»Der Scharfschütze« war der letzte Film, in dem Wayne spielte. Drei Jahre später war der Schauspieler tot. Er starb an derselben Krankheit, die auch Books hatte. Don Siegels Film war auch der letzte Western, in dem James Stewart spielte. »Der Scharfschütze« war ein Schwanengesang, der Abschied von einem Genre, dessen Zukunft sehr ungewiß ist...

In den sechziger und siebziger Jahren hatte man nicht mehr sehr viel Interesse, den legendären Figuren der Western-Geschichte noch weitere filmische Denkmäler zu setzen. Die meisten von ihnen waren bereits in Dutzenden Filmen verewigt worden. Eigentlich gab es nichts Wesentliches mehr von ihnen zu berichten; es sei denn die nackte, unspektakuläre und wohl auch etwas langweilige Wahrheit. Einige wenige Versuche gab es dennoch. So versuchte man noch einmal, einen Film über General Custer zu drehen. Robert Siodmak, ein deutscher Regisseur in Hollywood, der im Laufe seiner langen USA-Karriere für alles mögliche Talent erkennen ließ, nur nicht für den Western, drehte 1966 die Custer-Biographie »Custer of the West« *(Ein Tag zum Kämpfen)*, die bereits schon damals recht anachronistisch wirkte. Auf der einen Seite versuchte dieser Film, das alte Lied vom braven, tapferen Helden anzustimmen, der seinen harten Job tun muß. All die Ver-

klärung, die für die anderen, vorausgegangenen Custer-Filme charakteristisch war, wird auch hier wieder bemüht. Auf der anderen Seite zeigt Siodmak auch einen recht angeschlagenen Helden, der seine Skrupel mit Unmengen von Whisky zu betäuben versucht. Custer ist auch hier der nahezu pathologische Ehrgeizling, der um jeden Preis Karriere machen möchte, dem dazu jedes Mittel recht ist. Am Ende bleibt der Film dann der alten, schönen und wahrscheinlich falschen Legende verbunden. Wir sehen den Untergang des Generals George Armstrong Custer. Die letzten Aktionen der Schlacht am Little Big Horn sehen wir nur in der Totalen. In der Mitte des Bildes ist allein und verlassen Custer mit seinem Pferd zu erkennen. Langsam werden beide von Indianern umringt und eingekreist. Nur noch das Pferd ohne Reiter ist dann zu sehen... Und wieder ist ein Heroe in die Legende entschwunden.

Es sollte nicht einmal mehr vier Jahre dauern, bis Custer endgültig all seiner Gloriole entkleidet wurde, bis man aus ihm eine krankhafte, lächerliche Figur

392 Szenenfoto aus »Alamo« von John Wayne

machte. Doch diesen Film drehte ein Regisseur, dessen Interesse der Zerstörung von Legenden galt: Arthur Penn.

Einer der letzten Versuche, noch einmal ein gewaltiges Heldenepos des Westens zu zeichnen, war das Regiedebüt von John Wayne. 1960 drehte er den Film »The Alamo« *(Alamo)*. Dieser Schauspieler, der in den Filmen von John Ford und Howard Hawks oder aber auch in Don Siegels Film »Der Scharfschütze« Großes geleistet hatte, versuchte in seinem eigenen Film, seine extrem reaktionären pseudopatriotischen Ideen auszudrücken. »Alamo« wurde zum monumentalen Heldenepos mit zahlreichen Analogien zur amerikanischen Gegenwart. Der Film schildert den Kampf um Fort Alamo im Jahre 1836, als Texas noch ein Teil Mexikos war. Die amerikanischen Texaner unter General Sam Houston erhoben sich damals gegen die mexikanischen Herren. Als eine Armee von 7000 Mann gegen das Alamo vorrückte, verschanzten sich die Rebellen. 187 Verteidiger standen gegen diese Armee von 7000 Mexikanern und hielten das Fort fast zwei Wochen lang…

John Wayne singt das Lied von den Verteidigern von Fort Alamo. Ihr Kampf wird für ihn zum Symbol des Kampfes um Freiheit und Gerechtigkeit, allerdings eine Freiheit und Gerechtigkeit aus amerikanischer Sicht. Und diese schiefe amerikanische Perspektive läßt den Kampf der Texaner im Jahre 1836 genauso als einen Kampf um die Freiheit betrachten wie den Kampf der Länder Südostasiens oder Zentralamerikas gegen die Aggressionen der USA in unserem Jahrhundert. Durch so einen verlogenen Film, der sich nirgendwo die Mühe macht, die Argumente der Gegner auch nur zur Kenntnis zu nehmen, stellte sich Produzent, Regisseur und Darsteller John Wayne an die Spitze der reaktionären Bewegungen in den USA. Später, als sich diese Bewegungen auch auf der Straße manifestierten, als das reaktionäre Amerika seiner Regierung Laschheit und Schwäche vorwarf, tauchte in den Demonstrationszügen immer wieder das Bild von John

Wayne auf. Dieser Schauspieler wurde zum Symbol des reaktionären Amerikas der sechziger Jahre. Sein Bild ersetzte jede politische Losung, es war Programm.

Daß »Alamo« ein eher lächerlicher, pseudopatriotischer Western war, der sowohl beim Publikum als auch bei der Kritik durchfiel, daß Produzent Wayne an diesem Unternehmen fast bankrott ging, ändert nicht viel an der gefährlichen Ideologie, die hier zum Ausdruck gebracht wurde. Der Western wurde hier zum Transportmittel extrem reaktionären Gedankengutes.

Arbeitete der Schauspieler John Wayne mit Regisseuren wie Ford oder Hawks zusammen, dann wurde verhindert, daß seine reaktionären Ideen zum Tragen kamen. Arbeitete er aber mit weniger profilierten Regisseuren zusammen, mit Männern, die nicht viel mehr als »Yes Men« waren, also Männer, die völlig seinen Vorstellungen vom Western folgten, kam es zu erschreckenden Beiträgen.

Solch ein Beitrag war zweifellos auch der Western »Chisum« (1970); gewiß ein vollkommen sekundäres Werk, das von den meisten Western-Kennern ignoriert wurde. Da aber auch hier eine Ideologie zum Vorschein kommt, die häufig in (zumeist schlechten) Western vorhanden ist, sei auf dieses Werk ein wenig ausführlicher eingegangen.

Der Rinderkönig John Simpson Chisum (1824–1884) war eine Figur, die so recht nach den Vorstellungen von John Wayne war. Er stellt den Archetyp des harten, fleißigen Amerikaners dar, der sich durch seine Arbeit, durch seine Energie und seine Ideen ein mächtiges Imperium geschaffen hat. Dieser Mann war Viehzüchter, Unternehmer und Gesetzeshüter in einem. Seine sich ständig vergrößernde Ranch Rio Concho verteidigte er mit unnachgiebiger, brutaler Gewalt. Seine Gegner, die er immer bis zu ihrem Ende verfolgte, waren weiße Siedler und Outlaws, waren Apachen und Navajo-Indianer. 1878 besaß er, der Fleisch für die amerikanische Armee lieferte, eine Herde von

361

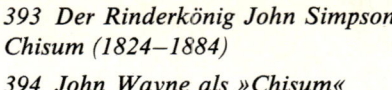

100 000 Rindern, angeblich die größte Rinderherde des Landes.[109] Um seinen Besitz zu verteidigen, legte er sich eine Privatarmee aus brutalen Scharfschützen zu, die mehrere Banden von Viehdieben vernichteten. Chisum beteiligte sich mit diesen »Soldaten« am sogenannten Lincoln County War, in dem es im Jahre 1878 um das Monopol im Rindergeschäft in Lincoln County, New Mexico, ging. Dieser Krieg wurde erst durch den amerikanischen Präsidenten Rutherford B. Hayes beendet, der Chisum und seine Verbündeten vor einer endgültigen Niederlage bewahrte.

Der Film konzentriert sich auf die Auseinandersetzungen im Lincoln County, bei denen es um die wirt-

schaftliche Vorherrschaft ging. Auf der einen Seite steht der brutale Unternehmer L. G. Murphy mit seinem Santa-Fe-Ring, auf der anderen Seite Chisum mit seinen Freunden Pat Garrett und Rancher Tunstall, bei dem bekanntlich auch ein gewisser Billy the Kid beschäftigt war. Doch Pat Garrett und Billy the Kid stehen hier ganz eindeutig im Schatten der überlebensgroßen Figur Chisum. Dieser Mann hat sich in jahrzehntelanger Arbeit sein Imperium zusammengetragen und will nun in Frieden leben und arbeiten. Doch geld- und machthungrige Neureiche machen dem »King of the Pecos« das Leben schwer. Die Armeeführung ist genauso korrupt und bestechlich wie die Politiker. Beide sind schwach und beugen sich der Macht der Verbrecher. Chisum ist der aufrechte Mann, dem der Kampf vom Gegner regelrecht aufgezwungen wird. Der Film läßt die Parallelen zwischen amerikanischer Politik der Gegenwart und den Vorgängen im Lincoln County War überdeutlich hervortreten. Worte und Verhandlungen mit dem Gegner führen nur zu immer frecheren Taten der Gegner, so daß Chisum gar keine andere Wahl zu bleiben scheint, als, mit dem Bibelspruch »Das Böse muß ausgelöscht werden!« auf den Lippen, die Feinde mit Waffengewalt in die Knie zu zwingen. Noch einmal kommt hier Waynes reaktionäre Ideologie klar zum Ausdruck. Hier ging es ihm darum, zu zeigen, wie am wirkungsvollsten vermeintliches Unrecht und Verbrechen bekämpft werden. Kein Wort verliert man in dem Film über bestimmte historische Tatsachen, wie z. B. über die Zerstörung eines ganzen Dorfes mitsamt seinen Bewohnern, Apachen und Mescaleros, durch Chisum und seine Leute, ein Vorgang, der an ähnliche Vorgänge im zweiten Weltkrieg in Europa oder an den Vietnam-Krieg zu erinnern scheint. Dagegen will der Film uns glauben machen, daß Chisum ein ehrlicher Geschäftspartner der Indianer ist, der seinen einstigen Feinden, den Apachen, in ihre Reservate Fleisch liefert. Der Apachen-Häuptling White Buffalo sieht in dem Weißen Chisum einen Freund ...

»Chisum« verdreht nicht nur historische Tatsachen. Hier wird wieder versucht, mit einer Geschichte aus der Vergangenheit des amerikanischen Westens imperialistische amerikanische Politik der Gegenwart zu rechtfertigen, ideologisch zu unterstützen. Chisum, der alte Westerner, der sich auch durch seine Rancher-Kleidung von seinen Feinden abhebt, bei denen nur noch der Cowboy-Hut an den Westen erinnert, wird zur Symbolfigur des für Gerechtigkeit und Freiheit kämpfenden Amerikaners der Gegenwart. Der Western wird hier wieder zum Mittel imperialistischer Ideologie. »Chisum« wurde zum offenen Träger reaktionärer Ideen. Mag es in der Geschichte des Western auch wenige Filme geben, die so direkt gefährliche Ideologien verbreiten; ein Einzelfall ist dieser Film allerdings nicht.

10

395 Stephanie Powers und Michael Conners in »San Fernando« von Gordon Douglas

396 Ann-Margret als Saloon-Girl in »San Fernando«

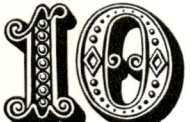

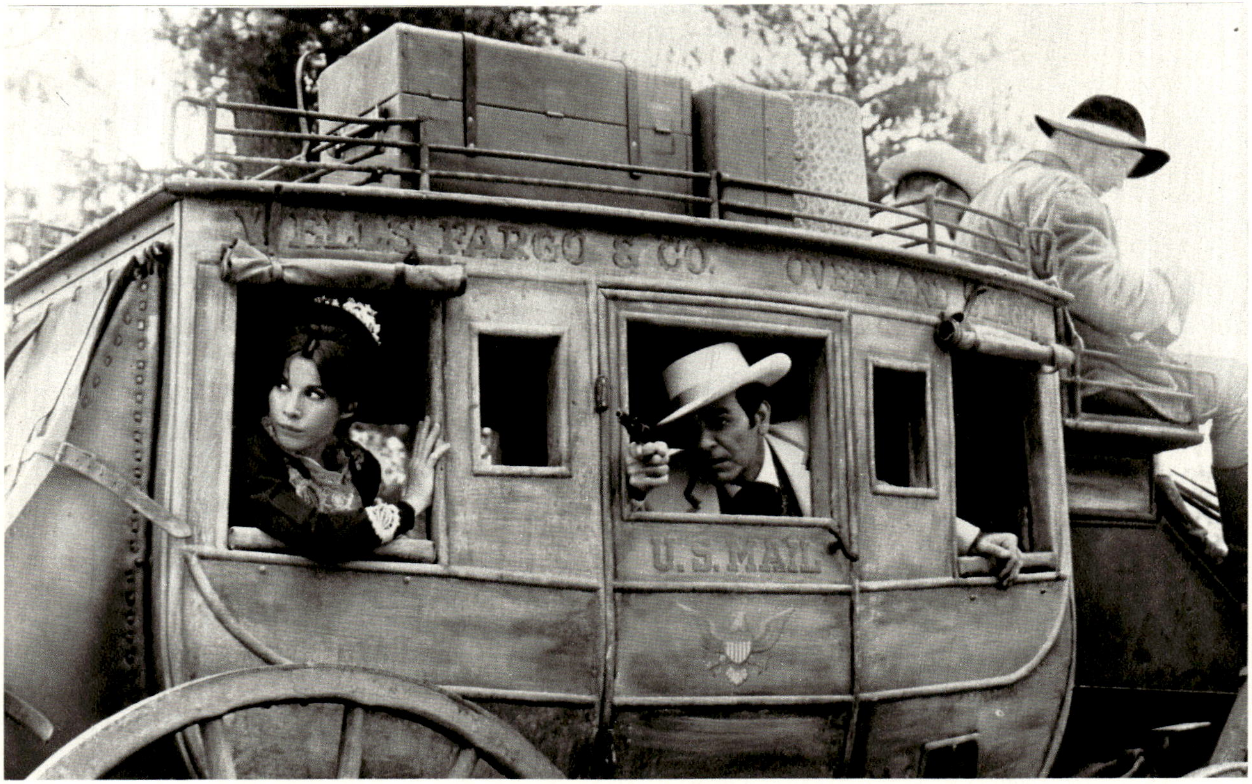

In den sechziger und siebziger Jahren versuchte man mit allen Mitteln, die Agonie des Genres aufzuhalten. Zumeist versuchte man, durch mehr Aufwand die Filme von früher zu übertreffen – eine Absicht, die so gut wie nie gelang. Ein solch von vornherein zum Scheitern verurteilter Versuch war 1966 ein Remake des berühmten Films von John Ford »Stagecoach« *(Höllenfahrt nach Santa Fe).* Gordon Douglas' Film. »Stagecoach« *(San Fernando)* berief sich ohne jeden Skrupel auf das große Vorbild. Die Verleihfirma versuchte sogar, zeitweise die Aufführung von Fords Film verbieten zu lassen, um für das Remake peinliche Vergleiche zu verhindern. All das nützte nicht viel, auch nicht die 5 Millionen Dollar Produktionskosten; aus »San Fernando« wurde weiter nichts als ein spektakulärer Flop, der wehmütige Erinnerungen an die Vergangenheit wach werden ließ. Diesem Film fehlte alles das, was John Fords Film zu einem großen Meisterwerk werden ließ – obwohl sich Douglas eng an die Story von Ernest Haycox und Dudley Nichols hielt. Dieselben Figuren traten auf (allerdings unter anderen Namen), fast dieselben Episoden rollten ab. Und doch wirkte das alles wie einer jener sterilen Filme, die man in Amerika »Computer-Produktionen« nennt: aufwendige, blutleere Unternehmen ohne Stil und ohne Originalität. Eigentlich ist die Figur des alkoholsüchtigen

397 Ann-Margret als Saloon-Girl Linda und Bing
Crosby als trinkfreudiger Arzt in »San Fernando«

398, 399 Paul Newman und Anthony Perkins
in »Das war Roy Bean« von John Huston

Doc, den bei John Ford Thomas Mitchell spielte,
durch die Interpretation des Sängers und Schauspielers Bing Crosby hier zur einzigen Figur geworden, die
einiges Interesse verdient. Allen anderen Figuren fehlt
jeder Reiz, jede Originalität. Weder die John-Wayne-
Rolle des Ringo Kid, der hier Rocky heißt und von
einem farblosen Schauspieler namens Alex Cord gespielt wird, noch das Mädchen Dallas, aus dem hier
Linda wurde, verdienen unser Interesse. Dieses Remake eines Klassikers ist weiter nichts als ein aufschlußreiches Dokument über den Niedergang eines
Genres. Daß der neue Film die sozialkritischen
Aspekte des alten nahezu vollkommen eliminierte, versteht sich bei so einer Produktion von selbst.

Ein Film von anderem Format war dagegen John Hustons »The Life and Times of Judge Roy Bean« *(Das
war Roy Bean)*. Dieser Western aus dem Jahre 1972
war kein Remake von William Wylers Film »The
Westerner« *(In die Falle gelockt)*. Huston versuchte
nicht, durch mehr Aufwand, mehr Technik zu imponieren, sondern durch Originalität. Dieser Film um
den legendären texanischen Richter Roy Bean war
einer der ganz wenigen Western jener Zeit, denen der
Balanceakt zwischen Bewahrung und Zerstörung der
Legende gelang. Huston macht aus Bean keine überdi-
mensionale Heldenfigur; er versucht aber auch nicht,
mit grimmiger Lust diese Figur von ihrem Sockel zu
stürzen – wie es damals so viele junge Western-Regisseure taten. Einer der erfolgreichsten Szenaristen von
New Hollywood, John Milius, tat sich hier mit einem
Regisseur von Old Hollywood zusammen. Beide drehten einen Film, dessen Ton deutlich an die große Zeit
des Western, an die vierziger Jahre erinnert, an jene
Zeit, die auch durch den Film »In die Falle gelockt«
mit geprägt worden war. Huston schildert die legendären Episoden aus dem Leben dieses eigenartigen Richters in dem kleinen Städtchen Vinegaroon, das er aus
Verehrung für die Sängerin Lily Langtry in Langtry
umtaufte. Recht wird in einem Saloon gesprochen –
von einem Mann, der früher selbst immer wieder mit

dem Gesetz in Konflikt geraten war. Unnachgiebig
läßt er Viehdiebe bestrafen und hängen ... In diesem
ungewöhnlichen Film ist auch Platz für Ironie und
Humor. Judge Roy Bean – verkörpert von Paul
Newman, der äußerlich ein ganz anderer, wesentlich
jüngerer Richter ist als Walter Brennan in Wylers Film
– hat als einzigen treuen Freund einen mächtigen,
trinkfesten Bären. Daß aber auch »Das war Roy
Bean« ein Spät-Western ist, bleibt nicht verborgen. 367

John Hustons Bean ist gleichfalls ein Mann, der mit Wehmut die Entwicklung des Westens beobachtet. Auch er muß mit ansehen, wie neureiche Geschäftemacher immer mehr das Feld in Texas übernehmen. Vor allem, als in Langtry Öl gefunden wird, erscheint der Richter wie ein längst überlebtes, anachronistisches Relikt aus alten Tagen … Und auch in diesem Film trifft Roy Bean nicht sein Idol Lily Langtry. Aber später dann, als der Richter längst tot ist, kommt die Sängerin in den Ort, der ihren Namen trägt, und besucht dort das Roy-Bean-Museum!

Humor, das war und ist ein Element, mit dem sich der Western von seinen Anfängen an bis in die Gegenwart außerordentlich schwer tat. Ein sicheres Zeichen dafür, daß das Genre Mitte der sechziger Jahre seinen Zenit überschritten hatte, war ein deutlich größerer Platz für dieses bisher so stark vernachlässigte Element in mehreren Western jener Zeit. Gemäß der alten, immer wieder bestätigten Regel, daß ein Genre sich zumeist heiter von seinen Zuschauern verabschiedet, kamen jetzt gleich mehrere Western in die Kinos, die souverän mit altbekannten Western-Motiven und -Figuren spielten, die alles nicht mehr so ganz ernst nahmen und die dennoch die Western-Freunde nicht enttäuschten. Das waren keine Parodien; hier suchte man auch vergeblich satirische Züge. Hier wurden lediglich noch einmal die alten Geschichten von den alten Helden mit Spaß erzählt.

Nach George Marshalls »Destry Rides Again« *(Der große Bluff)*, also über 25 Jahre lang, hatte es auf diesem Gebiet nichts Erwähnenswertes mehr gegeben – und auch »Der große Bluff« war ja eine Ausnahme gewesen, ein Einzelfall. Um so größer war das Erstaunen, als im Zeitalter des Spät-Western ein junger Regisseur mit einem komischen Western sein vielversprechendes Debüt gab: Elliot Silverstein erzählte 1965 in »Cat Ballou« eine Geschichte mit all den bekannten Versatzstücken des Genres, die wir nahezu auswendig zu kennen scheinen. Und er erzählt die Geschichte in Form einer komischen Ballade, deren Humor keinen

*403 Lee Marvin als Gunman Kid Sheleen
in »Cat Ballou«*

Moment aufgesetzt wirkt. Da haben wir das neunmal-kluge Mädchen aus dem Osten, die Schullehrerin, die nach dem Westen kommt, um den Wilden dort Ordnung beizubringen ... und die natürlich erst einmal Schiffbruch erleidet. Und dann verwandelt sich diese Catherine Ballou (Jane Fonda) in das harte Western-Girl Cat Ballou, heuert sich einen alten Gunfighter an, der mit ihr zusammen gegen die schurkische Gesell-schaft ins Feld zieht, die den Grund und Boden ihres Vaters haben will. Natürlich ist es in dem Spät-Western »Cat Ballou« ein alter, völlig heruntergekomme-ner Gunfighter. Dieser Kid Shelleen (Lee Marvin) ist eine einzige, ständig torkelnde Whiskyflasche. Kein Mensch würde diesem Wrack auch nur einen sicheren Schuß mehr zutrauen. Und selbstverständlich ist ge-rade dieser alte Haudegen, der, zusammen mit dem

404 Lee Remick in »Vierzig Wagen westwärts«
von John Sturges

405 Donald Pleasence (links)
in »Vierzig Wagen westwärts«

angestaunt oder verachtet von den braven Durchschnittsbürgern – genauso wie die Ritter in Europa oder die Samurai in Japan am Ausgang ihrer Epoche. Wenn man sie noch einmal, ein letztes Mal vermutlich, braucht, putzt man sie heraus wie in alten Tagen und schickt sie in den Kampf. Im Film gewinnen sie zumeist ihren letzten Kampf …
Es waren vor allem junge Regisseure, die in jener Zeit erfolgreich komische Töne in ihre Western einbrachten. Jenen Regisseuren, die zuvor, in den fünfziger Jahren, das Bild bestimmt hatten, gelang das weitaus weniger, z. B. John Sturges. Er zeigte im Jahre von »Cat Ballou«, 1965, »The Hallelujah Trail« *(Vierzig Wagen*

Mädchen aus dem Osten und ein paar Freunden, die Angelegenheiten wieder in Ordnung bringt! Dieser legendäre Revolvermann – den Cat Ballou, das Mädchen aus dem Osten, nur durch ihre Lektüre von Dime Novels, aus Groschenheften, kennt – ist nicht nur müde, nicht nur alt. Er will nicht nur seine Ruhe haben. Er ist in diesem Städtchen im Staate Wyoming Ende des vergangenen Jahrhunderts genauso ein Relikt vergangener Tage wie die Indianer. Das Bild bestimmen Geschäftemacher und ihre anonymen Beamten samt Schlägertrupps. Die Indianer wurden umgebracht oder in Reservate gepfercht; die Helden von einst taumeln als Fremdlinge durch die Gegend,

406 Lee Remick und Burt Lancaster in »Vierzig Wagen westwärts«

10

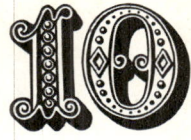

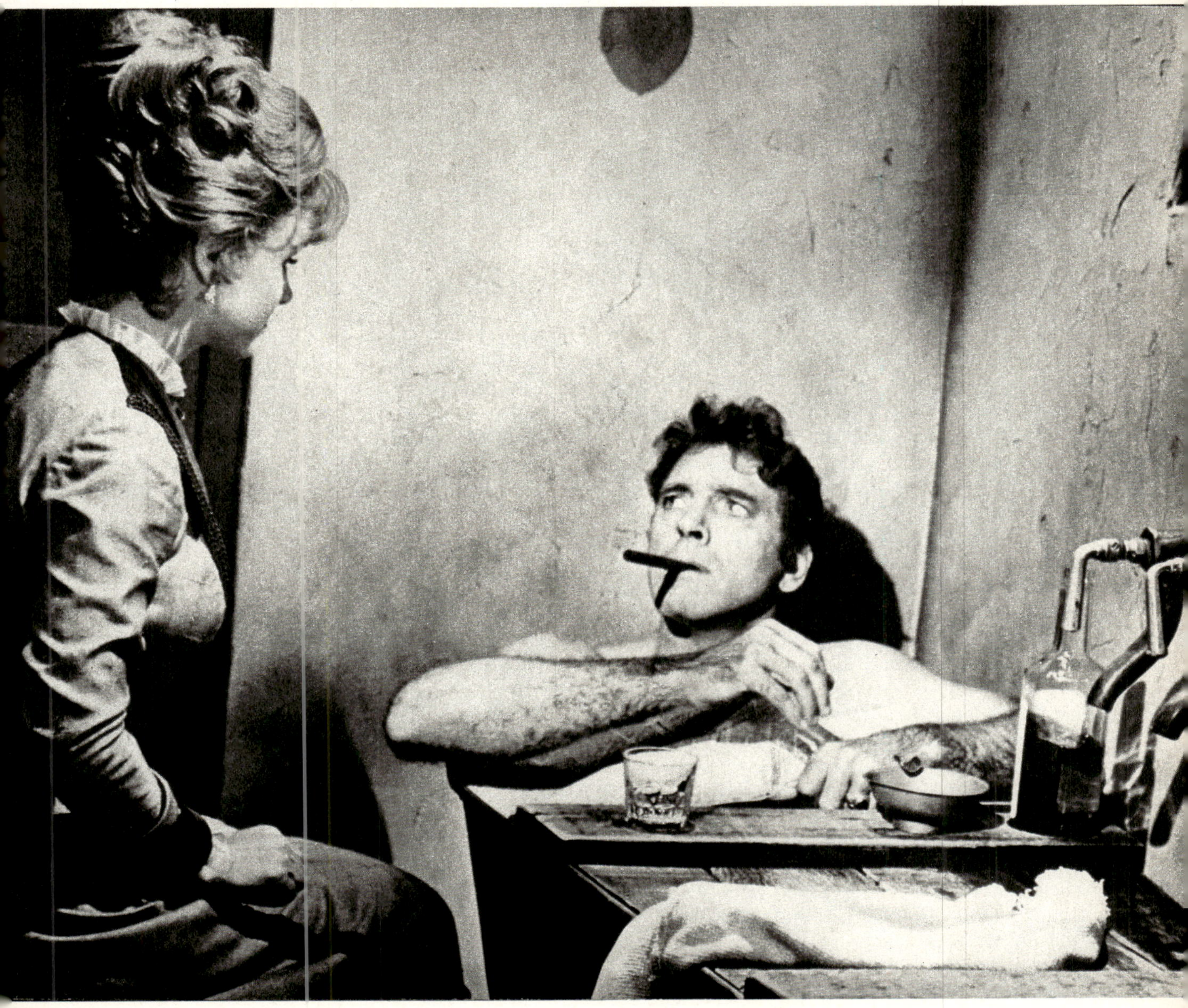

westwärts), einen sehr aufwendigen Western, der vergeblich versucht, seine Komik allein aus dem komischen (übrigens authentischen) Vorgang zu schöpfen, der hier erzählt wird: Im Jahre 1867 drohten die Quellen der zahlreichen Saloons von Denver, Colorado, zu versiegen. Daraufhin wurde in Julesburg ein Konvoi mit 40 Wagen voller Whisky-Fässer zusammengestellt. Um diesen ungewöhnlichen Konvoi streiten sich zwei Abteilungen der Kavallerie, eine kampfeslustige Abordnung der Antialkoholiker-Bewegung, ein Sioux-Stamm und die Bürgerwehr von Denver, die das kostbare Naß sicher in die Stadt bringen will... Die turbulenten Auseinandersetzungen zwischen diesen sehr verschiedenen Gruppen bestimmen den Film; sein Humor bleibt aber sehr bald auf der Strecke. Am Ende ist »Vierzig Wagen westwärts« nur noch ein aufgeblasener Western ohne Witz, ohne besondere Reize, der zwar ebenfalls alle möglichen vertrauten Figuren und Episoden der Western-Geschichte Revue passieren läßt, dem aber dennoch sehr bald der Atem ausgeht. Sieger ist am Schluß jedenfalls keine der verschiedenen Parteien, sondern die Natur: Die Wagen, die noch übrig sind, versinken alle restlos im Treibsand der Wüste...

Eine große Souveränität und Gelassenheit im Umgang mit bekannten Western-Helden und mit immer wieder

erzählten Vorgängen ließ dagegen George Roy Hills Film »Butch Cassidy and the Sundance Kid« *(Zwei Banditen)* erkennen. Hier geht es um die Abenteuer der zwei bekannten Bank- und Eisenbahnräuber Butch Cassidy (1867–1909) und Sundance Kid (1866–1909), die um die Jahrhundertwende zunächst Pferde stahlen, später in Oklahoma, Texas und Wyoming zahlreiche Banken und Züge ausraubten und im Jahre 1909 in Bolivien von einer Abteilung Soldaten erschossen wurden. »Zwei Banditen« hat alles von einer wehmütigen und zugleich übermütigen Ballade voller Galgenhumor und voller Nostalgie. Auch Hills Film ist ein Spät-Western. Auch er erzählt von Menschen, die zu spät geboren wurden. Butch Cassidy und Sundance Kid kamen in den Westen, als längst alles »erobert«, als alles aufgeteilt, eingezäunt und verwaltet war. Die legendären weiten Räume des Westens waren parzelliert. Diese zu spät gekommenen Helden sind ununterbrochen auf der Flucht. Diese Flucht führt sie schließlich nicht mehr nach Westen, wo ihnen der Weg verbaut ist. Zwangsläufig flüchten sie nach Süden, nach Lateinamerika, außerhalb der Vereinigten Staaten... Doch Hill macht aus seinen Helden keine Robin

Hoods, die die Reichen bestehlen, um den Armen zu geben – wie es uns so viele Western von früher weismachen wollten. Butch Cassidy und Sundance Kid sind übermütige junge Burschen, die überall an Mauern, an Konventionen stoßen. In diesen jungen Burschen mögen sich viele Zuschauer wiedergefunden haben, die den Film 1969 sahen und ihn zu einem der größten Publikumserfolge in der Geschichte des Westerns machten. Dieses jugendliche Publikum suchte keine Bilderbuchhelden mehr, die die längst entschwundenen Ideale der Pionierzeit priesen; es fühlte sich angesprochen von Burschen, die außerhalb der Gesellschaft stehen, die sich zurückgezogen haben und im Alltag ihre kleinen Späße suchen ...

Auch diese Ballade stimmte neue, für den Western ungewöhnliche Töne an.

Nicht anders tat es der komische Western »There Was a Crooked Man« *(Zwei dreckige Halunken),* den 1970 Joseph L. Mankiewicz zeigte. Dieser 61jährige Western-Debütant und sein Szenarist Robert Benton, einer der erfolgreichsten Autoren des New Hollywood, untersuchten einmal mehr das alte Thema Recht und Unrecht, Gesetz und Verbrechen im alten Westen. Zwei scheinbar absolut gegensätzliche Figuren werden vorgestellt: der gefürchtete Bandit Paris Pitman jr. (Kirk Douglas) und der nicht minder gefürchtete Sheriff und spätere Gefängnisdirektor Woodward Lopeman (Henry Fonda). Der eine jagt den anderen, bringt ihn hinter Gitter. Doch die Intelligenz des Häftlings läßt ihn immer wieder auch aus den aussichtslosesten Situationen herauskommen. Der Verbrecher ist übermütig und überlegen, und er weiß das. Der Gesetzes-

410 Henry Fonda als Gefängnisdirektor
in »Zwei dreckige Halunken«

hüter ist steif, unsouverän und voller Angst, irgend etwas falsch zu machen. Letzten Endes vermittelt der Verbrecher dem Gefängnisdirektor Lebenshilfe; Hilfe, um in dieser Welt zu überleben. Als dann Pitman und Lopeman zum Schluß allein ihr Duell ausfechten, entdeckt man, daß diese beiden verschiedenen Figuren gar nicht so gegensätzlich sind, daß sie eigentlich zwei Seiten ein und derselben Person sein könnten. Am Ende wird der Sheriff zum Verbrecher, und der Verbrecher stirbt (durch den Biß einer Schlange!). Aber hätte es nicht auch umgekehrt kommen können? Der Verbrecher wird zum Sheriff – wie oft kam das in der Realität des Westens vor! Judge Roy Bean, »das Gesetz westlich des Pecos«, ist nur ein Name aus einer langen Reihe von einstigen Outlaws, die später das Gesetz vertraten.

Diese Geschichte erzählen Mankiewicz und Benton mit viel Humor und Sarkasmus. Hier wird augenzwinkernd über etwas berichtet, was Western-Freunden schon sehr oft berichtet worden ist. Dieser Film behauptet nicht, die ganze Wahrheit und nichts als die Wahrheit zu erzählen. Eine erfundene, kleine Geschichte wird souverän und gelassen erzählt und kommt nicht zuletzt dadurch der Wahrheit viel näher als so manche prätentiöse, sich bitter ernst nehmende Western-Produktion.

Der Niedergang des amerikanischen Western verlief parallel zum Niedergang der amerikanischen Filmindustrie im allgemeinen. In den sechziger Jahren erlebte Hollywood eine Krise, von der es sich nie wieder vollkommen erholen sollte. Mögen in jenen Jahren auch einige bedeutende Spät-Western entstanden sein, den Niedergang des Genres konnten diese Filme nicht aufhalten. Werke ohne Helden, ohne glaubwürdige und überzeugende Moral, ohne Abenteuer an der Grenze (denn diese Grenze gab es nicht mehr) und ohne Legenden konnten nur einzelne, isolierte Filme sein. Immer weniger Filme dieses Genres kamen aus den amerikanischen Ateliers. Immer weniger Regisseure waren noch aktiv, die man als Western-Regisseure hätte bezeichnen können.

Dazu kam eine Welle von Filmen in die Kinos, die außerhalb Amerikas gedreht worden waren, die in der ganzen Welt – und auch in den USA – große Kassenerfolge hatten. Europäische Western oder Indianer-Filme hatte es immer gegeben. Wild-West-Filme entstanden z. B. bereits während der Stummfilmzeit in Frankreich und Deutschland. Doch diese Filme wurden in Amerika lediglich als Kuriosa betrachtet. Die Welle der Italo-Western war jedoch etwas anderes. Sie unterschieden sich von den amerikanischen Vorbildern durch größere Sorglosigkeit im Umgang mit der Geschichte. Für die Italiener waren diese Geschichten Märchen aus einer sehr fernen Welt; für die Amerikaner waren das, zumindest früher, Erzählungen aus ihrer eigenen Geschichte. Die Italo-Western übertrafen die Hollywood-Produkte durch Brutalität und durch mehr »Realismus« – wenn man unter Realismus mehr Schmutz und Dreck versteht. Doch der unerwartete Erfolg der italienischen Filme irritierte Hollywood, das sich hier plötzlich auf seinem ureigenen Gebiet bedroht, ja geschlagen fand.

So wurde 1964 Sergio Leones Western »Per un pugno di dollari« *(Für eine Handvoll Dollar)* für die außerordentlich geringe Summe von 245 000 Dollar produziert. Und bis zum Februar 1968 spielte der Film in Italien und im Ausland 4,6 Millionen Dollar ein. Ein Jahr später kostete der Film »Per qualche dollari in più« *(Für eine Handvoll Dollar mehr)* bereits eine halbe Million, spielte dafür aber 5,6 Millionen Dollar ein. Der dritte Leone-Film »Il buono, il brutto, il cattivo« *(Zwei glorreiche Halunken)* wurde bereits für eine amerikanische Gesellschaft hergestellt, kostete 2 Millionen Dollar, spielte aber 11,8 Millionen Dollar ein …[110]

Die Hauptrollen dieser drei Filme verkörperte ein amerikanischer Schauspieler, der vor Jahren aus den USA weggegangen war, weil man in seiner Heimat mit ihm nichts anfangen konnte: Clint Eastwood. Nach dem Erfolg der Italo-Western in den USA holte man den

411 Randolph Scott
und Joel McCrea
in »Sacramento«
von Sam Peckinpah

Amerikaner in die Heimat zurück. Jetzt konnte man etwas mit ihm anfangen, gab ihm mehrere Aufgaben. In den siebziger Jahren produzierte und inszenierte Eastwood auch mehrere amerikanische Filme. Er war zeitweise sogar der einzige amerikanische Schauspieler, der kontinuierlich in Western spielte. Doch trotz aller Erfolge hatte er nicht das Format, um die Nachfolge eines John Wayne, James Stewart oder Randolph Scott antreten zu können.

1962, als noch kein Italo-Western Hollywood irritierte und als sich die Agonie des US-Western noch recht undeutlich abzeichnete, kamen zwei bedeutende Beiträge in die Kinos, von denen der eine als Abschluß eines Lebenswerkes, der andere aber als Beginn eines vielversprechenden Œuvres betrachtet wurde: John Fords »The Man Who Shot Liberty Valance« *(Der Mann, der Liberty Valance erschoß)* und Sam Peckinpahs »Ride the High Country« *(Sacramento)*. »Sacramento« war Peckinpahs zweiter Spielfilm.

In den fünfziger Jahren hatte er mehrere Folgen der TV-Serie »The Westerner« inszeniert. 1961 debütierte er mit »The Deadly Companions« *(Gefährten des Todes)* als Spielfilmregisseur. Dieser Regisseur indianischer Abstammung war für den Hollywood-Western eine Hoffnung. Er schien der einzige junge Regisseur zu sein, der hierin sein Terrain sah. Während einige seiner Kollegen mitunter auch einmal einen Western drehten, interessierte er sich am Anfang fast ausschließlich für dieses Genre. »Gefährten des Todes« war ein kleines B-Picture, das im Rahmen des gegebenen Musters mit Geschick versuchte, die bekannten Situationen auf den Kopf zu stellen, die Charaktere der einzelnen Figuren umzukehren.

»Sacramento« war ein bedeutsamer Spät-Western, der einen traurigen Blick auf eine vergangene Welt richtete.

»Wie in alten Zeiten« – das ist jener Satz, der hier in diesem Film immer wieder fällt. »Sacramento« erscheint wie eine Elegie, in der wehmütig diesen alten Zeiten nachgetrauert wird. Die Helden des Films sind zwei ehemalige Sheriffs, die versuchen müssen, in der Welt, die von Banken, Autos und protzerischen Restaurants bestimmt wird, in der Welt des Westens um die Jahrhundertwende zurechtzukommen. Da ist Gil Westrum (Randolph Scott), der sich sein Geld auf Rummelplätzen im Kostüm von Oregon Kid verdient, und da ist Steve Judd (Joel McCrea), der sich weit weniger in diesem Kalifornien des Jahres 1900 zurechtfindet. Die Moral der Westerner, ihre Gesetze, die Ideale der Pioniere sind hier nichts mehr wert. Ein auf seine Würde bedachter Held ist hier nur noch eine lächerliche Figur. Dankbar nehmen deshalb die beiden den Auftrag einer Bank an, das in den Bergen gefundene Gold in Empfang zu nehmen und sicher in die Stadt zu bringen. Doch auch auf diesem Ritt wird

414 Szenenfoto aus »Sacramento«   415 Tom Tyron, Senta Berger und Harve Presnell
in »Die glorreichen Reiter« von Arnold Laven

ihnen immer mehr klar, wie weit sie sich von der Vergangenheit entfernt haben. Ihre Gegner sind heruntergekommene Banditen, für die ein Menschenleben wenig zählt, leicht verdientes Geld aber alles ist. Gil
Westrum und Steve Judd sind zwei Veteranen im modernen Westen, die für 20 Dollar pro Tag ihren Job
tun müssen. Westrum muß beim Reiten immer wieder
eine Pause einlegen, um seinen Rücken zu schonen;
Judd muß sich beim Lesen eines Vertrages heimlich
die Brille aufsetzen! Geblieben ist ihnen nicht einmal
mehr der Ruhm, über den die anderen Helden der
Spät-Western noch verfügten. Wir erfahren es nicht, ob
ihre Erinnerungen an den Bürgerkrieg, an den Lincoln
County War nur Prahlereien sind oder nicht. Peckinpah sieht voller Pessimismus auf diese Welt des Westens. Figuren, die in den Western früherer Jahre immer voller Sympathie beschrieben wurden – z. B. bei
John Ford die Puritaner –, sind hier bei Peckinpah
verbohrte, bösartige und bigotte Zeitgenossen. Auch
»Sacramento« ist deutlich ein Film der Endzeit. Die
Helden werden von zwei Schauspielern dargestellt, die
beide mehrere Jahrzehnte das Bild des Western mitbe-
stimmt haben: Joel McCrea und Randolph Scott. »Sacramento« war ihr Abschied von der Western-Szene.
Ein damals 37jähriger Regisseur hatte ein letztes Mal
diese beiden Großen in den Sattel steigen lassen.

Für Peckinpah war »Sacramento« ein Film, in dem es
um »Einsamkeit und Erlösung«, um Abschied ging.
Das begriff sehr schnell die Kritik, die in Peckinpah
schon damals das vielversprechende Talent sah, das
die Nachfolge der großen Veteranen hätte antreten
können. Doch die Produzenten und auch die Zuschauer sahen das nicht. Die folgenden Jahre waren
deshalb gekennzeichnet von einem zermürbenden
Kampf des Regisseurs mit seinen Geldgebern, die ge-
bannt auf die Erfolge des Italo-Western starrten und
nicht begriffen, daß Peckinpah durchaus in der Lage
gewesen wäre, dem Genre neue, originelle Beiträge zu
geben. An diesem endlosen Kampf ist später das Talent des Sam Peckinpah auch zerbrochen.

Zeugnisse dieser Auseinandersetzung sind zwei Filme,
die beide 1964 in die Kinos kamen. In »The Glory
Guys« *(Die glorreichen Reiter)* versuchten Szenarist
Sam Peckinpah und Regisseur Arnold Laven, noch
einmal von der Schlacht am Little Big Horn zu erzählen. Doch von einer neuen Sicht auf die immer und immer wieder geschilderte Schlacht ist in diesem Film,
den Peckinpah nicht selbst inszenieren durfte, nichts
zu entdecken. »Major Dundee« *(Sierra Chariba)* war
dagegen nur ein Torso, der zwar von Peckinpah selbst
inszeniert worden war, der aber von den Produzenten
des Films entgegen den Intentionen des Regisseurs
montiert und um eine Stunde gekürzt wurde. Es ist
kein Wunder, daß Peckinpah den einen Film ein Desa-
ster nennt, die Produktion des anderen eine der
schmerzlichsten Erfahrungen, die ihm in seinem Leben
widerfahren sind. Was den aufmerksamen Zuschauer
jedoch bei beiden Filmen verstimmt, ist eine hier zum
Ausdruck kommende, schwer zu ertragende Apologetik des amerikanischen Militärs. Man hat Peckinpah
einen Stiefsohn von John Ford genannt. Auch Ford
läßt in mehreren seiner Filme eine für uns nur schwer
begreifliche Vorliebe für die Kavallerie als Schule der
Nation erkennen. Peckinpah bleibt mit »Sierra Cha-

416 Szenenfoto aus
»The Wild Bunch
– Sie kannten
kein Gesetz«
von Sam Peckinpah

THE
WILD
BUNCH
Sie kannten kein Gesetz

417–419 *Jason Robards und Stella Stevens in »Abgerechnet wird zum Schluß« von Sam Peckinpah*

riba«, einer Geschichte, die nach Ende des Bürgerkriegs an der amerikanisch-mexikanischen Grenze spielt, so durchaus seinem Vorbild verbunden. Die Glorifizierung des amerikanischen Soldaten der Vergangenheit ist hier jedoch noch wesentlich stärker als bei John Ford. Sie wird auch nicht erträglicher durch einige sehr schöne, poetische Szenen dieses verstümmelten Films.

Seinen Frieden mit den Produzenten schien Peckinpah endgültig 1969 geschlossen zu haben, als er »The Wild Bunch« *(The Wild Bunch – Sie kannten kein Gesetz)* gedreht hatte, einen Western über eine Zeit, da es diesen Westen schon längst nicht mehr gab, da sich der Westen der USA lediglich durch das Klima und die Vegetation vom Osten unterschied. Zwangsläufig zog sich Peckinpah, zogen sich die Helden seiner Filme in den Süden zurück, an die mexikanisch-amerikanische Grenze oder ganz nach Mexiko. Der Film spielt im Jahre 1913 in dieser Gegend. Gezeigt werden Männer, werden Relikte aus einer Zeit, die längst Vergangenheit ist. Diese wilde Herde, Outlaws und Verbrecher, flieht genauso wie die sie jagenden Kopfgeldjäger, schlecht

bezahlte Söldner, vor der neuen Zeit, vor den Veränderungen, die diese Zeit und die Massengesellschaft mit sich gebracht haben. Diese Helden, äußerlich scheinbar Gegner, in Wirklichkeit jedoch Verbündete, sind Außenseiter einer Gesellschaft, die sie nur noch für ihre schmutzigsten Arbeiten braucht. Die Gefährlichkeit von Peckinpahs Film liegt in der Apologetik der Gewalt, die hier ganz offen zum Ausdruck kommt. Diese Außenseiterfiguren zeigt der Film mit viel Sympathie. Am Ende gestaltet der Regisseur das große Schlußduell zu einem riesigen, blutigen Gemetzel. Peckinpah zeigt Gewalttätigkeit und Brutalität wie eine fragwürdige Erlösung. Analogien zwischen dieser blutigen Show in Mexiko und dem Krieg in Vietnam kamen vielen Kritikern und Zuschauern in den Sinn, als der Film 1969 in die amerikanischen Kinos kam. Doch die Apologie der Gewalt ließ in Peckinpahs Film keine kritischen Töne aufkommen.

420 Stella Stevens als Hildy
in »Abgerechnet wird zum Schluß«

421, 422 Kris Kristofferson als Billy the Kid
und James Coburn als Pat Garrett in »Pat Garrett
jagt Billy the Kid« von Sam Peckinpah

Nach diesem außerordentlich zwiespältigen Film war der komische Western »The Ballad of Cable Hogue« (Abgerechnet wird zum Schluß), den Peckinpah im Jahre 1970 gedreht hatte, ein Lichtblick. Diese lustige Geschichte um einen Außenseiter, der irgendwo in der Wüste des Westens eine Quelle entdeckt, ist mit viel Sinn für komische Situationen inszeniert. Auch dieser Cable Hogue (Jason Robards) steigt aus der Gesellschaft des Westens um die Jahrhundertwende aus, auch er scheint ein Relikt vergangener Tage zu sein. Doch dieser Held flüchtet sich nicht in die Gewalt, sucht nicht in verzweifelter Brutalität ein Ventil für seinen Pessimismus – wie es die Helden von »The Wild Bunch« getan hatten.

Nur noch einmal kehrte Peckinpah zum Western zurück. 1973 drehte er »Pat Garrett and Billy the Kid« (Pat Garrett jagt Billy the Kid), eine letzte Filmversion über die beiden zweifelhaften Helden des alten Westens. Der Film beschränkt sich auf die letzten Lebensmonate Billy the Kids im Jahre 1881 in New Mexico. Billy ist längst der legendäre, gefürchtete Outlaw, als der er in die Legende eingegangen war. Sein einstiger Freund Pat Garrett hat seinen Frieden mit der neuen Zeit geschlossen und ist Sheriff im Lincoln County geworden. Er rät Billy, New Mexico zu verlassen, um irgendwo anders unbehelligt zu leben. Doch Billy bleibt in der Gegend und wird schließlich von seinem Freund erschossen.

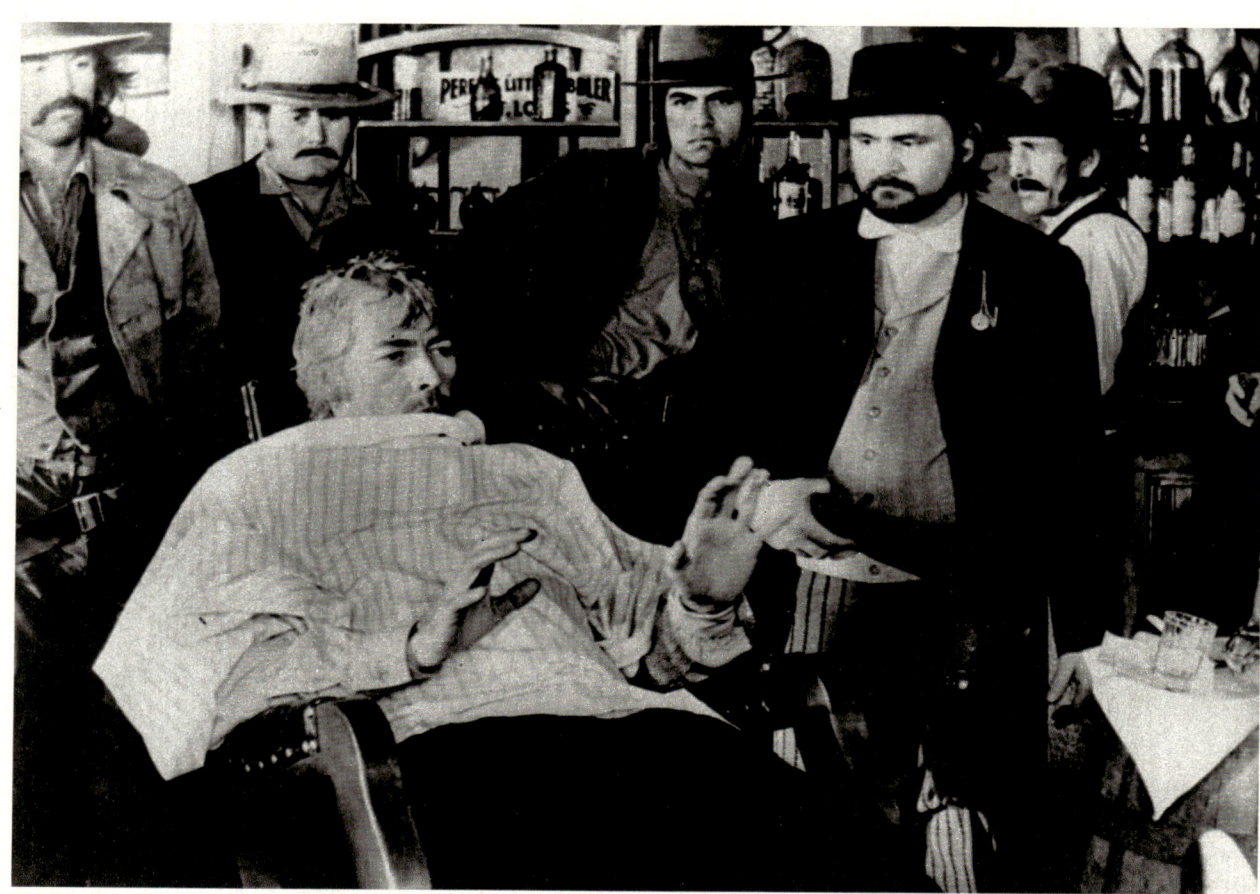

Billy the Kid, dieser damals 22jährige Bursche, ist aus der Sicht Sam Peckinpahs bereits eine von der Zeit überrollte Figur, ein Relikt, wie die meisten Helden der Spät-Western, die keine Helden mehr sein wollen. Auch für diesen Mann, den Verlierer, bleibt nur der Untergang. Auf der anderen Seite ist Pat Garrett, der gleichfalls wehmütig der Vergangenheit nachtrauert, der für Billy große Sympathie empfindet; er hat sich um den Preis der Selbstaufgabe angepaßt und tötet seinen Freund. Auch er ist ein Verlierer.

Wie alle Western-Filme des Sam Peckinpah bietet auch dieser Film ein düsteres Bild des Westens. Für Jon Tuska ist Peckinpahs Version über Billy the Kid und Pat Garrett eine düstere Studie über geistigen Bankrott. Dieser Westen ist ein heruntergekommenes Land, das von einer feigen, anonymen Masse, ein paar herrschenden Verbrechern und ein paar Überbleibseln aus vergangenen Tagen bevölkert wird. Für Peckinpah bedeutet Zivilisation, Law and Order, nichts anderes als Korruption, legalisiertes Banditentum, Gier nach

Macht und Reichtum. Die Western des Sam Peckinpah beschreiben eine traurige, bittere Endzeit des Westens. Dabei verklären sie die Vergangenheit, anstatt sie genauer zu beschreiben. Daß diese Vergangenheit des Westens, daß die Pionierzeit alles andere war als eine Zeit, in der die Ideale der Pioniere verwirklicht wurden, daß hier keineswegs der sogenannte amerikanische Traum Wirklichkeit wurde und daß die Idee vom Schmelztiegel der Rassen, als den sich Amerika so gern selbst sieht, ebenfalls versagte, das alles weiß jeder einigermaßen informierte Kenner des Westens und der Western-Filme.

Aus der Sicht der düsteren Gegenwart mag allerdings die Vergangenheit fast idyllisch erscheinen ...

Fünfzehn Jahre zuvor beschäftigte sich ein Regiedebütant ebenfalls mit der Figur des Billy the Kid: Arthur Penn, ein junger Fernsehregisseur, drehte 1958 als ersten Kinofilm den Western »The Left-Handed Gun« *(Einer muß dran glauben)*, eine Geschichte um Billy the Kid, Pat Garrett, den Rancher Tunstall und all die anderen Figuren aus dem Lincoln County. Sam Peckinpah schrieb zu jener Zeit, da er noch keinen eigenen Kinofilm gedreht hatte, mit am Szenarium zu einem weiteren Billy-the-Kid-Film, der dann 1961 in die Kinos kam: Marlon Brando erzählte in diesem Film »One-Eyed Jacks« *(Der Besessene)* — erstmalig als Regisseur — verschlüsselt vom Leben des legendären Outlaws. Penn schildert den Mythos Billy the Kid, er beschäftigt sich kritisch mit der Legende — ohne zu versuchen, sie völlig zu zerstören und nur der reinen Wahrheit verpflichtet zu sein. Der historischen Wahrheit allein verpflichtet ist »Einer muß dran glauben« genausowenig wie all die anderen Filme um Billy the Kid. Penn interessiert sich vor allem für das Psychogramm des jungen Mannes. Er zeigt einen verschlossenen jungen Burschen, dessen Zurückhaltung sich plötzlich in unkontrollierbare, grausame Aktionen auflösen kann. Paul Newman spielt einen noch ziemlich infantilen Helden, dessen Neurosen gesellschaftlich bedingt zu sein scheinen. Billy the Kid ist hier das Pro-

dukt einer gewalttätigen Gesellschaft. Diese Gesellschaft hetzt ihn als den brutalen und gefürchteten Unhold. In zahlreichen Episoden zeigt sich aber auch, daß diese Gesellschaft mit genau denselben Methoden gegen Billy vorgeht, die sie ihm vorwirft. Penn zeigt den endlosen Zyklus von Gewalt und Gegengewalt, der so sehr den Westen prägte. Da bringen brutale Killer den Rancher John Tunstall um, Billys Arbeitgeber, der für ihn fast so etwas wie ein Vater war: ihr Motiv:

Penn stimmte in diesem Film Töne an, die im Western damals durchaus ungewöhnlich waren. Er zeigt eine Figur, die von klein auf die Gewalttätigkeit des Westens am eigenen Leibe verspürt hat. Immer wieder wird er, wenn er sich einem anderen Menschen anschließt, vor den Kopf gestoßen. Die Brutalität des Jungen wird als Produkt der Brutalität der Gesellschaft ihm gegenüber erklärt. Nicht ohne Grund sprach die Kritik bei diesem Film damals von einem psychologischen Western. Das Etikett vom Neurose-Western wurde hervorgeholt und einer ganzen Gruppe von Filmen aufgeklebt.

Auch Marlon Brando zeigt einen gebrochenen, verratenen Helden, der verbittert mit ansehen muß, wie sein einstiger Freund sich gegen ihn wendet und erfolgreich

die bedrohliche geschäftliche Konkurrenz des Ranchers. Als Billy daraufhin zwei dieser Mörder umbringt, schlägt die Menge in sinnloser Wut zurück; sie brennt nieder und plündert. Und da sie Billy nicht greifen kann, nimmt sie einen völlig unbeteiligten Rancher, der weiter nichts getan hat, als daß er einmal mit Billy befreundet gewesen war. Die Brutalität der Menge und ihr grausamer Akt der Rache sind bösartiger und sinnloser als die Tat des Billy the Kid. »Einer muß dran glauben« versucht sowohl die gesellschaftlichen als auch die psychologischen Aspekte dieser Biographie zu betonen. Arthur Penn beschrieb diese so sehr von der Welt des Westens geformte Figur eines Außenseiters:

Hier haben wir einen jungen Mann, der tief verstört worden ist durch den Mord an einem alten Mann, der für ihn so etwas wie ein Vater gewesen ist. Was das wirklich für ein Mann war, ist nicht so wichtig. Es wird erzählt, daß Billy mit ihm zusammen war und daß er es auf sich nahm, seinen Tod zu rächen. Wir wollten eine Geschichte auf diesen beiden Elementen aufbauen: Die Idee des Mythos Billy the Kid und seine latente Homo-
sexualität sollten miteinander verbunden werden.[111]

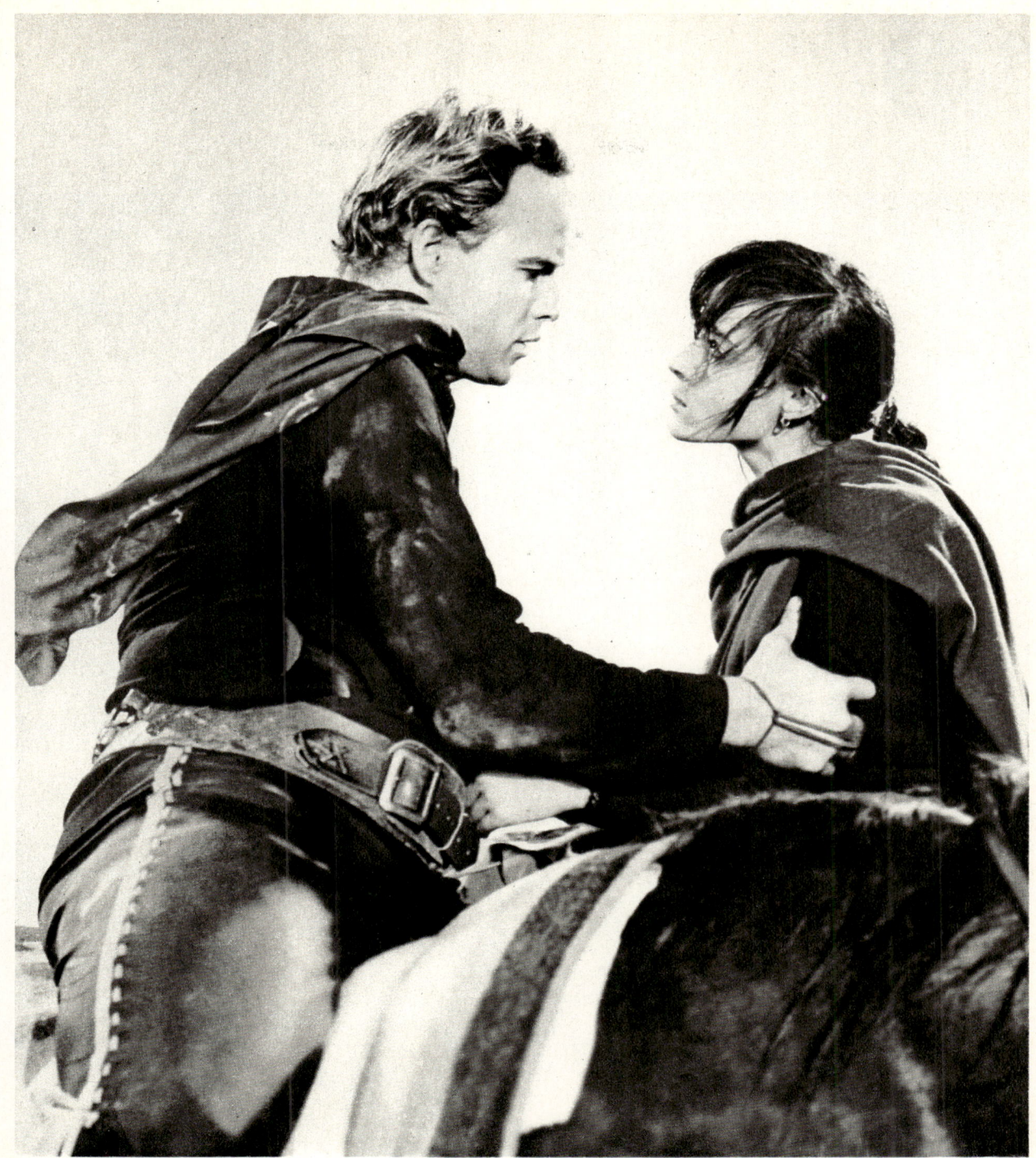

10

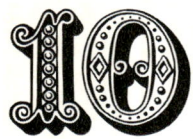

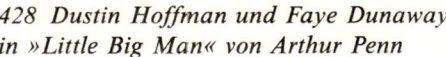

428 Dustin Hoffman und Faye Dunaway in »Little Big Man« von Arthur Penn

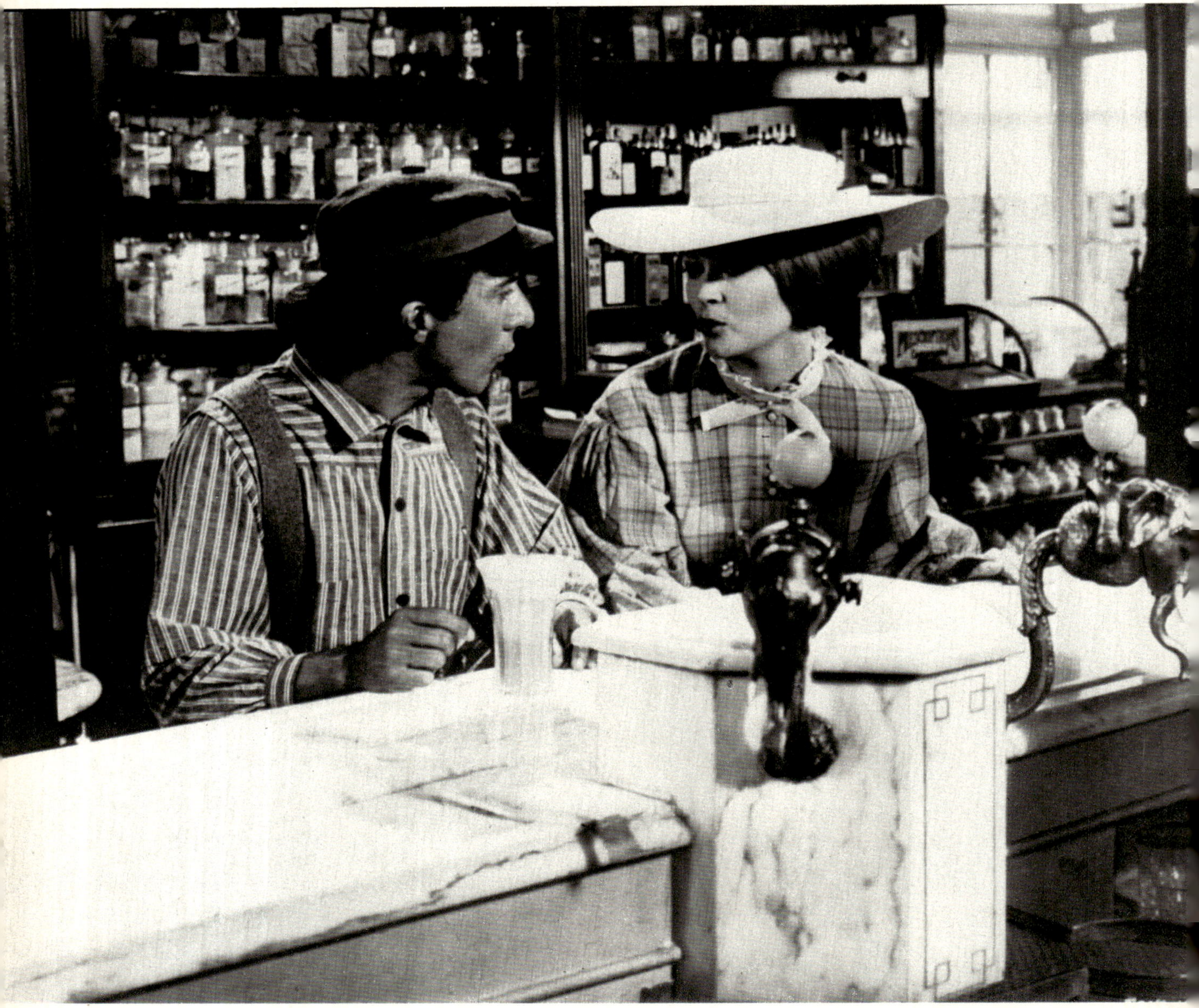

versucht, in der Gesellschaft Fuß zu fassen. »Der Besessene« schildert anfangs einen Banküberfall in Mexiko, an dem Rio (Marlon Brando) und sein älterer
Freund Dad Longworth (Karl Malden) beteiligt sind.
Während Dad mit der Beute entkommt und seinen
Freund im Stich läßt, muß Rio für fünf Jahre ins Gefängnis von Sonora. Der Film schildert dann die
furchtbare Rache des Outlaws Rio an seinem ehemaligen Freund, der zum Sheriff von Monterey geworden
ist. Der Film wird deutlich bestimmt von den Schmerzen, die Rio immer wieder zugefügt worden sind, und
von den Schmerzen, die der verletzte Bursche den anderen zufügt. Auch hier rollt wieder der barbarische
Zyklus von Gewalt und Gegengewalt ab. Am Schluß
tötet Rio seinen Freund von einst, den Sheriff von
Monterey.

Dieser Western beeindruckt nicht nur durch die Zeichnung der Charaktere, sondern auch durch die große
formale Ausdruckskraft. Marlon Brando versucht hier,
Bilder von der Landschaft zu geben, die die Zerrissenheit des Helden zu reflektieren scheinen. Die Schönheit
der Bilder – die endlose Sandwüste von Death Valley,
die Küstenlandschaft Kaliforniens u. a. –, die großen
Leidenschaften der Figuren, die von Liebe und Haß,
von Schmerz und Trauer getrieben sind, erinnern mitunter an King Vidors Film »Duel in the Sun« (Duell in
der Sonne). Auch »Der Besessene« ist ein psychologischer Film, der einen kranken Helden zeigt, einen Helden, der leidet und der letzten Endes zerbricht. Gedreht zu einer Zeit, da die große Zeit des Western
gerade zu Ende ging, kann man ihn zusammen mit
Penns Film über Billy the Kid als einen Vorläufer der
Spät-Western ansehen. Allerdings fehlen beiden Filmen erfreulicherweise jene Wehmut, jene elegische
Stimmung und jene Traurigkeit über das Vergehen des
Westens, seiner Helden und ihrer moralischen Ma-
xime, die für den Spät-Western der sechziger Jahre
charakteristisch sind.
Arthur Penn begriff sich nie als Western-Regisseur –
wie Sam Peckinpah am Anfang seiner Laufbahn.

Auch wenn er bis heute drei bedeutsame Beiträge gedreht hat, interessierte er sich für dieses Genre immer
nur dann, wenn er hier amerikanische Mythen unter-
suchen, wenn er kritisch Legenden überprüfen
konnte.
1970, zwölf Jahre nach »Einer muß dran glauben«,
kam wieder ein Western von Arthur Penn in die Kinos: »Little Big Man«, zweifellos einer der bedeutendsten, letzten großen Western jener Jahre. In einem fast
ein Jahrhundert umspannenden historischen Panorama
wird versucht, die Entwicklung des amerikanischen Westens zu schildern. Auch Penn sucht sich dafür einen
Helden, der zwischen den Kulturen steht, der immer
wieder zwischen der Kultur der Weißen und der Kultur der Indianer hin- und herwechselt. Dieser Jack

389

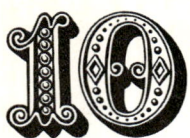

Crabb (Dustin Hoffman), der sich rühmt, der einzige noch lebende Teilnehmer der Schlacht am Little Big Horn zu sein, erzählt als 121 Jahre alter Mann einem Reporter seine Lebensgeschichte. Der weiße Junge wurde als Zehnjähriger von den Cheyenne aufgenommen – nachdem seine Eltern, Pioniere, getötet worden waren. Fünf Jahre später gerät er wieder in die Hände der Weißen. Seine Erziehung übernimmt jetzt ein weißer Pfarrer. Jack Crabb wächst heran, wird Geschäftsmann, Freund von Wild Bill Hickok und heiratet. Als seine Frau und sein Sohn von den Indianern verschleppt werden, schließt er sich der Armee von G. A. Custer an, um sie zu finden. Doch als er den Angriff der Kavallerie auf ein Indianer-Dorf miterlebt, verläßt er die Armee und geht zu dem Cheyenne-Häuptling Old Lodge Skins, der ihn als Kind aufgezogen hat. Vergeblich versucht Crabb, Custer nach einem furchtbaren Massaker in einer Indianer-Siedlung umzubringen. An der Schlacht am Little Big Horn nimmt Jack Crabb als Scout teil. Gerettet wird er durch einen Cheyenne, den er noch aus seiner Jugendzeit kennt ...

Auch »Little Big Man« zeigt den Untergang der Kultur der Indianer. Gleichzeitig zeigt er aber auch, wie die Weißen, die jene Kultur zerstören, sich selbst zerstören. Die Degeneration der Weißen wird im gleichen Ausmaße deutlich, wie sie im wilden rassistischen Wahn zum Ausdruck kommt. General Custer wird in Penns Film zum Psychopathen, dessen Ende nicht den Schatten von Heroismus erkennen läßt. Am Little Big Horn wird der Heroe endgültig verrückt. Wild Bill Hickok kommt genauso um wie die vielen Indianer. Die brave Pfarrersfrau, eine von Crabbs Adoptivmüttern, landet im Bordell ... Penn zeichnet ein großes historisches Fresko. Er gibt eine eigenartige, im Western bisher ungewohnte Mischung aus Groteskem und Brutalem, aus Komischem und Tragischem. Hier stehen Elemente der Satire neben denen der Tragödie. Von all den Idealen, die frühere Filme gepriesen haben, ist nichts mehr übriggeblieben. Diese Geschichte spielt in einem riesigen Panoptikum, aus dem es kein Entrinnen zu geben scheint.

Wie die meisten jungen Regisseure, die in den sechziger und siebziger Jahre Western drehten, so zeigt auch Penn in »Little Big Man« immer wieder Parallelen zwischen amerikanischer Geschichte und amerikanischer Gegenwart. 1970 überschattete der schmutzige Krieg in Vietnam das Leben in Amerika. Es war nicht schwer, diesen Krieg in Südostasien zu den Indianer-Kriegen von vor 100 Jahren in Beziehung zu setzen:

Wie in »Soldier Blue« ist auch eine der wirkungsvollsten Szenen des Films »Little Big Man« ein Massaker: das Massaker an den Cheyenne am Washita River in Oklahoma vom 27. November 1868 durch 700 Soldaten der Kavallerie unter Führung von George Armstrong Custer, damals noch Colonel. In dieser entsetzlichen Aktion wurden – laut Custers Biographen Frederick van de Water – alle 153 männlichen Cheyenne getötet. Die Raserei der Weißen erstreckte sich gleichfalls auf Frauen und Kinder – nur 53 von ihnen wurden nach dem Gemetzel nach Fort Hays gebracht. Darüber hinaus wurden auf Befehl Custers sogar 875 Indianer-Pferde getötet. Ein Teil der Kraft von Penns Story kommt natürlich auch daher, daß seine Beschreibung vergangenen Grauens uns an Gegenwärtiges erinnert: Ein Jahrhundert nach dem Washita-Massaker wurden 149 vietnamesische Frauen und Kinder in My Lai in Südvietnam durch US-Truppen unter Führung von Lieutenant William Calley gemetzelt.[112]

Im gleichen Jahre wie »Little Big Man« – 1970 – kam noch ein anderer Western in die Kinos, der noch deutlicher die Parallelen zwischen den Indianer-Kriegen und den Aktivitäten amerikanischer Soldaten in Vietnam zeigte: Ralph Nelsons »Soldier Blue« *(Das Wiegenlied vom Totschlag).* Auch hier wird das Schicksal eines Menschen geschildert, der in der Zeit der Indianer-Kriege zwischen den Fronten wechseln muß. Doch dieses Mal ist es eine Frau, Cresta Lee (Candice Bergen), die einige Zeit als Gefangene der Cheyenne und als Frau des Häuptlings Spotted Wolf unter Indianern

gelebt hat. Jetzt ist sie mit einem weißen Lieutenant verlobt. Die Indianer gaben ihr die Freiheit wieder, als ihnen klar wurde, daß sie mit Spotted Wolf nicht glücklich werden würde. Ihr gegenüber steht Honus Grant, ein junger Kavallerist, der noch völlig in den Schemen der rassistischen Ideologie der Weißen denkt, die man ihm beigebracht hat. Diese beiden sind die einzigen Überlebenden eines Überfalls der Cheyenne auf einen Goldtransport der US Army. Sie gelangen zusammen zum Fort der Kavallerie, die gerade wieder einen Überfall auf die Indianer vorbereitet. Cresta Lee warnt die Indianer davor; Spotted Wolf bittet vergeblich um Frieden. Der weiße Colonel läßt das Indianer-Dorf mit Kanonen beschießen und richtet unter den Indianern, Frauen und Kindern, ein furchtbares Blutbad an. Die wenigen gefangenen Cheyenne werden am Ende in Ketten gelegt. Unter ihnen ist die Weiße Cresta Lee.

Diese furchtbare Schlacht, die der Film beschreibt, hatte am 20. November 1864 am Sand Creek im Colorado Territory stattgefunden. Gemäß dem Befehl von Colonel John M. Chivington (der im Film Colonel Iverson genannt wird) wurden keine Gefangenen gemacht. Alle Cheyenne-Indianer mußten sterben. Eine der furchtbarsten Episoden der Indianer-Kriege diente dem Film als Ausgangspunkt einer Geschichte, die eine originelle Reflexion des amerikanischen Militarismus und Rassismus in der Gegenwart sein will. Dieser Film reflektiert viel von Amerikas Gegenwart Ende der sechziger, Anfang der siebziger Jahre. Die Figur der Cresta Lee scheint deutlich jenen vielen Tausend jungen Amerikanerinnen nachgestaltet, die damals mit allen Mitteln für Frieden in Vietnam eingetreten sind. Diese junge Frau mit ihren offenen, langen Haaren weiß über die Zusammenhänge Bescheid; sie hat die Ideologie der Weißen längst durchschaut. Der Lernende ist hier der »blaue Soldat«, Honus Grant. Sein Vater war bereits in den Indianer-Kämpfen umgekommen. So betrachtet er sein Engagement in der Armee anfangs als Rache für den Tod des Vaters. Auf der an-

deren Seite zeigt der Film die pseudopatriotischen Tiraden des Colonels, der seinen Soldaten von den roten Unholden erzählt, die foltern und morden, die die Ehre Amerikas beschmutzen! Und dann zeigt der Film das friedliche, fast idyllische Leben im Indianer-Dorf. Gezeigt wird auch, wie der Colonel auf einen Indianer, der mit der amerikanischen Fahne in der Hand um Verhandlungen bittet, genauso schießen läßt wie auf Indianer-Kinder. Am Ende hält der Colonel wieder eine Rede. Nach dem furchtbaren Blutbad spricht er von einer »Lektion«, die man den Indianern erteilt habe … Hier rollen Vorgänge ab, die wir aus der Beschreibung aller imperialistischen Kriege kennen, fanden sie nun in der Vergangenheit oder heute statt …

Honus Grant taumelt wie von Sinnen durch die Schlacht, protestiert gegen die sinnlose Brutalität der Soldaten und wird schließlich verhaftet; ein Vorgang, der zum Alltag des Krieges in Vietnam gehört haben mag.

Einige der besten Western der sechziger Jahre waren Kommentare zu wichtigen Themen der amerikanischen Gegenwart, zu politischen, sozialen Themen. Richard Brooks, Regisseur von »The Last Hunt« (Die letzte Jagd), drehte 1966, als bereits der Krieg der USA gegen Vietnam geführt wurde, »The Professionals« (Die gefürchteten Vier), einen politisch außerordentlich brisanten, formal ungewöhnlichen Western. Man könnte dieses Werk fast als eine Western-Parabel über imperialistische amerikanische Politik betrachten, als Modell des Verhaltens Amerikas in Südostasien zu jener Zeit. Da heuert der amerikanische Millionär Grant vier Spezialisten an, die seine von mexikanischen »Banditen« geraubte Frau zurückholen sollen. Jeder dieser vier Männer ist ein Profi, ein Spezialist auf seinem Gebiet: Bill Dolworth (Burt Lancaster) ist ein Sprengstoff-Fanatiker, der glaubt, mit Dynamit nahezu alle Probleme der Welt lösen zu können. Henry Fardan (Lee Marvin) ist ein Meisterschütze, der schon an Kämpfen auf Kuba und auf den Philippinen als Söldner teilgenommen hat. Hans Ehrengard (Robert

Ryan), ein Ex-Soldat der Kavallerie, ist Pferde-Spezialist. Jake Sharp (Woody Strode) versteht es, mit Pfeil und Bogen umzugehen und Fährten zu lesen. Für ihre Aktion bietet Grant jedem 1000 Dollar. Die Männer nehmen den Auftrag an – sind sie doch, wie die meisten Westerner Anfang unseres Jahrhunderts, ohne Beschäftigung. Sie interessieren sich wenig für die Motive ihres Auftraggebers, der sie bittet, ihm im »Namen der Menschlichkeit« zu helfen; sie interessiert allein das Bargeld. Anfangs erscheint auch dem Zuschauer dieses Unternehmen als eine ehrenwerte Angelegenheit; geht es doch hier schließlich darum, eine entführte

434 Burt Lancaster, Lee Marvin, Robert Ryan
und Woody Strode in »Die gefürchteten Vier«

435 Szenenfoto aus »Die gefürchteten Vier«

Frau ihrem rechtmäßigen Ehemann zurückzubringen. Bald jedoch kommen auch den Professionals Zweifel an dieser Aktion. Bill Dolworth gesteht, daß sie für Geld quasi alles tun würden, aber Kidnapping? Trotzdem führen sie ihren Auftrag aus, beteiligen sie sich an dieser »Hilfsaktion«. Es ist das Jahr 1917 in Mexiko. Die mexikanischen »Banditen«, die die Frau entführt haben sollen, sind in Wirklichkeit Revolutionäre. Raza (Jack Palance), ihr Anführer, ist ein Bekannter von Bill Dolworth und Henry Fardan, die einst mit Pancho Villa für die mexikanische Revolution gekämpft ha-

ben. Die Amerikaner sind somit in eine Gegend zurückgekehrt, die sie gut kennen. Nach allen möglichen Abenteuern, die die Amerikaner erleben, bei denen sie auch nicht vor Morden an völlig Unbeteiligten zurückschrecken, gelangen sie endlich zu Raza und bringen dort die Frau, Maria (Claudia Cardinale), »in Sicherheit«. Doch diese Frau erklärt ihnen, daß sie alles andere als entführt wurde, daß sie freiwillig zu ihrem Geliebten, dem Mexikaner Raza, gegangen ist und daß sie fast noch als Kind in eine Ehe mit dem ungeliebten, aber reichen Amerikaner gezwungen worden war. Ma-

ria klärt die vier über ihren Mann auf, der seinen Reichtum zum großen Teil auf Kosten des mexikanischen Volkes zusammengeraubt hat. Dennoch wollen die Amerikaner ihren Vertrag erfüllen. Von Raza gejagt, versuchen sie, mit der gefangenen Maria nach Amerika zurückzukehren; was ihnen nach Überwindung aller möglichen Schwierigkeiten auch gelingt. Sie liefern Maria ihrem Ehemann ab. Dann jedoch befreien sie die Frau wieder und gehen mit ihr zusammen nach Mexiko zurück …

»Die gefürchteten Vier« reflektiert die amerikanische Politik in Vergangenheit und Gegenwart. Die Parallelen zwischen Mexiko und Vietnam, zwischen den sogenannten mexikanischen »Banditen«, die in Wirklichkeit mutige Guerilleros sind, und den Kämpfern der südvietnamesischen Befreiungsfront, sind offensicht-

lich. Brooks nahm zu einer Zeit, da es im amerikanischen Film noch so gut wie keine Stellungnahme zu Fragen des Krieges in Südostasien gab, deutlich Stellung und plädierte für einen Rückzug der USA aus Vietnam. Diese »Hilfsaktion im Namen der Menschlichkeit«, an der sich amerikanische Soldaten auf Bitten von zwielichtigen Politikern beteiligt haben, ist ein verbrecherisches Unternehmen, aus dem man sich so schnell wie möglich zurückziehen sollte.

Brooks' Film bietet dem Western-Freund alles das, woran er gewöhnt ist, was er im Kino sehen möchte: Action, Turbulenz, ein wenig Humor, kraftvolle Charaktere, interessante Figurenkonstellationen und eine spannende Geschichte. Doch diese Geschichte wird als Transportmittel für Gedanken benutzt, die für die damalige politische Situation in Amerika sinnvoll waren.

436 Claudia
Cardinale in
»Die gefürchteten
Vier«

Diese »gefürchteten Vier«, diese Professionals, denken über ihre Funktion nach, über ihr Verhalten in einer Welt, die durch Verbrechen großen Ausmaßes geprägt wird. Nicht alle Elemente dieses ungewöhnlichen, bedeutenden Western überzeugen gleichermaßen. So stören oft die gedankenschweren, reflexionsreichen Dialogpartien der vier Amerikaner, denen man diese Überlegungen nicht immer glauben kann. Immerhin sind sie Söldner, harte Männer der Tat, die eigentlich lieber an Aktionen teilnehmen als über ihren Sinn oder Unsinn zu reflektieren. Dennoch beeindruckt dieser Film als glaubhafter, politischer Kommentar in Form eines Western mehr als der Film, den Brooks neun Jahre später drehte, in dem ähnliche Figuren ähnliche Skrupel über ihre Funktion in einem zwielichtigen Unternehmen äußern: »Bite the Bullet« *(700 Meilen westwärts).* Hier geht es um ein gigantisches Pferde-Marathon, das eine Zeitung veranstaltet, um ihre Auflage zu erhöhen, in dem weder Roß noch Reiter geschont werden. »Die gefürchteten Vier« war ein Western, der 1966 eine ähnliche Bedeutung hatte wie 1956 Brooks' Film »Die letzte Jagd«.

In jenen Jahren, in denen ein rapider Rückgang der Western-Produktion zu erkennen war, existierten weiterhin die beiden Tendenzen des Western nebeneinander. Einige Filme dienten zur Propagierung reaktionärer Ideen, während sich andere gleichzeitig kritisch mit Amerikas Vergangenheit und Gegenwart auseinandersetzten und die alten Legenden und Mythen auf ihren tatsächlichen Wert hin untersuchten. So entstanden z. B. 1970, zu einer Zeit also, da man die jährliche Produktion dieser Art von Filmen bereits an den Fingern zweier Hände abzählen konnte, gleichzeitig Arthur Penns »Little Big Man« und Ralph Nelsons »Das Wiegenlied vom Totschlag«, aber auch Andrew McLaglens Film »Chisum«. Und so kamen 1966/67 fast zu gleicher Zeit zwei Filme in die Kinos, die beide mehr oder weniger direkt von John Fords Klassiker »Stagecoach« *(Höllenfahrt nach Santa Fe)* inspiriert worden waren: Gordon Douglas' einfallsloses, enttäu-

schendes Remake »Stagecoach« *(San Fernando)* und Martin Ritts Film »Hombre« *(Man nannte ihn Hombre).*

Ritt übernahm nur einige Elemente der berühmten Postkutschenstory, um sodann eine gänzlich andere Geschichte zu erzählen, die interessante Reflexionen über das Verhältnis der Rassen im alten Westen ermöglichte.

Ritts Film spielt Anfang der achtziger Jahre in Arizona, als die Eisenbahn die letzten Postkutschenlinien vertrieb. Solch eine letzte Postkutschenfahrt von Sweetmary nach Contention schildert der Film. Die Passagiere ähneln der Reisegesellschaft aus John Fords Film. Da ist der geheimnisvolle Fremde, der Außenseiter; da ist der Indianer-Agent (bei Ford ist es der Besitzer einer Bank), der eine große Summe ergaunerten

Geldes in Sicherheit bringen will; da ist die verachtete, leichtlebige junge Frau; da ist die »ehrenwerte« Bürgerfrau. Der Außenseiter ist hier John Russell (Paul Newman), ein weißer Indianer, der als Kind von den Apachen aufgezogen worden ist und der jetzt mit ihnen zusammen lebt und Pferde züchtet. Noch einmal, ein letztes Mal begibt er sich in die ihnen fremde Welt der Weißen, um eine Pension, die er von seinem verstorbenen weißen Vater geerbt hat, zu verkaufen. Bei John Ford überfielen die Indianer die Kutsche; bei Ritt sind es weiße Banditen, der Indianer sitzt hier in der Kutsche, abgelehnt von den anderen, weißen Passagieren. Solidarisierte sich bei Ford diese Gesellschaft noch angesichts der Gefahr, so werden bei Ritt die Differenzen der Weißen auch dann nicht beigelegt, als eine tödliche Gefahr über ihnen schwebt. Hemmungsloser Egoismus, Feigheit und Standesdünkel bleiben weiterhin die hervorstechenden Merkmale dieser Menschen. Angewidert betrachtet der weiße Indianer diese Gesellschaft, in die er nie wieder zurückkehren möchte. Längst hat dieser Mann seine Entscheidung getroffen. Er engagiert sich auch nicht sonderlich bei dem Überfall. Hier soll einem Mann das Geld geraubt werden, das dieser von den Indianern aus ihrem Reservat gestohlen hat. Erst als eine weiße Frau als Geisel genommen wird und ihr Leben auf dem Spiel steht, versucht der verschlossene Mann, diese Frau zu retten – eine Tat, die er mit dem Leben bezahlt.

»Man nannte ihn Hombre« ist ein Film, der ein düsteres Bild der Gesellschaft des Westens zeichnet. Für den zum Apachen gewordenen Weißen ist es klar, daß er nicht zum Komplizen dieser Gesellschaft werden möchte. Indianer sein bedeutet hier, ausgeschlossen zu sein, diskriminiert zu werden. Doch das erträgt er lieber, als Mitglied einer korrupten Gesellschaft zu werden, die durch Heuchelei und Verlogenheit charakterisiert wird. Die unüberbrückbare Distanz zwischen Russell und den anderen drückt sich durch unterschiedliche Haltungen aus: durch hohle, pausenlose Schwatzhaftigkeit auf der einen Seite, durch Schweigen auf der anderen. Der sogenannte »Wilde«, der Apache, ist der einzige reife; die, die Zivilisation bringen wollen, die angeblich über eine hohe Kultur verfügen, gebärden sich in Wirklichkeit wie unreife Wilde – eine Umkehrung der Bilder, die diesen Western zu einem der wichtigsten seines Genres werden läßt.

Rassismus, Rassenhaß, Intoleranz bilden auch die Themen des Western »Tell Them Willie Boy Is Here« (Blutige Spur) von Abraham Polonsky (1969). Der Indianer Willie Boy muß erkennen, daß für ihn ein erfülltes Leben in der Gesellschaft der Weißen nicht möglich ist. Hier rollt ein Erkenntnisprozeß ab, den John Russell, der Mann, den man Hombre nannte, schon längst hinter sich hat. Willie Boy erschoß in Notwehr den Vater des Mädchens, das er liebt. Die Geschichte spielt 1909 in Kalifornien. Ohne Kenntnis des Sachverhalts wird der Indianer für die Weißen zum gefährlichen Mörder, den es zu richten gilt. Eine Posse hetzt den Fremden, den Außenseiter, durch das Land – ungeachtet der Warnungen des Sheriffs, ungeachtet der fehlenden polizeilichen Untersuchungen oder eines Gerichtsurteils. Rassenfanatismus bestimmt allein das Handeln der Menge. Eine zusätzliche Di-

mußte er erleben, wie diese Vorurteile und die Passivität der sogenannten schweigenden Mehrheit Menschen zerbrechen. Auch »Blutige Spur« war ein Kommentar zu Vorgängen in der amerikanischen Gesellschaft in Form eines Western, der damals so aktuell war, wie er es heute noch ist.

Arthur Penn wartete sechs Jahre, bis er nach »Little Big Man« wieder einen Western drehte. 1975 zeigte er »The Missouri Breaks« *(Duell am Missouri),* einen Film, der zwar die hohe technische Meisterschaft des Regisseurs Penn verriet, der aber weitaus weniger inhaltliche Brisanz zeigte als »Einer muß dran glauben« und »Little Big Man«. Erzählt wird hier die Geschichte zweier Männer, die äußerlich Gegner, in Wirklichkeit aber Verbündete sind. Es ist jene für den Spät-Western so wichtige Zeit der achtziger Jahre des vergangenen Jahrhunderts in Montana im Norden der USA. Hier, in dieser auch nach der »Zivilisierung« des Westens noch weitgehend wilden Gegend, liefern sich der Viehdieb Tom Logan (Jack Nicholson) und der sogenannte »Regulator« Robert Lee Clayton (Marlon Brando) einen Kampf auf Leben und Tod. Clayton ist von einem reichen Viehbaron engagiert worden, da-

mension erhält dieser Film über einen authentischen Vorfall noch durch das Schicksal seines Regisseurs. Abraham Polonsky war einer jener amerikanischen Filmschaffenden, dem es durch die Hexenjagd Joseph McCarthys fast zwei Jahrzehnte unmöglich gemacht worden war, in Hollywood zu arbeiten. Er mußte am eigenen Leibe erleben, was Intoleranz, was blinder, dummer Konformismus in Amerika für den einzelnen bedeutet. 1909 erlebte der Indianer Willie Boy, daß in der weißen Gesellschaft des Westens von den Idealen der Pioniere nur noch die hohlen, verlogenen Phrasen übriggeblieben sind, daß dieser Schmelztiegel Amerika ein Land ist, in dem Vorurteile Menschen zerstören können. Fünfzig Jahre später mußte der Regisseur Abraham Polonsky dieselben Erfahrungen machen,

mit er die zahlreichen Viehdiebe unschädlich machen soll … Daß dieser Regulator mit noch viel brutaleren Methoden gegen die Feinde seines Herrn vorgeht, daß er sich dafür bezahlen läßt, Menschen umzubringen, Menschen, die nur das tun, was er vermutlich früher ebenfalls getan hat, gehört zur eigenartigen Logik dieser Geschichten aus der Vergangenheit des Landes. Doch im Gegensatz zu seinen anderen beiden Western verliert Penn hier das gesellschaftliche Umfeld der Geschichte weitgehend aus den Augen und widmet sich in erster Linie dem Kampf zweier starker Charaktere sowie dem Duell der beiden Schauspieler, die diese Charaktere verkörpern …

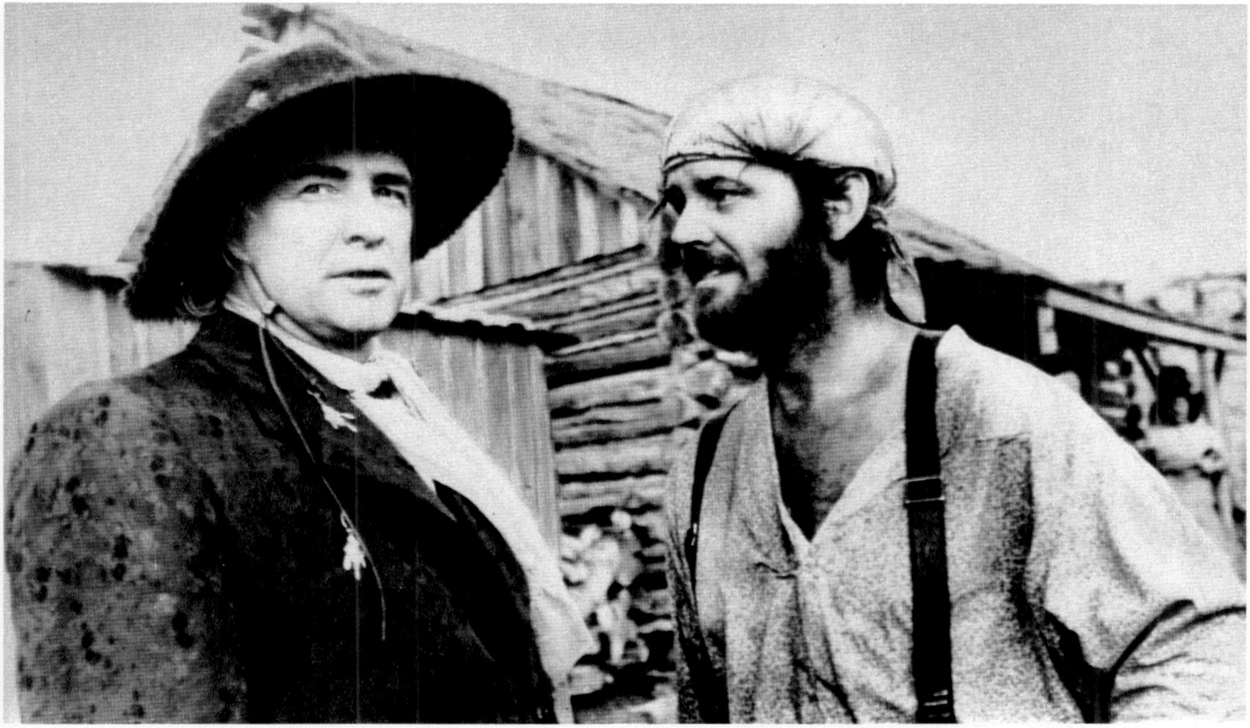

In den sechziger und siebziger Jahren beschäftigten sich verschiedene Regisseure noch einmal mit den be-

rühmten Figuren der Western-Legende, um ihren Mythos endgültig zu zerstören. Arthur Penn zeigte einen pathologischen General Custer. Frank Perry zeigte einen nicht viel weniger kranken, zerstörten Doc Holliday in seinem Film »Doc« (1971), und Robert Altman machte 1976 aus Buffalo Bill in seinem Film »Buffalo Bill and the Indians« *(Buffalo Bill und die Indianer)* einen krankhaft geltungssüchtigen, eitlen Versager. Diese Porträts schockierten die Zuschauer allerdings weitaus weniger, als man vielleicht vermuten sollte. Diese so sehr die Neurosen ihrer Figuren betonenden Western waren lediglich Endpunkte einer Entwicklung, die bereits in den fünfziger Jahren eingesetzt hatte.

Der Wyatt Earp aus Frank Perrys Film »Doc« ist ein

steifer Opportunist, der gar nichts mehr vom stolzen, aufrechten Ordnungshüter hat, als der er uns in früheren Filmen vorgestellt wurde. Doc Holliday ist hier nicht nur Tbc-krank, sondern auch noch rauschgiftsüchtig. Er und seine Geliebte, die Prostituierte Kate Elder, sind nur noch ein jämmerliches Paar aus einem »dirty western«. In diesem Western sind nur noch Schmutz und moralische Verkommenheit zu finden. Nicht viel anders ist es mit der Figur des Buffalo Bill bestellt, die uns Robert Altman vorführt. William F. Cody wird hier nur noch als gerissener, eitler Zirkuspopanz gezeigt. Die Eroberung des Westens wird als verlogene große Show präsentiert. Alles ist jämmerlich und lächerlich zugleich. Altman zeigt auch das Zusammentreffen von Buffalo Bills Wild West Show mit der Kultur der Indianer. Um eine zusätzliche Attraktion für seine Show zu erhalten, bemüht sich Cody um den Indianer-Häuptling Sitting Bull. Er will mit ihm zusammen eine zirzensische Rekonstruktion der Schlacht am Little Big Horn bieten.

Cody ist nicht länger ein Western-Held, sondern Amerikas National-Entertainer; eitel und selbstgefällig eifert selbst er einem älteren Mythos nach, dem des General Custer. Zu sehen ist ein Säufer hinter einem Schreibtisch; ein Mann, der sich mit üppigen Opernsängerinnen zu amüsieren versucht, während seine Frau die Scheidung einreicht; ein Schütze, der nicht einmal dazu imstande ist, einen Kanarienvogel im Käfig aus der Nähe zu treffen, und der vor dem Spiegel immer wieder einen Satz einübt: »Ich bin generös und flexibel« – eine Lüge, für die sogar er einige Zeit braucht, bis sie wirklich sitzt. Er ist ein rassistischer Unterdrücker historischer Wahrheit, dem der Präsident der USA an der gallenbittersten Stelle des Films erklärt, daß Männer wie er Amerika zu dem gemacht haben, was es heute ist. Cleveland und Cody, die sich gegenseitig die Honneurs machen: Da zeigt Altman auch die frühe Verbindung von Politik und Show-Biz, zusammengebracht von den gleichen Eitelkeiten; die Manager verkaufen beide als Produkt.[113]
Robert Altmans Porträt von Buffalo Bill erscheint wie

ein Todesstoß, der dieser Figur versetzt wurde, diesem Mann, der sich ganz am Anfang der Kinematographie zusammen mit seiner Kunstschützin Annie Oakley in Thomas A. Edisons Atelier eitel vor die Filmkamera gedrängt hatte. Nach diesem Film kam kein Western über Buffalo Bill mehr in die Kinos, kein Film über General Custer, über Wild Bill Hickok, über all die Helden der Western-Legende. 1976 war das Jahr, in dem Don Siegels Spät-Western »Der Scharfschütze« entstanden war, der letzte Film mit John Wayne. »Buffalo Bill und die Indianer« war ein Schlußpunkt unter eine Entwicklung, die zwanzig Jahre zuvor begonnen hatte. Dieser und andere ähnliche Filme eröffneten

403

447 Buffalo Bills Wild West Show
in »Buffalo Bill und die Indianer«

448 Jack Nicholson und Millie Perkins
in »Ritt im Wirbelwind« von Monte Hellman

dem Western keine Perspektiven mehr. Die verlogenen, reaktionären Filme, die die Eroberung des Westens als großes Abenteuer schilderten, waren in den siebziger Jahren zum Anachronismus geworden und wurden deshalb nicht mehr gedreht. Andererseits hatten aber auch die Filme, die erfolgreich versuchten, die alten Legenden zu zerstören – wie z. B. Robert Altmans Film über Buffalo Bill –, nur sehr geringen Erfolg beim Publikum. Und deshalb kamen solche Filme ebenfalls nicht mehr in die Kinos.

Mitte der sechziger Jahre erschienen aber auch zwei Filme, die sowohl in der Form als auch im Inhalt vollkommen neue Wege suchten: »The Shooting« (Das Schießen) und »Ride in the Whirlwind« *(Ritt im Wir-*

belwind) von Monte Hellman. Hellman, ein junger Außenseiter-Regisseur, war schon aus ökonomischen Gründen gezwungen, ungewöhnliche Methoden zu finden. Mit einem Budget, das andere Western-Produktionen allein für ihre Werbung ausgaben – 75 000 Dollar! –, entstanden zwei Western, die aus diesen geringen Mitteln eine Tugend zu machen versuchten. Beide Filme erzählen in sehr asketischer, karger Form Geschichten aus der Endzeit des Westens. Hellman macht keinerlei Andeutungen, um dem Zuschauer mitzuteilen, wann und wo diese Filme spielen. Die Geschichten sind irgendwo im Westen, irgendwann, viele Jahre nach Ende der Eroberung des Westens, angesiedelt. In dem Film »Das Schießen« wird die vollkom-

men sinnlose, absurde Reise einer Frau mit einem verschlossenen Mann und einem Kopfgeldjäger geschildert, die zu einem Ziel führt, an dem auf sie nur der Tod wartet. Niemand erfährt, warum die Personen in der mörderischen Hitze, im Staub der Wüste diesem fernen Ziel entgegenreiten. Niemand erfährt, ob sie auf der Flucht sind oder ob sie andere jagen. Diese Figuren haben keine Ideale mehr, keinen Glauben, keine Hoffnung, daß sich ihr Leben irgendwann einmal ändern wird. Der Westen ist für sie die Hölle, aus der sie nicht mehr entfliehen können. Das Schießen wird für sie und die anderen eigenartigen Fremden, die ihren Weg kreuzen, zu einem geisttötenden Ritual, das niemand beenden kann. In »Ritt im Wirbelwind« werden drei arbeitslose Cowboys von einer Posse durch die Wüste gejagt, weil man sie – zu Unrecht – eines Mordes verdächtigt. Auch für sie ist der Westen eine feindliche, die Menschen zerstörende Welt, aus der sie nicht entkommen können. Zwei der Cowboys kommen auf der sinnlosen Flucht um, der dritte reitet allein und verlassen im Wüstensand weiter, einem sinnlosen Leben entgegen …

In diesen Western werden keine Helden demontiert, denn es gibt in diesen Filmen keine Helden mehr. Hier werden keine historischen Vorgänge neu bewertet, hier gibt es nur den furchtbaren, langweiligen Alltag von Menschen, die eigentlich nur noch ein Ziel kennen: das Ende. Für sie ist der Westen »erobert«, für sie zeigt sich seine Weite nur noch in der zerstörerischen Landschaft der staubigen, brennenden Wüste.

Man hat diese beiden Western immer wieder mit dem absurden Theater in Verbindung gebracht. Man verglich sie nicht mit anderen Western der Vergangenheit, sondern mit den Stücken von Samuel Beckett. Man nannte Hellman »den Beckett der Pferdeoper« und suchte in seinen Filmen des Ausdruck der Ideen existentialistischer Philosophen. Monte Hellman gab später über seine Absichten Auskunft, die er bei diesen beiden Western verfolgt hatte:

Wir haben versucht, die Wirklichkeit des amerikanischen Westens mit einem neuen Blick zu sehen und das Lebensgefühl, den Rhythmus und die Sprache des Westens darzustellen. Wir wollten die vollständige Wirklichkeit des Westens in Geschichten widerspiegeln, die man hätte ebensogut auch als einfache Melodramen ablaufen lassen können.[114]

Beide Filme lösten großes Erstaunen und auch Sympathie bei sehr vielen Kritikern aus. Doch die Produzenten müssen über Hellmans Western außerordentlich entsetzt gewesen sein, denn man brachte sie nie in die amerikanischen Kinos. Auch diese echten Außenseiter konnten dem Genre keinerlei neue Impulse geben. Es entstanden keine ähnlichen Filme mehr. Monte Hellman drehte nie mehr einen Western …

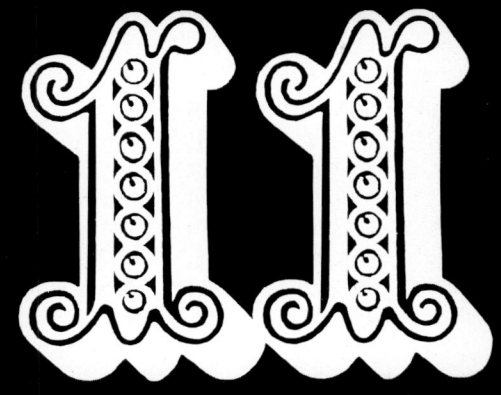

Das Ende des Western?

★ Der Anachronismus der wenigen neuen Hollywood-Western ★ Vergebliche Versuche einer Wiederbelebung ★ Ein 40-Millionen-Western: »Das Tor zur Ewigkeit« von Michael Cimino ★ Der Westen Amerikas in unserer Zeit ★ Die Sorgen und Probleme der Westerner von heute ★ Die unbewältigte Vergangenheit des amerikanischen Westens ★

Die amerikanische Illustrierte »Life« soll einmal verkündet haben: »Der erste wirkliche Film war ein Western, und wenn es einen letzten gibt, wird es wieder ein Western sein.« Die Illustrierte bezieht sich auf den amerikanischen Film, und sie hatte mit dem ersten Teil ihrer Feststellung zweifellos recht. Ende der siebziger, Anfang der achtziger Jahre schien es aber, als wenn sich die Propheten von »Life« geirrt hätten. Zu dieser Zeit wurden weiterhin amerikanische Filme gedreht — zwar nicht mehr so viele wie früher, aber auch ein in den Jahren der Krise zusammengeschrumpftes Hollywood produzierte weiter. Jedoch der Western, einst viele Jahrzehnte lang so etwas wie die krisenunabhängige Basis der US-Filmproduktion, schien endgültig verschwunden zu sein. Der letzte amerikanische Film ist noch nicht gedreht, aber der letzte amerikanische Western schien schon in Sicht …

Offenbar hat in Hollywood niemand mehr Interesse an den Pferdeopern; alles ist schon erzählt worden. Von all den Helden des Westens gibt es ausreichende, zumeist konträre Darstellungen. Einst waren sie Helden, später nur noch brutale Psychopathen oder Feiglinge. Die historischen Vorgänge des Westens waren scheinbar von allen Seiten her beleuchtet worden. Wozu noch einen Film um die Schlacht am Little Big Horn drehen? In der Gegenwart rufen die Ideologie des Westerners als kühner Eroberer und der Männlichkeitskult stolzer Cowboys bei jugendlichen Zuschauern nur noch ein Lächeln hervor. Die Veteranen des Western-Films waren längst gestorben oder hatten sich zurückgezogen. Die Regisseure des New Hollywood interessierten sich nicht für den Western. Die Position, die im amerikanischen Kino von einst der Western eingenommen hatte, wurde jetzt von Science-Fiction-Märchen besetzt. Sehr aufwendige, trickreiche Geschichten zwischen Robotern und Menschen im Weltraum ersetzten die alten Pferdeopern. Sie wurden von jungen Regisseuren für ein in der Hauptsache jugendliches Publikum gedreht.

Mitunter kamen Filme in die Kinos, die wie in die Neuzeit verpflanzte Western-Stories wirkten; z. B. die Trucker-Filme, in denen die Helden der amerikanischen Highways, die Fahrer der riesigen Lastzüge, sich wie die Cowboys von einst benehmen. Auch hier schien das Lied von der Freiheit eines ungebundenen Lebens, von der Schönheit des weiten Landes gesungen zu werden. Aber auch diese Filme blieben nur eine Episode in der Geschichte des amerikanischen Kinos.

Immer wieder sprach und spricht man von einer Renaissance des amerikanischen Western. Es genügte schon, wenn zwei oder drei Western in einem Jahr in die Kinos kamen, daß man von solch einer Wiedergeburt redete. Als erstmals ein ehemaliger Filmschauspieler — der einst auch einmal General George Armstrong Custer verkörpert hatte! — 40. Präsident im Weißen Haus wurde, als daraufhin eine Welle neokonservativer, reaktionärer Ideologie das Land überschwemmte, als man versuchte, wieder an die sogenannten großen historischen Traditionen des Landes zu erinnern, schien der Western für diese »neue Welle« das ideale Mittel zu sein. Doch auch all das führte zu keiner wirklichen Renaissance. Anachronistische Ideen brachten bisher noch keine anachronistischen Filme hervor, zumindest führten sie bisher zu keiner ernsthaften Wiederbelebung des Western.

Dabei schien das Interesse für den Western beim amerikanischen Publikum eigentlich ungebrochen zu sein. Das beweisen die unvermindert populären Western-Serien des Fernsehens, das beweist die wachsende Popularität der amerikanischen Country Music. Hier können unbedenklich die alten Lügen weiterverbreitet, die alten Heldenlieder von den braven, edlen Cowboys gesungen werden. Die Filme mögen gezeigt haben, was für Figuren Jesse James, Custer und all die anderen gewesen sind; doch das hinderte die Barden der Country Music keineswegs daran, sie weiterhin zu den legendären Helden ihrer Balladen zu machen. Doch wagt einmal einer dieser Sänger, die sich mitunter wie Tom Mix in glitzerndem Cowboy-Look präsentieren, den

STEVE McQUEEN
ICH TOM HORN
Nach der authentischen Story

Sprung auf die Kinoleinwand, dann gibt es zumeist ein Fiasko; wie Johnny Cash bewies, als er 1970 in Lamont Johnsons Spät-Western »A Gunfight« (*... die von der Kugel leben – die durch die Kugel sterben*) an der Seite von Kirk Douglas einen müden, heruntergekommenen Gunfighter spielte. Da konnten die Stars der Country Music früherer Jahrzehnte, wie Gene Autry oder Roy Rogers, einiges mehr zeigen. Selbst die Dime Novels, die Groschenhefte von einst – z. B. die Bücher um die Figur des Hopalong Cassidy von Clarence E. Mulford –, werden immer und immer wieder gedruckt, finden erstmals sogar auch außerhalb Amerikas zahlreiche Leser; und nicht weniger die alten Filme, die immer und immer wieder durch das Fernsehen verbreitet werden.

Die wenigen neuen Western, die in diesen Jahren gedreht wurden, betrachtete man jedoch bereits wie kuriose Anachronismen. So kamen 1980 zwei Western in die Kinos, die sich noch einmal mit authentischen Figuren der Western-Geschichte befaßten. »Tom Horn« *(Ich, Tom Horn)* von William Wiard schilderte die Figur des authentischen Cowboys, Kavallerie-Scouts und Kopfgeldjägers Tom Horn (1861–1903), der an den Auseinandersetzungen im Lincoln County auf seiten der Viehbarone teilnahm. Noch einmal hatte man eine Figur gefunden, die bisher von den Szenaristen der vorausgegangenen Western übersehen worden war. Doch diesen Kopfgeldjäger, der für Geld Menschen, vor allem Viehdiebe, jagt und umbringt, scheinen wir aus vielen anderen, ähnlichen Western bereits zu ken-

nen. Er könnte ein Bruder von Marlon Brando aus Arthur Penns »The Missouri Breaks« *(Duell am Missouri)* sein, um nur das letzte Beispiel zu nennen. Tom Horn gerät in den Interessenkonflikt zwischen reichen Viehbaronen und armen Schluckern, die weiter nichts als überleben wollen. Er wird bezahlt von den Reichen, muß deshalb auf ihrer Seite stehen, während er eigentlich mit seinen »Gegnern« sympathisiert. Das Schicksal des Mannes erhält dann tragische Züge, als er seine Schuldigkeit getan hat, von seinen Auftraggebern fallengelassen und schließlich wegen eines Mordes, den er gar nicht begangen hat, hingerichtet wird. »Ich, Tom Horn« ist ein Spät-Western, der Titelheld eine anachronistische Figur, die nahezu zwangsläufig in dieser neuen, ihm fremden Welt untergeht. Der Tod des Kopfgeldjägers Tom Horn erscheint wie eine Flucht, wie ein Freitod, die Erlösung von einem jämmerlichen Schicksal …

»Long Riders« von Walter Hill nahm sich dagegen noch einmal der Helden an, die bereits in Dutzenden von anderen Western porträtiert worden waren. Wir sehen die Brüder Jesse und Frank James sowie ihre Bandenmitglieder Cole, James und Robert Younger, ihr elendes, zerrissenes Leben, das sie in den siebziger Jahren führten. Ihr Weg wird bestimmt von brutalen Eisenbahn- und Banküberfällen sowie von der Sehnsucht nach einem harmonischen, sehr durchschnittlichen Kleinbürgerleben. Walter Hill kann aus seinen Helden nicht mehr jene Robin Hoods der amerikanischen Geschichte machen, als die sie in der Mehrzahl der früheren Western beschrieben worden sind. Er zeigt sie als grausame, von ihrer Zeit geprägte Burschen, die bei ihren Verbrechen auch nicht vor Morden an völlig Unbeteiligten zurückschrecken. Auf der anderen Seite schildert er aber diese Verbrechen in einer eindrucksvollen Bildsprache, daß man sich nur schwer dieser eigenartigen Faszination entziehen kann. Die Gefährlichkeit dieser Art von Western, die Apologetik der Gewalt, die hier offenbar wird, ist nicht zu übersehen.

Es ist bezeichnend für die Situation in der amerikanischen Filmindustrie, daß das Erscheinen dieser beiden Filme im Jahre 1980 bereits als Renaissance des Western angesehen wurde. Es war eine Renaissance ohne Echo. Zwei Filme, die so sehr der Ideologie des alten Western verpflichtet waren, konnten keine Neugeburt des Genres auslösen.

Auch ein Film, der als der teuerste Western der Filmgeschichte gilt und der gleichzeitig wahrscheinlich einer der spektakulärsten Reinfälle der amerikanischen Filmindustrie war, konnte das nicht. Nach mehreren Jahren Produktion kam Ende 1980 das 40-Millionen-Dollar-Spektakel »Heaven's Gate« (Das Tor zur Ewigkeit) in die amerikanischen Kinos. Nach wenigen Tagen schon verschwand der Film wieder aus den Kinos des Landes. Regisseur Michael Cimino kürzte den Film um eine Stunde – was ihn auch nicht erfolg-

reicher werden ließ. Das Publikum und die Kritik lehnten den Film ab. Mit einem immensen Aufwand an Menschen und Material waren hier Vorgänge in Szene gesetzt worden, die viele andere Western bereits mit viel geringeren Mitteln geschildert hatten. Dieser möglicherweise letzte große Western erscheint wie eine Anthologie von altbekannten Versatzstücken der Western-Dramaturgie. Figuren und Vorgänge werden hier gezeigt, die wir alle schon einmal gesehen haben, die uns vertraut zu sein scheinen. Wir erleben wiederum in grandiosen Massenszenen die Zusammenstöße zwischen alteingesessenen Farmern und den Neuankömmlingen im soeben in die Union der Vereinigten Staaten aufgenommenen 44. Staat der USA, in Wyoming. Erneut wird das Wort vom Schmelztiegel Amerika als Phrase entlarvt. Die osteuropäischen Immigranten werden all ihrer Rechte beraubt, werden im-

454 Isabelle Huppert und Kris Kristofferson
in »Das Tor zur Ewigkeit« von Michael Cimino
455 Szenenfoto aus »Das Tor zur Ewigkeit«

mer wieder als ungeliebte Fremde übervorteilt und aller möglichen Verbrechen verdächtigt. Der Film zeigt sehr deutlich die Klassenschranken zwischen den Etablierten und dem Farmer-Proletariat am Ende des vergangenen Jahrhunderts. Wieder einmal wird der amerikanische Traum, wird die Legende vom Land der unbegrenzten Möglichkeiten, wo angeblich jeder eine Chance hat, bloßgestellt. Entgegen diesen Phrasen und entgegen der Verfassung des Landes stellt sich die Regierung auf die Seite der reichen Viehbarone, die sich eine ganze Armee von brutalen Killern anheuern und damit die armen Farmer mit ihren hungernden Familien vertreiben. Der Film zeigt den Mann, der zwischen den Fronten steht, der für 50 Dollar von den Viehbaronen als Söldner angeworben worden ist, der sich aber seiner Herkunft nach zu den Armen hingezogen fühlt. Und da sehen wir das brave Mädchen mit dem Herzen auf dem rechten Fleck und mit einer zweifelhaften Vergangenheit, eine französische Immigrantin, die in der Stunde der Gefahr »ihren Mann« steht. Sie versteht es, in rasender Fahrt von ihrer auseinanderbrechenden Kutsche auf das Pferd zu klettern wie einst John Wayne in John Fords »Stagecoach« (Höllenfahrt nach Santa Fe).

Hier wird mit außerordentlicher Ausdruckskraft erzählt, hier werden Bilder gezeichnet, die ihresgleichen in der Geschichte des Films suchen. Dieses große Western-Epos erinnert in mehreren Momenten durchaus an die großen Western-Epen der Vergangenheit, an James Cruzes »The Covered Wagon« (Die Karawane) oder an John Fords »The Iron Horse« (Das Feuerroß) und »Three Bad Men« (Drei ehrliche Banditen). Die sozialkritischen Aspekte dieser Geschichte sind offensichtlich. Der Film »Das Tor zur Ewigkeit« zeigt die Brutalität, die Gewalt, mit der die Mächtigen des Landes ihren Aufstieg bewerkstelligen, der dann als Aufstieg des Landes propagiert wird. Er widerlegt die Mär von der Chancengleichheit für die Tüchtigen. Doch diese nicht zu übersehenden Verdienste des Films, seine grandiosen Bilder, seine unvergleichlichen Mas-

senszenen, auch seine Poesie werden mitunter nahezu vollkommen verdeckt durch den Hang zum Gigantischen. Wieder einmal haben wir ein Produkt, das noch größer, noch monumentaler, noch eindrucksvoller, realistischer sein will als alle seine Vorgänger; ein Film, der im Western-Genre das gleiche sein wollte wie einst »Gone with the Wind« (Vom Winde verweht). Aber auch das hatte es ja schon einmal gegeben.

Ein Abschied des Western mit Größe, in Gigantomanie? Ist »Das Tor zur Ewigkeit« der letzte Western? Gewiß wird auch in den folgenden Jahren noch der eine oder andere Film dieser Art aus Hollywood kommen, vielleicht sogar auch einmal drei, vier in einem Jahr. Wahrscheinlich wird man dann sofort wieder vom Comeback reden, von der Renaissance eines Genres. Doch sehr schnell wird man dann wahrscheinlich auch erkennen, daß dies eine trügerische Hoffnung gewesen ist. Solange die neuen Filme nur eine Wiederholung der alten sind, das Neue ein mehr oder weniger schwacher Abklatsch des Alten ist, so lange wird die Wiedergeburt des Western nichts anderes als ein Wunschtraum bleiben.

Doch wie sieht der Westen heute aus, was verbindet diese Landschaft, deren »Eroberung« vor fast 100 Jahren abgeschlossen worden war, mit ihrer Vergangen-

heit? Gibt es noch Bindungen an diese Vergangenheit? Eigentlich erinnert nur noch der Cowboy-Hut, der Stetson, den auch heute noch viele Texaner tragen, an diese Zeit. Die berühmten Städte des Westens sind heute zumeist uniforme amerikanische Städte, deren Skyline von riesigen Wolkenkratzern bestimmt wird, die von breiten Highways und Stadtautobahnen durchzogen werden. Die Sehnsucht nach der Vergangenheit kann sich allenfalls noch in den alljährlich stattfindenden Rodeo-Turnieren und in der Country Music manifestieren.

An die Pionierzeit erinnern nur noch großartige Landschaften: die endlosen Kakteenwüsten von Arizona, wo sich einst Gesetzlose und Gesetzeshüter ihre Verfolgungsjagden lieferten, wo erschöpfte Reiter im Schatten

der bis zu 15 Meter hohen Saguaro-Kakteen vor der heißen Arizona-Sonne Zuflucht suchten; oder das berühmte Monument Valley, dessen bizarr geformte Steinfelsen zur beliebtesten Wild-West-Kino-Kulisse geworden sind; schließlich die weiten Prärien, der wilde, als achtes Weltwunder bezeichnete Grand Canyon, die gewaltigen Bergzüge der Rocky Mountains oder die grausame Wüste des »Death Valley« (Todestal). Das sind die echten und stummen Zeugen der Vergangenheit.

Der heutige Amerikaner des Westens hat kaum noch etwas gemeinsam mit dem Amerikaner der Pionierzeit. Der Cowboy sitzt nicht mehr stundenlang auf dem Pferd und treibt seine Herde hunderte von Kilometern über die Prärie. Er hat seinen »Kack« (Sattel) mit dem

413

bequemeren Sitz eines Straßenkreuzers vertauscht; im angehängten Transporter führt er sein Pferd mit. Die Rinderherde überwacht er aus dem Helikopter.

Die Trapper und die Siedler sind von der Bildfläche verschwunden. Und die Indianer wurden, für die Touristen unsichtbar, in enge und ungepflegte Reservate abgeschoben, deren Straßen mit Büchsen, Flaschen, Plastegegenständen und anderem Abfall überhäuft sind. Vom ruhmreichen Volk der Rothäute findet sich nicht viel mehr als verbitterte, gedemütigte Menschen, die in ihrer Freiheit eingeschränkt sind und in den armseligen, schäbigen Reservaten dahinsiechen. Und sie werden nur noch mehr gedemütigt, wenn sie gegen Geld in zweit- und drittklassigen Western oder Fernseh-Serien die bösen Rothäute mimen, die auf hinterhältige Art Weiße töten, Frauen vergewaltigen oder unschuldige Kinder verschleppen.[115]

Das, was die Menschen, die jetzt im amerikanischen Westen leben, heute wirklich bewegt, unterscheidet sich nur sehr wenig von dem, was auch die anderen Amerikaner beschäftigt. Ein Blick in die Zeitung kann Aufschluß darüber geben, womit sich die Menschen in Kansas, z. B. in der legendären Rinderstadt von einst, in Dodge City, beschäftigen. Dodge City, einst »die Königin der Rinderstädte«, für viele die Hölle, Sodom und Gomorrha in einem, wo auf 50 Einwohner ein Saloon kam, dieser riesige Vieh-Umschlagplatz, in dem zeitweise jährlich eine viertel Million Longhorns verkauft wurden, ist heute eine weitaus ruhigere Farmerstadt geworden. Was diese Farmer von Dodge City im Jahr 1982 bewegte, schildert der republikanische Kongreßabgeordnete Pat Roberts, der West-Kansas während der Regierungszeit des 40. Präsidenten der USA, Ronald Reagan, in Washington vertrat:

– *Notlage der Farmer in den USA: Wenn man beobachtet, in welcher Weise »The New York Times«, »The Wall Street Journal« und »The Washington Post« Kansas Beachtung schenken, wird einem klar, daß wir in Schwierigkeiten stecken. Meiner Meinung nach ist dies die schlimmste Situation seit der großen Depression.*

– *Verteidigungsausgaben: Die Farmer sind darüber sehr beunruhigt, die kleinen Geschäftsleute ebenso, weil die Zinssätze ungeheuer hoch sind und ihnen – wie ich meine zu Recht – klar wird, daß das Budget gekürzt werden muß, und sie machen sich große Sorgen über die Agrarpreise und sagen: »Also, wir geben sämtliches Geld für die Verteidigung aus. Wann reicht es eigentlich einmal?«*

– *Roberts ist gegen die MX-Rakete und hat so seine Zweifel in bezug auf den B 1-Bomber. Er ist für die konventionelle Aufrüstung, doch was die amerikanischen Streitkräfte in Europa betrifft, so meint er: »Wenn man darüber in meinem Wahlbezirk abstimmen ließe, würden sich 80 Prozent dafür aussprechen, sie von dort heimzuholen.«*[116]

Daß diese Amerikaner jedoch nicht nur die Probleme der Gegenwart haben, sondern auch noch die ungelösten Probleme der Vergangenheit, auch das offenbart einem der Blick in die Zeitung. Vor über 100 Jahren, im November 1868, beendete der Vertrag von Laramie den vierjährigen Krieg der Sioux unter Häuptling Red Cloud gegen die Weißen, der durch den Bau von drei Forts am Powder River, Yellowstone River und am Big Horn River ausgelöst worden war. In diesem Vertrag von Laramie erkannte die Regierung der Vereinigten Staaten unter Präsident Andrew Johnson das Gebiet um die Black Hills als unantastbaren Besitz der Indianer an, der von Fremden weder betreten noch durchquert oder besiedelt werden darf.

Kurze Zeit nach Vertragsabschluß war diese Abmachung jedoch bereits wieder ein wertloses Stück Papier; der Grund: In den Black Hills war Gold gefunden worden.

1874 zog die 7. Kavallerie-Division unter George Armstrong Custer in die Black Hills, um dort die Goldminen auszubeuten (der geschäftstüchtige Custer hatte zuvor schnell eine eigene Schürfgesellschaft gegründet). Später stellte sich heraus, daß die Goldvorkommnisse in den Black Hills nur äußerst gering waren. Doch das änderte nichts daran, daß die Weißen einmal mehr einen Vertrag mit den Indianern bedenkenlos gebrochen hatten und daß dadurch neue Kämpfe provoziert wurden, Kämpfe, die letzten Endes mit zur Schlacht am Little Big Horn führten.

Über 100 Jahre später, 1981, erschien in den Zeitungen dann folgende Meldung:

Mitglieder der »Amerikanischen Indianer-Bewegung« (AIM) haben am Wochenende ein Camp in den »Schwarzen Bergen« South Dakotas errichtet.

Mit dieser symbolischen Besetzung des Gebiets um die »Black Hills« fordern sie die Rückgabe ihres von der USA-Regierung gestohlenen Landes. Wie AIM-Sprecher Bill Means erklärte, berufen sich die rund 40 Vertreter der Sioux-Stämme auf den Vertrag von Fort Laramie, in dem 1868 das Gebiet den Sioux zugesichert worden war. Als jedoch in den Bergen eine der größten Goldminen des Landes entdeckt wurde, setzte der USA-Kongreß den völkerrechtsgültigen Vertrag außer Kraft.

Im vergangenen Jahr hatte der Oberste Gerichtshof der USA den Indianern für das geraubte Land eine Entschädigung von 105 Millionen Dollar plus Zinsen zugesprochen. Die Sioux weigerten sich jedoch, das Geld zu akzeptieren, da sie gleichzeitig auf jeden Gebietsanspruch hätten verzichten müssen.[117]

Amerika, der Westen der USA, hat nicht nur die Probleme der Gegenwart, er hat auch noch eine »unbewältigte Vergangenheit«. Man sagt, daß der amerikanische Western auch durch den Mangel an neuen Themen in die Agonie gekommen sei. In dieser »unbewältigten Vergangenheit« würden sich aber gewiß noch viele Themen finden lassen. Diese Western würden dann aber vermutlich etwas anders aussehen als die alten …

Anhang

Quellennachweis

Allgemeine Bemerkung
Die Filme werden beim erstmaligen Erscheinen im Text mit ihrem Originaltitel genannt. In Klammern folgt der Übersetzungstitel (gradestehende Schrift) oder der deutsche Verleihtitel (kursiv). Im weiteren Text werden die Übersetzungs- bzw. Verleihtitel verwendet.

Ausländische Filme – vor allem Western, aber auch fast alle Slapstick Comedies, die Filme von Chaplin, Keaton, Lloyd, Laurel & Hardy – waren von der Frühzeit des Kinos an der Willkür profitsüchtiger deutscher Filmverleiher ausgesetzt, die diese Filme mitunter nicht nur bedenkenlos kürzten oder neu montierten, sondern ihnen auch reißerische deutsche Titel gaben, die mit dem Originaltitel nichts mehr zu tun hatten. Diese schlechte Tradition, die sich mitunter auch in Titeln ausdrückte, die den Inhalt der Filme direkt verfälschten, erhielt sich nach dem zweiten Weltkrieg auch im Filmgeschäft der Bundesrepublik. Da die betreffenden Filme aber unter diesen deutschen Titeln von Tausenden Kino- und Fernsehzuschauern gesehen wurden, und der ohnehin schon vorhandene Wirrwarr von Titeln nicht noch mehr vergrößert werden soll, werden sie auch in unserem Buch verwendet (wobei anfangs immer besonders auf den Originaltitel verwiesen wird).

1 Siehe Udo Sautter: Geschichte der Vereinigten Staaten von Amerika. Stuttgart 1976, S. 551

2 Benjamin B. Hampton: History of the American Film Industry from its Beginnings to 1931. New York 1970, S. 7

3 George N. Fenin, William K. Everson: The Western from Silents to the Seventies. New York 1977, S. 47

4 Lewis Jacobs: The Rise of the American Film. New York 1968, S. 43 f.

5 Ebenda S. 46

6 Georges Sadoul: Histoire Générale du Cinéma. 2. Les Pioniers du Cinéma 1897–1909. Paris 1973, S. 430

7 Siehe Udo Sautter, S. 291

8 Anthony Slide: Early American Cinema. New York/London 1970, S. 66 f.

9 William K. Everson: A Pictorial History of the Western Film. Secaucus, New Jersey 1969, S. 18, 20

10 The Moving Picture World vom 15. Mai 1909. Zitiert bei: George N. Fenin, William K. Everson a. a. O., S. 55

11 Western: Le Origini, 28. Mostra Internazionale d'Arte Cinematografica di Venezia. Venezia 1967, S. 16

12 Jerzy Toeplitz: Geschichte des Films, Band 1: 1895–1928. Berlin 1972, S. 80 f.

13 George N. Fenin, William K. Everson a. a. O., S. 62

14 Mrs. D. W. Griffith (Linda Arvidson): When the Movies Were Young. New York 1969, S. 196 f.

15 Filmkritik, München, 19. Jahrgang, Heft Nr. 4 vom April 1975, S. 186 f.

16 The New York Dramatic Mirror. Zitiert bei: Paul O'Dell: Griffith and the Rise of Hollywood. New York/London 1970, S. 98

17 Lewis Jacobs a. a. O., S. 206

18 George N. Fenin, William K. Everson a. a. O., S. 70

19 Kinematograph, 19. Jahrgang, Nr. 949 vom 26. April 1925

20 Ebenda Nr. 950 vom 3. Mai 1925

21 Ebenda Nr. 949 vom 26. April 1925

22 Ebenda Nr. 957 vom 21. Juni 1925

23 Licht–Bild–Bühne, 25. Jahrgang, Nr. 139 vom 16. Juni 1932

24 William S. Hart: My Life East and West. Zitiert bei: George N. Fenin, William K. Everson a. a. O., S. 76

25 Georg Seeßlen, Claudius Weil: Western-Kino. Reinbek bei Hamburg 1979, S. 44

26 Georges Sadoul: Histoire Générale du Cinéma. 4. Le Cinéma devient un art 1909–1920. Paris 1974, S. 135

27 Paris-Midi vom 17. Februar 1919. Zitiert bei: Georges Sadoul a. a. O., S. 130

28 Jon Tuska: The Filming of the West. Garden City 1976. Zitiert bei: Georg Seeßlen, Claudius Weil a. a. O., S. 62

29 Kinematograph, 21. Jahrgang, Nr. 1067 vom 31. Juli 1927

30 Reichsfilmblatt, Jahrgang 1928, Nr. 49 vom 8. Dezember 1928

31 Joe Hembus: Western-Geschichte 1540 bis 1894. München/Wien 1979, S. 145

32 Ebenda, S. 144f.

33 Film-Kurier, 7. Jahrgang, Nr. 59 vom 10. März 1925

34 Die Welt am Abend, 3. Jahrgang, Nr. 62 vom 14. März 1925

35 Film-Kurier, 7. Jahrgang, Nr. 21 vom 24. Januar 1925

36 John Baxter: The Cinema of John Ford. London/New York 1971. Zitiert bei: Joe Hembus: Western-Lexikon. München 1978, S. 747

37 David Robinson: Hollywood in the Twenties. London/New York 1968, S. 140

38 Licht–Bild–Bühne, 26. Jahrgang, Nr. 98 vom 25. April 1933

39 Photoplay, April 1929. Zitiert bei: George N. Fenin, William K. Everson a. a. O., S. 174

40 Zitiert bei: Joe Hembus: Western-Geschichte 1540–1894. München/Wien 1979, S. 425

41 Zitiert bei: Joe Hembus: Western-Lexikon. München 1978, S. 280

42 Jean-Louis Rieupeyrout: Der Western. Bremen 1963, S. 70

43 André Bazin: Was ist Kino?, Köln 1975, S. 112

44 Jon Tuska: The Filming of the West, a. a. O., S. 292f.

45 Jenni Calder: There Must Be a Lone Ranger. London 1974, S. 185

46 James Horwitz: They Went Hathaway. New York 1976, S. 122

47 Film-Kurier, 20. Jahrgang, Nr. 133 vom 10. Juni 1938

48 Joe Hembus: Western von gestern. München 1978, S. 89f.

49 Mark Ricci, Boris und Steve Zmijewsky: John Wayne und seine Filme. München 1979, S. 20

50 Film-Kurier, 20. Jahrgang, Nr. 286 vom 7. Dezember 1938

51 e. j. (d. i. Eckart Jahnke): Ringo. Filmblätter. Staatliches Filmarchiv der DDR, Nr. 99, Berlin 1971

52 Joseph McBride, Michael Wilmington: John Ford. New York 1974, S. 55

55 Richard Corliss (Ed.): The Hollywood Screenwriters. New York 1972, S. 118

54 Zitiert bei: Ralph and Natasha Friar: The Only Good Indian … The Hollywood Gospel. New York 1972, S. 163

55 Zitiert bei: Joe Hembus: Western-Geschichte 1540 bis 1894, a. a. O., S. 543

56 Robin May: Die Illustrierte Geschichte des Wilden Westens. Zollikon 1979, S. 28f.

57 Joe Hembus a. a. O., S. 545

58 Focus on Film, Nr. 20, Spring 1975

59 Joe Hembus a. a. O., S. 477

60 Film, Velber bei Hannover, 2. Jahrgang, Heft 10, Oktober/November 1964, S. 26

61 Ebenda, S. 25

62 John H. Lenihan: Showdown. Confronting Modern America in the Western Film. Urbana, Chicago, London 1980, S. 96

63 Hans C. Blumenberg: Wanted. Steckbriefe aus dem Wilden Westen. Düsseldorf 1970, S. 70

64 H. J. Stammel: Der Cowboy. Legende und Wirklichkeit, Bd. 1. Reinbek bei Hamburg 1976, S. 68

65 André Bazin: Qu'est-ce que le cinéma? III. Cinéma et sociologie. Paris 1961, S. 53f.

66 Focus on Film, Spring 1970. Zitiert nach: Joseph McBride, Michael Wilmington a. a. O., S. 90

67 John Baxter: John Ford. Seine Filme – sein Leben. München 1980, S. 16, 18

68 Peter Bogdanovich: John Ford. London 1967, S. 87

69 J. A. Place: The Western Films of John Ford. Secaucus, New Jersey 1974, S. 110

70 Siehe Ralph and Natasha Friar a. a. O., S. 9

71 Siehe Peter Bogdanovich a. a. O., S. 88

72 Positif, Paris 1964. Zitiert nach: Westlich St. Louis, Atlas Filmheft 52, Duisburg 1965

73 Lindsay Anderson: About John Ford. London 1981, S. 127

74 Siehe Jon Tuska: The Filming of the West, a. a. O., S. 506f.

75 Charles Ford: Histoire du Western. Paris 1964, S. 168

76 André Bazin a. a. O., S. 147f.

77 Positif. Paris, Dezember 1965

78 Charles Higham, Joel Greenberg: The Celluloid Muse – Hollywood Directors Speak. New York 1972

79 Film 58. Frankfurt (Main) 1958, S. 275f.

80 André Bazin a. a. O., S. 151

81 Zitiert bei: Homer Dickens: The Films of Gary Cooper. Secaucus, New Jersey 1970, S. 237

82 Film 58 a. a. O., S. 279

83 Screen, London, Juli/Oktober 1969. Zitiert nach: Joachim Kreck (Ed.): Delmer Daves. Oberhausen 1972, S. 111

84 Cahiers du Cinéma, No. 190, Mai 1967

85 Cahiers du Cinéma, Tome XXII, No. 128, Februar 1962

86 Cahiers du Cinéma, No. 190, Mai 1967

87 Philip French: Western. London 1973, S. 142

88 Jenni Calder a. a. O., S. 199

89 Filmstudio. Frankfurt (Main), Nr. 53 vom 1. April 1967

90 John H. Lenihan a. a. O., S. 72

91 Siehe: Philippe Haudiquet: John Ford. Paris 1974, S. 138

92 Peter Bogdanovich a. a. O., S. 94f.

93 Joseph McBride (Ed.): Focus on Howard Hawks. Englewood Cliffs, New Jersey 1972, S. 15f

94 Richard Koszarski: Hollywood Directors 1941 bis 1976. Oxford, London, New York 1977, S. 32.

95 Will Wright: Six Guns and Society. Berkeley, Los Angeles, London 1975, S. 80

96 Cahiers du Cinéma, Tome XXII, No. 128, Februar 1962

97 François Truffaut: Die Filme meines Lebens. München 1976, S. 121

98 Jean-Louis Rieupeyrout a. a. O., S. 139

99 Cahiers du Cinéma, Tome XXVII, No. 157, Juli 1964

100 André Bazin a. a. O., S. 159ff.

101 Ebenda, S. 161

102 Cahiers du Cinéma a. a. O.

103 Ebenda

104 Siehe H. J. Stammel: Die Indianer. Die Geschichte eines untergegangenen Volkes. München 1979, S. 243

105 Peter Bogdanovich a. a. O., S. 104

106 George N. Fenin, William K. Everson a. a. O., S. 362

107 Cahiers du Cinéma, No. 192, Juli/August 1967

108 Ebenda

109 H. J. Stammel a. a. O., S. 161

110 Jon Tuska a. a. O., S. 561

111 Cahiers du Cinéma, Tome XXIV, No. 140, Februar 1963

112 George N. Fenin, William K. Everson a. a. O., S. 368f.

113 Hans Günther Pflaum in: Judith M. Kass u. a.: Robert Altman. München, Wien 1981, S. 133f.

114 Zitiert bei: Joe Hembus: Western-Lexikon. München 1978, S. 487

115 Mario Cortesi: Wie wild war der Wilde Westen? Ravensburg 1980, S. 28f.

116 Neues Deutschland, 37. Jahrgang, Nr. 111 vom 13. Mai 1982

117 Neues Deutschland, 36. Jahrgang, Nr. 82 vom 7. April 1981

Titelregister

Bezieht sich nur auf den Text

Personenregister

Bezieht sich nur auf den Text

Fotos

ADN-Zentralbild 3 – Archiv des Autors 97 – Archiv des Verlages 4 – Archiv Ulrich Gregor 31 – Archiv Jürgen Labenski 3 – Centfox, Frankfurt/M. 3 – Český Filmový Ústav, Praha 134 – Deutsche Kinemathek, Berlin (West) 4 – Filmoteka Polska, Warszawa 71 – Paramount, Frankfurt/M. 10 – Progreß Film Verleih, Berlin 5 – Staatliches Filmarchiv der DDR, Berlin 84 – United Artists, Frankfurt/M. 4 – Universal, München 2

Dieses Buch hätte ohne die Hilfe zahlreicher Freunde und Institutionen
des In- und Auslandes nicht geschaffen werden können.
Besonderer Dank gilt den Archiven Filmoteka Polska, Warszawa,
Český Filmový Ústav, Praha
und dem Staatlichen Filmarchiv der DDR, Berlin,
die mir die Möglichkeit gaben, mehrere wichtige Western zu sehen,
und die mir zahlreiche Fotos zur Verfügung stellten.
Gleichermaßen Dank gilt den Freunden der Deutschen Kinemathek eV, Berlin (West),
die mir in ihrem Kino »Arsenal« einige seltene Western aus der Stummfilmepoche
vorführten.
Erika und Ulrich Gregor beschafften für mich freundlicherweise
reichhaltiges Bildmaterial,
Gero Gandert öffnete mir seine sehr umfangreiche Privatbibliothek
und stellte mir daraus wichtige und teilweise sehr seltene Bücher
der internationalen Western-Literatur zur Verfügung.

Inhalt